U0532233

中国哲学社会科学学科年鉴
CHINESE ACADEMIC ALMANAC

ALMANAC OF
LATIN AMERICAN
STUDIES IN CHINA

袁东振 谌园庭 范波 主编

中国拉丁美洲研究年鉴
2022

中国社会科学出版社

图书在版编目(CIP)数据

中国拉丁美洲研究年鉴.2022/袁东振，谌园庭，范波主编.—北京：中国社会科学出版社，2022.12
ISBN 978-7-5203-9739-1

Ⅰ.①中… Ⅱ.①袁…②谌…③范… Ⅲ.①拉丁美洲 – 研究 – 2022 – 年鉴 Ⅳ.① D773-54

中国版本图书馆 CIP 数据核字（2022）第 242977 号

出 版 人	赵剑英
责任编辑	张靖晗
责任校对	韩海超
责任印制	张雪娇

出　　版	中国社会科学出版社
社　　址	北京鼓楼西大街甲 158 号
邮　　编	100720
网　　址	http://www.csspw.cn
发 行 部	010 - 84083685
门 市 部	010 - 84029450
经　　销	新华书店及其他书店

印刷装订	北京君升印刷有限公司
版　　次	2022 年 12 月第 1 版
印　　次	2022 年 12 月第 1 次印刷

开　　本	787×1092　1/16
印　　张	19
插　　页	2
字　　数	402 千字
定　　价	158.00 元

凡购买中国社会科学出版社图书，如有质量问题请与本社营销中心联系调换
电话：010 - 84083683
版权所有　侵权必究

编委会

编委会主任： 柴　瑜

编委会委员：（按姓氏音序排列）

董经胜　高　程　贺双荣　刘维广　王荣军
杨志敏　姚枝仲　袁东振　岳云霞　张　凡

编辑说明

《中国拉丁美洲研究年鉴》由中国社会科学院拉丁美洲研究所主持编纂，主要汇集上年度拉丁美洲研究和学科建设的新成果、新进展、新动向，力争反映中国拉丁美洲研究和学科发展的年度概况，力争具有权威性、全面性和实效性。年鉴编纂工作得到西南科技大学拉美研究中心的特别支持。

《中国拉丁美洲研究年鉴》2022卷的主要内容如下。

"重要文献"主要收录对拉美研究学科具有重大战略意义、指导价值，或反映本学科重大理论问题的重要文献。

"学科述评"主要对国内拉美研究学界的重要学术成果进行学术回溯、适当评价及展望。

"学术成果"收录拉美研究学科重要学术成果，包括专著、研究报告（不含内部报告）、期刊学术论文、理论文章等主要科研成果；专著和研究报告按出版时间排序，期刊论文按发表时间排序。

"学术动态"主要介绍中国拉美研究学界的主要学术活动。

"中国拉美研究全国性社团及动态"主要介绍中国拉美研究全国性社团组织及其主要活动的情况。

"全国主要拉美研究机构及动态"主要介绍中国拉美研究的主要机构及其主要学术活动，各研究机构按成立时间顺序排序。

缩略语对照表

5G	第五代移动通信技术
AEO	经认证的经营者
ALAECh	拉丁美洲中国研究学会
APEC	亚太经济合作组织
BRI	"一带一路"倡议
CAITEC	商务部国际贸易经济合作研究院
CALAS	中国拉丁美洲学会
CCSP	当代中国研究全英文硕士项目
CEBRI	巴西国际关系研究中心
CECLA	中拉教科文中心
CELAC	联合国拉丁美洲和加勒比经济委员会
CELAO	亚洲暨大洋洲拉丁美洲研究理事会
CGTN	中国国际电视台
CICIR	中国现代国际关系研究院
CIMI	上海大学"中国—阿根廷联合研究中心"
CLACSO	拉丁美洲社会科学理事会
CLAEH	拉丁美洲人文经济研究所（乌拉圭）
CNKI	中国知网
CONICET	阿根廷国家科学技术研究委员会
COP15	联合国《生物多样性公约》第十五次缔约方大会
CORFO	智利生产力促进局
COVID-19	新型冠状病毒肺炎
CPTPP	全面与进步跨太平洋伙伴关系协定
CSSCI	中文社会科学引文索引
CTTI	中国智库索引
FDI	外国直接投资
FEALAC	东亚拉美合作论坛
FLACSO	拉丁美洲社会科学院

GCI	全球竞争力指数
G20	20国集团
GDP	国内生产总值
ICT	信息和通讯技术
ISDS	投资者—国家争端解决机制
IT	互联网技术
LASA	美国拉丁美洲研究协会
OECD	经济合作与发展组织
PPP	政府与社会资本合作
PRO-CICCLA	中拉知识交流与合作计划
RCEP	区域全面经济伙伴关系协定
SDGs	联合国可持续发展目标
TFP	全要素生产率
UCU	乌拉圭天主教大学
UNDRR	联合国减少灾害风险办公室
WTO	世界贸易组织

目　录

序言　为中国特色哲学社会科学事业立传 …………………………… 高培勇（1）

重要文献

习近平关于拉丁美洲的重要论述 ……………………………………………（3）
中国—拉共体论坛第三届部长会议宣言 ……………………………………（13）
中国—拉共体成员国重点领域合作共同行动计划（2022—2024）………（16）
中华人民共和国和尼加拉瓜共和国关于恢复外交关系的联合公报 ………（24）

学科述评

拉美经济研究学科述评 ………………………………………………………（27）
拉美政治研究学科述评 ………………………………………………………（34）
拉美国际关系研究学科述评 …………………………………………………（41）
拉美社会文化研究学科述评 …………………………………………………（47）
拉美发展与战略研究学科述评 ………………………………………………（53）
拉美区域合作研究学科述评 …………………………………………………（58）

学术成果

主要著作 ………………………………………………………………………（65）

研究报告 …………………………………………………………………………（70）
期刊学术论文 ……………………………………………………………………（71）
理论文章 …………………………………………………………………………（112）

学术动态

中国视角下的中美洲研讨会 ……………………………………………………（115）
中拉大讲堂大型学术演讲季启动 ………………………………………………（115）
东亚—拉美地区研究伙伴对话国际会议 ………………………………………（118）
2021年中国拉丁美洲学会会员大会暨疫情冲击背景下拉美国家发展的新挑战及
　　中拉关系新趋势研讨会 ……………………………………………………（124）
第11届中国拉美研究青年论坛暨拉美现代化进程中的科技与文化研讨会 …（129）
第十届中拉学术高层论坛暨面向未来的新发展议程与中拉合作研讨会 ……（132）
第二届中国—拉共体高级别学术论坛暨第六届中国—拉美和加勒比智库论坛
　　…………………………………………………………………………………（134）
可持续发展目标的中拉互鉴国际研讨会 ………………………………………（142）
第四届中拉文明对话论坛 ………………………………………………………（144）
第一届拉美研究中青年学者工作坊举办 ………………………………………（148）
中国拉丁美洲史研究会第20届年会暨全球史视野下拉丁美洲与世界的互动学术研讨会
　　…………………………………………………………………………………（150）
第十四届中国—拉美企业家高峰会"中拉智库合作论坛" ……………………（152）
2021年全国西葡拉美文学研讨会 ………………………………………………（156）
拉丁美洲华侨华人系列研讨会——中美洲专题 ………………………………（156）
第四届中拉合作高端论坛举办 …………………………………………………（158）
《拉美黄皮书：拉丁美洲和加勒比发展报告（2020—2021）》发布会
　　暨当前拉美形势研讨会 ……………………………………………………（159）

中国拉美研究全国性社团及动态

中国拉丁美洲学会	（165）
中国拉丁美洲史研究会	（170）
中国外国文学学会西葡拉美文学研究分会	（175）

全国主要拉美研究机构及动态

中国社会科学院拉丁美洲研究所	（181）
南开大学拉丁美洲研究中心	（190）
中国现代国际关系研究院拉美研究所	（195）
北京大学拉丁美洲研究中心	（201）
对外经济贸易大学拉美研究中心、太平洋联盟国家研究中心	（203）
商务部研究院美洲与大洋洲研究所	（207）
外交学院拉丁美洲研究中心	（210）
西南科技大学拉美研究中心	（211）
浙江外国语学院拉丁美洲研究所	（214）
湖北大学巴西研究中心	（218）
中央民族大学拉丁美洲社会文化研究中心	（223）
河北师范大学秘鲁研究中心	（225）
安徽大学拉丁美洲研究所	（229）
上海外国语大学巴西研究中心	（233）
北京第二外国语学院秘鲁研究中心	（236）
中国人民大学拉丁美洲研究中心	（238）
上海大学拉丁美洲研究中心	（242）

河北大学拉丁美洲研究中心 …………………………………………………………（247）

北京外国语大学拉丁美洲研究中心 ……………………………………………………（250）

大连外国语大学拉美安第斯国家研究中心 ……………………………………………（254）

广东外语外贸大学拉丁美洲研究中心 …………………………………………………（257）

中山大学拉丁美洲研究中心 ……………………………………………………………（259）

暨南大学拉丁美洲研究中心 ……………………………………………………………（262）

常州大学拉丁美洲研究中心 ……………………………………………………………（265）

西南财经大学拉丁美洲研究中心 ………………………………………………………（267）

清华大学拉美中心 ………………………………………………………………………（269）

中国社会科学院世界历史研究所拉丁美洲史研究室 …………………………………（274）

外交学院西语国家研究中心 ……………………………………………………………（276）

中国国际问题研究院拉美和加勒比研究所 ……………………………………………（279）

江苏师范大学中拉人文交流研究基地 …………………………………………………（282）

序 言

为中国特色哲学社会科学事业立传

——写在《中国哲学社会科学学科年鉴》系列出版之际

（一）

2016年5月17日，习近平总书记《在哲学社会科学工作座谈会上的讲话》中正式作出了加快构建中国特色哲学社会科学的重大战略部署。自此，中国特色哲学社会科学学科体系、学术体系、话语体系的构建进入攻坚期。

2022年4月25日，习近平总书记在中国人民大学考察时强调指出，"加快构建中国特色哲学社会科学，归根结底是建构中国自主的知识体系"。这为我们加快构建中国特色哲学社会科学进一步指明了方向。

2022年4月，中共中央办公厅正式印发《国家哲学社会科学"十四五"规划》。作为第一部国家层面的哲学社会科学发展规划，其中的一项重要内容，就是以加快中国特色哲学社会科学为主题，将"中国哲学社会科学学科年鉴编纂"定位为"哲学社会科学学科基础建设"，从而赋予了哲学社会科学学科年鉴编纂工作新的内涵、新的要求。

从加快构建中国特色哲学社会科学到归根结底是建构中国自主的知识体系，再到制定第一部国家层面的哲学社会科学发展规划，至少向我们清晰揭示了这样一个基本事实：中国特色社会主义事业离不开中国特色哲学社会科学的支撑，必须加快构建中国特色哲学社会科学、建构中国自主的知识体系。加快构建中国特色哲学社会科学、建构中国自主的知识体系是一个长期的历史任务，必须持之以恒，实打实地把一件件事情办好。

作为其间的一项十分重要且异常关键的基础建设，就是编纂好哲学社会科学学科年鉴，将中国特色哲学社会科学事业的发展动态、变化历程记录下来，呈现出来。以接续奋斗的精神，年复一年，一茬接着一茬干，一棒接着一棒跑。就此而论，编纂哲学社会科学学科年鉴，其最基本、最核心、最重要的意义，就在于为中国特色哲学社会科学事业立传。

呈现在读者面前的这一《中国哲学社会科学学科年鉴》系列，就是在这样的背景之下，由中国社会科学院集全院之力、组织精锐力量编纂而成的。

（二）

作为年鉴的一个重要类型，学科年鉴是以全面、系统、准确地记述上一年度特定学科或学科分支发展变化为主要内容的资料性工具书。编纂学科年鉴，是哲学社会科学发展到一定阶段的产物。

追溯起来，我国最早的哲学社会科学年鉴——《中国文艺年鉴》，诞生于上个世纪 30 年代。党的十一届三中全会之后，伴随着改革开放的进程，我国哲学社会科学年鉴不断发展壮大。40 多年来，哲学社会科学年鉴在展示研究成果、积累学术资料、加强学科建设、开展学术评价、凝聚学术共同体等方面，发挥着不可替代的作用，为繁荣发展中国特色哲学社会科学作出了重要贡献。

1. 为学科和学者立传的重要载体

学科年鉴汇集某一学科领域的专业学科信息，是服务于学术研究的资料性工具书。不论是学科建设、学术研究，还是学术评价、对外交流等，都离不开学科知识的积累、学术方向的辨析、学术共同体的凝聚。

要回答学术往何处去的问题，首先要了解学术从哪里来，以及学科领域的现状，这就离不开学科年鉴提供的信息。学科年鉴记录与反映年度内哲学社会科学某个学科领域的研究进展、学术成果、重大事件等，既为学科和学者立传，也为学术共同体的研究提供知识基础和方向指引，为学术创新、学派形成、学科巩固创造条件、奠定基础。学科年鉴编纂的历史越悠久，学术积淀就越厚重，其学术价值就越突出。

通过编纂学科年鉴，将中国哲学社会科学界推进学科体系、学术体系、话语体系建设以及建构中国自主知识体系的历史进程准确、生动地记录下来，并且，立此存照，是一件非常有意义的事情。可以说，学科年鉴如同学术研究的白皮书，承载着记录、反映学术研究进程的历史任务。

2. 掌握学术评价权的有力抓手

为学界提供一个学科领域的专业信息、权威信息，这是学科年鉴的基本功能。一个学科领域年度的信息十分庞杂，浩如烟海，不可能全部收入学科年鉴。学科年鉴所收录的，只能是重要的、有价值的学术信息。这就要经历一个提炼和总结的过程。学科年鉴的栏目，如重要文献（特载）、学科述评、学术成果、学术动态、统计资料与数据、人物、大事记等，所收录的信息和资料都是进行筛选和加工的基础上形成的。

进一步说，什么样的学术信息是重要的、有价值的，是由学科年鉴的编纂机构来决定。这就赋予了学科年鉴学术评价的功能，所谓"入鉴即评价"，指的就是这个逻辑。特别是学科综述，要对年度研究进展、重要成果、学术观点等作出评析，是学科年鉴学术评价功能的集中体现。

学科年鉴蕴含的学术评价权,既是一种权力,更是一种责任。只有将学科、学术的评价权用好,把有代表性的优秀成果和学术观点评选出来,分析各学科发展面临的形势和任务、成绩和短板、重点和难点,才能更好引导中国特色哲学社会科学的健康发展。

3. 提升学术影响力的交流平台

学科年鉴按照学科领域编纂,既是该领域所有学者共同的精神家园,也是该学科领域最权威的交流平台。目前公认的世界上首部学术年鉴,是由吕西安·费弗尔和马克·布洛赫在1929年初创办的《经济社会史年鉴》。由一群有着共同学术信仰和学术观点的历史学家主持编纂的这部年鉴,把年鉴作为宣传新理念和新方法的学术阵地,在年鉴中刊发多篇重要的理论成果,催发了史学研究范式的演化,形成了法国"年鉴学派",对整个西方现代史学的创新发展产生了深远影响。

随着学科年鉴的发展和演化,其功能也在不断深化。除了记载学术共同体的研究进展,还提供了学术研究的基本参考、学术成果发表的重要渠道,充当了链接学术网络的重要载体。特别是学科年鉴刊载的综述性、评论性和展望性的文章,除了为同一范式下的学者提供知识积累或索引外,还能够对学科发展趋势动向作出总结,乃至为学科未来发展指明方向。

4. 中国学术走向世界的重要舞台

在世界范围内,学科年鉴都是作为权威学术出版物而被广泛接受的。高质量的学科年鉴,不仅能够成为国内学界重要的学术资源、引领学术方向的标识,而且也会产生十分显著的国际影响。

中国每年产出的哲学社会科学研究成果数量极其庞大,如何向国际学术界系统介绍中国哲学社会科学研究成果,做到既全面准确,又重点突出?这几乎是不可能完成的任务。学科年鉴的出现,则使不可能变成了可能。高质量的学科年鉴,汇总一个学科全年最重要、最有代表性的研究成果、资料和信息,既是展示中国哲学社会科学研究成果与现状的最佳舞台,也为中外学术交流搭建了最好平台。

事实上,国内编纂的学科年鉴一直受到国外学术机构的重视,也是各类学术图书馆收藏的重点。如果能够站在通观学术界全貌之高度,编纂好哲学社会科学各学科年鉴,以学科年鉴为载体向世界讲好中国学术故事,当然有助于让世界知道"学术中的中国"、"理论中的中国"、"哲学社会科学中的中国",也就能够相应提升中国哲学社会科学的国际影响力和话语权。

(三)

作为中国哲学社会科学研究的"国家队",早在上世纪70年代末,中国社会科学院就启动了学科年鉴编纂工作。诸如《世界经济年鉴》《中国历史学年鉴》《中国哲学年鉴》《中国文学年鉴》等读者广为传阅的学科年鉴，迄今已有40多年的历史。

2013年，以国家哲学社会科学创新工程为依托，中国社会科学院实施了"中国社会科学年鉴工程"，学科年鉴编纂工作由此驶入快车道。至2021下半年，全院组织编纂的学科年鉴达到26部。

进入2022年以来，在加快构建中国特色哲学社会科学、贯彻落实《国家哲学社会科学"十四五"规划》的背景下，立足于更高站位、更广视野、更大格局，中国社会科学院进一步加大了学科年鉴编纂的工作力度，学科年鉴编纂工作迈上了一个大台阶，呈现出一幅全新的学科年鉴事业发展格局。

1. 哲学社会科学学科年鉴群

截至2023年5月，中国社会科学院组织编纂的哲学社会科学学科年鉴系列已有36部之多，覆盖了15个一级学科、13个二三级学科以及4个有重要影响力的学术领域，形成了国内规模最大、覆盖学科最多、也是唯一成体系的哲学社会科学学科年鉴群。

其中，《中国语言学年鉴》《中国金融学年鉴》《当代中国史研究年鉴》等10部，系2022年新启动编纂。目前还有将近10部学科年鉴在编纂或酝酿之中。到"十四五"末期，中国社会科学院组织编纂的学科年鉴总规模，有望超越50部。

2. 学科年鉴的高质量编纂

从总体上看，在坚持正确的政治方向、学术导向和价值取向方面，各部学科年鉴都有明显提高，体现了立场坚定、内容客观、思想厚重的导向作用。围绕学科建设、话语权建设等设置栏目，各部学科年鉴都较好地反映了本学科领域的发展建设情况，发挥了学术存史、服务科研的独特作用。文字质量较好，文风端正，装帧精美，体现了学科年鉴的严肃性和权威性。

与此同时，为提高年鉴编纂质量，围绕学科年鉴编纂的规范性，印发了《中国哲学社会科学学科年鉴编纂出版规定》，专门举办了年鉴编纂人员培训班。

3. 学科年鉴品牌

经过多年努力，无论在学术界还是年鉴出版界，中国社会科学院组织编纂的哲学社会科学学科年鉴系列得到了广泛认可，学术年鉴品牌已经形成。不仅成功主办了学术年鉴主编论坛和多场年鉴出版发布会，许多年鉴也在各类评奖中获得重要奖项。在数字化方面，学科年鉴数据库已经建成并投入使用，目前试用单位二百多家，学科年鉴编纂平台在继续推进中。

4. 学科年鉴工作机制

中国社会科学院科研局负责学科年鉴管理，制定发展规划，提供经费资助；院属研究单位负责年鉴编纂；中国社会科学出版社负责出版。通过调整创新工程科研评价考核指标体系，赋予年鉴编纂及优秀学科综述相应的分值，调动院属单位参与年鉴编纂的积极性。

学科年鉴是哲学社会科学界的学术公共产品。作为哲学社会科学研究的"国家队",编纂、提供学科年鉴这一学术公共产品,无疑是中国社会科学院的职责所在、使命所系。中国社会科学院具备编纂好学科年鉴的有利条件:一是学科较为齐全;二是研究力量较为雄厚;三是具有"国家队"的权威性;四是与学界联系广泛,主管120家全国学会,便于组织全国学界力量共同参与年鉴编纂。

(四)

当然,在肯定成绩的同时,还要看到,当前哲学社会科学学科年鉴编纂工作仍有较大的提升空间,我们还有很长的路要走。

1. 逐步扩大学科年鉴编纂规模

经过40多年的发展,特别是"中国社会科学年鉴工程"实施10年来的努力,哲学社会科学系列学科年鉴已经形成了一定的规模,覆盖了90%的一级学科和部分重点的二三级学科。但是,也不容忽视,目前还存在一些学科年鉴空白之地。如法学、政治学、国际政治、区域国别研究等重要的一级学科,目前还没有学科年鉴。

中国自主知识体系的基础是学科体系,完整的学科年鉴体系有助于完善的学科体系和知识体系的形成。尽快启动相关领域的学科年鉴编纂,抓紧填补相关领域的学科年鉴空白,使哲学社会科学年鉴覆盖所有一级学科以及重要的二三级学科,显然是当下哲学社会科学界应当着力推进的一项重要工作。

2. 持续提高学科年鉴编纂质量

在扩张规模、填补空白的同时,还应当以加快构建中国特色哲学社会科学、建构中国自主的知识体系为目标,下大力气提高学科年鉴编纂质量,实现高质量发展。

一是统一学科年鉴的体例规范。学科年鉴必须是成体系的,而不是凌乱的;是规范的,而不是随意的。大型丛书的编纂靠的是组织严密,条例清楚,文字谨严。学科年鉴的体例要更加侧重于存史内容的发掘,对关乎学术成果、学术人物、重要数据、学术机构评价的内容,要通过体例加以强调和规范。哲学社会科学所有学科年鉴,应当做到"四个基本统一":名称基本统一,体例基本统一,篇幅基本统一,出版时间、发布时间基本统一。

二是增强学科年鉴的权威性。年鉴的权威性,说到底取决于内容的权威性。学科年鉴是在对大量原始信息、文献进行筛选、整理、分析、加工的基础上,以高密度的方式将各类学术信息、情报传递给读者的权威工具书。权威的内容需要权威的机构来编纂,来撰写,来审定。学科综述是学科年鉴的灵魂,也是年鉴学术评价功能的集中体现,必须由权威学者来撰写学科综述。

三是要提高学科年鉴的时效性。学科年鉴虽然有存史功能,但更多学者希望将其作为学术工具书，从中获取对当下研究有价值的资料。这就需要增强年鉴的时效性，前一年的年鉴内容，第二年上半年要完成编纂，下半年完成出版。除了加快编纂和出版进度，年鉴的时效性还体现在编写的频度上。一级学科的年鉴，原则上都应当一年一鉴。

3. 不断扩大学科年鉴影响力

学科年鉴的价值在于应用，应用的前提是具有影响力。要通过各种途径，让学界了解学科年鉴，接受学科年鉴，使用学科年鉴，使学科年鉴真正成为学术研究的好帮手。

一是加强对学科年鉴的宣传。"酒香也怕巷子深"。每部学科年鉴出版之后，要及时举行发布会，正式向学界介绍和推出，提高学科年鉴的知名度。编纂单位也要加大对学科年鉴的宣传，结合学会年会、学术会议、年度优秀成果评选等活动，既加强对学科年鉴的宣传，又发挥学科年鉴的学术评价作用。

二要在使用中提高学科年鉴的影响力。要让学界使用学科年鉴，必须让学科年鉴贴近学界的需求，真正做到有用、能用、管用。因此，不能关起门来编学科年鉴，而是要根据学界的需求来编纂，为他们了解学术动态、掌握学科前沿、开展学术研究提供便利。要确保学科年鉴内容的原创性、独特性，提供其他渠道提供不了的学术信息。实现这个目标，就需要在学科年鉴内容创新上下功夫，不仅是筛选和转载，更多的内容需要用心策划、加工和提炼。实际上，编纂学科年鉴不仅是整理、汇编资料，更是一项学术研究工作。

三是提高学科年鉴使用的便捷性。当今网络时代，要让学科年鉴走进千万学者中间，必须重视学科年鉴的网络传播，提高学科年鉴阅读与获取的便捷性。出版社要重视学科年鉴数据库产品的开发。同时，要注重同知识资源平台的合作，利用一切途径扩大学科年鉴的传播力、影响力。在做好国内出版的同时，还要做好学科年鉴的海外发行，向国际学术界推广我国的学科年鉴。

4. 注重完善学科年鉴编纂工作机制

实现学科年鉴的高质量发展，是一项系统工程，需要哲学社会科学界的集思广益，共同努力，形成推动学科年鉴工作高质量发展的工作机制。哲学社会科学学科年鉴编纂，中国社会科学院当然要当主力军，但并不能包打天下，应当充分调动哲学社会科学界的力量，开展协调创新，与广大同仁一道，共同编纂好学科年鉴。

学科年鉴管理部门和编纂单位不仅要逐渐加大对学科年鉴的经费投入，而且要创新学科年鉴出版形式，探索纸本与网络相结合的新型出版模式，适当压缩纸本内容，增加网络传播内容。这样做，一方面可提高经费使用效益，另一方面，也有利于提升学科年鉴的传播力，进一步调动相关单位、科研人员参与学科年鉴编纂的积极性。

随着学科年鉴规模的扩大和质量的提升，可适时启动优秀学科年鉴的评奖活动，加强对优秀年鉴和优秀年鉴编辑人员的激励，形成学科年鉴工作良性发展的机制。要加强年鉴工作机制和编辑队伍建设，有条件的要成立专门的学科年鉴编辑部，或者由相对固定人员负责学科年鉴编纂，确保学科年鉴工作的连续性和编纂质量。

出版社要做好学科年鉴出版的服务工作，协调好学科年鉴编纂中的技术问题，提高学科年鉴质量和工作效率。除此之外，还要下大力气做好学科年鉴的市场推广和数字产品发行。

说到这里，可将本文的结论做如下归结：学科年鉴在加快构建中国特色哲学社会科学、建构中国自主知识体系中的地位和作用既十分重要，又异常关键，我们必须高度重视学科年鉴的编纂出版工作，奋力谱写哲学社会科学学科年鉴编纂工作新篇章。

重要文献

习近平关于拉丁美洲的重要论述*

习近平同阿根廷总统费尔南德斯互致信函（2021-01-04）

日前，国家主席习近平同阿根廷总统费尔南德斯互致信函，双方就进一步深化两国关系和抗疫等领域合作交换意见。

习近平强调，总统先生就任以来，我们通电话并多次互致信函，就深化中阿关系、加强抗疫等领域合作达成重要共识。新冠肺炎疫情对全世界是一次严峻考验。中阿两国人民面对疫情同舟共济、守望相助，两国传统友谊在抗疫斗争中得到升华。中方愿同阿方加强疫苗研发和使用合作，继续为阿方抗疫提供力所能及的支持和帮助。中方高度重视中阿关系发展，愿同阿方一道努力，推进高质量共建"一带一路"合作，推动构建人类命运共同体，共同引领中阿全面战略伙伴关系持续深入发展。

费尔南德斯高度评价两国关系发展和中国抗疫成就，感谢中方对阿方抗疫提供支持。费尔南德斯表示，面对疫情冲击，各国要团结一致、相互尊重、彼此支持，致力于构建习近平主席提出的人类命运共同体。中国如期完成脱贫攻坚目标，并在科技领域取得卓越成就，既造福中国人民，也使全人类受益。阿中都倡导多边主义，支持国家间对话、加强区域对话、实现和谐发展。"一带一路"倡议有利于深化两国互联互通和相互理解，阿方愿同中方加强疫苗等领域合作，推动阿中全面战略伙伴关系取得更大发展。

习近平同多米尼克总理斯凯里特通电话（2021-01-25）

2021年1月25日晚，国家主席习近平同多米尼克总理斯凯里特通电话。

习近平指出，中多虽然相距遥远，但两国是相互尊重、平等互利的好朋友。建交近17年来，中多关系取得长足进展，双方在涉及彼此核心利益和重大关切问题上相互支持，在基础设施建设、农业、医疗、教育等领域合作良好，两国人民友谊日益加深。中方赞赏多方将发

---

* 除特别注明外，本部分文献均源自中华人民共和国外交部官方网站（括号内数字为外交部网站刊登时间），https://www.fmprc.gov.cn/zyxw/，上网查询时间：2022年8月10日。

展对华关系作为外交优先方向，愿继续为多米尼克经济社会发展提供力所能及的帮助。我相信，在双方共同努力下，中多友好合作关系一定会发展得更好。

习近平强调，面对突如其来的新冠肺炎疫情，中多携手抗疫，体现出守望相助的深厚情谊。中方将继续大力支持多方抗疫，向包括多米尼克在内的发展中国家提供帮助和支持，努力让疫苗成为各国人民用得上、用得起的公共产品，为实现疫苗的可及性和可负担性作出中国贡献。中多双方要坚定支持世卫组织发挥应有作用，共同推动构建人类卫生健康共同体。

斯凯里特表示，多中两国建交以来，双方始终相互尊重，平等相待，成为大小国家关系的典范。中国政府坚持以人民为中心，致力于解决发展不平衡问题，为多米尼克和其他发展中国家经济社会发展提供宝贵帮助。中方为多米尼克等国抗击疫情提供医疗物资援助，并承诺为实现疫苗在发展中国家可及性和可负担性作出贡献。中国为世界作出了榜样，是多米尼克值得信赖的真朋友。多方坚持一个中国原则，支持中国和平统一，坚决反对任何势力干涉中国内政，在涉港、涉台等问题同中国坚定站在一起。多方赞赏中方为全球应对气候变化发挥领导作用，将积极参与共建"一带一路"，推动多中关系以及加勒比国家同中国关系不断发展。

习近平同玻利维亚总统阿尔塞通电话（2021-01-29）

2021年1月28日晚，国家主席习近平同玻利维亚总统阿尔塞通电话。

习近平指出，中玻建交36年来，两国关系稳步前行。特别是莫拉莱斯总统执政期间，双方高层往来密切，经贸合作拓展迅速，多边事务协作良好。新冠肺炎疫情暴发后，中方通过多种渠道为玻方抗击疫情提供物资和技术援助。中方愿同玻方加强疫苗合作，继续尽己所能支持玻方抗疫斗争。

习近平强调，中方始终把玻方当作好朋友、好伙伴，高度重视发展中玻战略伙伴关系。中方支持玻方探索符合自身国情的发展道路，不断提升玻利维亚人民"美好生活"指数，愿同玻方加强政策沟通协调，交流互鉴治国理政经验，深化政治互信，相互支持。双方要梳理务实合作，作好规划，推进共建"一带一路"合作。欢迎玻方用好中国国际进口博览会等平台推介更多优质特色产品。中方支持双方企业扩大农业、矿业、基础设施建设、电信等领域合作，同时根据疫情形势，推进人文交流和地方合作。双方要密切在联合国等多边框架内协作，共同维护发展中国家正当权益，推动构建人类命运共同体。相信在双方共同努力下，中玻战略伙伴关系将不断取得新成果。

阿尔塞表示，玻中传统友谊牢不可破。玻方珍视同中国兄弟般的友好情谊，真诚希望巩固和密切玻中关系。感谢中方为玻方抗击新冠肺炎疫情提供宝贵支持，希望继续得到中方帮助。玻方愿同中方加强发展战略对接，深化各领域合作，将玻中战略伙伴关系提升到新的水平。玻方愿同中方积极共建"一带一路"，推动构建人类命运共同体。

习近平同哥伦比亚总统杜克通电话（2021-02-25）

2021年2月25日晚，国家主席习近平同哥伦比亚总统杜克通电话。

习近平指出，近年来，中哥关系保持平稳健康发展，务实合作不断优化升级。新冠肺炎疫情发生后，双方相互慰问支持，体现了守望相助、共克时艰的深厚情谊。中方愿继续尽己所能支持哥方抗疫，同哥方开展疫苗合作。

习近平强调，中国积极构建新发展格局，将为哥伦比亚提供新的合作机遇。中方愿同哥方共同努力，推动中哥关系得到新的更大发展。双方要继续相互支持，对接好共建"一带一路"倡议同"哥伦比亚—中国倡议"，在能源、基础设施、电信等传统合作基础上，积极拓展农牧业、新能源、数字经济、创意产业等新领域合作，深化文化、教育、体育、地方等领域交流合作。中方愿继续鼓励中国企业赴哥伦比亚投资兴业。中方愿同哥方在联合国等多边框架内加强协作。

杜克向中国人民致以新春问候，祝中国人民元宵节快乐。杜克表示，去年是哥中建交40周年。我对哥中关系良好发展，特别是经贸合作取得丰硕成果感到高兴。哥方欢迎更多中国企业赴哥伦比亚投资，希望同中方共同规划好未来40年关系发展，深化经贸、科技、文化、体育等各领域合作，推动两国关系取得更多成果。感谢中方为哥伦比亚抗击新冠肺炎疫情提供宝贵支持，特别是中方提供的疫苗将帮助拯救大量宝贵生命，体现了哥中两国深厚友谊和高度互信。哥方期待同中方继续加强疫苗合作。

习近平同圭亚那总统阿里通电话（2021-03-16）

2021年3月16日晚，国家主席习近平同圭亚那总统阿里通电话。

习近平指出，中国和圭亚那相距遥远，但友谊源远流长。建交以来，两国各领域合作富有成果。去年，面对新冠肺炎疫情冲击，中圭双边贸易逆势增长，展现了巨大潜力。当前，两国都处于重要发展阶段，面临广阔前景和巨大机遇。双方要以明年建交50周年为契机，切实尊重和照顾彼此核心利益和重大关切，推进共建"一带一路"，扩大能源、基础设施等领域互惠互利合作，争取更多合作成果，推动中圭关系迈上新台阶。中方愿同圭方加强新冠疫苗合作，继续为圭亚那经济社会发展提供力所能及的帮助和支持。

习近平强调，中圭同属发展中国家，在许多国际和地区问题上立场相近。双方要在联合国和气候变化等问题上加强协作，推动国际体系变革朝着更加公正合理方向发展。希望圭方为中国同加勒比地区整体合作以及中国同加勒比共同体关系发展发挥积极作用。

阿里表示，今天，我和圭方重要政党领导人、部长一起同习近平主席通电话，感谢中方为圭方抗击疫情提供慷慨援助，赞赏中方在诸多全球问题上发挥重要领导作用。圭中友谊强劲牢固。圭方坚定恪守一个中国原则,将中国作为圭亚那国家发展进程中最重要的合作伙伴,致力于同中方加强两党和两国关系。圭方希望同中方积极共建"一带一路",加强基础设施等领域合作。我相信,圭中关系将越来越好。圭方支持并愿积极推动加共体发展同中国的关系。

习近平同特立尼达和多巴哥总理罗利通电话(2021-03-16)

2021年3月16日晚,国家主席习近平同特立尼达和多巴哥总理罗利通电话。

习近平指出,特多是中国在加勒比地区的重要合作伙伴。新冠肺炎疫情发生后,中特同舟共济、守望相助。特多是拉美和加勒比地区首个向中国捐赠抗疫物资的国家,中方也通过多种渠道向特多提供防疫物资和技术援助。中方愿同特多加强疫苗合作,继续支持特多抗击疫情。特多在加勒比国家中率先参与共建"一带一路"。中方愿同特多深化传统友谊,巩固能源、电信、基础设施等传统领域合作,积极拓展新能源、数字经济、互联互通等新领域合作,推动中特全面合作伙伴关系迈上新台阶。

习近平强调,今年是中国恢复在联合国合法席位50周年。中方不会忘记特多给予的宝贵支持,赞赏特多在涉港、涉疆、涉台等问题上支持中方正当立场。中方愿同特多在国际和多边事务中加强协作,维护发展中国家共同利益,推动构建人类命运共同体。希望特多继续为促进中国同加勒比国家关系发展以及中拉整体合作发挥积极作用。

罗利热烈祝贺中国共产党成立100周年。他表示,中国共产党领导中国人民在经济、科技、扶贫等领域取得举世瞩目的伟大成就。在习近平主席坚强领导下,中国率先成功应对新冠肺炎疫情。同时,中国为世界上其他国家经济社会发展提供宝贵支持和帮助,为国际社会抗击疫情发挥重要领导作用。中国共产党完全应该为自己感到骄傲。特多对华关系基于平等和友谊。特多坚定恪守一个中国原则,致力于同中国加强各领域合作,并就地区事务密切沟通。特多愿同中方积极推进共建"一带一路"。

习近平向哥伦比亚民众发表视频讲话(2021-03-21)

当地时间2021年3月20日,中国向哥伦比亚提供的第三批疫苗运抵哥伦比亚首都波哥大。应哥伦比亚总统杜克邀请,国家主席习近平向哥伦比亚民众发表视频讲话。

习近平指出,"志合者,不以山海为远。"浩瀚的太平洋阻挡不了中哥两国人民的深厚友谊。建交41年来,中哥关系得到历史性发展。中国已成为哥方全球第二大贸易伙伴,中资企业积极参与哥伦比亚各领域建设。双方人文交流精彩纷呈,中哥友好深入人心。

习近平强调,面对突如其来的新冠肺炎疫情,两国团结互助、共克时艰,积极开展抗疫合作。不久前,哥方采购的两批中国疫苗已经运抵,今天又有一批疫苗送达,为哥伦比亚全国新冠疫苗接种计划助力加油。希望中哥两国政府和人民共同努力,加强抗疫等各领域友好合作，在新的历史起点上，推动中哥友好合作不断迈上新台阶，更好造福两国人民。

当天，正在外地考察的杜克总统专门举行特别仪式，向全国播出习近平主席讲话。杜克表示，感谢习近平主席和兄弟般的中国人民对哥伦比亚人民的深情厚谊和为哥方抗疫提供重要支持。发展对华关系是哥伦比亚各政治派别的广泛共识。哥方愿同中方一道，推动哥中关系持续深化。

习近平同古巴领导人互致信函（2021-03-28）

近日，中共中央总书记、国家主席习近平向古巴共产党中央委员会第一书记劳尔·卡斯特罗和古巴共和国主席迪亚斯－卡内尔复信，感谢古巴领导人祝贺中国脱贫攻坚取得全面胜利。

习近平表示，中古是好朋友、好同志、好兄弟。近年来，中古传统友谊日益深化，友好合作全面发展。在抗击新冠肺炎疫情的斗争中，中古同舟共济、守望相助，两国友谊得到升华。中方将一如既往支持古巴坚持走社会主义道路，推动中古关系不断迈上新台阶。

日前，劳尔·卡斯特罗和迪亚斯－卡内尔向习近平致函，代表古巴共产党、古巴政府和人民热烈祝贺中国脱贫攻坚取得全面胜利，高度赞赏中国在以习近平同志为核心的党中央坚强领导下消除极端贫困斗争取得伟大成就，提前十年实现《联合国2030年可持续发展议程》中确定的消除贫困目标，表示古方愿坚定不移深化两国友好合作关系。

习近平同古共中央第一书记、国家主席迪亚斯－卡内尔通电话（2021-05-07）

2021年5月6日，中共中央总书记、国家主席习近平同古共中央第一书记、国家主席迪亚斯－卡内尔通电话。

习近平代表中国共产党和中国人民对古巴共产党第八次全国代表大会胜利召开和迪亚斯－卡内尔当选古共中央第一书记再次表示祝贺。习近平表示，古共八大对当前和今后一个时期古巴党和国家事业发展作出战略规划和部署，对古巴社会主义事业具有重大意义。相信在以迪亚斯－卡内尔第一书记同志为首的新一届古共中央领导下，古巴党和政府将带领古巴人民团结奋斗，推动古巴特色社会主义事业取得新成就。习近平请迪亚斯－卡内尔转达对劳尔·卡斯特罗同志的亲切问候。

习近平指出，中古是好朋友、好同志、好兄弟，共同的理想信念把我们紧密联系在一起。近年来，我同你就新时期中古关系发展达成许多共识，推动两国关系得到新发展。今年是中国共产党成立100周年和中国实施"十四五"规划、开启全面建设社会主义现代化国家新征程开局之年，也是菲德尔·卡斯特罗宣布古巴革命具有社会主义性质60周年和古巴持续推进经济社会模式更新、建设繁荣、可持续社会主义国家迈出重要步伐的一年。新形势下，我愿同你加强对中古关系发展方向的引领，巩固和发展中古友好关系，共同为社会主义事业开辟新境界、作出新贡献。中国共产党愿同古共加强对重大理论和实践问题的交流探讨。我们愿以共建"一带一路"为契机，稳步推进双方各领域务实合作。中方将同古方在重大国际和地区问题上保持密切沟通和协调，坚定维护世界和平、公平正义。中方将一如既往支持古巴捍卫国家主权和独立，走符合本国国情的社会主义道路，共同推动构建人类命运共同体。

迪亚斯-卡内尔转达了劳尔·卡斯特罗对习近平的良好祝愿，重点通报古共八大有关情况，表示古共八大集中讨论了古巴经济发展、古共党的建设和干部政策等问题，为古巴经济社会模式更新制定了新的计划和政策，坚定了古巴坚持走社会主义道路的信念。

迪亚斯-卡内尔高度评价中国共产党100年来领导中国人民取得的历史性成就，特别是在以习近平同志为核心的中共中央领导下，中国在建设社会主义现代化国家上取得的巨大成就，坚信在以习近平同志为核心的中共中央领导下，中国必将取得更大成就。迪亚斯-卡内尔感谢中方长期以来对古巴正义事业的坚定支持，包括对古巴抗击新冠肺炎疫情提供的及时帮助，表示古巴坚定支持一个中国政策，反对一切干涉中国内政的行径。古共愿同中国共产党加强治国理政经验交流，用好古中经贸混委会等机制，促进共建"一带一路"等领域务实合作，推动两党两国关系不断向前发展。

习近平同多米尼加总统阿比纳德尔通电话（2021-06-03）

2021年6月2日晚，国家主席习近平同多米尼加总统阿比纳德尔通电话。

习近平指出，中多建交以来，多米尼加坚定奉行一个中国政策，将对华关系作为外交优先方向，中方对此高度赞赏。新冠肺炎疫情发生以来，中多相互支持、同舟共济。中方将继续为多米尼加抗疫提供力所能及的支持。相信在你领导下，多米尼加将早日战胜疫情。中方愿同多方一道，推动中多关系得到更大发展，不断迈上新台阶。

习近平强调，中国共产党即将迎来建党100周年。人民立场是中国共产党的根本政治立场，这与多方倡导的"人民优先"执政理念高度契合。中方愿同多方加强执政理念交流，深化政治互信，促进共同发展。今年是中国"十四五"规划开局之年，中方在更高水平上扩大开放，将为中多合作带来更多机遇。中方欢迎多米尼加对华出口特色农产品，支持中国企业赴多米尼加投资兴业。中方愿同多方加强在国际和地区问题上的协调配合，共同维护国际公平正义和发展中国家权益。希望多方为促进中国同加勒比和中美洲国家关系、中拉整体合作发挥积极作用。

阿比纳德尔表示，我对中国共产党即将迎来建党100周年表示诚挚祝贺。中方提供的医疗物资和疫苗为多米尼加抗击新冠肺炎疫情发挥了关键作用，多方对此表示衷心感谢。多方坚定坚持一个中国政策，愿同中方加强交往交流，扩大经贸等领域合作。

习近平同巴巴多斯总理莫特利通电话（2021-07-14）

2021年7月13日晚，国家主席习近平同巴巴多斯总理莫特利通电话。

习近平指出，巴巴多斯是中国在东加勒比地区的好朋友、好伙伴。中巴建交44年来，两国高层交往不断，合作富有成果。新冠肺炎疫情发生以来，中巴同舟共济、共克时艰。当前，疫情仍在全球蔓延，朋友需要帮助，我们义不容辞。中方将继续同巴方加强疫苗、医疗等领域合作，助力巴方早日战胜疫情。

习近平强调，中巴两国均坚持以人民为中心。中方愿同巴方加强治国理政经验交流，拓展基础设施等领域务实合作，推动中巴关系不断迈上新台阶。中方愿继续为巴方经济社会发展提供力所能及的帮助。双方应加强在国际事务中协调配合，维护发展中国家共同利益。"一带一路"倡议创造了更多共同发展的机遇，中方愿同巴巴多斯等加勒比地区国家推进共建"一带一路"，希望巴方为推动中国同加勒比共同体合作和中拉关系发展作出积极贡献。

莫特利表示，诚挚祝贺中国共产党成立100周年。在习近平总书记远见卓识和坚强领导下，中国成功实现了第一个百年奋斗目标，摆脱了绝对贫困，相信并祝愿在中国共产党领导下，中国必将在实现第二个百年奋斗目标的新征程上取得更大成就。巴方为有中国这样的朋友感到高兴，愿同中方加强双边务实合作和多边沟通协作，共建"一带一路"，推动巴中关系和拉中关系取得更大发展。感谢中方为巴方抗击新冠肺炎疫情提供宝贵帮助，巴方反对将病毒溯源问题政治化，赞赏中方为推动疫苗在发展中国家公平分配作出积极贡献，希望同中方加强疫苗合作。

习近平同古巴国家主席迪亚斯－卡内尔通电话（2021-08-30）

2021年8月30日，国家主席习近平同古巴国家主席迪亚斯－卡内尔通电话。

迪亚斯－卡内尔转达劳尔·卡斯特罗同志对习近平的诚挚问候，并通报了近期古巴国内形势。习近平请迪亚斯－卡内尔转达对劳尔同志的亲切问候。

习近平指出，在古巴共产党坚强领导下，古巴同志不畏强权、不屈斗争，有力捍卫了革命成果。从历史上看，社会主义事业从来不是一帆风顺的。共产党人始终在斗争中求得生存、获得发展、赢得胜利。中方始终认为，应当尊重各国自主选择社会发展道路的权利，反对对其他国家实施单边制裁，反对外部势力干涉别国内政。中方一如既往支持古巴走符合本国国情的发展道路，建设繁荣、可持续的社会主义，支持古巴维护国家主权安全、反对强权干涉的正义斗争。中方将继续为古方抗击疫情、改善民生提供力所能及的帮助和支持。相信古巴将实现社会主义事业新发展。

习近平强调，在两党两国历代领导人精心培育和大力推动下，中古关系历久弥坚，已经成为发展中国家团结合作的典范。无论形势怎么变,中方坚持中古长期友好的方针不会变,深化中古各领域合作的意愿不会变,愿同古方做社会主义的同路人、共同发展的好伙伴、携手抗疫的好榜样、战略协作的好战友。中方愿同古方密切高层交往,加强治党治国交流互鉴,深化抗疫合作,促进务实合作,推动中古关系得到更大发展。双方要在国际和多边场合密切战略协作,维护发展中国家共同利益。中方将继续在国际上为古巴说公道话、办公道事。

迪亚斯-卡内尔表示,感谢中方长期以来一直给予古巴宝贵支持,包括为古方抗击新冠肺炎疫情提供抗疫物资,体现了古中兄弟般的友谊。古巴坚定走社会主义道路,愿同中方加强党际交往交流和各领域务实合作,共同推进社会主义事业和古中关系发展。古方愿同中方深化多边协作,共同反对霸权主义、强权政治,反对将疫情政治化、污名化。古方坚定奉行一个中国政策,反对干涉中国内政,将继续坚定支持中方在涉台、涉疆等核心利益问题上的立场。古方愿为促进拉美同中国关系发挥积极作用。

习近平同厄瓜多尔总统拉索通电话(2021-08-30)

2021年8月30日,国家主席习近平同厄瓜多尔总统拉索通电话。

习近平指出,新冠肺炎疫情发生以来,中厄双方相互支持、同舟共济,体现了两国人民的深情厚谊。中方赞赏厄方高度重视发展对华关系。面对世界百年变局和世纪疫情交织的复杂局面,中厄作为全面战略伙伴,要从战略高度和长远角度看待和发展两国关系,继续相互支持、协调合作,让中厄传统友好历久弥新,使中厄关系成为发展中国家合作标杆。中方愿继续为厄方抗击疫情提供支持和帮助,同厄方开展形式多样的抗疫、疫苗合作。相信在双方共同努力下,中厄关系将得到更大发展。

习近平强调,厄瓜多尔是中方共建"一带一路"的重要合作伙伴,双方在基础设施、能源矿产、金融等传统领域合作成果丰硕。中国经济进入新发展阶段,将更加开放、更具活力,这将为厄瓜多尔等国带来新的机遇。中方愿扩大自厄方进口规模,提高双方贸易和投资自由化便利化水平,培育健康、数字、绿色丝绸之路等新增长点,打造更多务实合作成果,更好造福两国人民。中方愿同厄方加强多边事务沟通协调,维护国际公平正义和发展中国家正当权益,推动构建人类命运共同体。

拉索表示,我谨代表厄瓜多尔政府和人民再次热烈祝贺中国共产党成立100周年,祝贺中国共产党领导中国人民在包括摆脱贫困和抗击新冠肺炎疫情等问题上取得伟大成就。中方提供的疫苗为厄方抗击疫情提供了至关重要的支持,厄瓜多尔人民对此心怀感激,不会忘记。厄方反对将疫情政治化、污名化,希望同中方继续深化疫苗合作。厄方把中国视为最重要的全面战略伙伴,欢迎更多中方企业赴厄投资合作。

习近平就墨西哥独立战争胜利 200 周年向墨西哥总统洛佩斯致贺电（2021-09-16）

2021 年 9 月 16 日，国家主席习近平致电墨西哥总统洛佩斯，祝贺墨西哥独立战争胜利 200 周年。

习近平在贺电中指出，墨西哥是具有悠久历史和灿烂文明的拉美重要国家。在发展进程中，墨西哥人民在探索符合自身国情的发展道路上取得举世瞩目的成就，为人类文明进步作出不可磨灭的贡献。当前，总统先生正推进新的发展变革，中方衷心祝愿贵国在国家建设事业中不断取得新的更大成就。

习近平强调，中墨都是发展中国家，拥有广泛共同利益。面对百年变局和世纪疫情，中墨同舟共济、守望相助，两国友谊得到升华。我高度重视中墨关系发展，愿同你一道努力，深化政治互信，促进互利合作，推动中墨关系不断迈上新台阶，造福两国和两国人民。

习近平向拉美和加勒比国家共同体第六届峰会作视频致辞（2021-09-19）

2021 年 9 月 18 日，拉美和加勒比国家共同体第六届峰会在墨西哥首都墨西哥城举行。应拉共体轮值主席国墨西哥邀请，国家主席习近平向峰会作视频致辞。

习近平指出，10 年前，在拉美和加勒比国家追求独立自主、联合自强努力下，拉共体应运而生，这是地区一体化进程中的里程碑事件。10 年间，拉共体为维护地区和平稳定、促进共同发展发挥了重要作用。中方高度重视发展同拉共体关系，支持拉共体协调地区国家开展合作、应对挑战。2014 年 7 月，我和地区国家领导人共同宣布建立中国—拉共体论坛，开辟了中拉整体合作的新途径。7 年来，中拉论坛蓬勃发展，已成为汇聚中拉各界友好力量的主要平台，为深化中拉关系作出了重要贡献。

习近平强调，历经国际风云变幻，中拉关系已经进入平等、互利、创新、开放、惠民的新时代。中拉友好历久弥新、深入人心。去年以来，面对突如其来的新冠肺炎疫情，中拉守望相助，开展全方位抗疫合作。中方将继续向拉美和加勒比国家提供力所能及的帮助，助力地区国家早日战胜疫情，恢复经济社会发展。中国愿同拉美和加勒比国家一道，共克时艰、共创机遇，携手推动构建中拉命运共同体。

习近平同秘鲁总统卡斯蒂略就中秘建交 50 周年互致贺电（2021-11-02）

2021 年 11 月 2 日，国家主席习近平同秘鲁共和国总统卡斯蒂略互致贺电，庆祝两国建交 50 周年。

习近平指出，中秘两国虽相距遥远，但友好交往源远流长，中秘关系拥有坚实基础。建交 50 年来，双方政治互信不断深化，务实合作日益拓展，人文交往持续扩大，成为中国同拉美国家团结合作、共同发展的典范。新冠肺炎疫情发生以来，中秘同舟共济、团结互助，积极开展抗疫和疫苗合作，以实际行动诠释人类命运共同体理念。我高度重视中秘关系发展，愿同你一道努力，以两国建交 50 周年为契机，加强双方发展战略对接，推动各领域合作优化升级，引领两国各界共同传承中秘传统友好，推动中秘全面战略伙伴关系不断迈上新台阶。

卡斯蒂略在贺函中表示，秘中同为千年文明古国，近年来两国关系在传统友好基础上提升为全面战略伙伴关系。秘方高度重视发展对华关系，感谢中方提供大量物资和疫苗支持秘方抗疫斗争，愿同中方保持密切高层交往，推动贸易、投资、旅游、数字化等各领域合作，共同维护多边主义，携手抗击新冠肺炎疫情，实现疫后经济复苏。

习近平向中国—拉共体论坛第三届部长会议发表视频致辞（2021-12-03）

2021 年 12 月 3 日，国家主席习近平向中国—拉共体论坛第三届部长会议发表视频致辞。

习近平指出，中国—拉共体论坛成立 7 年来，双方本着加强团结协作、推进南南合作的初心，将论坛打造成双方互利的主要平台，推动中拉关系进入平等、互利、创新、开放、惠民的新时代。

习近平强调，当今世界进入新的动荡变革期，中拉都面临着推动疫后复苏、实现人民幸福的时代新课题。欢迎拉方积极参与全球发展倡议，同中方一道，共克时艰、共创机遇，共同构建全球发展命运共同体。

习近平强调，历史告诉我们，和平发展、公平正义、合作共赢才是人间正道。中拉同属发展中国家，是平等互利、共同发展的全面合作伙伴，独立自主、发展振兴的共同梦想把我们紧紧团结在一起。让我们共同谋划中拉关系蓝图，增添中拉合作动力，为增进中拉人民福祉和人类进步事业作出新贡献。

（袁东振　整理）

中国—拉共体论坛第三届部长会议宣言[*]

一、我们，中华人民共和国与拉美和加勒比国家共同体（拉共体）成员国外交部长和代表，于2021年12月3日举行中国—拉共体论坛（以下简称"中拉论坛"）第三届部长会议，围绕"共克时艰、共创机遇，携手推动构建中拉命运共同体"交换意见。

二、我们对中国国家主席习近平、墨西哥总统洛佩斯向部长会开幕式作视频致辞表示感谢。

三、我们回顾了在智利圣地亚哥举行的中拉论坛第二届部长级会议以来，双方积极落实《中拉论坛第二届部长级会议圣地亚哥宣言》《中国与拉共体成员国优先领域合作共同行动计划（2019—2021）》《中拉论坛第二届部长级会议关于"一带一路"倡议的特别声明》和《中拉应对新冠肺炎疫情特别外长视频会议联合声明》，推动中拉论坛建设取得丰硕成果。我们感谢哥斯达黎加、萨尔瓦多、玻利维亚、墨西哥在担任拉共体轮值主席国期间，为推动中拉论坛建设所作贡献。

四、我们认为，近4年来中拉论坛框架下有关合作为双方增进信任、促进经济社会可持续发展、携手应对新冠肺炎疫情带来的挑战、加强拉共体的协调机制作用，推动拉美和加勒比地区一体化进程、深化中拉关系水平、深化南南合作和三方合作等发挥了重要作用，为中拉论坛可持续、包容发展奠定了坚实基础。

五、我们决心共同努力，在尊重、平等、多元、包容和遵守《宣布拉美和加勒比为和平区的公告》的基础上，巩固中拉论坛作为中拉整体合作与团结的主要平台地位，携手加强和扩大中拉论坛框架下各领域务实合作，持续深化平等、互利、创新、开放、惠民的新时代中拉关系。为此，我们通过了《中国—拉共体成员国重点领域合作共同行动计划（2022—2024）》。

六、我们重申中拉论坛第二届部长级会议通过的关于"一带一路"倡议特别声明（2018年），拉共体成员国外长对中国外长关于"一带一路"倡议的介绍表示欢迎和支持，认为该

---

[*] 中华人民共和国外交部官方网站，https://www.mfa.gov.cn/wjbxw_673019/202112/t20211207_10463450.shtml，2021年12月7日。

倡议可以成为深化中国与拉美和加勒比国家经济、贸易、投资、文化、旅游等领域合作的重要途径。

七、我们将探讨在2024年中拉论坛成立十周年之际举行中拉论坛峰会的可能性。

八、中国和拉共体成员国是维护国际和平安全，促进和保护人权，支持多边主义，促进可持续、包容、韧性发展、消除贫困和缓解不平等的重要力量。我们愿在多边和国际场合就共同关心的问题加强沟通协调，携手应对全球性挑战。

——我们认为，新冠肺炎疫情再次表明，我们生活在一个互联互通的世界。我们应共同坚守和平、发展、公平、正义、民主、自由的全人类共同价值。我们重视中方关于推动建设持久和平、普遍安全、共同繁荣、开放包容、清洁美丽的世界的愿景。

——我们强调，应尊重彼此主权，互不干涉内政，尊重各国尊严和领土完整，尊重发展权利和社会安全体系，努力解决各国关切，坚持以和平方式解决争端。我们反对使用或威胁使用武力解决争议，反对违反国际法和《联合国宪章》、威胁主权和稳定的单边胁迫措施。

——我们认为，世界多极化、经济全球化、国际关系民主化的大方向没有改变。应推动国际社会基于国际法和多边主义，构建相互尊重、公平正义、合作共赢的新型国际关系，共同塑造更加公正合理的韧性世界，以应对共同的紧迫挑战。

——我们同意要尊重国际法，发扬《联合国宪章》的宗旨和原则，加强和激活联合国作为应对当今全球性挑战最有效工具的作用。为此，我们同意应坚持以《联合国宪章》宗旨和原则指导各国在国际事务中的行为，维护以联合国为核心的多边主义。

——我们重申，团结、互助和合作对战胜新冠肺炎疫情造成的损失至关重要。我们高度赞赏中拉双方始终守望相助、同舟共济，开展了形式多样、卓有成效的抗疫合作。我们同意继续加强抗疫合作，呼吁国际社会基于联合国大会74/274号决议，确保发展中国家公正、平等、及时、支持、可负担地获得作为全球公共产品的新冠疫苗和相关药品。我们呼吁以科学为基础开展疫情溯源合作，反对政治化。

——我们承认多边贸易体系对于促进我们的人民可持续和包容发展的重要性，加强在世界贸易组织框架下的合作与对话，共同维护以规则为基础、透明、非歧视、开放、包容的多边贸易体制，以均衡和互利的方式推动全球贸易可持续发展。因此，我们反对单边主义和保护主义。

——我们欢迎中方提出的全球发展倡议，相信倡议将有助于加快落实联合国2030年可持续发展议程，推动实现更加强劲、绿色、健康的全球发展，不让任何人掉队。

——我们要根据各国不同国情，按照公平、共同但有区别的责任和各自能力原则，以及《巴黎协定》"国家自主决定贡献"的制度安排，全面、有效和持续实施《联合国气候变化框架公约》《京都议定书》和《巴黎协定》。

——我们欢迎将于2022年4月在中国昆明举行的联合国《生物多样性公约》第十五次缔约方大会（COP15）第二阶段会议，支持大会制定"2020年后全球生物多样性框架"。

——我们应推动国际社会积极推进世界人权事业，加强对儿童、青少年、老年人、残疾人、土著、非洲后裔和其他处于脆弱情境的群体权利的保护。

——我们同意推动加强对话合作，实施并最终制定网络空间准则和规则：应对滥用信息和通讯技术（ICT）煽动或实施恐怖主义行为，健全打击网络犯罪司法协助机制，积极参与制定联合国打击使用信息和通讯技术犯罪相关公约的磋商，维护网络空间和平安全。我们重视中方提出的《全球数据安全倡议》。

九、拉共体成员国对中国共产党成立100周年表示热烈祝贺，赞赏中国脱贫攻坚战取得的重要成就。中国和拉共体祝贺拉共体成立十一周年。双方愿携手通过经验交流互鉴加强减少各种形式和维度贫困等领域的机制建设，在兼顾中拉论坛成员国各自优先发展方向的基础上，共同推动落实联合国2030年可持续发展议程。中国祝贺部分拉共体成员国独立200周年。

十、中方赞赏拉共体的重回发展正轨，肯定拉共体成立以来同域外伙伴的合作成果，欢迎2021年9月拉共体第六届峰会达成的重要成果。双方一致认为，拉共体应在政治协商和推进拉美和加勒比地区一体化进程中发挥更重要的作用。

十一、我们祝贺中方举办2022年北京冬奥会和冬残奥会，并预祝取得圆满成功。中方欢迎有关拉共体成员国运动员积极来华参赛。

十二、我们对联合国拉美和加勒比经济委员会、拉美开发银行出席本届部长会议表示欢迎，重申愿同拉美和加勒比地区组织开展对话合作，推动构建开放包容、全面均衡的中拉整体合作网络。

十三、我们对本届部长会议取得的积极成果感到满意。拉共体成员国赞赏并感谢中方为会议所作精心安排。中方赞赏并感谢拉共体轮值主席国墨西哥积极协调拉共体成员国参会。

十四、我们同意就中拉论坛第四届部长会议举行的时间和地点保持积极沟通。

中国—拉共体成员国重点领域合作共同行动计划（2022—2024）*

中国—拉美和加勒比国家共同体论坛（以下简称"中拉论坛"）第三届部长会议于2021年12月3日通过线上方式举行。

中华人民共和国及拉美和加勒比国家共同体成员国（以下简称"双方"）通过平等友好协商，同意共同制定《中国—拉共体成员国重点领域合作共同行动计划（2022—2024）》。具体如下：

第一条　政治与安全合作

一、密切高层交往和双方代表和领导人在多边场合的会晤及其他形式交流，扩大各层级交往，加强治国理政经验分享。

二、我们将探讨在2024年中拉论坛成立十周年之际举行中拉论坛峰会的可能性。

三、根据各自国内法律和国际法原则，加强对话合作打击各种形式的恐怖主义和恐怖融资，以及打击极端暴力主义和在网络空间散播仇恨言论等领域的知识、政策、技术和经验交流。同意推动落实联合国安理会第1373号决议。

四、根据各自国内法律和缔结的国际公约，加强就打击各种形式的跨国有组织犯罪、非法武器交易以及非法资金流动等领域的对话与合作，应对非法生产和贩运麻醉药品、精神药物等。

五、合作推进落实联合国安理会第1540号决议（2004年），有效推进裁军、防止大规模杀伤性武器（核、生物和化学武器）及其运载工具扩散，加强常规武器和弹药控制领域对话与合作。中方愿继续加强同拉丁美洲和加勒比禁止核武器组织的交往合作。

六、同意推动加强对话合作，实施并最终制定网络空间准则和规则；应对滥用信息和通讯技术（ICT）煽动或实施恐怖主义行为，健全打击网络犯罪司法协助机制，积极参与制定联合国打击使用信息通讯技术犯罪相关公约的磋商，维护网络空间和平安全。我们重视中方提

---

* 中华人民共和国外交部官方网站，https://www.mfa.gov.cn/web/wjbxw_673019/202112/t20211207_10463447.shtml，上网查询时间：2022年6月10日。

出的《全球数据安全倡议》。

七、根据各自国内法律及《联合国反腐败公约》，扩大反腐败、反走私、反洗钱、反逃税和非法资金流动领域双多边合作。

八、继续在自愿参与的基础上举办中国—拉丁美洲高级防务论坛。

九、加强刑事司法互助、执行能力培训等方面合作，建立直接有效的司法实践合作机制。及时举办中国—拉共体法治论坛。

第二条　经济务实合作

一、贸易、投资

（一）加强贸易投资促进机构和商协会交流，推动企业深化务实合作。

（二）促进双方贸易、投资和人员的合法、便利、有序流动。

（三）便利投资，优化贸易环境。根据各自国内法律维护和保障双方企业的合法权益。双方加强反不正当竞争领域交流合作，为双边经贸关系发展营造公平公正的市场环境。

（四）加强双方在数字经济、普惠金融和可持续发展等领域的产业合作，探索建设数字、绿色基础设施的可能性，推进传统产业数字化转型，推动可持续生产和运营。

（五）深化服务贸易国际合作。拓展电子商务合作，加强政策交流、政商合作和能力建设。

（六）继续办好中拉基础设施合作论坛、中拉企业家高峰会、中拉投资与合作高级别论坛，适时举办第四届中国—加勒比经贸合作论坛。中方欢迎拉共体成员国参加中国国际进口博览会、中国进出口商品交易会、中国国际服务贸易交易会等展会。

二、金融

（一）深化金融机构合作，为中拉项目开发提供金融合作机制，鼓励双方金融机构共同为中拉贸易、投资合作项目提供融资和信用保险支持。

（二）充分发挥中方对拉一揽子融资举措作用，重点支持有助于拉共体成员国经济社会可持续发展的战略性项目，重点照顾小岛屿发展中国家、沿海低地国家和中美洲地峡国家。中方愿协助就开发整体项目、制定发展规划等开展可行性研究。

（三）在兼顾有关国家能力和财政法规的基础上，加强中央银行和金融监管部门对话合作，支持扩大拉美和加勒比国家间以及拉美和加勒比国家同中国的本币结算。

三、农业、粮食

（一）巩固和拓展双多边农业合作，促进农业科研机构合作，以可持续方式在种植业、养殖业、农产品加工等方面开展技术交流和联合研发创新。

（二）加强粮食安全公共政策领域政策交流，支持开展作物品种选育、种植和食品加工技术联合研发，鼓励企业开展农产品种植、加工、仓储物流基础设施建设投资。

（三）推动并发展家庭农业，旨在以包容、协作和可持续方式实现可持续发展目标。

（四）中方愿推动联合国粮农组织在中国—联合国粮农组织南南合作信托基金中拨款200万美元，用于支持拉共体成员国应对粮食安全问题。

（五）加强农产品进出口合作，中方欢迎拉共体成员国安全、优质的农产品进入中国市场。

（六）鼓励各自农业企业参加对方举办的重要农业展会。中方欢迎拉共体成员国农业企业参加中国国际农产品交易会、中国国际茶叶博览会等展会。

（七）加强农业政策、农业科技创新研讨和农业技术人力资源培养合作，促进农牧业管理经验和生产技术交流互鉴。

（八）认同第二届中拉农业部长论坛有关共识，继续举办中拉农业部长论坛。

四、科技创新

（一）加强科技主管部门交流，增强创新、学术和科学领域协同作用，加强研究人员和创新学者之间的人员交流及学术活动，继续开展青年科学家交流计划，鼓励拉方科技人员积极参与"发展中国家杰出青年科学家来华工作计划"。

（二）重申第二届、第三届中拉科技创新论坛共识，继续办好中拉科技创新论坛。

（三）探索开展技术转移合作，支持开展先进技术转移转化，推进产学研合作以及在知识产权等领域的合作。鼓励企业发挥创新引领作用，促进科研能力提升和科技成果发展。

（四）探讨共建联合实验室，在共同感兴趣的优先领域加强联合研究和技术创新。探索推动科技园区合作，支持双方开展经验交流。举办先进适用技术及科学管理培训班，推动区域科技、社会及环境共同发展。

（五）加强和平民用核能与核技术领域的交流合作，推动开展相关务实项目、经验分享和人才培养合作，发挥核技术与核能在助力经济民生发展、应对气候变化挑战中的优势。

五、工业、信息技术

（一）加强工业政策交流，深化在原材料、装备制造、绿色低碳产业、产业链供应链等领域的合作，推动中拉产业智能化、数字化、绿色化发展。

（二）加强互利合作，推动政府、企业和研究机构在数字基建、通信设备、5G、大数据、云计算、人工智能、物联网、智慧城市、互联网+、电信普遍服务、无线电频谱管理及其他双方共同感兴趣的领域开展合作，探讨共建联合实验室。

（三）推动教育信息化领域合作和经验分享。

（四）重申中拉数字技术抗疫合作论坛有关共识，积极探讨设立中拉数字技术合作论坛。

六、航空航天

（一）加强在航天领域交流合作，包括和平探索太空、空间科学、卫星数据共享、卫星应用、地面基础设施建设和人才培训教育等领域合作。积极推动设立中拉航天合作论坛。

（二）中方欢迎拉共体成员国加入国际月球科研站，支持拉共体成员国开展航天能力建设，鼓励双方开展广泛合作。

（三）中方欢迎并支持成立拉共体航天局。

（四）积极探讨北斗导航、卫星研发和应用及卫星定标等合作，使空间技术进步可以真正加快从新冠肺炎疫情复苏的绿色、可持续和包容性进程。

（五）促进和巩固政府机构和企业在航空工业领域的友好合作。

（六）加强民航领域互利友好合作。

七、能源资源

（一）加强能源资源行业公共政策交流与沟通，促进能源资源合作，特别是向更加清洁和包容的能源系统转变。

（二）深化电气、油气、可再生能源、新能源、民用核能、能源技术装备、电动汽车及设备、地质和能源矿产资源等领域合作。

（三）拓展清洁能源资源相关新兴产业合作，支持企业间技术转让，优化矿业投资环境，并尊重和保护自然环境。

（四）推动节能，加强能效合作，实现碳达峰和碳中和。

（五）促进矿产资源勘查、综合利用创新技术方法和低碳清洁技术等领域合作。

（六）加强节能和碳捕集、利用和封存合作。

（七）加强技术能力合作，通过学术交流，促进矿业领域技术研究发展。

八、旅游

（一）支持旅游产业合作，鼓励业界结合本国特色、文化遗产打造可持续旅游线路和产品。

（二）中方欢迎拉共体成员国参加中国（深圳）国际文化产业博览会、中国国际旅游交易会、中国旅游产业博览会等国际性展会，支持拉共体成员国有实力、有规模的旅游企业、协会组织和旅游城市加入世界旅游联盟。

（三）鼓励分享旅游业信息和数据，促进中国和拉共体成员国间旅游机会。

九、海关、税务

（一）深化"经认证的经营者"（AEO）互认合作。

（二）加强缉私执法合作及专业人员培训合作。

（三）加强中拉税务部门间交流与合作。

十、质量基础设施

（一）加强计量领域交流合作，促进计量政策沟通和技术交流。

（二）加强标准化领域合作交流，开展标准信息交换，加强标准化培训合作。

（三）加强合格评定领域信息交流与合作，推进合格评定领域的结果接受。

第三条　高质量基础设施合作

一、我们重申中拉论坛第二届部长级会议通过的关于"一带一路"倡议特别声明（2018年），拉共体成员国外长对中国外长关于"一带一路"倡议的介绍表示欢迎，认为该倡议可以深化中国与拉美和加勒比国家经济、贸易、投资、文化、旅游等领域合作。

二、深化合作，推动包括基础设施在内的相互产业投资项目，推动相关投资合作项目实施。

三、尽快举行首届中拉交通合作论坛。

四、深化中拉民营经济合作，探索举办中拉民营经济合作论坛。

五、中方欢迎拉共体成员国相关机构加入有关机制，加强污染防治领域经验及技术交流，支持环保产业合作。

第四条　社会人文合作

一、公共卫生

（一）加强公共卫生领域政策对话。认可并赞赏2020年7月22日中拉应对新冠肺炎疫情特别外长视频会议、中拉新冠肺炎疫情专家视频交流会。

（二）深化团结合作，加强新冠肺炎变异毒株研究及疫苗联合生产研发合作。中方愿在力所能及范围内继续向拉共体成员国提供抗疫帮助。

（三）深化卫生领域对话，支持各层级医疗卫生机构开展合作。支持在临床医疗、疾病防控、传染病防治、卫生应急、生物医药、药品研发和监管等方面优良实践经验分享。

（四）加强传统医学领域交流合作，继续办好中拉传统医学交流论坛，支持预防和控制未来可能出现的疫情。

（五）开展医疗卫生行政和专业人员交流培训合作。

（六）中方欢迎拉共体成员国从中拉抗疫专项贷款中受益，支持本国公共卫生基础设施建设。

（七）中方愿继续在拉共体成员国开展光明行活动。

二、可持续发展和减贫脱贫

（一）加强负责提升人民福祉的相关政府部门间对话和经验交流，推动实现消除一切形式的贫困、不让任何人被排除在外的目标，实现涵盖最脆弱人群的包容和可持续发展的新模式。

（二）重申首届中拉减贫与发展论坛有关成果，同意自2022年起每年均举办中拉减贫与发展论坛。

（三）推动智库开展脱贫研究合作，在加强公共政策的制定和实施方面提出针对性建议。

（四）支持民间组织加强消除贫困以及包容和可持续发展方面的经验交流与合作。

三、文化、艺术、体育

（一）促进中拉文明互鉴，维护文化多样性。推动中国和拉共体国家互设文化中心，或在各自国家的文化展示及推广上相互支持。

（二）支持文化和创意产业合作。

（三）推动物质及非物质文化遗产领域合作，加强展览、研究、博物馆管理、文物保护和修复，预防和打击文化财产非法贩运以及非物质遗产保护等领域合作。

（四）支持艺术家和艺术团组互鉴交流。

（五）拉共体成员国支持中方举办北京2022年冬奥会和冬残奥会。

（六）赞赏首届中拉太极拳网络大赛的成功举办，继续举办中拉武术交流论坛。

（七）扩大体育交流合作。鼓励体育协会加强交往，互派运动队参加在对方国家举行的国际比赛。同样，支持在体育领域通过南南合作和三方合作形式发起的其他倡议、计划和项目。

（八）强化体育对发展的贡献作用，及其与联合国2030年议程可持续发展目标的相互联系。

四、高校、智库、青年

（一）支持高等教育机构、研究院所、智库间加强交流，开展师生、学术等多种形式的交流合作，加强国别和区域，特别是妇女领域合作。

（二）中方将在2022年至2024年间向拉共体成员国提供5000个政府奖学金名额和3000个培训名额。

（三）继续举办中拉智库论坛、中拉高级别学术论坛，视情举办中拉大学校长论坛，促进性别平等受益。

（四）推进青年领导人交往，落实好"未来之桥"中拉青年领导人千人培训计划，举办好中拉青年发展论坛。

（五）中方支持拉共体成员国开展中文教育，助力中文纳入成员国国民教育体系，基于互惠基础上在拉开办孔子学院或孔子课堂。

五、新闻媒体

（一）推动新闻媒体合作，鼓励在广播电视、网络视听、节目互播、联合制作、人才培训等领域开展交流，定期举办优秀电视剧展映活动，鼓励举办优秀电影展映活动。

（二）探讨设立中拉媒体合作传播机制。

（三）支持媒体机构交流对话，适时举办中拉媒体论坛。

六、地方和民间交往

（一）推动地方政府开展交往，支持省州市结好，构建中拉友好省市网络。

（二）继续举办中拉地方政府合作论坛。

（三）加强民间友好主体交流，继续举办中拉民间友好论坛。

第五条　可持续发展

一、积极落实《2030年可持续发展议程》，将有助于拉共体成员国克服新冠肺炎疫情影响，以实现绿色、可持续、韧性发展的领域作为优先合作方向。

二、我们欢迎中方提出的"全球发展倡议"，相信倡议将有助于加快落实联合国2030年可持续发展议程，推动实现更加强劲、绿色、健康的全球发展，不让任何人掉队。

三、开展应对气候变化的政策交流与务实合作。

四、开展环境管理、生物多样性保持和可持续利用，以及保护国内生态多样性领域政策交流和人员培训。

五、在联合国海洋环境保护和自然资源可持续利用相关倡议框架下，开展海洋减塑和防止陆源污染领域政策对话和经验分享。

六、开展海洋生态保护修复、海洋防灾减灾、海洋可持续经济、南极科学研究等领域交流和务实合作。

七、拉共体成员国欢迎中方金融机构参与拉共体成员国可持续金融合作体系构建。

八、加强在水资源综合管理、水旱灾害风险防御、水土流失治理、农业节水灌溉、河湖生态保护治理、非常规水资源开发等领域的交流合作。

九、加强在森林保护、自然地保护、荒漠化防治、预防打击贩运野生动植物及森林违法犯罪、可持续林业经贸、竹子培育与利用等领域的交流合作。

十、探讨建立应急管理合作机制，促进防灾减灾救灾领域交流合作。推动更多在地震、水域、山岳等领域救援技术，森林草原灭火指挥与技术培训，灾害认知和信息系统建设等领域加强实践经验交流。研究举办中拉应急管理合作交流论坛。

十一、保障妇女及弱势群体平等参与可持续发展的权利。

第六条　国际事务与次区域、区域间合作

一、加强在联合国等国际组织及其他区域和多边机制内的对话与合作。

二、重申拉共体作为对话和政治协调机制在促进拉美和加勒比地区经济社会发展等方面的重要作用，支持拉美和加勒比地区在国际舞台发声。

三、加强就后疫情时代经济复苏、可持续和包容发展和其他共同关心问题的沟通。

四、中方支持拉美和加勒比地区一体化进程，愿加强同区域、次区域机制和组织的对话与合作。

五、支持中拉论坛和亚拉论坛并行互促。

六、加强在亚洲基础设施投资银行、金砖国家新开发银行框架下的合作。进一步推动拉美开发银行和加勒比开发银行在支持拉美和加勒比地区加快发展方面发挥重要作用。

第七条　落实

一、本计划所述合作领域不具排他性。

二、各方可按照灵活和自愿参与原则实施本计划，不影响任何已经达成一致的双边合作项目，也不替代已经达成一致的双边或多边协定、决定或承诺。所有活动将依据各国政府部门财政、人力资源情况、共同协商后决定。

三、在落实本行动计划过程中，将适当考虑拉共体成员国中最不发达国家、内陆发展中国家、小岛屿发展中国家和中等收入国家、陷于或刚刚摆脱冲突状态的国家面临的挑战和需求。

中华人民共和国和尼加拉瓜共和国关于恢复外交关系的联合公报*

中华人民共和国和尼加拉瓜共和国,根据两国人民的利益和愿望,兹决定自公报签署之日起相互承认并恢复大使级外交关系。

两国政府同意在互相尊重主权和领土完整、互不侵犯、互不干涉内政、平等互利、和平共处的原则基础上发展两国友好关系。

尼加拉瓜共和国政府承认世界上只有一个中国,中华人民共和国政府是代表全中国的唯一合法政府,台湾是中国领土不可分割的一部分。尼加拉瓜共和国政府即日断绝同台湾的"外交关系",并承诺不再同台湾发生任何官方关系,不进行任何官方往来。中华人民共和国政府对尼加拉瓜共和国政府的上述立场表示赞赏。

中华人民共和国政府和尼加拉瓜共和国政府商定,将根据1961年《维也纳外交关系公约》规定和国际惯例,尽早互派大使,并在对等基础上在各自首都为对方设立使馆和履行职务提供一切必要的协助。

双方代表受各自政府授权,于2021年12月10日在天津签署公报中文、西班牙文文本一式两份,两种文本同等作准。

中华人民共和国	尼加拉瓜共和国
代表	代表
马朝旭	劳雷亚诺·奥尔特加

---

* 中国政府网,http://www.gov.cn/xinwen/2021-12/10/content_5659747.htm,上网查询时间:2022年6月10日。

学科述评

拉美经济研究学科述评

一、国内外拉美经济研究综述

2021年是拉美经济的复苏之年,虽然取得较高的"补偿性"增长,但这种复苏是一种脆弱性复苏。2021年度国内外拉美经济研究主要集中在基础理论和对策应用两个方面。前者包括经济增长和社会发展、对外贸易与投资等问题;后者持续关注中拉经贸合作、"一带一路"等现实问题。

(一)经济增长和社会发展

霍夫曼和瓦尔德拉玛从比较和历史的角度对拉丁美洲的长期表现进行了评估,并集中于长期GDP增长的量化以及要素投入和全要素生产率(TFP)的衡量。增长核算显示了要素投入(资本和劳动)和全要素生产率对产出增长的贡献。该研究分析了1820—2016年阿根廷、巴西、智利、哥伦比亚、厄瓜多尔、墨西哥、秘鲁、乌拉圭和委内瑞拉这九个国家的资本和劳动投入,以解释国家之间增长率的差异和评估技术进步的作用。在整个研究观察期,资本对GDP增长的贡献平均为1.45%。然而,与其他发达国家和发展中国家相比,拉丁美洲经济表现平平的罪魁祸首是全要素生产率,1820—2016年其对拉美GDP增长的贡献只有0.25%,甚至在几个次时期产生负向的贡献。[1]

2021年度还有多位学者从国别案例出发研究拉美经济增长的历史和现状。奥利维拉等研究了巴西经济复苏中的国际因素。出口是拉动经济增长的主要动力之一,必将在巴西度过新冠肺炎疫情最关键时期后的经济复苏中发挥重要作用。该国不仅面临着增加出口的挑战,还面临着出口多样化和减少对有限商品的依赖的挑战。出口信贷、出口促进、农产品出口、技术标准、国际贸易监管多边框架和贸易协定谈判是新冠肺炎疫情常态化下恢复期的短期重点,解决与巴西国际融入相关的更多结构性问题则是中长期关切。[2]

维拉斯(Soares Fabio Veras)和奥拉尔(Rodrigo Octávio Orair)研究了各国应对新冠肺炎疫情的税收政策和社会保护政策。尽管各国使用的工具相似,但对于不同收入水平的国家而言,为减轻危机影响而采取的财政应对措施和社会保护措施的规模相当不均衡。需要保持能够保护受影响最严重部门的反周期政策,并在控制大流行的情况下鼓励在更具包容性和可持续性的基础上恢复增长。[3]

瓦罗纳（Varona-Castillo）和冈萨雷斯（Gonzales-Castillo）分析了1985—2017年秘鲁收入分配的决定因素。有实证证据支持人均国内生产总值水平和经济增长放缓和不可持续的经济恶化的假设，反映在"W"型因果关系中，不符合库兹涅茨倒"U"型假设，这反映了二元经济的生产力差异、人力资本水平低和制度薄弱。建议平衡市场—国家—社会关系与自由市场和非租金经济政策、人力资本投资政策、创新和技术政策、加强社会资本以实现包容性和可持续的人力发展的内生经济增长。[4]

（二）拉美对外贸易与投资

马祖斯等的研究基于2001—2012年13个拉丁美洲国家和32个经合组织（OECD）国家的样本，比较了拉丁美洲国家和经合组织国家对外直接投资的决定因素。结果发现，相较于经合组织国家，拉丁美洲国家的对外直接投资更有可能流向地理邻近的国家和具有相似文化和语言的国家。此外，由于拉丁美洲国家普遍拥有丰富的自然资源和较强的农业发展潜力，拉丁美洲国家的对外直接投资很少为资源寻求型的。但是，相较于经合组织国家，来自拉丁美洲国家的对外直接投资更可能集中在具有相似腐败环境的国家，这可能由于共同的文化、政治和经济遗产，整个拉丁美洲的腐败本质大致相似。[5]

克里希纳等研究自由贸易协定中伴随原产地规则而生的成本是否随着企业获得优惠关税的经验而发生变化。作者采用拉美独特的进口商—出口商匹配的交易级海关数据展开量化研究。研究结果发现，上述固定成本取决于利用原产地规则带来的优惠的时间长短。如果政府在自贸协定签署的早期进行干预，将更有效地减少相关贸易成本。[6]

（三）中拉经贸关系

阿特科纳和裴罗蒂研究了中国加入世贸组织（WTO）后将近20年的时间里，拉美地区在美国市场的出口轨迹，并将其与中国和其他地区进行了比较。该分析利用了美国人口普查局收集的美国进口产品层面数据。数据集包含了近200个国家每年3万多种产品的信息。该研究发现，2002年至2018年，除墨西哥对美出口实现了17%的显著增长，大多数拉美国家在失去美国市场份额。相比之下，亚洲提高了在美国进口市场的参与度，并且现在已经是第二大对美出口地区，仅次于经合组织。总体而言，中国和墨西哥是获得最多美国市场份额的国家。此外，拉美国家的出口与中国对美国的出口并不十分相似，这表明它们不会直接在这个市场上竞争。而在产品质量方面，相对于中国，拉丁美洲国家更专注于高价值的细分市场。[7]

瓦德勒借鉴秦亚青的关系权力概念，分析了中国的国际倡议是如何、为何以及通过何种机制传播中国的思想，将其付诸实践，并扩大中国在拉美的影响。研究指出，在这个多边主义和新自由主义全球化危机的时代，面对全球新冠肺炎疫情危机，中国与拉美的合作涉及双边和多边层面，从中国—拉共体论坛的成立，到"一带一路"倡议向拉美地区的延伸，再到

"健康丝绸之路"的重新启动,中国与拉美国家的双边和多边关系不断发展。多层次合作和软实力投射的过程导致中拉合作中出现了混合性地缘政治格局。[8]

龚财君和丁波文指出,近年来,顺应科技发展潮流和中拉双方现实需求,中拉数字经济合作稳步发展。随着新冠肺炎疫情这一突发性重大公共卫生事件的暴发,中拉数字经济合作面临着新的机遇和经济社会大背景。[9]

林杉杉指出,自2010年以来,中拉经贸合作呈现多元化发展,但拉美地区贸易结构、债务、数字经济配套设施、电子商务、高科技领域存在的问题制约了中拉经贸合作的深化。拉美作为中国"一带一路"倡议的延伸带,向拉美延伸的顶层设计同拉美国家强化与亚太的经贸纽带、积极融入亚太生产链的政策导向高度契合。[10]

(四)"一带一路"与拉美

卡拉斯科(Torrontegui Pablo Carrasco)以智利具体铁路基础设施项目为案例,分析了拉美国家参与中国"一带一路"倡议的多维效应。"一带一路"通过国际合作和铁路基础设施投资扩展到了拉丁美洲。作者以智利圣地亚哥和瓦尔帕莱索之间的铁路项目(TVS项目)为案例,分析了中国在拉丁美洲扩大影响背后的原因并提出巩固中国在拉美国际合作和投资的政策建议。[11]

奥利维拉和麦尔斯研究了"一带一路"倡议在巴西和拉美地区的影响。作者认为,BRI("一带一路"倡议)实际上是由中国境内外各种行为者的利益交汇和分歧形成的。为了将"一带一路"倡议在拉丁美洲的关系性、偶然性和不稳定性概念化,文章强调将共同生产的过程作为一个理论框架。文章首先通过政策和话语分析,分析了"一带一路"倡议是如何将拉丁美洲纳入其总体框架,然后通过在巴西的采访和公开文件,研究了中国投资的港口和铁路基础设施的多规模和多地点的共同生产。研究发现,正是在拉美精英的积极游说下,"一带一路"倡议才考虑了拉美的加入。[12]

刘晋彤和班小辉指出,劳工问题是我国在拉美地区推进"一带一路"倡议中急需回应的社会问题。我国与部分拉美国家签订的自由贸易协定已包含了劳工条款,以促进双方在劳工领域的合作为导向,但内容具有原则性和倡导性,缺乏切实合作机制。作为拉美地区最大的贸易伙伴,美国在与拉美国家的自由贸易协定中,不断加强劳工条款的地位和执法机制,这不仅会对我国在该区域的投资或贸易规则产生影响,也会加大中资企业的用工合规管理难度和劳动力成本。为保障"一带一路"倡议在拉美的顺利推进,我国应当加快推进与拉美国家签订自由贸易协定,积极将劳工条款纳入主协定,细化以合作为导向的劳工条款内容,推进劳工合作机构的建设,健全双方在劳工领域的信息交换和合作机制,确保劳工合作内容的落实。[13]

二、中国社会科学院拉美经济学科发展述评

2021年度中国社会科学院拉丁美洲研究所拉美经济学科研究人员主要围绕疫情冲击与拉

美经济挑战、拉美对外贸易潜力、中拉共建"一带一路"等主题展开研究。代表性成果如下。

（一）疫情冲击与拉美经济挑战

张勇指出，2020年2月下旬以来，新冠肺炎疫情在全球加速蔓延，使得原本脆弱复苏的世界经济"雪上加霜"，拉美地区经济也难以独善其身。更糟糕的是，在2020年第二季度拉美地区逐渐成为全球疫情的新"震中"。这无疑给拉美地区经济造成严重的冲击，进而可能加速诱发原本积累的金融风险。[14]

洪朝伟和张勇认为，作为主要的初级产品出口地区，拉美地区经济发展高度依赖外部环境。新冠肺炎疫情对拉美经济的影响主要体现在贸易、投资、产业、金融市场、侨汇等方面，导致拉美地区陷入更深层次的衰退，结构性改革进程再次受阻。拉美国家尽管推行了大规模的流动性供给和财政救助计划，但是前期积累无法提供充足的财政、货币政策空间。拉美国家只有深化结构性改革才能走出困境。当前，拉美地区面临弥补流动性、解决结构脆弱性、重塑参与全球价值链方式的发展需求。中国应抓住机遇，从加强金融合作、发展数字经济、强化区域经济一体化等方面提质升级中拉合作。[15]

王飞和周全指出，在新冠肺炎疫情冲击下，拉丁美洲及加勒比地区的政治、经济和社会危机叠发，地区形势复杂多变。作为处于世界体系外围的国家，拉丁美洲和加勒比地区国家自融入全球化以来，就陷入应对频发的初级产品价格起落和资本流动逆转状态中，其宏观经济政策目标往往聚焦于应对外部冲击而忽视内部结构性问题。其结果是这些国家难以获得价值链上的向上位移，也无法通过强化金融稳定应对危机。随着抗疫周期延长，疫情触发各领域的风险挑战交织，叠加长期存在的内部结构性问题，疫情冲击有可能演进为一场制度性、系统性的危机。拉美需要从内部和外部两方面着手，在内部推行结构性改革和深化地区一体化，寻找内生增长动力，对外则可以积极加强和中国共建"一带一路"的合作，解决发展动力不足的顽疾。[16]

郭凌威指出，"百年未有之大变局"叠加世纪疫情给拉美地区造成了严重影响，除贸易冲击外，还体现在投资骤降上。根据联合国拉美经委会数据，2020年拉美地区是全球受疫情影响最严重的地区之一，其外资流入的降幅虽与全球降幅平均水平（35%）一致，却是发展中经济体中降幅最高的区域。这表明自2012年起拉美地区外资已步入下行区间，并且这种颓势已经削弱跨国公司的投资热情。然而，机遇总是与危机相伴。根据联合国的数据，虽然2021年拉美地区外国直接投资（FDI）增速在全球将居于末位，但仍有部分国家和产业有望突破困境。新一轮投资动能正在酝酿。[17]

（二）中拉共建"一带一路"

岳云霞指出，"一带一路"倡议自2013年推出以来，逐步走入拉丁美洲地区。2018年1月，中拉论坛第二届部长级会议通过了《关于"一带一路"倡议的特别声明》等重要成果文件，认同"中国政府提出的'一带一路'倡议将为有关国家加强发展合作提供重要机遇"，指明中拉优先合作领域包括对"一带一路"倡议的对接。这表明，"一带一路"开始全面进入拉丁美洲地区。与之相一致，适应阿根廷的特有国情，中阿共建"一带一路"也在扎实推进，迎合双方共同的发展需求，推动双方合作迈入高质量发展的新阶段。[18]

芦思姮认为，在"一带一路"五通合作模式中，"设施联通"跨越地缘边界，长期为中拉双方可持续发展赋能。当前，随着新冠肺炎疫情从需求侧与供给侧两端对全球化理念的重构，"数字革命"浪潮引发全球产业模式与分工结构的深度调整，加之我国"双循环"新发展格局的提出进一步丰富了国家对外开放进程的内涵与外延，中国与拉美在构建基础设施互联互通高质量发展层面出现了新的治理路径与合作机遇，这集中反映在对标新业态下"数字丝绸之路"的转型需求，及拓展开发性金融对基建合作模式参与的维度与层次上。与此同时，在这一变局下，制度性壁垒与地缘政治风险正逐步抬高中拉合作成本，挤压治理空间，对此，我国应从三方合作、多边平台及规制建构层面寻求破局之道。[19]

（三）拉美对外贸易潜力

史沛然分析了21世纪以来拉美和亚洲国家的农产品贸易潜力。基于2001—2018年WITS数据库中拉美31国对亚洲的农产品出口数据，该文得出以下结论：亚洲已成为拉美最大的农产品贸易出口目的地；尽管拉美对亚洲的农产品出口总额不断提升，但次区域间差异极大，部分加勒比国家和中亚国家至今尚未实现农产品贸易往来；整体而言，拉美和亚洲在农产品贸易领域存在巨大的贸易潜力，拉美国家对中亚和南亚市场的出口潜力最大，但面临的贸易壁垒也最高；双方遥远的地理距离已不再是阻碍双边农产品贸易的主要阻力，优良的基础设施建设、良好的制度和全球化参与程度，尤其是进口国的经济发展水平，是决定双边贸易潜力的主要因素。以中国为代表的亚洲国家在基础设施、电子商务、国际物流等领域取得的成就和累积的经验证明，亚洲和拉美国家可通过合作改善贸易基础设施和物流系统，由之带来的贸易成本降低也可为双方带来更大的贸易收益。[20]

中国社会科学院拉美经济学科成立于1981年，2002年被确定为中国社会科学院首批重点学科建设工程之一，2017年被确立为中国社会科学院"登峰战略"首批优势学科之一。经过多年的发展，拉美经济学科实现了在国内领先、在国际较为有影响的目标。然而，在取得扎实进展的同时，拉美经济学科还存在一些短板需要不断完善和补充，如学科的产出质量仍需提升，学科尚未培养出在拉美区域研究或经济学学科研究方面的权威学者，学科的研究仍受到对象国数据约束，学科成果的国际影响力还有待进一步提升。

注 释

[1] Hofman A. A, Valderrama P., "Long Run Economic Growth Performance In Latin America-1820-2016," *Journal of Economic Surveys*, 2021.

[2] Oliveira, Ivan Tiago Machado, et al. "Inserção internacional como vetor da recuperação econômica do Brasil: comércio exterior, investimentos, financiamento e atuação internacional." (2020).

[3] Soares Fabio Veras, Rodrigo Octávio Orair. "Política Fiscal e Proteção Social na Resposta à COVID-19: da Resposta Emergencial à Recuperação Econômica." *Revista Tempo do Mundo* 26 (2021): 67-102.

[4] L. Varona-Castillo, J. R. Gonzales-Castillo, (2021). "Crecimiento económico y distribución del ingreso en Perú." *Problemas Del Desarrollo. Revista Latinoamericana De Economía*, 52(205).

[5] Mazouz K, Wood G, Yin S, et al. "Comprehending the outward FDI from Latin America and OCED: A comparative perspective," *International Business Review*, 2021: 101853.

[6] Krishna K, Salamanca C, Suzuki Y, et al. "Learning to Use Trade Agreements." *National Bureau of Economic Research*, 2021.

[7] Artecona R, Perrotti D E. Latin America and the Caribbean exports to the United States: Analysis of the competition with China and other regions at product level, 2002-2018. 2021, CEPAL.

[8] Vadell J. "China's bilateral and minilateral relationship with Latin America and the Caribbean: the case of China-CELAC Forum." *Area Development and Policy*, 2021: 1-17.

[9] 龚财君、丁波文:《新冠肺炎疫情下中拉数字经济合作发展动态与机遇应对》,《经济界》2021年第3期。

[10] 林杉杉:《深化中国与拉美国家经贸合作的对策研究》,《国际贸易》2021年第1期。

[11] Pablo Carrasco Torrontegui, "La iniciativa 'One Belt One Road' y América Latina." *Latin American Journal of Trade Policy* 4.9 (2021): 5-23.

[12] Oliveira G L T, Myers M. "The tenuous co-production of China's Belt and Road Initiative in Brazil and Latin America." *Journal of Contemporary China*, 2021, 30(129): 481-499.

[13] 刘晋彤、班小辉:《"一带一路"倡议下中国与拉美国家劳工合作规则的构建》,《国际贸易》2021年第9期。

[14] 张勇:《疫情冲击下的拉美金融》,《中国金融》2021年第5期。

[15] 洪朝伟、张勇:《拉美经济面临的挑战》,《现代国际关系》2021年第11期。

[16] 王飞、周全:《新冠肺炎疫情冲击下的拉美:危机叠发及其破困之道》,《全球化》2021年第5期。

[17] 郭凌威:《疫情冲击下拉美地区外资的危与机》,《进出口经理人》2021年第10期。

[18] 岳云霞:《中国与阿根廷携手共建"一带一路"》,《进出口经理人》2021年第10期。

[19] 芦思姮:《后疫情时代下中拉基础设施合作:治理空间与风险应对》,《西南科技大学学报(哲学社会科学版)》2021年第4期。

[20] 史沛然:《拉丁美洲与亚洲的农产品贸易潜力分析》,《拉丁美洲研究》2021年第1期。

(撰稿人:岳云霞、张勇、郑猛、史沛然、王飞、郭凌威)

拉美政治研究学科述评

一、国内外拉美政治研究发展综述

2021年国内外拉美政治学界关注的重点问题包括拉美政治生态变化、拉美左翼与社会主义、拉美民粹主义以及拉美的政治发展。

（一）拉美政治生态变化

中国现代国际关系研究院拉美研究所课题组撰文指出，因"世纪疫情"与"百年变局"叠加，拉美政治生态加速演进，新旧矛盾、朝野冲突、发展模式之争、左右对峙更加复杂激烈。拉美国家亟须加强民主治理，推动政党良性竞争，增强民众政治参与信心，提升政府治理能力。[1]

弗朗西斯科·科西、何塞·卡马戈、阿格纳尔多·多斯桑托斯合著的《巴西和拉丁美洲目前的困境》从左翼与社会主义的角度解读了巴西和拉丁美洲目前面临的困境，深入分析了劳工党的失败之举，罗塞夫执政的兴衰则成了分析的典型例子。[2]

何塞·多明戈斯《21世纪的左翼：视野、战略、身份》从分析博索纳罗的政策出发，解剖了左翼和社会主义的基础理论，随后对巴西乃至整个拉美地区的左翼和社会主义的困境、对策、前景等问题进行了逐一论述。[3]

玛利亚·穆里略研究了拉美民主、社会抗议和不满。她认为，社会抗议活动爆发是当今拉美政治形势的特点。受新冠肺炎疫情影响，社会抗议活动中断，但是很快在拉美几个国家再次爆发。然而，抗议活动没有唯一指向性，也没有一个终点。抗议活动不断爆发再次突出了不平等与民主之间的紧张关系。[4]

克里斯多瓦·卡特瓦塞尔等认为智利近期经历了一场社会冲突，这在很大程度上可以解释为精英阶层和公民之间的脱节。作者分析了精英和社会之间以及各精英群体之间的意见差距。结果表明，如果精英们不愿意促进公民所要求的改革，智利将很难恢复政治和经济的稳定。[5]

大卫·特里斯分析了巴西的新种族主义转向，认为最近的事件暴露了巴西社会的种族问题根深蒂固，特别是其中存在着阶级特征。新的种族主义应当被理解为种族资本主义的特殊历史形式，并通过新自由主义计划沉渣泛起。[6]

（二）拉美左翼与社会主义

俄罗斯圣彼得堡国立大学安东·安德烈耶夫指出，自20世纪80年代中期以来，民主化进程席卷拉丁美洲地区，而这一进程是由左翼力量指挥和组织起来的，拉美左翼不仅与独裁政权进行武装斗争，还参与了政治体制的重建。安东·安德烈耶夫根据档案材料、媒体报道和回忆录，揭示了拉丁美洲左翼势力参与民主过渡的特点，并厘清了它们在共产国际遗产和新形势下于政治结构中的地位。[7]

圣保罗大学比安卡·索亚雷斯分析了乌拉圭左翼政党广泛阵线的轨迹及其在2005年至2020年执政15年的经历，剖析了广泛阵线执政期间乌拉圭不断增长的经济与社会和谐的局面，指出这是乌拉圭左翼成熟的经验。[8]

哈维尔·罗德里格斯·桑多瓦尔解读了厄瓜多尔大选。他认为，厄瓜多尔左翼内部的意见分歧可能是右翼获胜的原因之一。在第一轮选举中，左翼公民革命党候选人得票最多，另一个左翼政党帕恰库蒂克多民族团结运动候选人得票位居第三，但意见分歧导致第二轮选举中出现大量无效票。[9]

马丁·贝格尔阐释了拉丁美洲著名马克思主义理论家、秘鲁共产党创始人马里亚特吉的社会主义思想中的世界性内涵。马里亚特吉认为整个世界没有任何文化等级和层次差异，这一态度的结果是，他的思想和实践比那些仅仅抱怨或谴责地缘政治和文化不对称的做法更加富有成效。[10]

费尔南多·查韦斯·比雷拉撰文归纳拉美和玻利维亚的极右翼、极左翼和民粹主义。他指出，拉丁美洲和玻利维亚近些年出现了不同政治思想流派之间的争论。无论是右翼、左翼还是民粹主义，在拉美不同国家都呈现出不同的特征。[11]

米拉格罗·门加纳分析了拉美新左翼与地区一体化或地区合作的关系。他认为，新左翼政府在新冠肺炎疫情下面临执政危机，对连选连任有负面影响。当前拉美各国在政治立场上有极大的异质性，新左翼力量面临着右翼冲击下的制度碎片化。虽然新左翼政府积极参与地区一体化或地区合作，但在各自国内面临更为紧迫的挑战。[12]

（三）拉美民粹主义

张芯瑜运用计量和模型，对拉美地区民粹主义和民主的关系进行了实证研究，认为民粹主义执政党对民主会产生消极影响，民粹主义在野党对民主会产生积极影响，并且后者的影响大于前者。[13]

张芯瑜、黄忠基于拉美晴雨表的民意调查数据，运用回归模型，对委内瑞拉左翼民粹主义的兴衰与民众投票行为的关系进行实证分析，发现拉美民众的投票行为具有经济结果导向性和政策导向性。[14]

金晓文对阿根廷早期民众主义与移民和租佃制的关系进行了研究，认为阿根廷早期民众主义的兴起并非现代化的产物,而是经济危机下政治领导人寻求权威重建的一种方式。[15]

塔伊琳·迪亚斯等分析了民粹主义者如何通过草根右翼组织利用框架机制。文章分析了在推翻巴西总统罗塞夫的运动中五个公民社会组织发布的4574份脸谱帖子,发现了两个机制——简化论和敌对论——促使行动者集中于类似的目标和问题诊断。[16]

(四)拉美的政治发展

王迪在对秘鲁土著主义的兴起、内涵的历史流变进行梳理的基础上,分析了秘鲁政府在促进土著印第安人权益方面的进步与不足,指出尽管秘鲁政府实施了重新分配土地和将克丘亚语确立为官方语言等政策措施,但并未从根本上满足土著人的诉求。[17]

刘婉儿对基督教福音派的崛起过程、参政形式、政策主张、未来发展趋势等进行了分析,认为福音派的扩张可能助推巴西保守主义的发展,滋生腐败、庇护主义等一系列问题。[18]

安德烈斯·泽曼研究了20世纪六七十年代发展主义和依附主义的著作和21世纪以来的15年关于"新发展主义"和"美好生活"的著作。基于对这些讨论的批判性分析,该文旨在提出一套关于21世纪拉丁美洲进程的政治理论。[19]

塔玛拉·拉积文等研究了玻利维亚2019年政变及产生的地缘政治影响。该文分析了玻利维亚的政变产生的地缘政治影响,认为玻利维亚的领土、民众和计划是资本主义危机中地缘政治重组的关键。[20]

格雷戈里·萨克斯顿利用2011—2015年18个拉美国家的跨国数据,发现当个人感知到本国的收入分配是不公平的时候,他会对民主表现出高度的不满意。然而,良好的治理大大弥补了这种负面关系,即使是在拉美这个世界上最不平等的地区。[21]

二、中国社会科学院拉美政治学科发展述评

2021年中国社会科学院拉美政治学科主要关注拉美共产党的发展变化、拉美左翼政党的发展变化以及拉美的政治发展等。

(一)拉美共产党的发展变化

刘天来撰文阐述了2016年之后巴西共产党在理论指导、组织建设、政治主张三个方面的调整和转变,认为巴西共产党的调整与转变体现了马克思主义政党原则性与灵活性的统一,展现了巴西共产党的韧性和顽强的生命力。[22]

何露杨撰文阐述了巴西共产党对本国发展道路的理论探索和实践,对巴西共产党的选举运动、议会与司法斗争、社会动员、加强党的能力建设以及扩大国际交流的举措进行了评述。[23]

袁东振指出古巴共产党在党建方面有丰富的经验,如坚持马列主义的指导,重视党的民族性和本土化根基;强调党对国家和社会的领导,注重完善和改进领导方式;注重党员和干部队伍建设;坚持群众路线;加强党规、制度和道德的约束力,注重营造良好的政治生态。[24]

徐世澄评述了古巴共产党第八次全国代表大会通过的《关于古巴社会主义发展经济和社会模式理念的更新的决议》《关于2021—2026年纲要执行情况及其更新的决议》等重要文件，认为古共八大基本完成了党的领导新老交替的工作，是一次承前启后、继往开来的大会。[25]

（二）拉美左翼政党的发展变化

袁东振评述了玻利维亚"争取社会主义运动"党的发展历程，分析了该党重新执政的主要原因，指出在新冠肺炎疫情全球大流行背景下，执政环境趋于复杂，需要应对和解决一系列难题，执政道路会面对诸多坎坷。[26]

肖宇对乌拉圭广泛阵线的政党特征、执政经验以及2019年大选中落败的原因进行了分析。对广泛阵线的深入分析有助于把握拉美温和左翼政党的发展态势、理解拉美国家的政党政治。[27]

林华认为阿根廷左翼政治力量希望与新自由主义决裂，但又无力改变阿根廷对外依赖性强、经济内生动力不足，以及赤字财政与福利赶超相互作用等结构性矛盾，因此未能真正确立替代新自由主义的发展模式。[28]

李菡从正式性、代表性、范围三个维度，对委内瑞拉、玻利维亚、厄瓜多尔和巴西四国左翼政府实施的参与式民主实践进行了比较，认为参与式民主实践为拉美国家民主体制注入了活力，但实践的可持续性面临巨大的挑战。[29]

杨建民认为当前拉美政治格局进入"左右共治"时期，新冠肺炎疫情有利于左翼继续拓展空间。拉美左翼基础更加坚实，执政经验更加丰富，但面临严重分化的挑战。[30]

（三）拉美的政治发展

袁东振研究了不平等对拉美国家政治和社会变迁的影响。拉美地区的不平等具有起源早、根源深、范围广等特点，具有加大拉美国家政治社会动荡和社会冲突、加剧社会矛盾、增加民主转型难度、损害民主政治的基础、削弱制度的可信性等危害。[31]

王鹏对巴西联盟总统制进行研究，发现政党格局碎片化促使历届总统为保障体制运转和政治稳定，积极构建和维系多党执政联盟，但这种格局易滋生政治腐败，阻碍改革。[32]

高波对拉美国家体系性腐败的特点进行了研究，认为拉美地区腐败的根源在于经济社会不平等、社会资本匮乏、政治庇护主义和问责缺位，而社会建设是根治腐败的关键。[33]

韩晗从国际法的角度，认为拉美各国对印第安人集体权利的法律保障机制已经逐渐从规范性文本向事实保护发展，区域人权保护机制则为重要补充。[34]

中国社会科学院拉美政治学科是国内拉美研究的重点学科，2017年被确立为中国社会科学院"登峰战略"重点学科之一。该学科全面推进学科体系建设、学术研究体系建设和人才队伍建设，学科基础更加扎实，国内外优势地位继续巩固，国内外影响力和话语权持续扩大。该学科是国内仅有的将拉美政治作为专门学科的团队，许多研究成果都属于国内该学科的填补空白之作。近年来该学科研究深度和广度都有明显提高，发表了一批有一定学术水平和影响的论文和专著。该学科在发展中存在一些亟待解决的问题,如需要进一步提高对外交流的水平,提高研究成果的国际影响力;需要进一步完善研究课题的设计,扩展研究领域,进一步加强对拉美政治发展的重大理论和现实问题的研究包。

注　释

［1］中国现代国际关系研究院拉美研究所课题组:《拉美政治生态演变的新趋势、动因及影响》,《拉丁美洲研究》2021年第3期。

［2］Francisco Luiz Corsi, José Marangoni Camargo, Agnaldo dos Santos, 2021, *Os Dilemas atuais do Brasil e da América Latina*, São Paulo: Cultura acadêmia.

［3］José Maurício Domingues, 2021, *Uma esquerda para o século XXI: horizontes, estratégias, identidades*, Rio de Janeiro: Mauad Editora Ltda.

［4］María Victoria Murillo, 2021, "Protestas, descontento y democracia en América Latina," https://nuso.org/articulo/protestas-descontento-y-democracia-en-america-latina/.

［5］Cristóbal Rovira Kaltwasser y Jorge Atria, 2021, "Las elites chilenas y su (des) conexión con la sociedad," https://nuso.org/articulo/las-elites-chilenas-y-su-desconexion-con-la-sociedad/.

［6］David Treece, 2021, "The Challenges for Anti-racists in Bolsonaro's Brazil," *Journal of Iberian and Latin American Studies*, Vol. 27, No. 2, pp. 213-233.

［7］АНДРЕЕВ АНТОН СЕРГЕЕВИЧ. ПРОЦЕССЫ "ДЕМОКРАТИЧЕСКОГО ТРАНЗИТА" В ЛАТИНСКОЙ АМЕРИКЕ В КОНЦЕ ХХ – НАЧАЛЕ XXI ВЕКА И ЛЕВЫЕ СИЛЫ РЕГИОНА // ЛАТИНОАМЕРИКАНСКИЙ ИСТОРИЧЕСКИЙ АЛЬМАНАХ. 2021, N. 29, с. 126-146.

［8］Bianca Souza Soares, 2021, *Frente Ampla: o legado de 15 anos da esquerda uruguaia para a América Latina*, Dissertation, Univerdidade de São Paulo.

［9］Javier Rodríguez Sandoval, 2021, "El voto nulo y el triunfo de la derecha en Ecuador," https://static.nuso.org/media/articles/downloads/COY_Rodriguez_293.pdf.

［10］Martín Bergel, 2021, "El socialismo cosmopolita de José Carlos Mariátegui," https://static.nuso.org/media/articles/downloads/EN_Bergel_293.pdf.

［11］Fernando Chávez Virreira, 2021, "Extrema derecha, extrema izquierda y populismos en América Latina y Bolivia," https://www.paginasiete.bo/ideas/2021/12/5/extrema-derechaextrema-izquierda-populismos-en-america-latina-bolivia-317036.html.

[12] Milagro Mengana, 2021, "La 'nueva izquierda' latinoamericana y la integración o cooperación regional," http://observatorio.repri.org/2021/03/30/la-nueva-izquierda-latinoamericana-y-la-integracion-o-cooperacion-regional/.

[13] 张芯瑜:《拉美民粹主义对民主影响的实证研究》,《拉丁美洲研究》2021年第1期。

[14] 张芯瑜、黄忠:《拉美左翼民粹主义与民众投票行为关系的实证分析——以委内瑞拉为例》,《经济社会体制比较》2021年第4期。

[15] 金晓文:《移民、租佃制与阿根廷早期民众主义的兴起》,《拉丁美洲研究》2021年第1期。

[16] Tayrine Dias, Marisa von Bulow, and Danniel Gobbi, 2021, "Populist Framing Mechanisms and the Rise of Right-wing Activism in Brazil," *Latin American Politics and Society*, Vol. 63, No. 3, pp. 69-92.

[17] 王迪:《土著主义在秘鲁的兴起与演变》,《拉丁美洲研究》2021年第3期。

[18] 刘婉儿:《巴西基督教福音派的政治扩张及其影响》,《拉丁美洲研究》2021年第2期。

[19] Andrés Tzeiman, 2021, "La fobia al Estado en América Latina: Reflexiones teórico-políticas sobre la dependencia y el desarrollo," http://biblioteca.clacso.edu.ar/Argentina/iigg-uba/20210421035736/La-fobia-al-Estado.pdf.

[20] Tamara Lajtman, Silvina María Romano, Mónica Bruckmann, y Oscar Ugarteche [Compiladores], "Bolivia y las implicaciones geopolíticas del golpe de Estado," http://biblioteca.clacso.edu.ar/clacso/gt/20210504071534/Bolivia-y-las-implicancias-geopoliticas-del-Golpe.pdf.

[21] Gregory W. Saxton, 2021, "Governance Quality, Fairness Perceptions, and Satisfaction with Democracy in Latin America," *Latin American Politics and Society*, Vol. 63, No. 2, pp. 122-128.

[22] 刘天来:《巴西共产党:左翼退潮后的调整与转变》,《学术探索》2021年第6期。

[23] 何露杨:《大变局下巴西共产党的社会主义理论与实践探索》,《世界社会主义研究》2021年第9期。

[24] 袁东振:《古巴共产党党的建设实践与经验探析》,《当代世界与社会主义》2021年第4期。

[25] 徐世澄:《古巴共产党第八次全国代表大会:承前启后 继往开来》,《世界社会主义研究》2021年第6期。

[26] 袁东振:《玻利维亚"争取社会主义运动"重新执政:挑战与前景》,《当代世界》2021年第2期。

[27] 肖宇:《乌拉圭广泛阵线的政党特征与执政经验》,《拉丁美洲研究》2021年第4期。

［28］林华:《阿根廷进步主义的实践、困境和局限》,《世界社会主义研究》2021 年第 11 期。
［29］李菡:《拉美左翼和参与式民主：以拉美四国为例》,《拉丁美洲研究》2021 年第 1 期。
［30］杨建民:《当前拉美左翼的发展现状与前景》,《世界社会主义研究》2021 年第 9 期。
［31］袁东振:《不平等对拉美国家政治和社会变迁的影响》,载中国人民大学国际关系学院主办《世界政治研究》第 9 辑,中国社会科学出版社 2021 年版。
［32］王鹏:《联盟总统制与巴西的政治困局》,《拉丁美洲研究》2021 年第 3 期。
［33］高波:《拉美国家的体系性腐败及其治理》,《现代国际关系》2021 年第 3 期。
［34］韩晗:《拉美印第安人权利的法律保护机制构建与挑战》,《西南科技大学学报（哲学社会科学版）》2021 年第 3 期。

（撰稿人：杨建民、方旭飞、范蕾、谭道明、李菡、刘天来、肖宇）

拉美国际关系研究学科述评

一、国内外拉美国际关系研究综述

2021年，中国外交及中拉关系、地区国家外交、地区主义、地区安全等议题是拉美国际关系主要关注的热点问题。

（一）中国外交及中拉关系

里约热内卢联邦大学阿拉纳·奥利维拉教授在《从熊猫到龙：2012年以来中国在东海的海事行动、应对及其内涵的分析》[1]一文中运用新古典现实主义分析了21世纪中国外交政策的演变，尤其观察了中国在钓鱼岛争端中的行为与反应，以及其他国家对中国行动方式的看法。作者认为，对权力平衡、中国能力、民族主义、政权合法性以及领导形象的认知是影响中国对海洋领土争端的反应及政策的重要因素。中国在东海、南海日益增强的强势正在推动那些与中国存在海洋争端的国家之间联动配合，这些因素对国际体系的力量平衡造成较大冲击。

博南布哥联邦大学雷楠·芒特内格罗在《联合国维和行动中的中国：30年评估（1990—2019）》[2]一文中从年均维和人员规模、各维和行动中的维和人员投入、各维和行动中的中国维和人员占比、特定维和行动中中国维和人员投入占比等四个指标分析了中国维和参与的特征。文章认为，21世纪以来，中国维和参与主要基于经济和外交利益、多边安全治理参与、提高作战能力、大国责任等多种考虑。尤其这些考虑在利比亚、南苏丹、柬埔寨等国的维和案例中体现得更加充分。

巴西南里奥格兰德联邦大学教授马尔科·塞皮克等在《我们是否错过了"中国因素"：来自巴西和墨西哥的证据》[3]一文中通过对巴西和墨西哥外交战略的分析，认为两国错失了与中国合作的战略机会。协调社会经济利益、确定长期目标以及创建对华谈判的综合合作框架方面的困难，影响了巴西对外战略的可持续性。墨西哥也陷入了将中国视为商业威胁，但作为平衡其对美国过度依赖的严肃伙伴的观念。2000年以来联合国大会的投票模式证实了这一点，该模式显示巴西和中国更加趋同，而墨西哥则更倾向于美国。

（二）地区国家外交

巴西伯兰布哥联邦大学教授菲利普·罗查和马塞洛·梅德罗斯在《美洲地区主义和巴西

外交表述（1946—2019）》[4]一文从巴西总统、外长、大使在联合国大会例行会议发言的视角着手，分析了地区主义以及具体地区方案的出现频率，从而得出南共市是巴西地区战略的优先目标和政策偏好，其次是南美洲国家联盟，其他地区一体化方案在巴西外交中都处于非常次要的位置。文章认为，地区方案在巴西外交表述中经常涉及，但是对各个方案的不足及可行性则很少涉及。

英国巴斯大学政治系教授莱斯利·魏纳等在《民众主义与外教政策的联系：拉丁美洲的案例》[5]一文中从角色理论出发，通过分析梅内姆、查韦斯等不同类型民众主义政府的外交政策，提出不存在一种民粹主义外交政策，同时也挑战了民粹主义外交政策是反多元、反民主和反自由秩序的观点。文章认为，梅内姆依靠他的个人领导力打破了阿根廷在外交事务中奉行独立的外交政策传统，扮演美国忠实盟友的角色。而查韦斯在外交政策上将高度自主作为目标，以结束对美国的依附模式。

墨西哥学者杜塞尔（Enrique Dussel Peters）认为，中美战略竞争对墨美产业链和贸易合作带来新的机会，墨西哥需要加大优势产品对美出口，提速"2020—2030年对外贸易促进计划"，并需克服墨西哥外贸结构性短板，通过公共部门、私营部门和学界的合作快速作出反应。[6]

阿根廷罗萨里奥国立大学国际关系系教授卡尔拉·莫拉索在《2003年至2015年阿根廷外交政策的自主性导向》一文中聚焦2003年至2015年的阿根廷外交，重点讨论了基什内尔主义对阿根廷外交的重塑，表现为回归到外交自主性传统，强调国家发展的内向模式，同时力推对外关系多元化，积极参与南美一体化机制建设，对外部干涉阿根廷外交决策表现出强烈的反对态度[7]。

（三）地区主义

巴西应用经济研究所国际政治经济关系研究室副主任佩德罗·巴洛斯等在《南美地区主义的危机和巴西在南美洲国家联盟、利马集团及南美进步论坛中的角色》[8]一文中从地区主义和区域治理的视角出发，分析南美洲国家联盟陷入解体困境的原因。通过考察利马集团、南美进步论坛和莱蒂西亚协定在捍卫民主、卫生合作、减少森林砍伐领域的治理行动与效果，指出三者无法取代南美洲国家联盟在区域治理中的作用。文章认为，极右翼政府上台后，巴西对外政策发生了较大幅度的调整，不再将南美地区主义视为外交首要议程之一。

德国全球与区域研究所（GIGA）教授德特勒夫·诺尔特等在《区域组织如何应对反复出现的压力：南美洲案例》[9]一文中用个人应对压力的心理模型来探索区域组织如何应对压力。通过比较南美地区组织应对委内瑞拉危机和新冠肺炎疫情危机的过程与结果，文章指出，意识形态极化和地区合作方向分歧导致南美地区主义的衰落，极右翼对多边主义的批判使地区合作面临更大困难，领导力量的缺位及对地区主义未来的悲观判断削弱了一体化的民意基础，地区组织应对委内瑞拉危机的结果对其处理疫情危机产生了负面影响。

(四)地区安全

联合国拉美经委会(CELAC)与联合国减少灾害风险办公室(UNDRR)共同发布的《新型冠状病毒病大流行:一个建立系统性应对加勒比灾害风险路径的机会》[10]报告指出,新冠肺炎疫情对经济的冲击将加大加勒比地区的脆弱性和不平等程度,也可能成为改变社会以及经济、政治体系结构和组织方式的催化剂,推进一种以风险知情为导向和注重恢复力的发展方式,促进全球福祉,规划可持续和可再生的人类活动。拉美应抓住机会,将系统性的风险管理路径融入恢复和发展计划;资助灾害风险管理和一个风险知情的疫情恢复计划;加强对科学和技术的支持与利用;加强区域一体化与合作。

《拉丁美洲时事通讯》刊发《拉丁美洲的军队:寻求新角色》[11]报告指出,20世纪80年代后至2020年,拉美军民间的关系更加复杂。虽然民选政府是主流,并对军队的影响进行了削弱,但军队的影响仍然存在,并由于民事机构的虚弱和腐败而在近年有所增长。报告认为,武装部队的反民主干预,无论是传统的"老派"政变,还是最近出现的更为有限或隐蔽的干预现象,都是应不同文人政治派系的请求和邀请而进行的。军事干预拉丁美洲政治的时代尚未结束。军队对21世纪面临的挑战准备不足,其现有的资源和结构与其可能将面临的安全威胁之间有很大差距。

二、中国社会科学院拉美国际关系学科发展综述评

中国社会科学院拉丁美洲研究所拉美国际关系学科研究人员在中拉关系、美拉关系、拉美外交、地区热点等领域的研究中,完成了一系列有影响的科研成果,形成了一定的学科优势,产生了较大的学术影响力。

(一)中拉关系

贺双荣、佟亚维在《中国与乌拉圭共建"一带一路":进展、驱动因素及挑战》(《拉丁美洲研究》2021年第6期)一文中分析了新时代中乌战略伙伴关系的驱动因素,指出乌拉圭积极参与"一带一路"合作,有短期目标,也有长期战略考量,最主要的目标是促进本国产品出口和推动中乌经济合作。中乌关系的稳定性和可持续性以及在全球治理上的合作前景,使其在新时期推进中拉高质量"一带一路"合作中能发挥引领作用。中乌共建"一带一路"面临来自全球、区域和国内层面的挑战,中乌自由贸易谈判作为战略合作举措,谈判前景仍存在不确定性。

周志伟在《中拉关系具备延续"战略机遇期"的充分逻辑》(《世界知识》2021年第18期)一文中从经贸关联度、政策趋同性、相似的国家身份等角度进行分析,得出中拉合作具备延续战略机遇期,甚至实现提质升级的可能性。文章认为,在全球变局和拉美地区变局相叠加的局面下,中拉合作将面临更多的挑战,尤其是合作成本、风险均可能上升。尽管如此,

在全球经济复苏尚不明朗的局面下,中国对拉美经济的拉动效应、中国国际合作选项的多样性、对华合作"红利"的可获取性将是拉美国家外交决策的重要考量。

(二)美拉关系

孙洪波在《拜登政府对拉美政策展望:延续大于调整》(载柴瑜主编《拉美黄皮书:拉丁美洲和加勒比发展报告(2020—2021)》,社会科学文献出版社2021年版)一文中梳理了拜登政府同拉美国家的初步互动,指出美国新政府对拉政策取向的总体特点是,重塑西半球领导权,坚持多边主义,根据国内政治需要及利益优先关切,先易后难,逐步推出并局部调整对拉政策。文章认为,受美国国内政治掣肘及拉美局部动荡影响,美对拉政策调整面临较多不稳定、不确定因素,美拉关系短期内将处于较为复杂的过渡阶段。

周志伟在《巴西与美国关系:阶段性差异与前景的不确定性》(载柴瑜主编《拉美黄皮书:拉丁美洲和加勒比发展报告(2020—2021)》,社会科学文献出版社2021年版)一文中对比了特梅尔过渡政府时期和博索纳罗执政以来的巴美关系发展,并对拜登执政后的双边关系进行展望。文章认为,博索纳罗与特朗普的意识形态一致性强化了两国间的政治互信,两国关系具有诸多"盟友"特征。在拜登执政期间,巴美关系面临很大的不确定性,最大的不确定性就在于极右意识形态联盟能否顺利转型为基于传统价值观的务实合作关系。

(三)拉美外交

周志伟在《巴西与联合国维和行动:基于安全治理视角的分析》(《拉丁美洲研究》2021年第4期)一文中回顾巴西参与联合国维和行动的历史,将其划分为尝试性且有限参与(1948—1968)、20年的远离(1968—1988)、选择性参与(1988—2002)、全方位参与(2003—2018)四个阶段,分析了巴西维和参与中的安全治理逻辑,包括扩大在全球安全治理中的影响力、在战略性区域构建"安全共同体"、保障巴西国内安全可治理性。文章还对巴西维和实践进行了评估与展望。

何露杨在《拉美一体化为何出现停滞甚至倒退》(《世界知识》2021年第18期)一文中从政治、经济、外交三个层面分析当前拉美地区一体化形势,认为政治生态不同期削弱各国推动一体化意愿,拉美经济的结构性失衡、主导国的缺位、政策理念分歧以及"脱拉入亚"的趋势令地区经济一体化乏力,美国干预和中美竞争则是不可忽视的外部因素。

(四)地区热点

贺双荣在《巴西能源部门的市场化改革和中巴能源合作》(《中外能源》2021年第7期)一文中分析了巴西从20世纪70年代中期高度依赖石油进口,发展成世界性的石油大国的原因,指出既有技术的也有政策性的因素,其中市场化改革是最重要的因素,也是打破巴西国家石油公司垄断的核心。文章认为,中国是巴西石油行业市场化改革的受益者和积极参与者,巴西不仅是我国石油进口的重要来源地,我国石油、金融和制造业等企业,也积极参与巴西石油行业市场化改革的进程。

赵重阳在《总统被刺，海地政局何以陷乱局》(《半月谈》2021年第15期)一文中分析了海地总统被刺引发政局混乱的原因，指出自独立以来的长期动荡是造成海地当前乱局的历史诱因，近年来不断激化的国内矛盾是造成当前海地乱局的直接原因。海地国内政局一直动荡不休，人民生活困苦；加之各种外部势力的干涉，使其自始至今一直处于乱局之中而无法自拔。今年以来，海地国内政治斗争进一步加剧、民众不满情绪增强，社会安全形势恶化，最终导致总统被刺这种极端事件的发生。

孙洪波在《资源民族主义：以拉美石油产业为案例的历史考察》(《西南科技大学报（社科版）》2021年第1期)一文中对拉美石油资源民族主义进行了翔实系统的历史考察，对拉美石油资源民族主义的主要研究命题，即"经济主权—资源民族主义假说""资源诅咒假说""资源—权威主义体制假说"，以及相应衍生出来的"资源丰腴悖论"等分支性观点进行了论述，并梳理了近年来拉美石油资源民族主义的相关研究热点。

中国社会科学院拉美国际关系学科成立于2005年，2009年拉美国际关系学科成为中国社会科学院重点学科，2017年再次成为中国社会科学院"登峰战略"重点学科。当前国际关系学科的研究实力在国内学术界处于引领地位，在中拉关系及对拉战略、全球治理与拉美、巴西外交等领域的学科优势明显。学科代表性人物引领作用显著，学科向新的研究领域拓展，学科研究格局多元化，学科研究方式多样化。该学科存在的不足主要是：科研力量不足以支撑强劲的外部需求；与其他区域研究相比，学术"走出去"仍然不足，在一定程度上影响了学术传播效果。后备人才不充分。

注　释

[1] Alana Camoça Gonçalves de Oliveira, "From Panda to Dragon: An Analysis of China's Maritime Actions and Reactions in the East China Sea and Their Implications since 2012," in *Contexto International*, Vol. 43(1) Jan/Apr 2021.

[2] Renan Holanda Montenegro, "China in UN Peacekeeping Operations: A 30-Year Assesment(1990–2019)," in *Contexto Internacional*, Vol. 43(2) May/Aug 2021.

[3] Marco Cepik, Fabrício H. Chagas-Bastos & Rafael R. Ioris, "Have we missed the 'China factor': Evidence from Brazil and Mexico," in *Economic and Political Studies*, Vol. 9, No. 3, 2021.

[4] Felipe Ferreira de Oliveira Rocha, Marcelo de Almeida Medeiros, "American Regionalism

and Brazilian Diplomatic Discourse(1946–2019)," in *Contexto Internacional*, Vol.43(1) Jan/Apr 2021.

［5］Leslie E. Wehner and Cameron G. Thies, "The nexus of populism and foreign policy: The case of Latin America," in *International Relations*, Vol. 35, No. 2, 2021.

［6］Enrique Dussel Peters, "Trade Opportunities For Mexico In The Context Of The Tensions Between The United States And China Since 2017, October 2021." https://dusselpeters.com/357.pdf.

［7］Carla Morasso, "La orientación autonomista de la política exterior argentina (2003–2015)," in *Cuadernos de Política Exterior Argentina*, June 2020.

［8］Pedro Silva Barros and Julia de Souza Borba Gonçalve, "Crisis in South American regionalism and Brazilian protagonism in Unasur, the Lima Group and Prosur," in *Revista Brasileira de Política Internacional*, 64(2): e009, 2021.

［9］Detlef Nolte and Brigitte Weiffen, "How regional organizations cope with recurrent stress: the case of South America," in *Revista Brasileira de Política Internacional*, 64(2): e006, 2021.

［10］CELAC-UNDRR, The Coronavirus Disease (COVID-19) Pandemic: An Opportunity for A Systemic Approach to Disaster Risk for the Caribbean, March 2021.

［11］Latin American Newsletters, The Miliitary in Latin America: In Search of a New Role, May 2021, https://www.latinnews.com/media/k2/pdf/SR-2021-05-242.pdf.

（撰稿人：贺双荣、周志伟、谌园庭、孙洪波、赵重阳、何露杨）

拉美社会文化研究学科述评

一、国内外拉美社会文化研究综述

2021年，国内外学术界有关拉美社会和文化学科的研究议题广泛、成果丰富。在社会研究方面，对新冠肺炎疫情的社会反思、社会暴力与犯罪、移民问题、教育问题、土地开发与保护争议等研究议题占据了相当重要的地位。

（一）对新冠肺炎疫情的社会反思

随着拉美新冠肺炎疫情防控进入常态化阶段，国内外学界针对拉美抗疫实践进行了多视角、多层次的反思研究。艾马拉·阿雷瓦洛的著作《COVID-19——中美洲的新疾病与旧问题》以中美洲六个国家的抗疫实践为样本分析了拉美国家抗疫成效低下的逻辑性制度成因，包括失信社会与无效国家的僵化机制关系、医疗体系长线崩溃与"群体免疫"松懈管理之间的恶性循环等。[1]卡罗丽娜·包蒂斯塔和安纳西·杜兰德·格瓦拉等主编的《动荡的国家——流行病期间的国家重组、政治斗争和结构性危机》，结合社会再生产理论与拉美本土实际指出这一流行病间接强化了父权制模式，加剧了许多家庭内部关系中先前存在的家庭暴力、代际矛盾等紧张现象。[2]卡罗丽娜·特尔博因·亨利恩和黛西·伊图列塔·恩里克斯等主编的《拉丁美洲——大流行病时期的社会、政治与健康》，深入探讨了疫情期间高度政治化的社会信息接收机制，并指出有效信息的选择扩散与无效信息的虚假传播是社会卫生治理碎片化的关键原因之一。[3]卡尔拉·马洛希亚和宝拉·塞西莉亚·露易丝的论文《大流行时期的民间社会组织——对新常态的反思：新的挑战还是同样的现实？》反思了拉美抗疫实践中民间社会组织的脆弱性及其功能性缺席，并指出为加强社会的风险抵御能力，在社会危机处理机制内部提升各民间社会组织部门之间协调能力的必要性。[4]罗贝尔托·卡洛斯·达维拉·莫兰的论文《非正规经济中的就业——比2019新型冠状病毒更大的威胁》深入探讨了疫情背景下工人、雇主与政府在非正规就业经济中的三角行为体关系，指出在后疫情时期由于存在不同的市场主体行为偏好，拉美地区的非正规就业仍存在上升的扩容空间，并就提升企业监管责任和规范成本转嫁风险对政府提出了相关要求。[5]房连泉在《新冠疫情冲击下拉美国家的社会贫困和不平等：社会结构脆弱性视角》一文中分析了疫情对拉美社会贫困和社会阶层流动性的冲击，指出疫情的内因源于该地区长期积累的结构性矛盾无法有效解决。[6]

（二）社会暴力与犯罪

作为拉美社会治理的重要议题，有关毒品交易与暴力犯罪的规范化实证研究长期受到拉美学界的关注。加利福尼亚大学的 B.V. 奥尔金的著作《暴力逻辑：拉美文学中的暴力、身份和意识形态》从暴力的行为逻辑与身份认同的历史角度出发，论证了暴力行为在拉美人主体身份构建过程中发挥的长期性作用。[7]安德鲁·斯莫斯基在其著作《拉丁美洲城市的阶级斗争和暴力》中以拉美城市为研究的地域样本，从政治腐败、种族隔离、社会不平等、贫富差距等角度揭示了拉美城市暴力犯罪率居高不下的原因。[8]保罗·若泽·里斯·佩雷拉在《毒品、暴力和资本主义：类阿片在美洲的扩张》中探讨了拉美的毒品贸易与资本主义制度间存在的矛盾关系：一方面，与毒品有关的资本主义积累鼓励了暴力和毒品市场的发展；另一方面，毒品与资本主义制度之间存在的高依赖度导致了禁毒措施的低可行性。[9]爱沙尼亚大学的雅娜·林哈雷、罗伦蒂与隆德里纳大学的乔丹娜·丰塔纳在《预防和处理大学背景下性暴力的议定书：对拉丁美洲情况的分析》中分析了在拉丁美洲国家的大学中女性遭受的性暴力问题，并指出政策适用范围、制度联系、校园空间限制、网络等相关因素可作为解决、预防和惩治性暴力问题的关键。[10]

（三）移民问题

近年来，国内外学界针对拉美难民跨国迁徙、技术人才外流等问题的研究逐渐突破经验视角，从现象治理迈向理论分析的专业高度。伊雷里·切哈和索莱达·阿尔瓦雷斯·贝拉斯科等人在《移民》一书中指出，当下拉丁美洲和加勒比的区域迁徙模式正在发生变化，并从主观性、幼年移民、仇外心理和不稳定工作等九个动机角度为移徙动态的不确定性和偶然性提供了指导方针。[11]露西拉·内贾姆基斯与路易莎·孔蒂等主编的《对移民与危机之间关联性的重新思考——基于拉丁美洲与欧洲的视角》批判审视了作为结构化社会现象的现代移民与社会危机之间的因果关联，并围绕政治、环境和身份类型的十二个案例研究，重新思考移徙危机概念的局限性。[12]克劳迪娅·佩多内和卡门·戈麦斯·马丁等在《技术移民的面貌——拉丁美洲的交叉研究》中通过分析六个不同拉美国家的高等教育素质人才对外移民的实证案例，深刻探讨了技术移民背景下高等教育模式与社会就业容量之间的张力以及学术流动与家国情怀之间的割裂，阐释了两者所导致的社会结构的不稳定性。[13]东北师范大学的梁茂信在其论文《美国的拉美移民来源的梯度结构分析（1900—1929年）——以墨西哥移民为中心》中分析了拉美移民在美国的梯度结构，并揭示出这种结构既反映了拉美地区经济发展的失衡及其与美国经济的融合关系，也是美国企业的招工措施实施后移民劳工直接参与美国经济活动特别是生产过程引发的必然结果。[14]

（四）教育问题

近年来，国内外学界针对拉美地区存在的教育问题取得了丰硕的研究成果。莫妮卡·M.

马尔多纳多和希尔维娅·M.塞尔维托的著作《地方结构的民族志——学校经验、赌注与挑战》基于社会人类学视角和长时间的田野调查,在一系列再现科尔多瓦市青少年学校生活的文本材料中深刻揭示了阿根廷教学机制存在的诸多难题。[15]罗莎·尼迪亚·布恩菲尔·布尔戈斯的著作《教育政策和理论讨论中的普遍共识——基于五个拉美国家的视角》深入探讨了在拉美高等教育改革进程中存在的对不同社会行为体的偏重和排斥现象,指出教育议程在公共空间中长期为政治化的媒体话语所把持。[16]菲丽斯塔斯·阿科斯塔在其著作《拉丁美洲的受教育权与入学普及化》中详尽概述了20世纪下半叶至21世纪初拉美各国在新自由主义政策主导下受教育权曲折发展的历程,指出地方保守主义对教育民主化造成了持续的倒退效应。[17]北京师范大学的范丽珺的论文《阿根廷基础教育阶段〈灯塔学校计划〉探析》,从政策背景、政策内容和政策实施三个角度深入分析了2017年阿根廷教育部为正式推行基础教育阶段而颁布的改革措施《灯塔学校计划》,研究发现该计划已经取得了较为可观的政策效果。[18]

(五)土地开发与保护争议

近年来,国内外学术界聚焦拉美各国土地资源开发与生态环境保护的社会发展议题。阿尔瓦罗·阿尔瓦雷斯的《交通基建与领土争议》一书分析了过去二十年拉美国家在推进国际物流运输系统建设过程中与地方保护主义矛盾升级的现象,批判性地探讨了在地区采掘主义扩张之下掀起的社会领土化运动,以寻求替代性的社会增长方案。[19]帕贝尔·洛佩斯和米尔森·贝当古在其汇编著作《领土性争端与有待争议的土地——拉丁美洲与资本对立的社会视野》中指出,过去几十年建立在自然资源集约开发基础上的低成效社会发展模式逐渐丧失其合法性,地方出现领土身份化和社区管理化的倾向。[20-21]大连理工大学的刘明在其论文《20世纪以来巴西印第安人土地政策的变迁》中指出20世纪以来受进口替代工业化和农业现代化发展的需求,印第安人的土地权长期受到农矿业等利益集团的侵犯和破坏。作者认为巴西印第安人土地保护问题的持续升温与巴西的大地产制、政府相关部门缺乏足够的经济实力等因素密切相关。[22]

(六)文化研究

学界对拉美影视作品的现实意义探讨及其对跨文化交流的作用的关注度不断提升,2021年国内外学者均对此方面给予了不同程度的解读。从国内方面来看,中国传媒大学付晓红副教授的《拉美电影作品分析》一书,从拉丁美洲的魔幻现实主义电影、政治与现实主义、拉丁美洲新电影分析等方面入手,多角度深入而具体地评析与探究了近年来拉丁美洲的主要电影作品,以此来揭示出拉丁美洲电影艺术创作的规律、方法与技巧及其所传递的现实意义。[23]柴力和陈云萍的《"一带一路"倡议下网络文学改编剧在拉美地区传播研究》一文,从中国的网络文学改编剧在拉美地区的传播角度入手,重点研究了"一带一路"倡议下,我国网络文学改编剧在拉美地区的传播现状及其存在的提升空间,展现影视作品对加强中拉双方的文化交流与传播的重要作用。[24]从国外学界来看，米德尔伯里学院副教授尼古拉斯·波谱的《奥尔顿悖论：外国电影工作者与拉美工业电影的兴起》一书，通过研究20世纪30年代到40年代外国电影工作者对拉美本土电影发展所作的贡献，重新解读了与传统电影史密不可分的概念，包括导演身份、中间性、延续性、跨国主义等方面，阐述跨国电影从业人员间的交流和互动对拉丁美洲国家电影工业发展的积极作用以及对跨文化交流的影响。[25]

国内外学者对拉美土著族群的民族文化发展及土著文化在拉美国家社会中的作用等方面也给予了较多关注。中央民族大学张青仁副教授的《末世太阳——一个墨西哥印第安城镇的变迁、动荡与抗争》一书，从一系列鲜活的调查访谈入手，系统呈现了墨西哥印第安文明的悠久历史、全球化进程对于印第安社会与文明的影响、解放神学与萨帕塔革命对当地民众启蒙的经验、圣卢西亚自治村社的自治实践等内容，借以反思全球化和现代化理论。[26]巴西学者丹尼尔·蒙杜鲁库主编的《巴西土著人民故事》一书，通过讲述不同的巴西土著居民的故事，呈现巴西不同地区的土著文化，向读者展示巴西土著社区文化对巴西社会发展的作用。[27]美国人类学教授凯·沃伦与让·杰克逊在《拉丁美洲的土著激进主义研究导读》一文中探讨了20世纪六七十年代土著激进主义的转变以及土著人民将土著文化视为重要的社会资源，来积极应对族群分裂问题、克服政治边缘化和贫困现状问题。[28]

二、中国社会科学院拉美社会文化研究学科发展情况

2021年拉美社会文化学科建设继续依托"中拉发展合作和发展互鉴研究"创新项目和院登峰战略的拉美文化特殊学科，进一步巩固了研究室、拉美社会学科和拉美文化学科三位一体的发展格局。未来的目标是要形成社会研究和文化研究并重和均衡发展的格局，因此创新项目的设计将两个学科的核心内容有机地融合起来。随着新的研究人员的加盟，社会学科和文化学科的均衡发展有望实现。

中国社会科学院拉美社会文化学科成立于1995年。该学科是国内拉美学界唯一以拉美社会问题为研究对象的学科，成员的外语优势较明显；对外学术交往能力较强，与阿根廷及其他拉美国家的学术机构建立了广泛的联系。2016年拉美文化学科被列入中国社会科学院"登峰战略"特殊学科，重点研究领域是拉美思想和文化，以及中国在拉美的软实力、中拉人文交流等。学科的发展面临的主要问题有：人才短缺，研究队伍不足；学科基础相对薄弱，很难形成非常扎实而稳固的学科资料积累和基础研究系列成果。

注　释

[1] Arévalo A. *COVID-19 Nuevas enfermedades, antiguos problemas en Centroamérica*. CLACSO. 2021.

[2] Bautista, Carolina. *Estados Alterados: reconfiguraciones estatales, luchas políticas y crisis orgánica en tiempos de pandemia*.CLACSO; Muchos Mundos Ediciones; Instituto de Estudios de América Latina y el Caribe-IEALC. 2021.

[3] Henrion, Carolina Tetelboin, Daisy Iturrieta Henríquez, Clara Schor-Landman. *América Latina Sociedad, política y salud en tiempos de pandemia*.CLACSO; Universidad Autónoma Metropolitana; Universidad Veracruzana; Universidad Mayor de San Simón; Universidad de Valparaíso. 2021.

[4] Maroscia, Carla, Ruiz, Paula Cecilia, "Las Organizaciones de lasociedad civil en epoca de pandemia. Reflexciones haci una nueva normalidad: ¿Nvevos desafíos o mismas realidades？." *Ciencias Administrativas*. 2021; (17):97-107.

[5] Dávila Morán, Roberto Carlos, "Empleo en la economía informal: mayor amenaza que la pandemia del covid-19." *Telos*. 2021; 23(2):403-417.

[6] 房连泉:《新冠疫情冲击下拉美国家的社会贫困和不平等:社会结构脆弱性视角》,《拉丁美洲研究》2021年第5期。

[7] Olguín, B. (2021-01-05). *Violentologies: Violence, Identity, and Ideology in Latina/o Literature*. Oxford University Press. Retrieved 13 Dec. 2021.

[8] Smolski AR. "Class Struggle and Violence in Latin American Cities." *Latin American Perspectives*. 2021; 48(1):280-284.

[9] Pereira PJ dos R. "Drugs, Violence, and Capitalism: The Expansion of Opioid Use in the Americas." *Latin American Perspectives*. 2021; 48(1):184-201.

[10] Linhares, Yana, Jordana Fontana, and Carolina Laurenti. *Protocolos De Prevenção E Enfrentamento Da Violência Sexual No Contexto Universitário: Uma Análise Do Cenário Latino-americano*. Saúde E Sociedade, 2021, Vol.30 (1).

[11] Ceja, Iréri, Soledad Álvarez Velasco, Ulla D. Berg.*Migración.*. Universidad Autónoma Metropolitana, Unidad Cuajimalpa.2021.

[12] Nejamkis, Lucila, Luisa Conti, Mustafa Aksakal.*(Re)pensando el vínculo entre migración y crisis Perspectivas desde América Latina y Europa.*. CALAS. 2021.

[13] Pedone, Claudia, Carmen Gómez Martín. *Los Rostrosdelamigracióncualificada:EstudiosInte*

rseccionales en América Latina.CLACSO. CONICET. RMMCAL.2021.

[14] 梁茂信:《美国的拉美移民来源的梯度结构分析（1900—1929年）——以墨西哥移民为中心》,《拉丁美洲研究》2021年第6期。

[15] Mónica M. Maldonado, Silvia M. Servetto.*Etnografías en tramas locales: Experiencias escolares, apuestas y desafíos.* Universidad de Nacional de Córdoba.2021.

[16] Burgos, Rosa Nidia Buenfil, ed. *Sentidos de lo común en la discusión teórica y en las políticas educativas en cinco países latinoamericanos.* CLACSO. 2021.

[17] Acosta, Felicita. *Derecho a la educación y escolarización en América Latina.*Ediciones UNGS.2021.

[18] 范丽珺:《阿根廷基础教育阶段〈灯塔学校计划〉探析》,《郑州师范教育》2021年第4期。

[19] Álvarez, Álvaro. *Infraestructuras de transporte y disputas territoriales: La IIRSA en Santa Fe.* Facultad de Ciencias Humanas–UNICEN. 2021.

[20] López, Pabel, Betancourt, Milson. *Conflictos territoriales y territorialidades en disputa: Re-existencias y horizontes societales frente al capital en América Latina.*CLACSO. 2021.

[21] BALBONTIN-GALLO, Cristóbal, *El derecho indígena al territorio. Argumentos para una deconstrucción decolonial del Derecho y su reconstrucción intercultural.* Utopía y Praxis Latinoamericana. 2021; 26(93): 65–86.

[22] 刘明:《20世纪以来巴西印第安人土地政策的变迁》,《世界民族》2021年第3期。

[23] 付晓红:《拉美电影作品分析》,世界图书出版公司2021年版。

[24] 柴力、陈云萍:《"一带一路"倡议下网络文学改编剧在拉美地区传播研究》,《西南科技大学学报（哲学社会科学版）》2021年第3期。

[25] Nicolas Poppe, *Alton's Paradox: Foreign Film Workers and the Emergence of Industrial Cinema in Latin America*, SUNY Press, 2021.

[26] 张青仁:《末世太阳——一个墨西哥印第安城镇的变迁、动荡与抗争》,商务印书馆2021年版。

[27] Daniel Munduruku, *Contos Indígenas Brasileiros*, Global Editora, 2021.

[28] Kay B Warren, Jean E Jackson, "Introduction: Studying Indigenous Activism in Latin America", Indigenous movements, self-representation, and the state in Latin America, University of Texas Press, 2021, pp.1–46.

（撰稿人：林华、郭存海）

拉美发展与战略研究学科述评

一、国内外拉美发展与战略研究综述

2021年，受全球经济波动、新冠肺炎疫情和气候变化带来的冲击和压力的影响，拉美和加勒比国家在发展领域面临更加复杂困难的形势。在这一背景下，国内外学界对拉美发展领域问题的研究成果集中于以下三个方面：一是拉美国家如何实现可持续发展，相关成果主要围绕经济增长、社会环境和能源消费之间的关系展开分析；二是政府在促进可持续发展之中的作用，相关成果主要围绕拉美国家政府如何提高透明度和提升公共服务展开分析；三是经济发展的国际比较研究，相关成果力图从拉美和东亚的经验比较中找到拉美国家摆脱发展困境的新灵感。

国外学者较为广泛地采用了计量数据研究方法，用于评估拉美的可持续发展和分析该地区的发展差距。土耳其学者托米瓦·森迪·阿德巴约（Tomiwa Sunday Adebayo）等根据1980—2017年的面板数据建立计量模型，分析了拉美国家城市化、经济增长和能源消费对二氧化碳排放的影响。西班牙学者塔马拉·格雷罗·戈麦斯（Tamara Guerrero-Gómez）等收集18个拉美国家200个大型地方政府网站披露的经济、社会和环境保护信息，对其进行线性回归分析。西班牙学者比阿特丽斯·巴拉多（Beatriz Barrado）等基于多元线性回归分析，结合沙普利-欧文-肖罗克斯（Shapley-Owen-Shorrocks）分解方法和瓦哈卡-布林德（Oaxaca-Blinder）分解方法，探究拉美和东亚经济增长差距的原因。

相较而言，中国学者在涉及拉美发展领域的研究更多依靠案例分析、比较分析和定性分析。例如，中国学者韩永辉和谭舒婷对拉美国家和日韩跨越"中等收入陷阱"的国际经验进行对比分析；陈斐和马梦蝶构建经济发展质量的评价指标体系，采用熵值法测算中国与主要拉美国家（阿根廷和巴西）的经济发展质量；庞鸿泽通过构建包含细分行业的二元经济模型，对拉丁美洲"中等收入陷阱"给出经济收敛意义上的解释。

2021年，拉美发展研究领域的热点问题、代表性学者及代表作包括以下内容。

（一）评估和分析气候变化带给拉美可持续发展进程的挑战

土耳其学者托米瓦·森迪·阿德巴约（Tomiwa Sunday Adebayo）等分析指出，拉美国家城市化、经济增长、能源消费与二氧化碳排放呈正相关关系,四者之间的趋同增长趋势能够帮助预测拉美国家的二氧化碳排放情况。鉴于这一增长趋势,拉美国家需要从战略高度积极应对环境持续恶化带来的挑战。[1]

墨西哥学者丹尼尔·布伊拉(Daniel Buira)等聚焦墨西哥深度脱碳路径。他们认为,为在2040年以前可再生能源替代化石燃料成为主要能源,墨西哥需要制定碳减排适应战略,其内容应包含完善公共交通基础设施建设、倡导公交交通工具、推动电动汽车的私人消费和改善农业和森林的管理。[2]

(二)探讨如何提升政府治理在推动可持续发展方面的作用

西班牙学者塔马拉·格雷罗·戈麦斯等从政府治理角度分析了拉美国家可持续发展问题。他们指出,提高地方政府透明度有助于拉美国家实现《2030年可持续发展议程》的目标,努力的方向涉及提升教育水平、应对失业、提高立法质量和打击政治腐败。[3]

墨西哥学者劳拉·萨帕塔·坎图(Laura Zapata Cantu)等重点研究了国家创新体系及其与新兴国家可持续发展之间的关系。他们依据《2020年全球创新指数》和《2020年可持续发展报告》指出:完善国家创新体系建设是拉美国家摆脱贫困、实现可持续发展的重要途径。[4]

(三)展开有关拉美经济发展的国际比较研究

厄瓜多尔学者巴勃罗·哈林(Pablo Jarrín-v)等设计出5个量化指标,测算拉美与世界上其他地区的知识差距。根据他们的测算,该地区国家在知识生产规模、速度和强度等方面刚刚达到或低于世界平均水平。缩小知识差距是促进拉美国家经济和社会进步的关键;为消弭知识鸿沟,拉美国家迫切需要制定积极的国内公共政策,加强国际科技合作和知识产权共享。[5]

西班牙学者比阿特丽斯·巴拉多等尝试通过解析增长因素,解析不同国家经济增长率的差异。他们通过量化经济增长因素对经济增长的相对贡献,指出拉美和东亚之间的经济增长差异主要源于制度和物质资本的差异。东亚之所以能够实现较快的经济增长,原因不仅在于其增长要素的禀赋水平较高,还在于其使用效率也很高。[6]

中国学者陈斐和马梦蝶对比分析了中国和拉美地区经济发展历程,以"五大发展理念"为引导,构建经济发展质量的评价指标体系,采用熵值法测度中国与主要拉美国家阿根廷和巴西的经济发展质量。[7]

(四)探析拉美发展困境与发展模式转型

中国学者韩永辉和谭舒婷对拉美国家和日韩跨越"中等收入陷阱"的国际经验进行对比分析。他们指出,在传统经济发展模式下,资本边际收益递减时无法实现要素升级;一国经济发展面临多种挑战和显著下行压力,缺乏新的经济增长动能,易于陷入"中等收入陷阱"。[8]

中国学者庞鸿泽通过构建包含细分行业的二元经济模型,对拉美"中等收入陷阱"给出经济收敛意义上的解释。他指出,拉美国家并未跌入"收入陷阱",而是在现有产业结构的基础上形成长期稳态。要想打破这种稳态，一国需要大力发展现代部门及战略性新兴产业，形成更多经济增长极，以凝聚突破经济增长稳态的动能。[9]

二、中国社会科学院拉美发展与战略研究学科述评

以中国社会科学院拉丁美洲研究所拉美发展与战略研究室为主体的拉美发展学科在2021年主要关注以下问题。

（一）评析对拉美政治体制和政党发展状况

袁东振分析了古巴共产党的执政经验。该党的基本做法包括：重视党的民族性和本土化根基；强调党对国家和社会的领导，注重完善和改进领导方式；注重党员和干部队伍建设，改进党内政治生活；加强党规、制度和道德的约束力，注重营造良好的政治生态。[10]

王鹏分析了巴西政治体制之中的联盟总统制。他指出，这一政治安排的局限性在于：浓厚的庇护色彩、易于滋生政治腐败和包含大量的政党"否决者"。巴西正面对这样一种政治困局：一方面，以修正和完善联盟总统制为主要内容的政治改革势在必行；另一方面，长期存在的保守政治格局阻碍了上述改革的启动。[11]

（二）评析拉美政治发展进程之中的不平等问题和腐败问题

袁东振系统分析了拉美长期存在的不平等问题。他指出，如果不平等问题得不到有效缓解，拉美国家的政治转型和社会转型就很难成功。拉美国家需要通过推进社会改革化解社会矛盾、缓和社会冲突，为社会政治稳定创造更加条件。[12]

高波分析拉美国家的体系性腐败问题。他指出，拉美国家的腐败问题具有明显的体系性、广泛性和多样性特点，其根源由远至近可以归纳为：经济社会不平等、社会资本匮乏、政治庇护主义和问责缺位。严重的不平等及贫困问题催生严重的政治庇护主义，使整个社会失去纵向问责能力，也使国家机构间的横向制衡失效，导致腐败问题在拉美愈演愈烈。[13]

谭道明分析了巴西政治发展进程之中的法治道路。他指出，现代国家构建可以分为国家合法性、国家自主性和国家能力三个层次。通过考察巴西的现代国家构建，可以发现它的国家合法性问题基本得到解决，但国家自主性不足、国家能力软弱，且在短期内无法有效解决。[14]

（三）评析拉美发展进程之中的印第安人问题

韩晗分析了拉美印第安人权利的法律保护机制。她指出，为保护印第安人民及其多元民族文化，拉美各国在基本权利之外，为印第安人提供以集体权利为框架的法律保障。拉美印第安人权利保护逐渐从规范性文本向事实保护发展，区域人权保护机制成为国内法保护的重要补充。[15]

中国社会科学院拉美发展研究学科2019年正式设立，属于新兴交叉学科，该学科以拉美地区发展问题为主要研究内容，以发展政治学和发展经济学作为主要的学科支撑。该学科已

建成一支以中青年骨干为主体的高素质研究队伍，形成一种以拉美和加勒比地区发展问题为核心关切、各有侧重领域的基本格局。该学科研究人员业已形成较为深厚的材料积累和知识储备；现已推出一批类型各异、质量较高的研究成果，产生一定的社会影响力。该学科当前存在以下主要问题：科研成果的质量仍然有待提高，学科的影响力有待提升，科研人员队伍需要进一步完善充实。

注　释

［1］Tomiwa Sunday Adebayo, Muhammad Ramzan, Hafiz Arslan Iqbal, Abraham Ayobamiji Awosusi and Gbenga Daniel Akinsola, "The environmental sustainability effects of financial development and urbanization in Latin American countries," *Environmental Science and Pollution Research*，Volume 28, Issue 41, 2021, pp.983–996.

［2］Daniel Buira, Jordi Tovilla, Jamil Farbes, Ryan Jones, Ben Haley, and Dennis Gastelum, "A Whole-economy Deep Decarbonization Pathway for Mexico," *Energy Strategy Reviews*，Volume 33, January 2021, pp.272–288.

［3］Tamara Guerrero-Gómez, Andrés Navarro-Galera and David Ortiz-Rodríguez, "Promoting Online Transparency to Help Achieve the Sustainable Development Goals: An Empirical Study of Local Governments in Latin America," *Sustainability*，Volume 13, Issue 4, 2021, pp.18–37.

［4］Laura Zapata Cantu and González Fernando, "Challenges for Innovation and Sustainable Development in Latin America: The Significance of Institutions and Human Capital," *Sustainability*，Volume 13, Issue 7, 2021, pp.40–77.

［5］Pablo Jarrín-V, Fander Falconí, Pedro Cango and Jesus Ramos-Martin, "Knowledge gaps in Latin America and the Caribbean and economic development," *World Development*，Volume 146, October 2021, pp.425–453.

［6］Beatriz Barrado, Gregorio Gimenez and Jaime Sanaú, "The Use of Decomposition Methods to Understand the Economic Growth Gap between Latin America and East Asia," *Sustainability*，Volume 13, Issue 12, 2021, pp.1–18.

［7］陈斐、马梦蝶：《中国与主要拉美国家经济高质量发展的比较研究》，《新疆财经》2021年第1期。

［8］韩永辉、谭舒婷：《跨越"中等收入陷阱"、新发展格局和高质量发展——基于拉美和日韩

国际经验的比较和启示》,《南方金融》2021 年第 6 期。

[9] 庞鸿泽:《二元经济视角下的长期经济收敛及其启示——对拉丁美洲"中等收入陷阱"的解释》,《中国物价》2021 年第 10 期。

[10] 袁东振:《古巴共产党党的建设实践与经验探析》,《当代世界与社会主义》2021 年第 4 期。

[11] 王鹏:《联盟总统制与巴西的政治困局》,《拉丁美洲研究》2021 年第 3 期。

[12] 袁东振:《不平等对拉美国家政治和社会变迁的影响》,载中国人民大学国际关系学院主办《世界政治研究》第 9 辑,中国社会科学出版社 2021 年版。

[13] 高波:《拉美国家的体系性腐败及其治理》,《现代国际关系》2021 年第 3 期。

[14] 谭道明:《巴西的法治道路与现代国家构建》,《拉丁美洲研究》2021 年第 6 期。

[15] 韩晗:《拉美印第安人权利的法律保护机制构建与挑战》,《西南科技大学学报(哲学社会科学版)》2021 年第 3 期。

(撰稿人:王鹏、高波、李昊旻、张冰倩)

拉美区域合作研究学科述评

一、国内外拉美区域合作研究综述

（一）国外前沿

1. 后疫情时代的地区合作一体化。古巴哈瓦那大学国际经济研究中心学者安东尼·罗梅罗（Antonio F. Romero Gómez）撰文《拉美和加勒比地区经济合作与一体化五十周年：重要性回首》，对近半个世纪以来拉美推动的经贸一体化进行系统性的回顾与评估。[1]墨西哥学者洛伦娜·鲁阿诺（Lorena Ruano）和娜塔莉亚·萨塔拉马奇亚（Natalia Saltalamacchia）认为，拉美某些地区组织通过在后疫情时代寻找基于技术/专家的国际合作，不同程度上成功避开了相应政治发展困局。[2]阿根廷学者梅赛德斯·波托（Mercedes Botto）在《拉丁美洲经济一体化面临的挑战：在全球化背景下寻求共识——来自南方共同市场的案例分析（1991—2019）》一文中，从批判的历史视角分析了该集团发展轨迹。[3]

2. 次区域一体化。塞尔吉奥·冈萨雷斯（Sergio González Catalán）在《拉丁美洲区域竞争力：区域绩效要素比较研究》一文中，构建了基于投入竞争力与结果竞争力的综合模型以衡量区域竞争力。[4]哥伦比亚罗萨里奥大学经济学教授乔凡尼·雷耶斯（Giovanni Efraín Reyes Ortiz）等撰文，关注新冠肺炎疫情对太平洋联盟国家经济增长的影响与推动未来该组织经济重启的路径。[5]智利天主教大学律师娜塔莉亚·盖拉多-塞拉查（Natalia Gallardo-Salazar）与智利边境大学法学系副教授海梅（Jaime Tijmes-IHL）在《太平洋联盟与CPTPP：WTO争端解决的替代方案？》一文中分析了可能影响申诉方就是否选择太平洋联盟与CPTPP作为替代世贸组织争端解决方案决定的因素。[6]

3. 拉美跨区域及地区间合作比较。莉安·格拉（Lianne Guerra Rondón）在《多边主义和欧洲联盟与拉丁美洲和加勒比的双区域伙伴关系》一文中，分析了在疫情大流背景下区域间一体化面临的挑战和机遇。[7]欧盟—拉美基金会特别出版了集刊——《欧盟与拉美视角下新冠疫情中的新多边主义》，从多重角度对欧拉两个地区在疫情下如何维系与加深合作关系，进而构建新历史条件下的多边主义展开了深入的探讨。[8]法国外贸银行亚太区首席经济学家艾丽西娅·赫雷罗（Alicia G. Herrero）对拉美和亚洲过去经历的危机进行了仔细比较分析。[9]

4. 中拉合作。墨西哥学院教授马里亚诺·波尼亚利安（Mariano Bonialian）撰文《中拉经济关系：一段16世纪至21世纪的全球化史》，阐释了中拉在长达五个世纪的发展中，经济关系经历的三个重要阶段。[10]美国学者古斯塔沃·奥利维拉（Gustavo de L. T. Oliveira）和玛格丽特·迈尔斯（Margaret Myers）研究了"一带一路"倡议延伸至拉美过程中存在的潜在"脆弱性"，并试图提供将其概念化的理论框架。[11]维拉·艾切诺（Vera Z.Eichenauer）等借助工具变量法估计了2002—2013年中国在拉美日益增长的经济参与是否影响18个拉美国家的公民对中国的看法。[12]

（二）国内前沿

1. 拉美地区组织及一体化。毕晶分析了南方共同市场与欧盟在区域双边经贸合作领域的机制、特点和现存挑战。[13]王燕、范和生指出，太平洋联盟与中国深化经贸合作需要克服太平洋联盟机制建设不足、双方贸易同质化程度升高等问题[14]。

2. 中美拉"三边"关系。宋海英、王敏慧检验了"美洲增长"倡议对中拉进出口贸易及投资合作的影响，发现"美洲增长"倡议显著地阻碍了中国对拉美的直接投资，却未对中国与拉美的贸易带来显著的负向影响。[15]章婕妤、步少华分析了美墨制造业产业链"近岸外包"的发展情况。[16]高智君比较了中美两国在拉丁美洲直接投资的影响因素。[17]

3. 中拉合作。刘晋彤、班小辉认为我国在拉美推进"一带一路"倡议亟须回应劳工问题。[18]王飞、胡薇以拉美智库为分析主体，动态分析拉美对共建"一带一路"的认知和互动以及部分国家对该倡议仍存疑虑。[19]李道阳分析了拉美国家对华反倾销的特点和趋势。[20]彭剑波、覃亦欣指出，我国应加强利用墨西哥国内资源以提高胜诉率，有效利用反倾销国际国内法维护中国合法权益。[21]

二、中国社会科学院拉美区域合作学科发展综述

2021年度，中国社会科学院拉丁美洲研究所拉美区域合作学科以创新项目为依托，致力于对拉美区域、次区域合作机制构建、大变局下中拉共建"一带一路"的发展路径与合作模式等议题展开研究，完成了一系列具有影响力的学术成果。

（一）金融信贷领域。杨志敏基于"资金融通"视域，阐述了"一带一路"倡议实施以来，中国和拉美，作为"共建方"在建章立制、构筑"四梁八柱"等方面取得的重要成果。中拉资金融通合作整合了既有机制、丰富了融资渠道，互联互通水平持续提升；从融资规则制定、合作机制创新，到金融机构能力建设等方面拓展了合作的维度和空间。但仍亟须构建一个高质量、可持续的融资合作模式。[22]

（二）基础设施领域。芦思姮以"设施联通"为着眼点，分析了后疫情时代中拉双方基础设施合作如何跨越地缘边界，长期为双方可持续发展赋能。她提出随着新冠肺炎疫情从需求

侧与供给侧两端对全球化理念的重构，"数字革命"浪潮引发全球产业模式与分工结构深度调整，以及我国"双循环"新发展格局的提出，使中拉在构建基础设施互联互通高质量发展层面出现了新的治理路径与合作机遇。[23]

（三）医疗卫生领域。杨志敏、范蕾、韩晗等在《健全国家公共卫生应急管理体系研究》一书中完成了有关"拉美国家应急管理体系"相关章节的撰写，对该地区各国公共卫生应急管理机制、疾病预防控制、公共卫生服务系统、突发事件应对机制、医疗救助机制等内容进行了系统性的解读。[24]

（四）绿色发展与环保领域。芦思姮对中拉共建"绿色丝绸之路"的影响变量与合作路径进行了考察。阐述了在国际社会对应对气候变化的背景下，如何行之有效地打造"绿色丝路"业已成为后疫情时代我国的核心关切。[25]王淞等从企业微观视角，对中拉碳排放、碳关联进行了实证分析，研究了本地企业和外资企业对中拉产业碳关联变化的不同作用。[26]

（五）科技融合领域。宋霞提出了一个拉美地区特有的科技创新模式——"萨瓦托三角"，即科技基础设施、生产结构和政府三位一体。她指出从20世纪60年代末以来，阿根廷、哥伦比亚、巴西等国都依据该模式积极践行科学技术创新体系的建设，但在拉美部分国家的实践中，由于内动力不足，"萨瓦托三角"一直处于撕裂状态。[27]

（六）司法保障领域。韩晗对拉美印第安人权利的法律保护作出分析，指出，为保护印第安人民及其多元民族文化，拉美各国在基本权利之外，基于族裔认同，为印第安人提供了以集体权利为框架的法律保障。[28]

（七）地缘政治与安全领域。李知睿梳理了非传统安全因素对地缘政治斗争作用路径的相关文献。他认为，关于恐怖主义问题溯源的文献集中于从不同分析层面、地理层面，以及不同类型的恐怖主义层面，详细论述各式恐怖主义问题的成因。[29]

中国社会科学院拉美区域合作学科2019年9月正式建立，是新兴学科和交叉学科。该学科优势主要体现在：利用经济、贸易、法律、政治、科技等多学科交叉研究视角，对区域合作开展深入研究。学科成员拥有丰富的科研工作经历，专业背景多样，外语技能突出，学术技能互补，对学科和研究室发展定位有清醒的认识和共识。学科发展的不足包括：科科研成果的数量和质量尚存提升空间，学术传播能力有待加强。

注 释

[1] Antonio F. Romero Gómez, "Cincuenta Años de Integración y Cooperación Económicas en América Latina y el Caribe: Balance Crítico," *Economía y Desarrollo*, Vol.165, No.2, 2021.

[2] Lorena Ruano & Natalia Saltalamacchia, "Latin American and Caribbean Regionalism

during the COVID-19 Pandemic: Saved by Functionalism?" *The International Spectator*, Vol.56, No.2, 2021, pp.93-113.

[3] Mercedes Botto, "The Challenges of Economic Integration in Latin America: Searching for Consensus in Contexts of Globalization. The Case of MERCOSUR (1991-2019)," *Globalizations*, August 2021, DOI: 10.1080/14747731.2021.1962037.

[4] Sergio González Catalán, "Regional Competitiveness in Latin America: A Comparative Study of the Key Elements for Regional Performance," *Journal of Regional Research (Investigaciones Regionales)*, Vol.2, No.50, 2021, pp.125-146.

[5] Giovanni Efraín Reyes Ortiz, César Alberto Mendoza Sáenz y Edward Leandro Robayo Piñeros, "Países de la Alianza del Pacífico 2000-2021: efectos del COVID-19 en el crecimiento y la reactivación económica," *Revista Finanzas y Política Económica*, Vol.13, No.1, 2021.

[6] Natalia Gallardo-Salazar y Jaime Tijmes-IHL, "La Alianza del Pacífico y el CPTPP: ¿alternativas para la solución de diferencias ante la OMC?" *Derecho PUCP*, No. 86, 2021.

[7] Lianne Guerra Rondón, "Multilateralism and Bi-regional Partnership Between the European Union and Latin America and the Caribbean," EU-LAC Policy Brief No.2, September 2021, 网站地址：https://eulacfoundation.org/sites/default/files/2021-09/EuLac_PolicyBrief-N%C2%BA2-EN.pdf, 访问时间：2021年12月5日。

[8] Lucía Rodríguez Torresi, "El Multilateralismo de Post-Pandemia: Nuevas Estrategias de Acercamiento entre la Unión Europea y América Latina y el Caribe: El Caso de la Alianza Por el Multilateralismo Latina y el Caribe," El Nuevo multilateralismo en la era del COVID-19 desde la perspectiva de las relaciones Unión Europea-América Latina y el Caribe, FUNDACIÓN EU-LAC, 2021.

[9] Alicia G. Herrero, "Why Are Latin American Crises Deeper Than Those in Emerging Asia, Including That of COVID-19?" ADBI Working Papers No.1221, March 2021, 网站地址：https://www.adb.org/publications, 访问时间：2021年12月1日。

[10] Mariano Bonialian, "Relaciones económicas entre China y América Latina. Una historia de la globalización, siglos XVI-XXI," *Historia Mexicana*, Vol.70, No.3, 2021.

[11] Gustavo de L. T. Oliveira & Margaret Myers, "The Tenuous Co-Production of China's Belt and Road Initiative in Brazil and Latin America," *Journal of Contemporary China*, Vol.30, No.129, 2021, pp.481-499.

[12] Vera Z.Eichenauer, Andreas Fuchs & Lutz Brückner, "The effects of trade, aid, and investment on China's image in Latin America," *Journal of Comparative Economics*,

Vol.49, No.2, 2021, pp.483-498.

[13] 毕晶:《欧盟与南方共同市场经贸合作展望——基于欧南自贸协议谈判的分析》,《国际经济合作》2021年第1期。

[14] 王燕、范和生:《中国与拉美太平洋联盟经贸合作》,《国际研究参考》2021年第6期。

[15] 宋海英、王敏慧:《"美洲增长"倡议对中拉共建"一带一路"的经济影响》,《拉丁美洲研究》2021年第6期。

[16] 章婕妤、步少华:《美墨制造业产业链"近岸外包"的进展、动因和影响》,《拉丁美洲研究》2021年第4期。

[17] 高智君:《中美在拉丁美洲直接投资的影响因素比较——基于自然资源、市场和效率的经验性研究》,《拉丁美洲研究》2021年第6期。

[18] 刘晋彤、班小辉:《"一带一路"倡议下中国与拉美国家劳工合作规则的构建》,《国际贸易》2021年第9期。

[19] 王飞、胡薇:《中国—拉美共建"一带一路"的现状、问题与启示——基于智库研究视角》,《重庆大学学报（社会科学版）》2021年第4期。

[20] 李道阳:《拉美对华反倾销的特点、趋势及应对策略》,《对外经贸实务》2021年第1期。

[21] 彭剑波、覃亦欣:《墨西哥频繁对华反倾销的深层次原因及中国的应对策略》,《对外经贸实务》2021年第5期。

[22] 杨志敏:《"一带一路"框架下中拉资金融通合作的历程和方向》,《西南科技大学学报（哲学社会科学版）》2021年第6期。

[23] 芦思姮:《后疫情时代下中拉基础设施合作：治理空间与风险应对》,《西南科技大学学报（哲学社会科学版）》2021年第4期。

[24] 蔡昉、王灵桂主编:《健全国家公共卫生应急管理体系研究》,中国社会科学出版社2021年版。

[25] 芦思姮:《中国与拉美：在"绿色丝路"上拓新局》,《光明日报》2021年5月31日第12版。

[26] 王淞、张中华、赵玉焕:《拉美、中国和欧美之间的产业碳关联分析——区分本地企业和外资企业》,《城市与环境研究》2021年第4期。

[27] 宋霞:《"萨瓦托三角"创新模式运行机制及历史地位探析》,《拉丁美洲研究》2021年第4期。

[28] 韩晗:《拉美印第安人权利的法律保护机制构建与挑战》,《西南科技大学学报（哲学社会科学版）》2021年第3期。

[29] 李知睿:《经济分析视角下恐怖主义问题溯源：文献述评与展望》,载中国人民大学国际关系学院主办《世界政治研究》第11辑,中国社会科学出版社2021年版。

（撰稿人：杨志敏、芦思姮、王淞、李知睿）

学术成果

主要著作

【拉美 21 世纪社会主义研究】

袁东振，中国社会科学出版社 2021 年版

该著作是 2015 年立项的国家社科基金项目"拉美 21 世纪社会主义研究"的最终成果。作者试图从世界发展、世界社会主义和左翼运动发展的大背景出发，结合拉美地区特殊的政治、经济、社会、文化背景和现实，全面、综合、客观分析拉美地区社会主义产生和发展的环境与历史条件，探寻其独特的起源、理论特色、地域和民族特性，客观评价其历史地位、实践后果及发展前景，为研究世界社会主义思潮和运动的发展提供相应素材。该著作从世界社会主义和地区社会主义发展的视角，探寻拉美 21 世纪社会主义崛起的内在原因，关注拉美社会主义发展的历史韧性，重视拉美社会主义的多样性和差异性，理性分析拉美社会主义的发展前景。该著作被列入中国社会科学院文库，入选 2021 年中国社会科学院创新工程重大科研成果。

【墨西哥文化革新运动与现代化】

韩琦等，社会科学文献出版社 2021 年版

该著作介绍了 1910 年墨西哥革命后，在新政府倡导和支持之下发生的一场文化革新运动。其内容包括公共教育部部长何塞·巴斯孔塞洛斯提出的种族和文化融合思想、人类学家曼努埃尔·加米奥提出的土著主义思想，以及与此相关的土著主义运动、反教权主义运动、教育改革、壁画艺术运动等。文化革新运动实质上是由之前的文化欧化倾向转向墨西哥化、确立墨西哥民族自信和文化自信的运动，是一场文化民族主义运动。它是墨西哥文化现代化的具体体现，对巩固大革命成果和推动 20 世纪后半期墨西哥的现代化具有重要意义。

【认识拉丁美洲】

江时学，中国社会科学出版社 2021 年版

该书是作者从事拉美研究 40 年间发表的一部分科研成果，广泛涉及拉美政治、经济、外交和社会等领域，从学术研究的角度对拉美的过去、现在和未来进行了睿智的分析和研究，

回应了一些热点问题，展现了作者独到的见解，给研究拉美的专业学者和对拉美感兴趣的普通读者提供了丰富、有趣而精彩的材料。

【拉丁美洲的中产阶级研究】
郭存海，朝华出版社 2021 年版

中产阶级是理解拉美政治和社会发展的关键，而新中产阶级的崛起是进入 21 世纪以来拉美最重要的政治现象和经济现象。然而，经济增长的周期性和自身发展的脆弱性使得中产阶级（特别是新中产阶级）成为 2016 年以来拉美社会受挫感最强、不满意度最高的一个群体。鉴于拉美社会长期对中产阶级寄予增长和稳定的厚望，研究拉美中产阶级的形成特点、发展阶段、不满根源及由此构成的治理挑战，尤其是在后疫情时代，就具有特别重要的意义。拉美的历史教训表明，要真正发挥中产阶级的"社会稳定器"功能，就必须保障其基本利益不受侵犯、享有优质的公共服务和基础设施、拥有正常的利益表达渠道，以及相对畅通的社会流动性。这正是中产阶级发挥"社会稳定器"功能的条件性，否则反而可能成为社会不稳定的因子，加剧社会的动荡。20 世纪 90 年代中后期和 2019 年在拉美多数国家爆发的大规模示威游行和暴力抗议就是鲜活的例证。这也充分表明中产阶级绝非天然的稳定性力量，由此凸显亟待建立一种包容中产阶级在内的增长模式的重要性。

【拉美和加勒比国家象征标志手册续集】
焦震衡，社会科学文献出版社 2021 年版

该书作为《拉美和加勒比国家象征标志手册》的续集，对其未涉及的拉美和加勒比地区 12 个国家和 16 个未独立地区的象征标志的起源、发展、现状，以及其历史、文化、经济、社会发展情况等进行了较为深入的研究，努力反映其特色，并试图总结出一些有规律的东西。该书为中文读者提供了有关拉美的历史、地理、文化、宗教、金融等方面的知识，有助于加深人们对这些国家和地区的认识，并可作为研究拉美的常备工具书使用。

【中国与拉丁美洲农产品贸易竞争力研究】
宋海英，经济科学出版社 2021 年版

该书主要从以下五个方面对中国与拉丁美洲农产品贸易问题进行了研究：第一，中国对拉美农产品出口模式分析；第二，中国自拉美农产品进口模式分析；第三，中国与拉美农产品贸易影响因素分析；第四，自贸区对中拉农产品贸易的影响分析；第五，中国与拉美农产品贸易潜力分析。研究显示自贸区影响中拉农产品贸易既存在贸易创造效应，也具有贸易转移效果，总体上是正向影响，进而提出了加快实施自贸区战略，推动中国

与拉美农产品贸易的政策措施。该书客观地评价了中拉农产品的进出口模式，精辟地阐释了中拉农产品的国际竞争力，乐观地展望了中拉农产品贸易的潜力。该书以联合国统计署等国际组织和相关国家政府部门的数据资料为基础，从宏观视角、国别视角、产品视角和未来展望四个方面对中拉农产品贸易竞争力问题进行研究，是拉美经贸领域重要学术成果之一。

【"资源诅咒"与制度弱化：拉美国家"发展陷阱"镜鉴】

芦思姮，中国社会科学出版社 2021 年版

拉丁美洲是国际学界研究"资源诅咒"命题的典型案例。该书将制度变量的三类构成（正式规制、非正式约束与实施路径）作为逻辑基点，用以阐释这一地区长期落入"发展陷阱"的本源并非来自丰裕的自然资源禀赋的"诅咒"，而应归因于制度弱化效应及其在变迁中引致的"路径依赖"。拉美国家初始制度条件不仅未能有效缓解或规避资源型经济生态的脆弱性与不确定性，反而很大程度上加剧了对这一结构的负面冲击。与此同时，这种恶果又逆向地"侵蚀"了原本低效的制度质量，从而进一步抬高了制度向正向绩效变迁的成本，并最终引致该地区被"锁定"在偏离可持续发展的低水平均衡中。该书对制度弱化传导下拉美"发展陷阱"的归因性研究，一方面，立足拉美现实需求，为推进新时期中拉合作高质量发展拓展实现路径；另一方面，旨在为我国"新常态"下破除"资源诅咒"、深化产业结构调整、提升国家治理能力提供新的镜鉴。

【开启加勒比海的金钥匙：古巴】

陈岚编著，浙江工商大学出版社 2020 年版

该书为"走进'一带一路'"丛书中的一册，与其他书体例一致，写作风格一致，概述了古巴的历史、现实，以及古巴与中国的关系。书稿兼有知识性和普及性，为人民了解古巴提供可信的资料。对读者了解古巴社会的历史、现状、经济文化及风俗人情有指导作用。

【末世太阳——一个墨西哥印第安城镇的变迁、动荡与抗争】

张青仁，商务印书馆 2021 年版

作者是第一位于 2014—2015 年深入墨西哥恰帕斯州一个自治村社的中国人类学者。他与自治社区的民众共同生活了 8 个多月，对当代墨西哥印第安人生活境遇、文化传承与政治斗争进行了深入细致的田野调查，并在此基础上完成了该书。该书以作者为叙事主体，系统呈现作为一个外来人的作者如何进入墨西哥印第安社会，并通过作者的眼光以及一系列鲜活的调查访谈呈现了墨西哥印第安文明的悠久历史、全球化进程对于印第安社会与文明的影响、

解放神学与萨帕塔革命对当地民众启蒙的经验、圣卢西亚自治村社的自治实践以及墨西哥恰帕斯州华人的生活故事。作为国内第一部立足于深度田野基础上系统呈现当代墨西哥印第安社会的田野随笔，该书既通过对当代墨西哥印第安族群的生活故事，对全球化和现代化理论予以反思，也能帮助人们去除对于拉美社会的文化偏见，加强人们对于墨西哥和拉美社会的认知。

【Un diálogoinfinito: El intercambio cultural entre China y América Latina】

张凡等，朝华出版社 2021 年版

该西班牙文专著由张凡、郭存海、林华、赵重阳和楼宇合著，探讨中国与拉丁美洲的人文交流问题，着重从认知和实践两个方面考察中拉双方在社会文化方面的交往与互动。就认知而言，该书聚焦中拉之间的相互认知，以及对于中拉关系"人文交流"这一渠道的认知。前者着眼于中国的拉美研究和拉丁美洲的中国研究，后者则关注中拉双方在社会文化领域的交往。就实践而言，该书重点探讨近年来中拉双方在社会文化交流中所推出的各种政策举措，涉及政府、企业和民间在官方对话机制、专业论坛、党际交往、人民团体、文化产业、媒体、教育、青年、艺术、体育、旅游、出版、学术等诸多方面的活动，同时追溯和考察数十年间的跨国跨地区的交流史。该书的这种探讨和考察既有学术性的疏理和分析，也兼及历史和现实的实际交往和政策实践。

【大变局视角下的中国—拉美经贸合作】

谢文泽，中国社会科学出版社 2021 年版

该书以"大变局"为研究视角，以推进构建"携手共进的中拉共同体"为研究目标，以中拉经贸合作为研究主线，以中拉共建"一带一路"为重点，主要包括中拉经贸合作的拉美发展背景、美拉关系背景、中国改革开放、中国经济增长与中拉经贸合作，中国发展新战略、拉美地区互联互通与中拉共建"一带一路"，中拉基础设施、产能与产业、农业种植业合作，中国与巴西、委内瑞拉的经贸合作等内容，提出了拉美发展约束框架、美国"两圈战略"、中国新时代经济发展战略坐标、宏观均衡模型、3 对辩证关系、拉美国家"3 组""5 类"划分、"一带一路"与拉美互联互能对接、中拉两洋铁路合作、中拉项目合作 5 因素、中拉金融合作 4 要素、拉美特许经营"5 权分置"等分析框架或观点。

【美国和古巴关系史纲】

徐世澄，中国社会科学出版社 2021 年版

该书阐述了 1959 年古巴革命胜利前美国与古巴的关系，以及古巴革命胜利后至 2021 年

初美国与古巴的关系。该书主要通过对一些重要历史事件和人物的描述，分析美国历届总统对古巴的政策，以及古巴独立后，古巴历届政府与美国关系的演变，分析美古关系演变的原因及美国对古巴的帝国主义和霸权主义政策的本质，并从中得出一些规律性的看法和结论。该书指出，美古两国的矛盾和冲突，不仅是一个超级大国和一个小国之间的矛盾与冲突，也是一个发达的资本主义国家与一个发展中的社会主义国家之间两种不同性质的社会制度、意识形态、价值观念之间的矛盾与冲突。

研究报告

【拉丁美洲和加勒比发展报告（2020—2021）】
柴瑜主编，社会科学文献出版社 2021 年版

《拉丁美洲和加勒比发展报告》由中国社会科学院研究院拉丁美洲研究所组织编撰，对拉美地区的政治、经济、社会、对外关系领域的年度新形势做综合性回顾与展望，具有重要参考价值。2020—2021 年报告是第 20 份报告。

2020 年，拉美地区成为新冠肺炎疫情的"重灾区"，疫情给拉美政治、经济、社会和国际关系诸领域带来了深刻、全方位的影响。

疫情严重冲击了拉美经济和社会发展，2020 年拉美地区陷入 120 年来最严重的经济衰退。疫情加剧了本已处于经济下行周期的拉美国家所面临的风险，公共债务高企、货币波动加剧以及社会风险的积累增加了经济发展的不确定性。所有拉美国家的失业、贫困和不平等状况都出现恶化。

疫情与经济社会要素相互叠加使拉美各国政府的施政难度加大，政治压力剧增。疫情不仅扰乱了拉美地区国家既定的选举议程，而且激化了拉美地区国家国内政治分歧和矛盾。2021 年，拉美地区迎来新一轮大选周期，也要继续面对新冠肺炎疫情持续蔓延带来的各种治理困境，政治不确定性和发生政治危机和社会动荡的风险将持续加大。

中拉贸易经受住新冠肺炎疫情冲击的考验，保持平稳运行态势，中国对拉投资逆势上扬，成为带动中拉关系持续向前的重要动力。中拉双方展开全方位抗疫合作，双边关系保持友好合作的基调，企业作为中拉关系重要行为体的作用进一步凸显。

展望未来，疫情的走势仍是影响拉美地区经济社会形势的关键因素。2021 年拉美地区有望迎来经济复苏，但复苏进程将是脆弱而缓慢的。"后疫情"时代，对于拉美国家而言，短期防风险、稳增长是首要任务；中期通过结构性改革和区域经济一体化来减少经济脆弱性；长期来看，应实施新发展模式以促进经济与社会协调发展。疫情给中拉合作带来不确定性和新机遇，大国博弈等因素对拉美地区国际关系的持续影响值得关注。

期刊学术论文

【新冠肺炎疫情下的拉美地区形势与中拉关系】

丁大勇,《当代世界》2021 年第 1 期

2020 年,拉美地区深受新冠肺炎疫情影响,政治、经济、社会、外交等领域困难重重。地区政局持续动荡,各国政府执政难度普遍加大,政治生态向理性回摆。地区经济严重衰退,结构性改革步履艰难,拉美国家或将陷入又一个"失去的十年"。社会危机重重,新旧矛盾不断激化,引发新一波社会动荡的可能性持续上升。美国"扶右打左"态势加剧,地区一体化进程陷入停滞,对外交往多元化受阻。中拉合作基本面稳固,机遇与挑战并存。展望 2021 年,拉美形势有望向好发展,但仍面临一系列内外挑战。

【象征性地区主义及其发生机制——以东亚和拉美为例】

陈型颖、王衡,《国际论坛》2021 年第 1 期

伴随着 20 世纪以来地区主义实践的全球拓展,层次介于主权国家和世界体系之间的"地区"日渐成为国际政治的基本分析单元,形态各异的地区主义理论方兴未艾。行为主义与建构主义之间的张力意味着地区主义存在实质性与象征性的分野。所谓象征性地区主义即参与者不是为了真正履行地区制度安排的实质功能或实现区域一体化的价值目标,而是从技术或策略的角度将地区主义建设作为政治表达功能的载体或实现国家利益的工具性手段的地区主义实践。在东亚和拉美,象征性地区主义的核心特征是地区共同体建设进程中制度统合性的缺乏和市场向心力的低下,具体表现为复杂重叠的地区制度建设和"弱互补与强依赖"的地区市场。象征性地区主义产生的根源在于后发国家摆脱西方殖民体系以来国家建设的特殊需要,是主权巩固目标驱动下的实用主义决策。

【"一带一路"框架下的中拉绿色产品贸易:特征、比较优势与出口潜力】

史沛然,《企业经济》2021 年第 1 期

在"双循环"背景下,加强"一带一路"建设对中国深化对外开放意义重大,促进中拉绿色贸易符合双方利益,可为"一带一路"延伸至拉美创造新的合作增长点。该文使用

2002—2018 年的货物贸易数据,分析了中拉共建"一带一路"过程中中拉绿色产品贸易的特征和趋势,并重点研究了中国绿色产品对拉美的出口潜力。通过使用双边显示性比较优势指数和出口潜力矩阵,文章发现,在现有的中拉货物贸易结构中,绿色产品贸易所占比重较低,贸易对象高度集中,但随着双方经贸合作的全面深化,特别是"一带一路"延伸至拉美,双边绿色产品贸易金额和种类都在稳定上升。尽管中国绿色产品在拉美市场面临着地理距离遥远、市场竞争激烈等客观困难,但中国的优势产品已成功出口到拉美。中国的出口潜力更多地取决于拉美地区的市场需求,一旦拉美对绿色产品的需求提升,那么中国就具备进一步扩大向拉美出口该类产品的潜力。此外,出口潜力矩阵也找出了部分对拉美市场而言具备不可替代性的中国产品,这也将成为中国潜在的对拉出口重点绿色产品。

【拉美民间社会组织的融资困境:国际助的变化及应对】

范蕾,《国外社会科学》2021 年第 1 期

拉美民间社会组织的发展与国际援助息息相关。对拉美民间社会组织的国际援助包括多边援助、双边援助、私有部门援助等常规模式和海外捐赠、侨汇、人道主义援助等较为小众的模式。由于大多数拉美国家经济指标好转,国际援助的形式和规则发生变化,再加上主要援助国经济减速或遭遇危机,对拉美的国际援助大幅削减。随着国际援助的减少,拉美民间社会组织的角色差异越发明显,融资能力更加分化,组织模式更加多元,而受援国政府对民间社会组织融资的影响加大。目前,从民间社会组织的融资结构角度看,大致可分为以国际援助为主导、以本国政府资金支持为主导和混合模式三大类。面临更加复杂而不确定的生存发展环境,拉美民间社会组织的工作方式、融资方式、组织目标等都有所改变。

【欧盟与南方共同市场经贸合作展望——基于欧南自贸协议谈判的分析】

毕晶,《国际经济合作》2021 年第 1 期

欧盟与南方共同市场分属世界第二以及第六大经济体,双方历经近 20 年谈判,于 2019 年 6 月签署自贸协议。该文从欧盟—南共市贸易谈判的进程和分歧入手,探析欧盟与南方共同市场在区域双边经贸合作领域的机制、特点,以及现存挑战,以期对基础差异较大的区域经贸合作作出初步探索。

【不平等对拉美国家政治和社会变迁的影响】

袁东振,载中国人民大学国际关系学院主办《世界政治研究》第 9 辑,中国社会科学出版社 2021 年版

不平等是普遍现象,也是世界性难题。平等是相对的,不平等则具有绝对性。和世界其

他地区一样，拉美长期以来一直遭受不平等问题的困扰。拉美地区的不平等，既有与其他地区类似的特点，又有本地区独有的特色。分析和观察拉美地区的不平等，可以为认识世界范围的不平等问题提供新素材，为世界不平等问题的研究提供若干参照。

【拉丁美洲与亚洲的农产品贸易潜力分析】

史沛然，《拉丁美洲研究》2021年第1期

该文基于拓展引力模型的框架，分析了21世纪以来拉美和亚洲国家的农产品贸易潜力。基于2001—2018年WITS数据库中拉美31国对亚洲的农产品出口数据，该文得出以下结论：亚洲已成为拉美最大的农产品贸易出口目的地；尽管拉美对亚洲的农产品出口总额不断提升，但次区域间差异极大，部分加勒比国家和中拉国家至今尚未实现农产品贸易往来；整体而言，拉美和亚洲在农产品贸易领域存在巨大的贸易潜力，拉美国家对中亚和南亚市场的出口潜力最大，但面临的贸易壁垒也最高；双方遥远的地理距离已不再是阻碍双边农产品贸易的主要阻力，优良的基础设施建设、良好的制度和全球化参与程度，尤其是进口国的经济发展水平，是决定双边贸易潜力的主要因素。以中国为代表的亚洲国家在基础设施、电子商务、国际物流等领域取得的成就和累积的经验证明，亚洲和拉美国家可通过合作改善贸易基础设施和物流系统，由之带来的贸易成本降低也可为双方带来更大的贸易收益。

【深化中国与拉美国家经贸合作的对策研究】

林杉杉，《国际贸易》2021年第1期

2010年以来，中拉经贸合作呈现多元化发展，但拉美地区贸易结构、债务、数字经济配套设施、电子商务、高科技领域存在的问题制约了中拉经贸合作的深化。拉美作为中国"一带一路"倡议的延伸带，向拉美延伸的顶层设计同拉美国家强化与亚太的经贸纽带、积极融入亚太生产链的政策导向高度契合。该文针对现实问题提出了切实可行的对策建议，以期促进新一轮经济变革及"双循环"背景下中拉经贸合作的深化。

【古巴民主政治制度化建设及其治理效能】

王承就、封艳萍，《当代世界社会主义问题》2021年第1期

60多年来，古巴始终坚持对民主政治制度的丰富和发展，经过革命胜利后的初步探索、制度化建设及模式更新不断深化的三个阶段，古巴的民主政治制度化体系基本成型。随着实践发展，古巴对"人民政权"制度、中央和地方的民主行政体制、社会主义法治体系、群众组织参与政治生活的制度和党的领导体制等方面不断改革创新，为国家治理提供了关键的制度支撑，在团结带领人民、体现人民意志、保障人民权益、激发人民创造中体现出强大的治理效能。

【拉美左翼和参与式民主：以拉美四国为例】

李菡，《拉丁美洲研究》2021年第1期

拉美是参与式（制）民主实践的先锋。相较于在世界其他地区，参与式民主在拉美的确有着更为广泛的存在。拉美第一代参与式民主实践是20世纪八九十年代左翼在地方政府执政的产物，其主要内容是各种管理拉美城市的参与机制。拉美第二代参与式民主实践始于20世纪末21世纪初拉美"向左转"时期，是该地区参与式民主试验的高峰。在此期间，委内瑞拉、玻利维亚、厄瓜多尔和巴西的左翼政府建立了多种形式的参与式民主。比较而言，委内瑞拉创造了一个激进参与式民主模式，寻求以参与式民主代替代议制民主；巴西提供了一个务实参与式民主模式，主张通过扩大参与实现政府有效治理从而巩固代议制；厄瓜多尔和玻利维亚则是混合模式，兼具两者特征。该文从正式性、代表性、范围—规模三个维度，对上述四国的参与式民主实践进行梳理和比较。该文认为，拉美左翼的参与式民主实践在扩大政治参与、增强民主包容性和提高政府回应性方面取得了显著的成效，为拉美国家民主体制注入了新的活力，体现了拉美国家在独立探索民主体制发展方面的积极意愿，但参与式民主体制的内在复杂性和拉美国家的剧烈政治变动使相关实践的可持续性面临巨大的挑战。

【拉美民粹主义对民主影响的实证研究】

张芯瑜，《拉丁美洲研究》2021年第1期

民粹主义是世界范围内普遍存在的一个现象。学界对拉美民粹主义是民主的修正还是威胁进行了大量的定性讨论，一方面民粹主义可以推动被边缘化民众的政治参与、建立广泛的政治和社会联盟、促进改革议程上关键问题的解决，另一方面却会忽视少数人的权利，会损害政治机构（如政党和议会）和非选举机构（如中央银行或监察局等组织）的合法性和权力。该文基于9个拉美国家1986—2016年的数据，采用了多个随机效应模型，并在模型中加入了公民社会作为调节变量，对民粹主义和民主的关系进行了实证研究。结果表明，民粹主义执政党对民主会产生消极影响，民粹主义在野党对民主会产生积极影响，并且后者的影响大于前者。另外，公民社会发展水平的提高会显著减弱民粹主义执政党对民主的负面影响，但对民粹主义在野党的调节作用较弱。由此可见，以不同民粹主义角色为区分，民粹主义对民主同时具有双重影响。准确把握不同民粹主义角色与民主的关系，不仅有助于深化对民粹主义的认识，还有助于正确处理民粹主义的问题。

【移民、租佃制与阿根廷早期民众主义的兴起】

金晓文，《拉丁美洲研究》2021年第1期

国内学界对于阿根廷早期民众主义的认知基本建立在现代化的维度上，认为现代化推动

了民众主义的兴起。然而在伊里戈延领导的激进党崛起的过程中，阿根廷并没有出现明显的现代化转向，而现代化本身也并不一定会导致公民政治参与的扩大，用现代化的框架分析民众主义容易将"现代化"的概念泛化。事实上，在国家发展历程中，一些关键性节点往往会打破原有的发展路径，进而导致重大变革的出现，如1912年爆发的"阿尔科塔的呼声"正是阿根廷早期民众主义兴起的一大关键性节点。此前阿根廷的经济发展主要依赖农牧业的生产与出口，移民与农业租佃制是保证农牧业生产的关键。但随着阿尔科塔农民运动的发生，佃农的抗争导致原有的农牧业生产出现危机，阿根廷社会进而陷入萧条与动荡，致使执政的民族自治党遭遇合法性危机。在传统政治权威受到侵蚀的情况下，激进党利用政见主张的模糊性和民族主义策略吸引各阶层的选民，并最终在1916年成功上台执政。从这一角度而言，阿根廷早期民众主义的兴起并非现代化的产物，而是经济危机下政治领导人寻求权威重建的一种方式。

【资源民族主义研究评述：以拉美石油产业为案例的历史考察】

孙洪波，《西南科技大学学报（哲学社会科学版）》2021年第1期

拉美石油资源民族主义长期以来探讨的核心问题是石油资源对经济主权、政治民主化、经济发展及现代化的影响。国际学术界最早提出了"经济主权—资源民族主义假说"，20世纪80—90年代围绕拉美发展困境则提出了"资源诅咒假说"，21世纪前10年拉美左翼政府执政时期国有化运动兴起，国际学术界又提出了"资源—权威主义体制假说"，同时针对上述传统学术命题，亦派生出"资源丰腴悖论"等分支性观点。跨学科、案例比较研究是拉美石油资源民族主义的常用研究方法，旨在揭示石油繁荣与资源国的政治变革、经济发展之间的内在逻辑关系。

【中国与拉美地区体育交流历史回顾与展望】

郑晓莉、李宇娴、邹占，《西南科技大学学报（哲学社会科学版）》2021年第1期

该文运用文献资料法、历史分析法对60年来中国和拉美地区（以下简称中拉）体育交流进行回顾，旨在总结历史经验以指导未来的发展。体育交流以时代发展特征为依据分为四个阶段：打破封锁与探索阶段、建交与恢复关系阶段、全面发展阶段和改革拓展阶段。中拉体育交流有利于拓展和推进与拉美国家之间的关系，有利于构筑"一带一路"民心相通新支柱。当前，中拉关系已经进入全方位发展的新时代，要坚持以习近平外交思想引领新时期中拉体育交流的工作实践、深化中拉体育交流与合作、大力推进体育强国建设、加强对中南美洲地区体育援助，服务国家外交大局。

【中国拉丁美洲研究的回顾与思考】

王晓德,《拉丁美洲研究》2021 年第 1 期

中国的拉丁美洲研究经历了百余年的历程,但只是到了中华人民共和国成立之后才逐步形成了一个专门的研究领域。改革开放之后,中国的拉丁美洲研究进入了快速发展时期,创办了本领域的专门研究刊物,研究机构增多,研究队伍迅速扩大,成立了为研究人员提供学术交流平台的两个全国性学会——中国拉丁美洲史研究会和中国拉丁美洲学会。从改革开放至今,中国的拉丁美洲研究取得了引人注目的成果,对拉美历史与现状的探讨不断走向深入。如果把中国的拉美研究作为一门学科的话,那么经过几代人的艰辛努力,到现在这门学科的确已经茁壮成长起来,而且日趋成熟,正在满载着丰硕的研究成果稳步向前推进。然而,在总结成绩时尤其要看到不足,中国的拉丁美洲研究依然存在着很大的提升空间,拉美地区很多国家在研究中基本上还属于空白,与拉美相关的一些重大问题尚未深入开展。回顾过去,总结得失,认识不足,展望未来,必然有助于中国的拉丁美洲研究大踏步地向着更高水平迈进。

【1959 年以来古巴与委内瑞拉关系的演进及特点】

刘雨萌,《当代世界与社会主义》2021 年第 1 期

古巴是拉美地区唯一的社会主义国家,委内瑞拉是拉美左翼的重要阵地,古委关系是拉美地区极为重要的一对双边关系。1959 年以来,两国关系的发展历经曲折,经历了民众认同与国家关系恶化、务实往来推动外交破冰、亲密无间与合作共赢、战略调整与相互支持等发展时期。近年来,由于受各种不稳定因素影响,古委关系波动起伏,但高度对称奠定了古委关系和谐共生的基础,而内外波动则催生了古委关系稳定发展的阻力。作为南南合作的典型国家关系之一,古委关系的未来走向,不仅在一定程度上决定着两国的发展,而且对地区发展以及美国与拉美国家关系也有着重要影响。当前,古委关系发展面临的主要挑战是合作机制不够完善、能源合作存在不确定性风险、西方国家意识形态渗透、美国对两国关系发展的掣肘。

【新冠肺炎疫情下国外左翼思潮与运动研究——2020 年国外左翼思想研究概览】

雷晓欢,《科学社会主义》2021 年第 1 期

2020 年,在新冠肺炎疫情的背景下,国外左翼以纪念恩格斯诞辰 200 周年、列宁诞辰 150 周年等为契机,就一些重大理论和现实问题展开探讨和研究,特别是对疫情下资本主义制度展开总体性批判,并深入探讨了社会主义问题,高度赞扬了中国特色社会主义。同时,国内学者对北美左翼、欧洲左翼、拉美左翼等主要论题进行了富有成效的追踪研究。然而,对国外左翼的研究还有待进一步深化和拓展。

【新冠疫情影响下的拉美能源转型】

张锐,《拉丁美洲研究》2021年第1期

新冠肺炎疫情对全球能源转型造成了相悖性影响,即一个影响在不同地区、不同状态下呈现相互矛盾的结果,各国能源转型面临更多复杂性与不确定性。疫情对拉美能源转型造成严峻挑战,主要包括能源需求的紧缩、社会隔离的阻碍和政府对化石能源行业的扶持。尽管面临疫情冲击,2020年拉美地区能源转型仍保持良好势头,电力结构持续清洁化,可再生能源装机容量稳步增长,多国招标拍卖继续进行,海上风电、氢能、电动公交车等新领域取得显著进展,区域主要经济体保持了世界领先的投资吸引力。在近中期内,拉美能源转型的机遇面仍大于挑战面:该区域具备了坚实的发展动能,既源于清洁主导的电力开发格局和资源开发优势,也包括疫情产生的积极影响如化石能源产业的压缩和绿色复苏趋势,以及疫情背景下的国际合作新机遇,此外,美国、欧盟和中国对拉美绿色产业抱有较高的投资热情。未来须重点关注拉美各国转型政策的稳定性及各国能否建立可持续的、兼顾社会公平的能源转型模式。

【美秘洛沃斯群岛之争及影响】

石晓文,《拉丁美洲研究》2021年第1期

19世纪40年代,欧美的农业化学家通过科学实验证实了鸟粪对土壤和农作物生长的巨大促进作用,世界农业进入了"鸟粪时代"。当时,秘鲁沿岸岛屿的鸟粪资源十分丰富,随着农业生产对天然肥料的需求骤增,秘鲁政府迅速将鸟粪资源国有化。由于秘鲁对鸟粪资源的垄断以及英国对鸟粪贸易的掌控,美国不得不在全球范围内搜寻鸟粪资源以满足国内的农业生产需求。1852年6月美国商人在秘鲁沿岸的洛沃斯群岛发现了丰富的鸟粪资源,由此美国政府单方面接管了本属于秘鲁的洛沃斯群岛,并否认秘鲁政府的主权。随后,双方依据优先发现原则维护各自的主权,最后以美国政府承认秘鲁对洛沃斯群岛的管辖权而结束。经过这次对鸟粪岛的争夺,秘鲁巩固了对全球鸟粪资源的垄断地位,迎来了辉煌的"鸟粪时代",此后走上了以资源谋发展的经济发展道路。同时,洛沃斯群岛争议产生了一连串的化学反应,一方面为美国海洋扩张发出了"先声",另一方面也开启了全球太平洋岛屿"争夺战"。

【墨西哥汉学研究:历史与现状】

李兴华,《国际汉学》2021年第1期

该文基于西班牙语原始文献与墨西哥各大研究机构的汉学研究数据,对该国的汉学研究成果、发展趋势以及所面临的问题进行了系统论述。目前,墨西哥的汉学研究已从最初通过民间友好人事访华的见闻报道初步了解中国概况,发展至以各类研究机构为依托,将研究领

域延伸至中国社会、政治、经济、历史、文学等多个方面。不仅如此，墨西哥还充分利用拉丁美洲地区绝大多数国家的官方语言为西班牙语的特点，牵头发展区域性交流平台，促进该地区汉学研究成果与前沿信息的共享。

【拉美国家的体系性腐败及其治理】
高波，《现代国际关系》2021年第3期

腐败问题是世界众多国家都面临的重大挑战，拉美国家也不例外。从整体上看，拉美国家的腐败问题具有明显的体系性、广泛性和多样性等特点，其根源由远至近可以归纳为：经济社会不平等→社会资本匮乏→政治庇护主义→问责缺位。拉美社会严重的不平等及贫困问题不利于社会资本的积聚，反而催生严重的政治庇护主义，使民众沦落为政治精英的附庸乃至同谋，以致整个社会失去纵向问责能力，也使国家机构间的横向制衡失效，从而导致腐败问题愈演愈烈。在智利这类社会资本力量较强的拉美国家，民众通过合作型社会组织对政治精英集团进行了有效问责，从而遏制了腐败的蔓延。拉美反腐败的经验教训为世人提供了重要启示，即社会建设才是根治腐败的关键。

【阿根廷进步主义的实践、困境和局限】
林华，《世界社会主义研究》2021年第11期

阿根廷左翼政治力量所代表的进步主义既具有与新自由主义相决裂的含义，又意味着要实施替代新自由主义的改革方案，以实现经济和社会的协调、可持续发展。与新自由主义相比较，进步主义政府的发展理念和实践有三个方面的显著变化：一是坚持经济增长与收入分配并重，二是强化国家干预，三是改变举债发展的模式。但是进步主义无力改变阿根廷对外依赖性强、经济内生动力不足，以及赤字财政、通货膨胀与福利赶超相互作用等结构性矛盾，导致阿根廷经济难以实现长期稳定的可持续发展，而且在外来冲击面前仍然十分脆弱。进步主义自身的局限性是造成这种局面的原因之一。进步主义也因此始终未能真正确立替代新自由主义的发展模式。

【玛利亚·莱昂扎：委内瑞拉民族建构的"三合一"符号】
严庆、孙铭晨，《学术界》2021年第4期

民族建构需要多民族国家建设者的恒常努力。民族建构通常会依托具有团结、凝聚与整合意义的象征符号。作为拉丁美洲新兴民族国家之一的委内瑞拉民族建构的基点是整合国内的三个族裔——西班牙后裔、印第安人和非洲人后裔。玛利亚·莱昂扎塑像集三个族裔群体元素于一体，体现出民族建构的符号功能与象征主义。

【论拉丁美洲国家的"国家风险"】

江时学、来源,《国际论坛》2021年第2期

"国家风险"有狭义和广义之分。狭义的"国家风险"主要是指主权国家对其债务进行违约的可能性;广义的"国家风险"就是投资环境,因此"国家风险"的大小与投资环境的优劣有着非常密切的关系。优良的投资环境意味着"国家风险"较小,恶劣的投资环境必然等同于"国家风险"较大。拉美是"21世纪海上丝绸之路"的自然延伸。可以预料,中国在拉美的投资有望进一步扩大。在这一过程中,中国企业有必要最大限度地规避拉美的"国家风险"。拉美的"国家风险"多种多样,其中最显著的是政治风险、经济风险、社会风险以及外交风险。为规避这些风险,中国企业要密切关注拉美形势的发展,尽量做到防患于未然;要在国家层面上制定和完善投资保护机制;要充分发挥现代保险业的优势,将可能会遭遇的损失降到最低限度;要与中国驻拉美国家的大使馆以及东道国的中央政府和地方政府保持密切的关系。

【中国共产党百年历程及其历史意义
——访古巴外交部国际政治研究中心亚太部主任卢维斯雷·冈萨雷斯·塞斯】

贺钦,《马克思主义研究》2021年第3期

卢维斯雷·冈萨雷斯·塞斯(Ruvislei González Saez),1984年生,经济学博士,古巴外交部国际政治研究中心亚太部主任,任教于哈瓦那大学经济系政治经济学专业,古巴融入"一带一路"倡议全国委员会委员。主要研究领域包括中国社会主义、越南社会主义、东南亚问题、亚太地区一体化及古巴与亚太地区关系等。卢维斯雷·冈萨雷斯·塞斯在美洲、欧洲和亚洲13国发表论著80余篇,代表作有《中美经贸关系:相互依存与冲突》《中国"一带一路"倡议对拉美及加勒比地区的经济影响》《新时代的中国与加勒比关系》《新冠肺炎疫情下的中国与健康丝绸之路》等。

【智利共产党百年社会主义探索历程与兴衰浅析】

丁波文,《当代世界与社会主义》2021年第2期

智利共产党在100多年的历史征程中,致力于探索智利特色的社会主义道路,为此坚持走"和平过渡"道路,而这一道路主要是通过建立与社会党等中左翼政党的联盟合作策略来推进的。通过这一路径,智利共产党不仅实现了数次参政,而且在20世纪70年代一度开启了"智利革命"的短暂实践,为非执政共产党在资本主义制度下摸索社会主义的实现途径提供了有益的经验教训。智利政变以来,该党在坚持社会主义的前提下,继续探索具有时代与国情特色的社会主义模式,在曲折中日渐走向重振。

【加拿大对海外采矿企业社会责任的战略建构：以拉美为例】

贺建涛，《拉丁美洲研究》2021年第2期

21世纪初以来，加拿大采矿业在拉美的无序扩张导致了严重的社会责任失范问题，损害了东道国的生态安全、传统生活方式、社会和谐及长远发展利益，遭到了当地受危害社区的反感与抵制。为缓和采矿导致的紧张局面，加拿大政府于2009年和2014年两度颁布海外采掘业社会责任五年战略。加拿大政府推动企业遵循国际责任规范；鼓励利益相关方对话，支持东道国提升资源治理能力；试图通过设立相关官方机构协助海外企业化解争端；提出以经济外交和司法手段对相关企业予以奖惩。加拿大在战略上的尝试具有国际参考价值，但由于机制上的缺陷以及东道国情况的复杂性，两次提出的责任战略并未扭转加拿大采矿业在拉美社会责任失范的严峻态势，矿业资本扩张中蕴含的"新帝国主义"色彩受到加拿大和拉美舆论的普遍批评，改革呼声不断。在根本上，加拿大政府在本国企业海外扩张中扮演了"加拿大帝国公司"的角色，通过改进企业伦理形象提高企业海外避险能力和竞争优势是加拿大政府的宗旨，这决定了加拿大政府建构海外企业社会责任战略的局限性。

【阿根廷外交政策的转向：以不结盟运动为例】

肖曼、刘明，《西南科技大学学报（哲学社会科学版）》2021年第2期

阿根廷于1973年庇隆第二次执政时加入不结盟运动，成为不结盟运动的正式成员国，又于1991年梅内姆执政时退出了不结盟运动，选择与美国"自动结盟"。1973—1991年，阿根廷从积极参与并支持该运动，到退出该运动并与其宗旨背道而驰，其对待不结盟运动的态度发生了极大的转变。阿根廷与不结盟运动关系的变迁，标志着其对外政策路线的重大变革，即从独立自主的、站在第三世界国家同一立场上的不结盟路线，到完全追随美国、成为其忠实盟友的结盟路线。同时，阿根廷与不结盟运动的关系的剧烈变化，也折射出其外交政策的重大变革，即外交政策从为其政治地位服务，转变成为其经济发展服务。

【发展互鉴：构建中拉新型交流合作关系】

郭存海，《拉丁美洲研究》2021年第2期

进入21世纪以来，中拉关系迅速发展并越发呈现一种新趋势：中拉合作正超越传统的政治经济领域而拓展至人文交流、经验分享和文明互鉴等更深更高层次。这种趋势背后的动力一方面源于构建中拉关系"五位一体"新格局的需要，另一方面则源于相互理解的缺乏日益阻碍中拉命运共同体"行稳致远"。2018年中国国家国际发展合作署的成立和2021年《新时代的中国国际发展合作》白皮书的发布，为新时期推动中拉全面合作伙伴关系提质升级、稳步向纵深发展提供了政策和行动指南。从当前和未来一个时期来看，中拉合作关系要保持稳

定和可持续性，亟待构建一种以中拉命运共同体为思想引领、以实现共同发展为根本目标、以知识分享和发展互鉴为手段、以"一带一路"倡议为实践平台的新型交流合作关系。该文在系统梳理中国国际发展合作观形成的基础上，分析推进中拉发展互鉴的必要性和可行性，阐释中拉发展互鉴的目标、内容和路径，并就如何通过发展互鉴构建新型交流合作关系提出初步思考。

【巴西基督教福音派的政治扩张及其影响】
刘婉儿，《拉丁美洲研究》2021年第2期

长期以来，巴西一直是世界上最大的天主教国家。但其实早在20世纪下半叶，该国宗教领域的力量对比已开始发生变化，突出表现在基督教福音派利用巴西现代化进程中滋生的弊病及该国天主教会的制度弱点不断发展壮大。有分析认为，巴西福音派信徒数量或将在21世纪30年代赶超天主教徒。福音派势力的持续上升不仅改变了巴西宗教领域的面貌，而且使得该国政教关系越发紧密、微妙。以五旬节派为代表的巴西福音派信徒自20世纪80年代中期起便积极投身政坛，不断扩大在立法、行政部门的影响力，并在2018年"亲福音派人士"博索纳罗当选总统后，开始以更积极的方式渗入国家政治生活的方方面面。鉴于此，该文结合巴西的经济与社会背景、政治制度及政治文化，对该宗教群体的崛起过程、参政形式、政策主张、未来发展趋势等进行分析。该文认为，至少在中期内，巴西福音派将凭借对其有利的外部环境进一步扩大信众基础，进而持续改变巴西政坛的力量对比。另外，该国福音派活动主要围绕保守的基督教价值观及教会利益展开，可能助推巴西保守主义的发展，并不可避免地滋生腐败、庇护主义等一系列问题，成为巴西政治发展中一个不容忽视的重要变量。

【巴西国际投资争端解决模式改革及对中国的启示】
唐妍彦，《拉丁美洲研究》2021年第2期

"投资便利化"发展趋势越来越引起国际投资政策领域的热烈讨论，其原因是各个国家都期望利用"投资便利化"这一政策工具完善国内投资环境以吸引更多外国资本，并且通过良好的政策引导维持东道国与外国投资者可持续发展的国际投资关系。在这样的趋势下，对国际投资争端解决机制改革的呼声也日益高涨，因为目前双边投资条约中主要的ISDS（投资国争端解决机制）争端解决模式过于偏向投资者保护的特性一直颇受争议。巴西在"投资便利化"发展趋势下对国际投资争端解决机制的改革提出了自己的方案，即投资争端解决三阶段模式。该文在"投资便利化"与国际投资争端解决机制改革的大背景下，阐述投资争端解决三阶段模式的具体运作方式，并分析了巴西投资争端解决模式的优势与受到

的质疑。最后，在阐明中国与巴西都是"投资便利化"政策工具支持者的立场下，论述了巴西投资争端解决机制中的投资争端预防模式对中国未来投资争端解决模式选择以及改革的启发。

【"中美洲的例外"：尼加拉瓜社区警务模式研究】

施榕，《拉丁美洲研究》2021年第2期

尼加拉瓜是西半球最穷的国家之一，但与中美洲北三角区国家（危地马拉、萨尔瓦多、洪都拉斯）相比，其国内严峻的贫困形势却并未导致高凶杀率，这与传统犯罪社会学的理论预期相悖。这一贫困但治安相对良好的社会发展模式被联合国称为"中美洲的例外"。在20世纪90年代民主化改革的浪潮中，中美洲北三角区国家相继实行了社区警务制度，但唯独尼加拉瓜的社区警务模式效果显著。该文通过过程追踪法考察尼加拉瓜社区警务模式建立的历史过程，发现有两个重要历史事件及其遗产对尼加拉瓜社区警务的有效性产生了关键性的影响。一是1979年桑地诺革命的成功与桑解阵政权的确立，彻底瓦解了索摩查独裁政权的武装力量，为尼加拉瓜当前的社区警务模式奠定了深厚的群众基础与制度遗产。二是1990年查莫罗赢得总统大选，开启对武装力量的国家化改革，从法律上明确区分了警察与军队的职能和权力。然而，尼加拉瓜社区警务模式中存在的深层问题使其前景不容乐观。

【巴西对非洲投资的战略、政策及特点】

王涛、崔媛媛，《拉丁美洲研究》2021年第2期

巴西对非洲投资起步较早，2003年以来该国政府进一步加大了对非洲投资的支持力度。巴西对非洲投资主要看重非洲的土地、劳动力、市场距离优势，期待更高的投资回报率并拉动对非洲出口。巴西还希望以投资形式开辟非洲新产地，间接促进对欧美地区的出口。更重要的是，巴西将投资非洲作为提振国家形象、支援非洲发展的手段，希望以此打造巴西作为南半球发展中国家代言人的地位。巴西政府为促进对非洲投资，在外交部下设立了非洲司、巴西合作局、贸易投资促进局三部门，以执行投资便利化、信息便利化政策，并提供对非洲投资的个性化服务。巴西对非洲投资规模不大，投资主体也多限于国有大型企业，投资地区集中于以非洲葡语国家、南非为代表的南部非洲。投资实现了巴西与非洲的双赢，不仅为巴西打造了稳定的能源供应市场，促进了巴西产品对非洲出口，而且为非洲引入了新技术、创造了新岗位。但与此同时，巴西对非洲投资也受到投资项目效率低、环境与社会风险挑战的不利影响。巴西对非洲投资积累了丰富的经验，如投资活动与人文交流有机结合，投资前准备工作与投资过程动态管理兼顾，投资与促进非洲本土发展相适应，相关经验教训都值得中国借鉴。

【拉丁美洲的毛泽东研究评述】

王晓阳，《理论月刊》2021年第4期

拉丁美洲的毛泽东研究是海外毛泽东研究及海外中共学研究的重要组成部分，但现阶段国内学界对拉美的毛泽东研究关注较少。历史上，拉美地区的新党曾主动将毛泽东思想奉为自身的指导思想，并在20世纪50年代至80年代大量译介了毛泽东的作品。拉美学界对毛泽东的研究多聚焦于"毛主义"对拉美各国的影响及中国在毛泽东时期的对外政策，他们高度评价毛泽东的历史地位，肯定毛泽东在拉美乃至世界范围内所产生的积极影响。分析拉美毛泽东研究的历史进程、研究领域及研究方法对于新时代中国的对拉政策有着巨大的参考和借鉴意义。

【巴西放射性废物处理的历史进程及现状分析】

吴栋、魏贵林、何昔洋、刘刈、卢喜瑞，《西南科技大学学报（哲学社会科学版）》2021年第2期

随着巴西国家核工业的迅速发展，伴随着大量放射性废物的产生，安全有效地处理放射性废物是当前巴西核工业可持续发展的重要问题之一。该文阐述了巴西国家核工业发展历程，从铀矿开采、燃料元件加工、反应堆运行等方向梳理了巴西核工业放射性废物的来源，系统地介绍了巴西核工业政策法规、核研机构研究主体、不同形态放射性废物处理现状，为拉美国家核工业相关研究提供一定的参考价值。

【当代智利电影产业现状与发展趋势探析】

王健、余克东，《世界电影》2021年第3期

作为拉丁美洲重要的电影生产国，21世纪以来的智利电影一直保持着向好的发展态势，电影产量增加，电影市场成熟度提高，海外影响力攀升，这都得益于智利多元的电影融资渠道。但是，智利电影仍然面临着诸如电影产业动能不足、外片垄断、海外市场传播力孱弱等问题。智利电影的发展之路及其生存困境可能其他国家也正在经历。基于此，对当代智利电影产业现状和发展趋势的考察，或许可以为处于发展中的"电影小国"提供启示。

【拉美印第安人权利的法律保护机制构建与挑战】

韩晗，《西南科技大学学报（哲学社会科学版）》2021年第3期

拉美印第安人在几个世纪的殖民历史中，深受奴役和种族歧视之苦。为保护印第安人民及其多元民族文化，拉美各国在基本权利之外，基于族裔认同，为印第安人提供了以集体权利为框架的法律保障。得益于国际法及公约对原住民权利的规范，拉美印第安人权利保护逐渐从规范性文本向事实保护发展，区域人权保护机制成为国内法保护的重要补充。印第安人

权利的区域和国家维度的二元保护制度竞合，也由此拉开帷幕。

【"一带一路"倡议下网络文学改编剧在拉美地区传播研究】

柴力、陈云萍，《西南科技大学学报（哲学社会科学版）》2021年第3期

随着近几年国家"一带一路"倡议的推进和实施，中国网络文学改编剧在国内持续受到关注，并逐渐传播到海外。一方面推进了中华文化的传播，另一方面也促进了中外文化的交流。该文以拉美地区为例，列举出当前中国网络文学改编剧在拉美地区的传播现状，并根据现状所带来的问题提出相应的思考及对策。旨在使中国网络文学改编剧能够更好地走出国门，传播到世界各地。

【拉美马克思主义阅读指南】

[英]杰弗里·R.韦伯，宋秀娟、刘玉译，《国外理论动态》2021年第3期

进入21世纪之后，拉丁美洲再次成为学术界讨论激进左翼问题不可或缺的参考点。但是，这些讨论的焦点多集中于"玻利瓦尔进程"或"萨帕塔运动"。该文以阅读指南的形式对有关拉丁美洲马克思主义的讨论进行了时间和空间的扩展，对19世纪末以来南美大陆在马克思主义理论创新和实践尝试方面的悠久历史进行了分期，从总体上展现了目前正在席卷该地区的"变革与复兴之风"。

【中国与智利自贸协定升级议定书对两国经贸发展的影响】

何洋洋，《国际商务研究》2021年第3期

中国和智利签署自由贸易协定升级议定书是促进自由贸易区建设、更新两国贸易安排的重要举措。升级议定书涵盖了货物贸易、服务贸易、投资、竞争、电子商务等领域，高达98%的零关税产品比例、电子原产地证书的引入、高度透明的海关程序和广泛开放的服务贸易体系等构成升级议定书的亮点。升级议定书实施后，两国在农产品、电信、新能源、制造业等领域的合作势必有质的提升，不仅能加强两国经贸关系，优化现有投资结构，而且还将对中国在拉美地区的经济合作产生积极影响。同时，鉴于两国在文化背景等方面的差异，中国企业在智利发展要有效防范环保领域的投资风险，遵循最佳合规实践。

【疫情冲击下的拉美金融】

张勇，《中国金融》2021年第5期

2020年2月下旬以来，新冠肺炎疫情在全球加速蔓延，使得原本脆弱复苏的世界经济"雪上加霜"，拉美地区经济也难以独善其身。更糟糕的是，在2020年第二季度拉美地区逐

渐成为全球疫情的新"震中"。这无疑给拉美地区经济造成严重的冲击，进而可能加速诱发原本积累的金融风险。

【中国与委内瑞拉：兄弟之交，地久天长】

［委］亚当·查韦斯·弗里亚斯，林华译，《拉丁美洲研究》2021年第3期

在人类历史面临的复杂环境下，中国共产党迎来了100周年华诞。美帝国主义及其盟友正在想方设法地推行霸权主义，并试图阻止那些对其不屑一顾的国家继续前行，这其中就包括经济日益强大且富有影响力的中国。如今，中国正朝着成为世界上最重要经济体、赶超美国的目标稳步前进。帝国主义制造的危机表明，对世界实行军事、经济、政治和文化统治是其利益所在。这些都发生在新冠肺炎疫情严重威胁各国人民安全的背景下。从玻利瓦尔革命的角度来看，自进入21世纪以来，委内瑞拉与中国的合作关系已经形成了超越商业和战略价值的真正意义上的联系纽带。全面合作关系是中国共产党百年精神和建设性路线的组成部分。中国共产党自成立以来始终与人民站在一起，其初衷是保证人民过上富足的生活，吸取历史的经验教训，在理论和实践上提升并完善社会主义。中国特色社会主义无疑是中国共产党带领中国人民近40年来取得的最重要成果，既是世界人民学习的榜样，也是值得委内瑞拉玻利瓦尔革命借鉴的宝贵思想。

【中国特色社会主义道路对巴西共产党的影响】

［巴西］高欧·多利亚，何露杨译，《拉丁美洲研究》2021年第3期

巴西共产党和中国共产党是20世纪初苏联革命事业的继承者，享有共同的意识形态。中国共产党和中国特色社会主义道路对国际共产主义运动，特别是巴共产生了重要的意识形态影响。该文旨在探究20世纪下半叶至21世纪初中国特色社会主义道路对巴共的意识形态影响。文章以中巴两国不同的发展现状为出发点，梳理了自中华人民共和国成立以来中国共产党对拉丁美洲及第三世界国家的关注与支持。中国革命对巴西共产党的历史影响体现在革命统一战线的示范效应、社会主义探索经验和中国共产党的模范作用。中苏论战时期，巴共内部产生了分歧与斗争，重组后的巴共成为第一个在中苏分裂中站队的共产党。1964年，巴西爆发军事政变后，中国革命和毛泽东思想对巴共政治斗争战略的调整及游击队组建产生了重要影响。苏联解体后，巴共与中国共产党重新建立了联系，并从中国特色社会主义道路中不断汲取经验。中国共产党和中国特色社会主义道路对巴共的意识形态影响主要基于国际共产主义运动的历史变迁和中国特色社会主义道路的成功经验。

【联盟总统制与巴西的政治困局】
王鹏,《拉丁美洲研究》2021年第3期

巴西现行政治体制的核心安排是联盟总统制。再民主化以来,巴西碎片化政党格局导致总统所在的政党永远处于国会少数。历届巴西总统必须构建和维系一个多党执政联盟,才能在国会中取得多数支持,保障体制运转和政治稳定。就形成基础而言,执政联盟依赖于围绕一系列特殊"产品"形成的利益交换;就结构而言,执政联盟的主要特点是成员所属政党数量多、意识形态差异大和内部权力分配不均衡。执政联盟能否平稳运转,往往依赖于总统的个人协调能力和政府当前的表现。这种状况折射了联盟总统制的内在脆弱性。该国近年爆发的经济政治危机进一步凸显联盟总统制的局限性:浓厚的庇护色彩、易于滋生政治腐败和包含大量的政党"否决者"。巴西正面对这样一种政治困局:一方面,以修正和完善联盟总统制为主要内容的政治改革势在必行;另一方面,长期存在的保守政治格局阻碍了上述改革的启动。这种困局无疑将使巴西的政治走向变得愈加不明朗。

【土著主义在秘鲁的兴起与演变】
王迪,《拉丁美洲研究》2021年第3期

硝石战争结束后,秘鲁社会冲突加剧、激进政治运动发酵以及新实证主义开始传播,促使开明的知识分子率先提出恢复土著人传统文化、维护土著人权益的土著主义。为了缓和社会矛盾、重塑国家权威,秘鲁执政者将解决内陆山区土著居民的贫困与落后问题纳入战后重建的政治考量。随着时代的变迁,土著主义不断被赋予新的内涵。知识分子对土著人生存困境的剖析经历了由浅入深的过程,探索的解决方案也从最初的社会文化范畴延伸至政治经济领域,为统治阶层调整对土著人政策提供了推力。尽管秘鲁政府打着土著主义的旗帜先后推出了教育改革、重新分配土地和将克丘亚语确立为官方语言的政策措施,但并没有从根本上满足土著人的诉求,而是基于政治需要将其诉求刻意地放大或忽视。梳理土著主义在秘鲁的历史流变,不仅有助于认识被主流历史叙事忽略的边缘化族群,也有利于从国家的视角出发,重新审视为民族建构话语所掩盖的种族主义问题。

【六十年风雨同舟 新征程砥砺奋进——中国社科院拉美所成立六十周年志庆】
中国社科院拉美所课题组,《拉丁美洲研究》2021年第3期

在中国共产党百年华诞以及"习近平总书记在哲学社会科学工作座谈会上的讲话"发表五周年之际,中国社会科学院拉丁美洲研究所也迎来了成立60周年这一重要时刻。该文是拉美所课题组撰写的一篇基于学术发展史的回顾和总结。60年来,拉美所风雨兼程,不忘初心,砥砺前行。这一进程中,拉美所学术发展的内涵和方向呈现为四个鲜明的特点:与中国

国际地位的变化相适应，与中国发展阶段相同步，与中拉关系的发展相配合，与拉美发展相伴随。中国的伟大实践和哲学社会科学的大发展，为中国拉美学术研究提供了新机遇、新要求。经过60年的不懈努力，拉美所的科研已经从自发探索转向自觉构建新时期的拉美研究范式，不断激发问题导向与推动理论创新的学术研究活力，巩固了历史与逻辑、现实与理论相统一的学术研究框架，为构建具有中国特色的学术研究体系作出了积极贡献，为解决中国重大现实问题和服务于中国全面建设社会主义现代化国家提供了智力支持。着眼未来，拉美所将在党和国家的关怀下，继续坚守责任，坚持质量导向，开拓创新，再创辉煌，不负使命。

【拉美政治生态演变的新趋势、动因及影响】

中国现代国际关系研究院拉美研究所课题组，《拉丁美洲研究》2021年第3期

"世纪疫情"与"百年变局"叠加，对拉美形成全方位前所未有的冲击和影响。近年来，拉美政治生态加速演变，呈现一系列新的发展动向和趋势：民众对既有政治秩序和经济社会体制的不满增加，不信任危机蔓延，反建制和民粹主义情绪上升，新兴政治力量、边缘政治人物乃至少数政治"素人"趁势崛起，传统政党和政治人物影响力不断下滑，原有政治格局受到冲击。在此背景下，新旧矛盾、朝野冲突、发展模式之争更加复杂激烈，尤其是左右之争在呈现左进右退的新动向同时，其长期对峙博弈的走势更加凸显。拉美政治生态变化背后，既有全球同频"共振"、负面效应传导的外因，更有自身新旧矛盾集中发酵、相互激荡的内因，而突然暴发的新冠肺炎疫情无疑成为冲击地区发展的最大因素，加速了地区"乱""变"交织的进程。当前，地区不稳定不确定因素显著增多，地区困难局面短期难以改善，全面改革势在必行。拉美国家亟须加强民主治理，推动政党良性竞争，增强民众政治参与信心，尤其要全面提升政府治理能力，以创造稳定发展环境，增加内生性发展动力，推动国家重回发展快车道。

【拉美共产党人评中国共产党建党百年的历史成就与世界意义】

楼宇，《拉丁美洲研究》2021年第3期

作为世界上最大的执政党，一直以来，中国共产党的发展历史与执政经验得到国际社会的普遍关注。2021年，中国共产党迎来建党100周年，国际社会对中国的关注也更为广泛与深切。该文通过对20多位拉美共产党人的专题采访，结合其他拉美共产党人的著述，系统梳理和集中展现了拉美共产党人对中国共产党百年历程的伟大贡献和重要经验的思考与感悟。古巴共产党、巴西共产党、阿根廷共产党、智利共产党、秘鲁共产党（红色祖国）、委内瑞拉共产党、哥伦比亚共产党等拉美共产党充分肯定中国共产党取得的历史成就，多角度探析中国共产党的成功之道，以拉美视角解读中国共产党为什么能、马克思主义在中国为什么行、中国特色社会主义为什么好等问题。拉美共产党人聚焦当代中国，特别是进入新时代的中国

特色社会主义，高度评价中国新时代取得的突出成就及其国际贡献和世界意义。拉美共产党人一致认为，在中国共产党的领导下，中国取得的伟大成就彰显了社会主义制度的优越性，对推动21世纪马克思主义和世界社会主义的发展作出了巨大贡献。

【从古共八大看古巴特色社会主义建设：探索历程和发展前景】
钟梅家，《当代世界》2021年第6期

1959年古巴革命胜利后，古巴就如何建设社会主义进行了长期而曲折的艰辛探索，相关政策随国内外环境变化不断调整。这些起伏、调整构成了2006年之前古巴特色社会主义征程的主线。2006年劳尔·卡斯特罗主政以来，稳步推进经济社会模式更新，逐步将工作重心转向"经济战"，工作目标明确为建设"繁荣、可持续的社会主义"。2021年4月召开的古共八大是在古巴顺利完成宪法改革及国家和政府组织架构调整、经济社会模式更新进入"深水区"、外部环境出现新变化背景下召开的一次重要会议。古巴国家主席迪亚斯-卡内尔当选古共中央第一书记，标志着古巴特色社会主义建设进入了新时期。展望未来，古巴共产党将继往开来、守正创新，继续为建设繁荣、可持续的社会主义而奋斗。

【古巴共产党第八次全国代表大会：承前启后 继往开来】
徐世澄，《世界社会主义研究》2021年第6期

2021年4月16—19日，古巴共产党召开第八次代表大会。古共中央第一书记劳尔·卡斯特罗在古共八大上作了中心报告，总结了古共七大以来，在模式更新、制定新宪法、抗疫斗争等方面取得的成绩，也指出了当前存在的主要问题和今后努力的方向。古共八大通过了《关于古巴社会主义发展经济和社会模式理念的更新的决议》《关于2021—2026年纲要执行情况及其更新的决议》《关于党的运转、思想工作和与群众联系的决议》《对党干部政策的决议》等决议，选举产生了以迪亚斯-卡内尔为第一书记的新一届古共中央委员会。迪亚斯-卡内尔承诺新的古共中央领导班子将继续领导古巴革命，接受挑战、承担应尽的责任。古共八大基本完成了党的领导新老交替的工作，是一次是承前启后、继往开来的大会，具有重要的历史意义。

【当代哥斯达黎加生态文学研究】
孟夏韵，《外语教学》2021年第3期

该文以生态学为理论依据，以文本细读、文化批评为研究方法，选取四部哥斯达黎加小说，从生态危机产生的根源、二元维度空间之争、爱的主题三个方面研究当代哥斯达黎加文学书写的生态意识、生态理念和生态思想，即博爱万物的仁爱观、"天人合一"的宇宙观、人类命运共同体下和谐的发展观。

【中国—拉美共建"一带一路"的现状、问题与启示——基于智库研究视角】

王飞、胡薇,《重庆大学学报(社会科学版)》2021年第4期

拉丁美洲和加勒比地区是"21世纪海上丝绸之路"的自然延伸,是"一带一路"倡议不可或缺的重要参与方。当前,中拉共建"一带一路"进入高质量发展新阶段,双方凝聚合作共识、描绘合作蓝图。鉴于拉美智库在国家外交战略中的特殊作用和影响力,作者力图以拉美智库为分析主体,动态分析拉美国家对"一带一路"的认知和互动,重点分析中拉共建"一带一路"的现状、存在的问题并提出政策建议。"一带一路"已成为拉美智库中国研究的重要内容,但部分国家对该倡议仍存疑虑。拉美智库的"一带一路"研究还存在研究人员集中、研究领域狭窄等问题。为推动中拉共建"一带一路"进一步发展,双方均需努力。特别重要的是,中国构建双循环新发展格局和应对新冠肺炎疫情国际合作赋予了中拉共建"一带一路"新内容,成为积极打造中拉命运共同体的生动体现。

【从一大到八大:古巴共产党的发展】

徐世澄,《拉丁美洲研究》2021年第4期

1965年古巴共产党成立。10年后,古共于1975年召开了第一次全国代表大会(以下简称"一大"),并于1980年、1986年、1991年、1997年、2011年、2016年和2021年先后召开了第二至第八次全国代表大会。每次党代会,在不同的历史时期,对推动古巴的社会主义革命和建设的发展都起了重要的作用。建党56年来,古共通过不断加强执政能力的建设,一直保持着党的先进性并不断巩固其执政地位。古共能根据国际和国内形势的变化,与时俱进,适时修改党纲和党章。在新形势下,古共坚持马列主义和马蒂思想,坚持共产主义理想,坚持走社会主义道路,坚持党对军队和一切工作的领导,确保古巴不变"颜色"。古共根据形势的发展,审时度势,及时调整经济和社会发展战略和计划,调整古巴的对外方针和政策,坚决反击美国的贸易禁运、经济封锁、军事威胁、外交孤立和颠覆活动,经受住了东欧剧变和苏联解体的严峻考验。古共领导古巴人民在社会主义革命和建设中,在"更新"经济和社会模式、发展对外关系中取得了显著成就。

【拉美马克思主义的"科尔多瓦学派"】

叶健辉,《拉丁美洲研究》2021年第4期

拉美马克思主义的"科尔多瓦学派"创立于1963年,标志是《过去和现在》杂志在阿根廷第二大城市科尔多瓦的创刊。"科尔多瓦学派"的基本理论资源是意大利共产党领导人葛兰西的思想。在理论上,"科尔多瓦学派"致力于马克思主义的本土化,使马克思主义深入拉美社会,建立马克思主义文化领导权,引领拉美走向社会主义。在拉美社会主义革命道路问题

上,"科尔多瓦学派"一度对游击战寄予希望,但游击战的失败使"科尔多瓦学派"转向"工厂委员会"道路。由于阿根廷马克思主义组织对阿根廷工会运动影响不大,"科尔多瓦学派"希望实现马克思主义与主导阿根廷工会运动的民众主义联合,以此实现社会主义。"科尔多瓦学派"是马克思主义在拉美本土化的一个重要体现,是马克思主义扎根第三世界的重要成果。与西欧马克思主义的"法兰克福学派"相比,拉美马克思主义的"科尔多瓦学派"将理论与实践相统一的道路更符合马克思主义的基本精神,对同属第三世界的中国来说更具有借鉴价值。

【墨西哥地震与灾害风险管理体制建设与成效】

刘捷、刘学东、李明峻,《拉丁美洲研究》2021年第4期

墨西哥每年经历90多次里氏4.0级以上地震,特别是1985年的强震灾难推动了新一代国家民事保护体系的构建,包括将地震在内的自然灾害风险管理体制提升为国家战略。该文主要采用文献分析法探讨墨西哥1985年大地震与灾害风险管理体制机制的演进。随着民事保护概念的更新,国家民事保护体系现代化的提出,墨西哥灾害风险管理逐渐朝着法制化和制度化方向发展,在积极提高预防意识的同时更加强调综合风险管理。墨西哥民事保护体系具有常态化、规律性的波动和动员的深度与广度前所未有等特点。墨西哥自然灾害基金会是与之配套的制度安排,它通过一系列机制的运行在灾害应急和灾后重建方面发挥着关键作用。面向国际资本市场转移灾害风险的巨灾债券是重要的创新融资工具,其经验得到了世界银行的肯定和推广。鉴于墨西哥民事保护体制机制面临的重重挑战,如何将风险管理的反应体系发展为一个更具可操作性的预防体系,并实现内涵和外延都得到丰富和扩展的综合风险管理的现代化目标,仍然是一个艰巨的任务。

【"萨瓦托三角"创新模式的运行机制及历史地位】

宋霞,《拉丁美洲研究》2021年第4期

"萨瓦托三角"是由拉美人自己提出的科技创新模式,也是世界最早的科技创新模型,类似于西方盛行的国家创新体系和三螺旋理论结构,但比后者早二三十年,是根据拉美国家的国情和特征提出的。"萨瓦托三角"分别代表科技基础设施、生产结构和政府三大行为体。这三大行为体若按理论构想中闭合式流通的有机内循环运行,则科学技术即可高效融入经济生产,成为发展的内在变量,拉美的科技创新能力将得到很大发展,经济竞争力将得到极大提高。实际上,从20世纪60年代末以来,阿根廷、哥伦比亚、巴西等国都依据"萨瓦托三角"模式积极践行科学技术创新体系的建设,试图实现科学技术创新发展的制度化。但在拉美部分国家的实践中,由于内动力不足,"萨瓦托三角"一直处于撕裂状态,跨国公司等外部因素的介入加剧了其不稳定性,导致拉美科技创新体制的脆弱与低效。尽管如此,从20世纪60

年代到 90 年代末的 30 余年间，作为拉美许多国家科技创新机制和战略构建的依据，"萨瓦托三角"模式有其重要的历史地位。

【美墨制造业产业链"近岸外包"的进展、动因和影响】

章婕妤、步少华，《拉丁美洲研究》2021 年第 4 期

"近岸外包"是特指企业将业务外包给地理、时区、语言相近的邻国或邻近地区的供应链领域专业术语。近年来，"近岸外包"论调在美国等美洲国家渐成气候，美墨制造业产业链的近岸转移态势也日趋明显。该文认为，"近岸外包"与美墨国家利益密切相关。美国希望借此打造全球产业链与中国"脱钩"的新格局，而墨西哥具有承接美国产业转移的优势和需求。短期内，受统计数据暗藏"水分"、疫情暂缓产业转移进程、美墨产业合作难以剔除中国成分、美墨关系非"铁板一块"等因素制约，美墨"近岸外包"影响可控。但鉴于美墨利益的加速融合、非传统安全因素的演进以及先进制造技术的发展，中长期内"近岸外包"趋势发展动力强劲。对中国而言，美墨"近岸外包"构成潜在隐患，恐将放大中国产业结构转型"阵痛"、助长西方对中拉大宗商品贸易的舆论攻势、弱化中美经贸联系、削弱中国"离岸大国"地位等。对此，中国应该在产业升级和稳定外资上苦练内功，在双边和多边层面主动布局产业链合作。

【巴西与联合国维和行动：基于安全治理视角的分析】

周志伟，《拉丁美洲研究》2021 年第 4 期

安全治理是联合国维和行动的核心要义，也是新兴国家参与维和的重要考量。在联合国维和行动中，巴西属于参与较早且较积极的国家。尤其进入 21 世纪以来，随着综合国力的增强以及外交、国防战略的充实完善，巴西对联合国维和行动的重视程度明显提升。除了保持较高的参与率以外，巴西尤其注重对非洲、南大西洋、拉美与巴西安全利益相关性较强的地区维和行动的参与。总体来看，在巴西的维和参与中，存在较为清晰的安全治理逻辑，其中既包括扩大在全球安全治理中的影响力，也体现了在战略性区域构建"安全共同体"的政策思路。与此同时，维和参与也是保障巴西国内安全可治理性的重要方式。从实际效果分析，联合国维和参与有助于巴西在全球安全治理中的"协调国"角色塑造，进而丰富巴西外交的"软实力"内涵。与此同时，巴西也依托"协调国"角色更加广泛地参与全球和地区安全治理，实现了提升国际政治影响力的战略目标。

【金砖国家如何参与"一带一路"——以巴西为例】

江时学、王晨辉，《同济大学学报（社会科学版）》2021 年第 4 期

近年来，世界格局中的力量对比发生了重大变化。在这一变化中，尤为引人注目的是金

砖国家和其他一些新兴经济体在国际舞台上的地位显著上升。"一带一路"倡议为金砖国家提供了进一步深化合作的新平台。但是，金砖国家对"一带一路"倡议的立场不尽相同，因此，在探讨金砖国家参与这一倡议的方式、方法时，不能将其视为一个整体。巴西尚未与中国签署"一带一路"合作文件，但它并不反对"一带一路"倡导的"五通"，而是表示愿意与中国加强合作。为使金砖国家合作和中国与巴西的全面战略伙伴关系得益于"一带一路"倡议，有必要着重分析双方如何在"五通"中加强合作，以便为金砖国家合作构建一种具有示范效应的模式。

【21世纪以来拉美电影的数字化现象观察】

魏梦雪，《北京电影学院学报》2021年第4期

该文着眼于21世纪以来拉美电影的数字化发展，分析了数字技术对拉美电影创作造成的影响，并对拉美各国电影院的数字化转型措施和发展阶段进行了系统梳理，进而探讨了数字化过程中出现的中小型影院生存空间被挤压、数字放映设备需进一步升级和盗版现象严重的问题。最后再结合近年来日益普及的流媒体服务，讨论了流媒体平台在拉美电影发展中所起到的作用及潜在威胁。

【拉美魔幻现实主义的中国影像化创作】

彭璐娇、胡丹，《电影评介》2021年第9期

导演李少红执导的电影《血色清晨》重写"魔幻现实主义大师"马尔克斯的代表作《一桩事先张扬的凶杀案》（*Crónica de unamuerteanunciada*），开创了其作品在中国跨文化改编的艺术先河。该电影在现实主义悲剧基调和艺术框架的基础上，重现了原著的文学价值与精神内涵。同时，影片在叙述技巧、人物设置和文化观念等方面进行了位移，实现了"本土化"的思想开拓与艺术创新，成为东西方文化互动与文化符号转换的成功范例。

【拉美左翼民粹主义与民众投票行为关系的实证分析——以委内瑞拉为例】

张芯瑜、黄忠，《经济社会体制比较》2021年第4期

21世纪初，拉美地区掀起了左翼民粹主义政党执政的浪潮，2015年以来，这些左翼政权相继下台。由委内瑞拉前总统查韦斯领导的民粹主义运动影响范围大，持续时间长，是拉美左翼民粹主义的典型。该文基于拉美晴雨表发布的委内瑞拉四个选举年的民意调查数据，运用逻辑斯蒂回归模型，对该国左翼民粹主义的兴衰与民众投票行为的关系进行实证分析。研究发现：拉美民众的投票行为具有经济结果导向性和政策导向性，对国家宏观经济评价越好，意识形态左倾的民众越愿意支持左翼民粹主义政权；政治信任对民众投票偏好的影响具

有异质性，低水平的政党信任度导致了左翼民粹主义的崛起，但随着政治信任的积累，即使处于衰落期的左翼民粹主义也会得到支持；从阶级分布看，较低阶层的民众倾向于支持崛起中的左翼民粹主义政党，但在其政权衰退期，"阶级分野"不再是影响选民投票行为的重要因素。

【由《解密》看中国当代文学在拉美的出版传播】

张海燕、王珍娜、吴瑛，《出版发行研究》2021年第7期

该文基于5W传播理论模式，分析了麦家作品《解密》在拉美成功传播的作者、译者、出版商、文本、媒介及受众等核心要素，及其接受与文化传播效果。结合《解密》拉美传播过程中的问题与挑战提出了多元主体参与、与跨国出版集团及拉美本土知名出版社合作兼顾、基于市场需求构建中拉翻译合作机制、培养中国文学阅读"意见领袖"等策略，以期对中国当代文学成功走进拉美，推进中国形象海外构建提供借鉴。

【"文学之用"：当代拉美侦探小说创作管窥】

楼宇，《外国文学动态研究》2021年第4期

作为一种程式化文学，传统侦探小说的规则在拉美不断被打破。当代拉美小说呈现诸多新特征，具有社会性和现实主义色彩的拉美黑色小说成为创作主流。该文在梳理当代拉美侦探小说发展趋势的基础上，聚焦墨西哥作家埃尔梅尔·门多萨和阿根廷作家克劳迪娅·皮涅伊罗的作品，进一步阐释了拉美侦探小说的创作特色。

【拉丁美洲经济结构脆弱性的政治经济学分析】

王晓笛，《政治经济学评论》2021年第4期

拉美国家独立后，政治上没有形成能够完善经济基础的上层建筑，经济上延续了殖民时期的所有制结构、分配格局、产业结构，中心国家主导的世界经济秩序使拉美的产业结构不断向资源密集型倾斜，形成了单一脆弱的经济结构，难以摆脱世界体系的不平等格局及对世界市场的依赖，经济和社会发展陷入严重困境，教训极为深刻。

【跨越"中等收入陷阱"、新发展格局和高质量发展
——基于拉美和日韩国际经验的比较和启示】

韩永辉、谭舒婷，《南方金融》2021年第6期

"十四五"时期是中国跨越"中等收入陷阱"的关键阶段。该文采取案例研究方法，对拉美国家和日韩跨越"中等收入陷阱"的国际经验进行对比分析。研究发现：在传统经济发展

模式下，资本边际收益递减时无法实现要素升级，一国经济发展面临多种挑战和显著下行压力，缺乏新的经济增长动能，容易陷入"中等收入陷阱"。为此，中国亟须通过全面贯彻新发展理念，提升社会治理创新水平；坚持改善薪酬分配制度，促进中等收入群体扩大；优化优质教育服务供给，持续增加人力资本累积；以科技自立促产业升级，加快提高全要素生产率；以高质量发展为途径，实现在构建新发展格局要求下稳步跨越"中等收入陷阱"，为中国特色社会主义市场经济模式行稳致远保驾护航。

【巴西共产党：左翼退潮后的调整与转变】

刘天来，《学术探索》2021 年第 6 期

该文阐述了 2016 年之后巴西共产党在理论指导、组织建设、政治主张三个方面的调整和转变，认为巴西共产党的调整与转变体现了马克思主义政党原则性与灵活性的统一，展现了巴西共产党的韧性和顽强的生命力。

【从"第三世界科幻"到"科幻第三世界"：中国科幻的拉美想象与拉美启示】

范轶伦，《中国现代文学研究丛刊》2021 年第 8 期

近年来，后发达国家地区的科幻已成为科幻界的新关注点，中国和拉美就是个中典型。同属"第三世界"，两地的科幻诞生于相似的历史社会语境，却有着迥异的当代发展。引入拉美的视角，将会为中国科幻创作和研究带来新的启示，促使我们反思中国科幻与世界未来的关系。与其沿用政治经济层面的"第三世界"来定义中国科幻在全球坐标系中的位置，不如以"科幻"本身为参照系建立起更具主体性的"三个世界"体系。随着"一带一路"不断纵深推进，科幻有助于推动中拉两地之间的文化交流，而在"科幻三个世界"的格局下，重溯/重塑中国与拉美科幻的关系，或许会成为从另一条路径打破英美科幻的"垄断"、创造科幻新世界的契机。

【后疫情时代下中拉基础设施合作：治理空间与风险应对】

芦思姮，《西南科技大学学报（哲学社会科学版）》2021 年第 4 期

在"一带一路"五通合作模式中，"设施联通"跨越地缘边界，长期为中拉双方可持续发展赋能。当前，随着新冠肺炎疫情从需求侧与供给侧两端对全球化理念的重构，"数字革命"浪潮引发全球产业模式与分工结构的深度调整，加之中国"双循环"新发展格局的提出进一步丰富了国家对外开放进程的内涵与外延，中国与拉美在构建基础设施互联互通高质量发展层面出现了新的治理路径与合作机遇，这集中反映在对标新业态下"数字丝绸之路"的转型需求，及拓展开发性金融对基建合作模式参与的维度与层次上。与此同时，在这一变局下，

制度性壁垒与地缘政治风险正逐步抬高中拉合作成本，挤压治理空间，对此，中国应从三方合作、多边平台及规制建构层面寻求破局之道。

【新冠疫情背景下拉美智库对中国及国际格局演变的认知】

龚韵洁，《拉丁美洲研究》2021 年第 4 期

该文采用文本分析方法对新冠肺炎疫情大流行背景下拉美顶尖智库公开发表的涉华文章进行了系统的梳理和全面的总结。研究发现，拉美智库在病毒来源和扩散责任上对中国的评价较为负面，但对中国的疫情防控模式与成效表示广泛认可，认为中国经济复苏强劲并有助于拉美走出低谷。尽管拉美智库指出中国在国内治理和全球领导力方面均优于美国，但其始终对地缘政治风险保持高度警惕，不希望被迫在中美对抗中做出选择。鉴于此，首先，中国应充分了解拉美各国对中拉伙伴关系的利益诉求，在政治、经贸等各领域展现负责任和合作的大国形象，切勿与美国形成"争夺"拉美的零和局面。其次，充分发挥智库在公共外交中的重要作用，中国智库一方面要加强自身国际传播能力建设，有针对性地进行议程设置和舆论引领，消弭阻碍中拉长期双边关系发展的"认知赤字"；另一方面还应加强与拉美顶尖智库的交流合作，既要不断扩大知华友华的拉美智库朋友圈，积极借用其对中国的正面评价并提升国际影响力，又要与一些极力渲染意识形态对立的反华智库保持接触，在提高警惕的同时增进了解、扩大共识。

【乌拉圭广泛阵线的政党特征与执政经验】

肖宇，《拉丁美洲研究》2021 年第 4 期

温和左翼政党已成为拉美不可忽视的政治力量，在巴西、阿根廷、智利、乌拉圭等国都曾执政多年。作为典型的温和左翼政党，乌拉圭的广泛阵线在 2005—2020 年连续执政 15 年。就政党本身而言，广泛阵线具有意识形态多元化、组织结构制度化、社会基础覆盖全国和横跨不同阶层等特点。在执政期间，广泛阵线推行了实用的经济政策和进步的社会政策，促进了财税、减贫、医疗、薪资等领域的改革，扩大了公民在多个领域的社会权利，卓有成效地推动了乌拉圭的社会经济发展。但由于受到 2014 年以来拉美地区经济下行的影响，乌拉圭的失业率居高不下，财政压力逐年累积，社会治安日趋恶化，最终导致广泛阵线在 2019 年的大选中落败。在意识形态、经济政策和社会政策等方面，广泛阵线体现了典型的温和左翼特征。与其他温和左翼政党相比，广泛阵线也有自己的特点，如组织动员能力更强，在扩大公民权利方面的立法更为全面彻底等。对广泛阵线的深入分析有助于把握拉美温和左翼政党的发展态势、理解拉美国家的政党政治。

【19世纪末20世纪初阿根廷的肺结核防治与民族国家建构】
夏婷婷,《世界历史》2021年第4期

19世纪末20世纪初,阿根廷加快了民族国家建构的进程,但各类流行病,尤其是死亡率较高、持续时间长的肺结核,给政府治理带来了挑战。卫生学家将肺结核与工人、女性、儿童和移民等群体联系起来,将其定义为导致"阿根廷种族"衰败的"社会疾病"。针对肺结核这类"社会疾病"开展的防治运动促进了阿根廷公共卫生的制度化发展,推动其现代民族国家的建构。与此同时,随着医学界对肺结核传染性的重视,隔离的规定加剧了对病人的污名,加大了不同阶层的患者在治疗方案上的区隔,许多患者成为与社会隔绝的群体。公共卫生和民族国家的现代化进程具有巨大的进步意义,但这一进程带来的病患群体的边缘化也需受到重视。只有在社会正义和平等的基础上发展公共卫生,谨慎处理给患者带来的负面影响,才能真正建立普惠和包容的现代公共卫生体系。

【阿根廷的社会保障与经济发展:回顾与镜鉴】
张浩淼,《社会保障评论》2021年第4期

作为落入中等收入陷阱的典型代表,阿根廷是拉美最早引入社会保险的国家之一,其社会保障体系经历了快速扩张和发展,也历经波折和反复,至今仍存在公平性不高等问题。回顾阿根廷社会保障与经济发展的历程,发现其大致分为四个阶段:经济蓬勃发展中社会保障的初建阶段(20世纪初至40年代初期)、经济波动中社会保障的快速扩张阶段(20世纪40年代中前期至80年代末期)、经济自由化中社会保障的私有化改革阶段(20世纪90年代初期至21世纪头10年初期)和经济不稳定发展中社会保障的"国有化"再改革阶段(21世纪头10年中前期至今)。通过考察每个阶段的经济发展背景和社会保障的主要措施与问题,可以发现阿根廷经济发展战略和模式选择的失误是导致其落入中等收入陷阱的关键原因,不能将其经济困境单纯归咎于社会保障政策。回顾阿根廷社会保障与经济发展的历程并获得镜鉴与启示,既有助于深刻认识和理解社会保障与经济发展的关系,也有助于中国推进社会保障与经济发展的良性互动。

【选择与阐释:巴尔加斯·略萨在中国的译介】
侯健,《西安外国语大学学报》2021年第4期

2010年诺贝尔文学奖得主马里奥·巴尔加斯·略萨在我国的译介开始于1979年,经历了改革开放以来我国拉美文学译介的全过程,对中国作家和读者产生过巨大的影响。该文以略萨在我国译介的高潮—低谷—新高潮的三个时期为基础,从对略萨译介过程中作为翻译主体的译者的选择、译介中内外因素与选择者的合力与斥力、译界对略萨作品阐释的演进三个

方面出发，探析略萨作品在中国的译介历程。

【拉美、中国和欧美之间的产业碳关联分析——区分本地企业和外资企业】

王淞、张中华、赵玉焕，《城市与环境研究》2021年第4期

拉美、中国和欧美所组成的生产系统构成了"边缘—半边缘—中心"的国际分工体系。在产业关联视角下，全球价值链分工对三方碳排放的影响有待厘清。基于多区域投入产出模型，作者采用区域假设抽取法测算了拉美、中国和欧美之间的后向碳关联规模及强度，分析了本地企业和外资企业在产业碳关联中的角色差异。研究表明：（1）2005—2016年，欧美发达国家的后向碳关联规模呈现下降趋势，拉美国家和中国的后向碳关联规模则呈现增长趋势；（2）各国双边后向碳关联强度整体上趋于下降，拉美国家对中国的后向碳关联强度显著增大；（3）相比于在华外资企业，拉美和欧美对中国本地企业的后向碳关联规模和强度较大，中国对拉美国家的后向碳关联集中在双方本地企业之间，而中国本地企业和在华外资企业对欧盟和美国本地企业的后向碳关联规模较大。最后，作者从绿色高质量发展的角度提出了拉美国家、中国和欧美发达国家价值链升级的政策建议。

【近期拉丁美洲华侨华人研究动态综述】

杨新新，《华侨华人历史研究》2021年第4期

随着中拉交往日益密切，拉丁美洲地区华侨华人规模与影响力不断提升，华侨华人在促进中拉友好交流合作、推动中拉经贸发展、增进中拉人民了解互信等方面作出了积极贡献。然而，学界对拉美地区华侨华人的研究成果较少，基础比较弱。鉴于此，近期，中国社会科学院拉丁美洲研究所牵头，推动开展了拉美华侨华人研究，取得了积极效果，产生了良好影响。

【古巴共产党党的建设实践与经验探析】

袁东振，《当代世界与社会主义》2021年第4期

古巴共产党是拉美地区连续执政时间最长的政党之一。在长期执政环境中，古共一直坚定马列主义的指导，重视党的民族性和本土化根基，把本民族的最先进思想以及本土化马列主义成果作为指导思想；强调党对国家和社会的领导，注重完善和改进领导方式；注重党员和干部队伍建设，改进党内政治生活，完善干部选拔模式；坚持群众路线，重视党团和党群关系，强调超越批评与自我批评的局限性；加强党规、制度和道德的约束力，坚持同腐败、违法乱纪和不道德行为做斗争，注重营造良好政治生态。古共在党的建设方面不断探索，积累了独特的经验，是其得以长期执政的重要基础。

【"一带一路"倡议下中国与拉美国家劳工合作规则的构建】

刘晋彤、班小辉,《国际贸易》2021年第9期

劳工问题是中国在拉美地区推进"一带一路"倡议中亟须回应的社会问题。中国与部分拉美国家签订的自由贸易协定已包含了劳工条款,以促进双方在劳工领域的合作为导向,但内容具有原则性和倡导性,缺乏切实合作机制。作为拉美地区最大的贸易伙伴,美国在与拉美国家的自由贸易协定中,不断加强劳工条款的地位和执法机制,这不仅会对中国在该区域的投资或贸易规则产生影响,也会加大中资企业的用工合规管理难度和劳动力成本。为保障"一带一路"倡议在拉美的顺利推进,中国应当加快推进与拉美国家签订自由贸易协定,积极将劳工条款纳入主协定,细化以合作为导向的劳工条款内容,推进劳工合作机构的建设,健全双方在劳工领域的信息交换和合作机制,确保劳工合作内容的落实。

【当前拉美左翼的发展现状与前景】

杨建民,《世界社会主义研究》2021年第9期

2015年"粉红色浪潮"开始退潮,拉美政治格局呈现"左退右进"的态势,但拉美左翼不但没有"死亡",反而通过多次选举的较量使拉美政治格局很快走向了"左右共治"。围堵委内瑞拉的利马集团因左翼在墨西哥和阿根廷的执政几乎丧失了行动能力。2020年蔓延全球的新冠肺炎疫情有利于左翼继续拓展空间,但拉美左翼在涌现新生力量的同时也面临严重分化的挑战,这是近期左翼政党在大选中遭到逆转的主要原因。经过最近20年的发展,拉美左翼存在的基础更加坚实,执政经验更加丰富,不断反思和探索自主发展的道路,这也是拉美左翼得以韧性发展的重要原因。

【大变局下巴西共产党的社会主义理论与实践探索】

何露杨,《世界社会主义研究》2021年第9期

该文阐述了巴西共产党对本国发展道路的理论探索和实践,对巴西共产党的选举运动、议会与司法斗争、社会动员、加强党的能力建设以及扩大国际交流的举措进行了评述。

【新冠疫情冲击下拉美国家的社会贫困和不平等:社会结构脆弱性视角】

房连泉,《拉丁美洲研究》2021年第5期

2020年新冠肺炎疫情的暴发给拉美经济社会带来巨大冲击,在贫困率大幅攀升的同时,收入不平等状况加剧,整个社会阶层收入结构向下移动。疫情造成的健康损失、经济停摆、大规模失业以及社会隔离措施的实施,使社会弱势群体遭受到更大的冲击,生活状况恶化。

为应对疫情，拉美各国出台了大规模的应急性社会保护措施，包括现金和实物转移支付计划以及缴费型社会保险项目两大类，对于保障特殊时期低收入、困难群体的基本生活起到一定作用。但这场危机与拉美地区固有的经济社会不平等、财富分配不公、劳动力市场非正规化、卫生健康体系薄弱以及社会保障制度覆盖不足等因素交织在一起，进一步加深了该地区社会发展中的矛盾冲突。通过分析疫情对拉美社会贫困形势和社会阶层流动性的冲击，作者认为危机产生的直接原因是新冠肺炎疫情暴发，内因则是该地区长期积累的结构性矛盾无法有效解决，2020年新冠肺炎疫情进一步印证了拉美社会结构固有的脆弱性。

【新冠疫情背景下中拉数字经济合作：机遇、挑战和前景】

楼项飞，《拉丁美洲研究》2021年第5期

新冠肺炎疫情的暴发对中国和拉美各国社会经济发展造成严重影响，但数字技术在本次抗击新冠肺炎疫情中的积极作用进一步显现，数字经济的增长潜力被进一步激发。加强中拉数字经济合作，对于化解疫情给双方经贸合作带来的下行压力，深化和细化"一带一路"合作，促使双方合作在疫情之后向更高层次和更宽领域发展具有积极意义。本次疫情为数字经济普及和发展提供了新的用武之地，为后疫情时代数字经济发展提供了新的政策和市场机遇，也为进一步拓展中拉"数字丝绸之路"建设提供了新的契机。与此同时，在疫情冲击下中拉数字经济合作也面临着因宏观经济环境恶化带来的融资困难、拉美产业数字化程度较低、人力资源不足以及美国对中拉数字经济合作的阻挠等挑战。展望未来，中拉需要在《携手构建网络空间命运共同体行动倡议》和拉美数字议程指引下，加强在数字基础设施建设、网络空间治理、数字化人才培养和促进公众数字素养提升等方面的合作。鉴于美国将继续对"数字丝绸之路"建设制造障碍，中拉双方需要采取更为灵活务实的应对之道。

【智利阿连德改革失败探因：基于财产权的视角】

夏立安、周文章，《拉丁美洲研究》2021年第5期

学界对智利阿连德改革失败的研究多从政治、经济、社会和国际关系方面展开，忽视财产权方面的原因，该文尝试填补这一研究视域的空白。进入20世纪后，在智利政治舞台上逐渐形成了左、中、右三股相对稳定的政治力量，他们针对1925年宪法草案中的财产权问题展开了激烈的论争。左派的激进党秉持激进的财产观念，要求分割大地产；右派的保守党主张财产神圣不可侵犯；自由党则代表中间派，主张财产具有社会义务。最终，中间派的财产社会义务的观念被写进了1925年宪法，并被阿连德执政之前的历届政府接受。但1970年上台的阿连德秉持激进的社会主义理念，将财产社会化推向财产国有化的极端。他利用"法律漏洞学说"，大规模没收大地产主与大资本家的财产，以"合法"形式达到了革命的实质目的。

阿连德政府激进的土地改革扩大了社会对立面，导致其政权失去了农民的支持；对工业、金融和矿业的国有化改革则招致了资产和资本阶层的怨恨与国际社会的不满。在财产权问题上，阿连德未能处理好手段与目的、形式合法与实质违法、政治与经济、财产社会性与私有性这四对矛盾，最终导致了改革的失败。

【巴西的法治道路与现代国家构建问题】

谭道明，《拉丁美洲研究》2021年第5期

巴西法治道路存在明显的秩序短板，这与其现代国家构建问题有关。从法治的秩序维度考察，巴西独立以来的法治道路与英国等西方主要国家先"治民"、后"治官"最后才"治王"的路径正好相反。在"治王"方面，巴西的皇帝、将军和总统在不同时期构成巴西法治建设的最大障碍，驯服"王者"并不容易。近40年来，通过国会两次成功弹劾，巴西总统的权力已经得到极大限制。在"治官"方面，"洗车行动"开创了一个法检警协同合作的反腐败新模式，法治反腐取得重要成就。但是，巴西法治建设在"治民"方面长期表现不佳。巴西法治道路中存在的问题可以从现代国家构建视角得到一定解释。结合自马克斯·韦伯以来中外学者的研究成果，现代国家构建可以分为国家合法性、国家自主性和国家能力三个层次。通过考察巴西的现代国家构建，可以发现它的国家合法性问题基本得到解决，但国家自主性不足、国家能力软弱，且在短期内无法有效解决。可以说，巴西法治的秩序短板实质上是国家能力的短板。

【二战期间英美在阿根廷中立问题上的外交分歧】

冯利，《拉丁美洲研究》2021年第5期

"二战"期间，阿根廷的中立立场以及对"泛美主义"的抵制与美国构建美洲安全防御体系的目标相背离，促使美国诉诸经济制裁、武器禁运、拒绝外交承认等强硬措施对阿根廷进行制裁。为提升制裁效果，美国寻求英国的合作，要求英国在阿根廷问题上与之步调一致，甚至建议英国将英阿肉类贸易合同作为筹码，威胁阿根廷尽快改弦易辙。然而，由于英国在阿根廷存在巨大经济利益，致使它对阿根廷中立立场的解读以及在肉类贸易合同谈判、对阿外交措施等方面的主张和看法，与美国均产生了不同程度的分歧。这些分歧主要源于在对阿政策上，英美两国的立场和出发点迥异，利益存在冲突。面对美国的强势主张，英国在整个外交行动中的表现都极为谨慎，它试图在保护自身利益与维护英美特殊关系之间做出调和，然而结果并不成功。在阿根廷中立的相关问题上，英国沦为美国政策的追随者，英国利益也终究变成美国借以实现外交目标的工具。

【日本人移民巴西初期的历程和特征】

杜娟，《拉丁美洲研究》2021年第5期

1908年6月，首批781名日本移民搭乘"笠户丸"抵达巴西，他们中的绝大多数是契约农工，被分配在咖啡种植园中劳作。然而，初到巴西的日本移民在种植园的生活并不理想，他们面临生活条件差、饮食不习惯、遭受虐待、工资水平低等困境。反抗和逃离成为日本劳工表达不满的主要方式。对此，日本政府一方面安抚侨民，通过重置让他们在巴西定居下来；另一方面完善和规范移民公司的业务，继续推动向外移民。与此同时，日本国内的移民公司进入改革和整合期，日本通往巴西的移民航线也逐渐固定。1918年，海外兴业株式会社成立，并于1920年成为日本唯一经营移民业务的公司。1908—1923年日本移民巴西初期呈现如下特征：巴西政府提供了移民活动的主要资金；以家庭为单位的契约农工构成了移民主体；日本移民高度聚居在圣保罗州的农村地区；日本移民的定居率非常高；但在移民规模方面，巴西还不是日本移民的主要目的国，而日本也仅是巴西的一个移民来源小国。总之，这一时期日本向巴西的移民活动遵循的是"大公司、小政府"的运行模式。

【韩国与拉美经贸关系发展的动因、特征及影响】

刘明、蓝海，《拉丁美洲研究》2021年第5期

韩国与拉美之间的经贸合作是20世纪末以来韩国积极向发展中国家市场拓展的重要体现。韩国积极进军拉美主要出于获取初级产品和原材料、扩大韩国在拉美市场占有率和影响力的考量。拉美国家为了实现出口市场的多元化并更多地获取高附加值产品，也普遍实行"向东看"的对外经济战略。韩国与拉美的经贸合作为双方创造了诸多机会，提升了各自产品在国际市场上的占有率和影响力，同时也实现了优势互补。但双方差距也逐渐拉大，"南北差异"较为明显。未来一段时间，基础设施将成为推动双方经贸关系的重要抓手，韩国会与更多拉美国家尤其是古巴和中美洲国家加强合作，合作领域也会进一步拓宽。但随着中国、印度、东盟成员等国与拉美经贸关系进一步推进，势必会压缩韩国在拉美的市场空间。

【启蒙时代早期欧洲知识人的殖民地科学探险与旅行书写
——以拉·孔达米纳对南美洲的探险考察为例】

陈日华、刘葭妍，《拉丁美洲研究》2021年第5期

启蒙时代早期，由于国际局势的变化与科学研究的需要，欧洲掀起了知识人赴殖民地探险的热潮，1735年法国科学院派出的秘鲁大地测量团正是其中一例。拉·孔达米纳作为该测量团的领袖，领导了地球赤道弧度的测量，并且撰写了沿亚马孙河流域的旅行文学作品。拉·孔达米纳将探险活动的全部荣誉和成果都冠以法国国王的名字，并将探险目的的科学性

视为法兰西文化先进性的表现。在探险过程中，拉·孔达米纳对殖民地的植物进行了整理分类，试图借助殖民地测量数据定义公制度量单位，并且对原住民族群展开观察。其旅行书写则记录了这些活动，并用启蒙话语阐释了上述活动的意义。考察其科学探险和旅行书写可以发现，此时欧洲的知识人以理性为工具，以殖民地为研究对象，正在尝试建构适用于物质世界和人类社会的普遍规则。这种规则的建构维护了旧的殖民秩序，并为拥有文化优势的帝国提供了归化与驯服的新的殖民手段，从而导致被殖民者的文化沦落为从属地位。

【现代货币理论：来自拉美的经验】
贾根良、刘旭东，《学术研究》2021年第10期

主流经济学家们认为造成拉丁美洲20世纪最后20年经济衰退的主要原因是财政扩张导致的财政赤字。随着现代货币理论的兴起，拉丁美洲也被用来作为否定现代货币理论的案例。该文通过对20世纪80年代以来拉丁美洲经济的实际考察，认为拉丁美洲的财政赤字大部分源于1982年债务危机后巨额的外债利息支付，是拉美国家忽视国家货币主权造成的财政恶果，拉丁美洲实施的宏观经济政策实质上是一种财政紧缩政策，导致了拉丁美洲两个"失去的十年"。21世纪初以来，拉丁美洲所实行的财政扩张政策则使其克服了2008年金融危机的不利冲击，实现了自债务危机以来从未有过的持续经济增长，因此拉美经验证实而非否定了现代货币理论的正确性。

【新冠肺炎疫情背景下拉美新闻组织的创新】
张建中、劳拉·奥利弗，《青年记者》2021年第19期

新冠肺炎疫情让许多新闻组织的处境更加艰难。不过，也有些新闻组织通过提供与读者直接相关的新闻服务与产品实现了收入多样化。该文介绍了拉丁美洲新闻组织如何通过会员计划与读者建立深厚关系，以实现商业模式的可持续发展的情况。

【借来的光：拉丁美洲的团结电影与左翼世界主义】
魏然，《电影艺术》2021年第6期

关注他者遭遇、描述远方社会运动与抗争的纪录片可称为团结电影，先行研究将其源头追溯至苏联早期纪录片，并梳理出20世纪后期将团结电影引入拉美的人际网络。伊文思、马克和阿尔瓦雷斯等人是搭建拉美团结电影网络的核心角色，而20世纪六七十年代之交古巴与智利的文化政治经验则提供了改造团结电影的接触地带，并催生出拼贴电影这一新形态。团结电影在世纪之交呈现怀旧与本土化的动向，这一谱系中的新作仍能给当代共同体间的相互体认与尊重带来启示。

【构建"均衡、稳定、协调、合作"的中美拉三边关系】

宋均营、付丽媛,《国际问题研究》2021年第6期

中美博弈持续加剧,中拉合作迅速发展,中美拉三边关系相互联动增强。从中美拉三边关系角度来分析各方考量、把握三方互动,可以弥补双边框架的不足。在百年变局和世纪疫情影响下,中美拉三边关系发展前景具有不确定性,机遇与挑战并存。构建均衡、稳定、协调、合作的新时代中美拉三边关系,顺应时代潮流,符合中美拉三方共同利益,有助于推动构建人类命运共同体和新型国际关系。

【中美在拉丁美洲直接投资的影响因素比较
——基于自然资源、市场和效率的经验性研究】

高智君,《拉丁美洲研究》2021年第6期

随着中美关系进入以竞争为主的新阶段,两国在经济领域的竞争将越发激烈。拉丁美洲传统上被视为美国的"后院",其经济、政治和制度都深受美国影响。中国的直接投资在21世纪呈现飞速增长的势头,已成为该地区的主要投资来源地。传统观点认为中国企业对拉美投资是基于政治和资源驱动,而美国企业的投资则主要受经济因素的影响。现有文献还未有对两国在拉美投资的影响因素进行全面比较的经验性研究。根据中美投资的特点以及拉丁美洲的要素禀赋,作者构建了以自然资源、市场和效率为主体的分析框架,来探究两国投资的影响因素的异同。24个国家在2007—2019年样本的回归结果显示,东道国人口规模的扩大和石油产量的提高有助于吸引中美投资,政体对两国企业的影响均不显著,但其国内政治冲突对吸引两国投资具有阻碍作用。影响因素的趋同可能会导致中美在该地区的投资目的地和领域越发重叠,进而使得两国企业的竞争态势不断上升。两国在不同领域的投资则可以形成互补效应,这为实现区域投资的可持续发展提供了重要的空间和机遇。

【拉美裔在美国大选中的政治取向及影响因素
——基于2000—2020年大选的分析】

张代雄、万晓宏,《拉丁美洲研究》2021年第6期

2000年以来,拉美裔逐步成为美国选民规模最大的少数族裔,在历次大选中扮演着越来越重要的角色。该文以2000—2020年的6次美国大选数据为基础,观察美国拉美裔选民在大选中的投票情况,发现其半数以上保持着对民主党候选人的认可,1/4稳定支持共和党候选人,但支持率存在较大幅度摇摆,这主要取决于拉美裔选民的政治取向变化。据观察,影响拉美裔政治取向的主要因素有宗教因素、政党认同、议题因素和候选人因素。其中,宗教因素和政党认同总体较为稳定,对拉美裔政治取向具有长期性、基础性的影响。但议题因素和

候选人因素容易随着政策更新和候选人更替而产生变化，其对拉美裔政治取向的影响具有短期性与波动性，有时会抵消宗教因素与政党认同的影响力。拉美裔政治取向的变化不是由某一个因素单独主导的，而是四个因素相互渗透、综合作用的结果。虽然拉美裔总体倾向于支持民主党，但共和党在政治取向上对部分拉美裔选民也有着不可忽视的吸引力，共和党若能使议题与候选人选择更符合拉美裔的偏好，必将获得拉美裔更高的支持率。

【"美洲增长"倡议对中拉共建"一带一路"的经济影响】

宋海英、王敏慧，《拉丁美洲研究》2021年第6期

2019年，美国正式推出"美洲增长"倡议，在参与国、战略意图、集中领域等方面都与中国的"一带一路"倡议存在相似性，让人不禁怀疑这一倡议是否对中国与拉美共建"一带一路"产生不利影响。该文基于两者的异同，在阐释"一带一路"倡议提出以来中国与拉美经贸发展特征的基础上，重点运用计量经济学模型实证检验"美洲增长"倡议对中拉进出口贸易及投资合作的影响，发现"美洲增长"倡议显著地阻碍了中国对拉美的直接投资，却未对中国与拉美的贸易带来显著的负向影响。这一结果可能是三方面的原因所致：一是"美洲增长"倡议提出的时间较短，经济影响具有滞后性；二是拉美国家的判断力和自主性越来越强；三是中国不断提高的世界影响力让拉美国家意识到与中国合作的必要性。尽管"美洲增长"倡议暂未阻碍中国与拉美的贸易，但我们仍不能掉以轻心，应在稳步推进中拉共建"一带一路"的同时，尽可能缓和中美关系，积极共建"人类命运共同体"。

【新冠疫情对阿根廷服务业的影响及政策措施评析】

吴茜，《拉丁美洲研究》2021年第6期

新冠肺炎疫情严重影响了阿根廷的经济发展，特别是作为该国经济重要组成部分的服务业受到了此次疫情的极大冲击。鉴于阿根廷服务行业种类多元，此次疫情对其发展来说既是重创也是机遇。一方面，人员密集型服务行业受人员流动限制的影响，无法在短时间内恢复至疫情前的发展水平，造成了大批非正规就业者的失业和一定的经济损失。另一方面，知识型服务行业在此次疫情中迎来了发展机遇，并有望成为推动阿根廷服务业发展的重要动力。为应对疫情带来的冲击，阿根廷政府从本国服务业的特点出发，及时出台相关措施，在为客运业和旅游业提供发展保障的同时，积极推动软件和医药类服务业的发展，并取得了一定成效。这些举措具有高效性、延续性、前瞻性的特点，为推动阿根廷服务业复苏、结构转型以及融入全球价值链提供了良好的基础。疫情期间，中国和阿根廷在知识型服务业上的合作增多，了解阿根廷服务业当前的发展状况有利于推动中阿合作的进一步深化。

【美国的拉美移民来源的梯度结构分析（1900—1929年）——以墨西哥移民为中心】

梁茂信，《拉丁美洲研究》2021年第6期

1900—1929年，随着美国工业化的完成和经济繁荣发展，美国西南地区劳动力供求关系脱节的问题日益加剧，于是，拉美国家特别是墨西哥掀起了向美国的移民潮。从迁入美国的拉美移民的来源看，其走势基本呈梯度结构：墨西哥移民数量最多，加勒比群岛移民数量次之，南美洲移民数量最少。这种结构既反映了拉美地区经济发展的失衡及其与美国经济的融合关系，也是美国企业的招工措施实施后移民劳工直接参与美国经济活动特别是生产过程引发的必然结果。墨西哥劳工经过反复的季节性环流，其中一部分最终转化为永久定居美国的移民。伴随着美国移民政策的限制性、边界检查和巡防执法力度的加强，来自墨西哥的合法劳工、永久移民以及其他国家过境墨西哥进入美国的各类人员，与从事贸易的双向车流相互交织，使美墨边境地区跃升为经济繁荣发展的区域性跨国中心，随之而来的非法移民、各类走私活动和妓女贩卖等问题的泛滥，则表明该地区具有国际化特点的跨国社会问题不容小觑。

【中国与乌拉圭共建"一带一路"：进展、驱动因素及挑战】

贺双荣、佟亚维，《拉丁美洲研究》2021年第6期

中乌"一带一路"合作取得了可喜进展，双方在经贸、构建"一带一路"合作机制、抗击新冠肺炎疫情合作等许多方面走在拉美地区前列，为中拉合作树立了新典范。与此同时，美国也将乌拉圭强大的民主制度及与中国保持相对透明关系视为其他拉美国家与中国打交道的榜样。乌拉圭同时受到中美两个大国的重视，体现了其在拉美的特殊重要性、中乌"一带一路"合作进展及其地缘政治的复杂性。因此，有必要对中乌两国对"一带一路"合作的战略考量、面临的挑战及未来前景做深入分析，探讨双方合作的政治基础，提早进行风险防范，规划未来发展。虽然中乌双方对推动"一带一路"合作的战略考量不同，但促进国家发展利益是双方的共同目标。中乌关系的稳定性和可持续性以及在全球治理上的合作前景，使其在新时期推进中拉高质量"一带一路"合作中能发挥引领作用。中乌"一带一路"面临来自全球、区域（南共市）和国内层面的三重挑战。其中，中乌双边自由贸易谈判作为战略合作举措，谈判前景仍存在不确定性，其结果可能会影响中乌合作的战略预期，但这不会影响中乌合作的大局。

【拉美裔在美国的政治参与：美国人口结构变化的视角】

姬虹，《拉丁美洲研究》2021年第6期

进入21世纪后，美国人口结构发生了很大变化，拉美裔成为人口最多的少数族裔群体，并开始在美国政坛显示自己的政治实力，但拉美裔是否已经摆脱了政治上"沉睡中的

巨人"状况，还存在争议。该文以美国 2020 年人口普查数据为基础，分析目前拉美裔人口的状况与特点，指出随着拉美裔人口剧增，他们手中的选票变得越来越重要，拉美裔成为两党的争夺对象。但拉美裔人口红利并没有完全转化为政治力量，其原因是该文关注的主要问题。通过探讨拉美裔人口的新变化，该文认为拉美裔自身的复杂性，如民族来源繁多、阶层分化显著、政治诉求不一、居住分散等，使得拉美裔很难形成一致的群体利益，这极大地影响了其政治力量的发挥。此外，近年来美国政治生态恶化，两党争斗不断，政治极化加深，两党在选举程序上的博弈等问题进一步拖累了拉美裔政治参与的步伐，使之成为无辜的政治受害者。从美国拉美裔政治参与的角度，可以看出人口变化与政治参与之间的关系。

【后疫情时代中拉基础设施合作研究——以 G20 拉美三国为例】

李紫莹、邵禹铭，《国际经济合作》2021 年第 6 期

基础设施互联互通对于"一带一路"建设至关重要，是拉美国家扩大投资、促进经济发展的突破点之一。拉美国家基础设施薄弱，中国在技术和经验上优势明显，中拉在供求方面存在明显的互补性。目前，中国与 G20 拉美国家基础设施合作主体主要是大型国有企业，合作领域和模式呈现多元化和多样化的特点。新冠肺炎疫情给拉美国家经济带来沉重打击，进一步暴露了拉美卫生、教育、网络等方面基础设施的不足，但也为中拉未来合作提供了新思路。拉美国家局势时有动荡，美国和其他国家意欲重返拉美市场，中拉地理和文化距离遥远，基础设施合作在"软联通"方面存在短板，后疫情时代开展基础设施合作，中国应深化与拉美国家的共识和互信，重视前期调研，尝试属地化转型，完善金融合作，推动中国标准"走出去"，努力做到与拉美国家发展规划高度对接，在"一带一路"倡议框架下深化基础设施合作，实现互利共赢。

【拉美经济面临的挑战】

洪朝伟、张勇，《现代国际关系》2021 年第 11 期

作为主要的初级产品出口区，拉美地区经济发展高度依赖外部环境。新冠肺炎疫情对拉美经济的影响主要体现在贸易、投资、产业、金融市场、侨汇等方面，导致拉美地区陷入更深层次的衰退，结构性改革进程再次受阻。拉美国家尽管推行了大规模的流动性供给和财政救助计划，但是前期积累无法提供充足的财政、货币政策空间。拉美国家只有深化结构性改革才能走出困境。当前，拉美地区面临弥补流动性、解决结构脆弱性、重塑参与全球价值链方式的发展需求。中国应抓住机遇，从加强金融合作、发展数字经济、强化区域经济一体化等方面提质升级中拉合作。

【墨西哥政党政治格局变化——基于 2021 年中期选举的观察与分析】

陈星、赵僖，《当代世界与社会主义》2021 年第 6 期

2021 年墨西哥的中期选举对于该国政党格局发展意义重大，折射出墨西哥政治力量对比的最新演变分化。执政的国家复兴运动党再度夺下众议院的多数党地位，在州长选举中大幅前进；组成历史性联盟的传统政党（国家行动党、革命制度党和民主革命党）在此次选举中收益一般，呈现一定颓势。此次选举后，墨国政坛正式形成了国家复兴运动党与国家行动党、革命制度党和民主革命党三党联盟对立的二元局势。同时，新的政治格局也为执政党带来了新的执政挑战。此外，面对 2024 年的总统大选，中期选举后执政党党内更新换代的态势同样引人关注。因此，无论是从宏观政治格局还是从执政党自身发展角度来看，2021 年墨国中期选举都具有可观的研究价值。

【当代拉美文学与纳粹德国】

张伟劼，《上海文化》2021 年第 11 期

1996 年，智利作家罗贝托·波拉尼奥（Roberto Bolaño）出版了一本看似荒诞的作品——《美洲纳粹文学》（*La literatura nazi en América*），该书以博尔赫斯的方式虚构了一种深受纳粹德国意识形态影响的美洲文学及其整个的文学机制。也在这一年，以豪尔赫·博尔皮（Jorge Volpi）为首的一批墨西哥青年作家发表了"爆裂宣言"（Manifiesto Crack），成为拉美文学史上文学"爆炸"之后第一个敢于为自己命名的文学团体。作为"爆裂派"的代表作，博尔皮的小说《追寻克林索尔》把故事背景放在了"二战"刚刚结束时的德国。不仅"爆裂"一代作家对德国主题着迷，21 世纪的拉美文学中频频出现纳粹德国的主题。联系拉丁美洲文学史和社会史来看，当代拉美文学之所以钟情于纳粹德国的题材，有更深层的动机。

【"中拉"体育外交的历史脉络、现实困境与理应进路】

张志斌、刘瑛、刘志强、兰文军，《体育与科学》2021 年第 6 期

体育作为一种文化软实力，对于促进中拉地域的战略性合作具有重要的作用。该研究通过文献研究等方法，对中国同拉美国家体育外交的历史脉络进行梳理，发现：自中华人民共和国成立至改革开放前，以及改革开放后，体育在中国同拉美国家的交流互动中均具有极为重要的促进作用。进入新时代，中国"走出去"成为必然，然而，当前中拉体育交流也面临着现实困境，具体呈现为：美国体育文化在拉美国家的长期影响以及台湾当局势力"先入为主"的渗透，对中拉体育交流形成壁垒；在国际体育话语权的博弈中，中国的体育话语权在拉美地区的影响力有待提升；由中拉之间的文化张力形成的文化阻隔，产生体育文化交流的"文化震惊"现象，主要体现在中拉体育交流项目单一，与拉美多元化与多源性的杂糅文化特

质不符。基于此，该研究分别提出相应的发展路径：首先，提高政治站位，努力构建中拉体育外交新格局；其次，要着力提升国际体育话语权，抢占国际话语高地；最后，依托交流平台，以实际行动讲好中华体育故事。

【从"拉美之乱"看"中国之治"的可贵之处】

江时学、刘建华，《世界社会主义研究》2021 年第 12 期

治国理政是一个国家的执政党和政府管理国家、处理国家事务的方式方法。中国和拉美国家都是发展中国家，其执政党和政府都面临着如何进行治国理政的问题。中国与时俱进地探索国家治理体系和治理能力的现代化，并取得了重大的成果，实现了政治稳定、经济发展和社会和谐。相比之下，拉美国家的执政党和政府难以强化其治国理政的能力。因此，近几年，许多拉美国家出现了各种形式的动乱。"拉美之乱"在一定程度上说明，"中国之治"以下几个方面是弥足珍贵的：坚持和完善中国共产党领导的多党合作和政治协商制度；坚持奉行以公有制为主体、多种所有制经济共同发展的基本经济制度；坚持以人民为中心的发展思想，走共同富裕道路；坚持和完善党和国家监督体系，强化对权力运行的制约和监督；健全有利于更充分、更高质量的促进就业机制，满足人民日益增长的美好生活需要；坚持和完善共建共治共享的社会治理制度，保持社会稳定。

【中拉"一带一路"民心相通领域的合作历程与前景】

李昊旻，《西南科技大学学报（哲学社会科学版）》2021 年第 6 期

在"一带一路"倡议的推动下，中拉关系得到了稳步提升，中拉民心相通在多样化的机制和路径下得以全面推进，在"政府间机制引导、文教与智库路径支撑和民间交流路径优化"三大机制框架下，以人员交流为特色的民心相通得到了显著加强，文明互鉴的深度得到了重大提升。但目前中拉民心相通领域的合作面临的外部挑战不断增多，如何更高效地发挥现有官方和民间机制在中拉合作中的引领作用，构建创新和可持续发展的中拉民心相通新模式，是中拉关系持续发展必须解决的问题。

【中拉共建"一带一路"合作：内涵、条件与前景】

岳云霞，《西南科技大学学报（哲学社会科学版）》2021 年第 6 期

拉美是中国"一带一路"国际合作不可或缺的重要参与方和现实共建方。当前，中拉"一带一路"合作具备协调各方供需均衡的潜能，并具备推进实施的制度性基础，这些内部条件为中拉深化合作提供了有利条件，但双方共建"一带一路"还面临着一系列内外部竞争。

为此，中拉双方应加强交流，平衡内外部风险，创新合作前沿，并对共建"一带一路"合作能产生的风险对冲价值予以重新评估，最大化合作的共同利益。

【"一带一路"框架下中拉资金融通合作的历程和方向】

杨志敏，《西南科技大学学报（哲学社会科学版）》2021年第6期

"一带一路"倡议实施以来，"共建方"在资金融通合作领域加强了建章立制、构筑"四梁八柱"等建设，取得了重要成果。在"一带一路"倡议引领下，中拉资金融通合作整合了既有机制、丰富了融资渠道，互联互通水平持续提升。从融资规则制定、合作机制创新、金融机构能力建设等方面拓展了合作的维度和空间。但是，中拉资金融通合作在受到全球和地区形势影响的同时，金融合作水平、金融合作本土化程度、投资行业集中度等尚需努力，亟须构建一个高质量、可持续的融资合作模式，为中拉共建"一带一路"高质量发展输送健康、充足的金融"血液"。

【墨西哥现代化模式的转换及其经验教训】

董经胜，《世界历史》2021年第6期

2021年8月13日，墨西哥举行了"特诺奇蒂特兰城沦陷"500周年纪念仪式；9月27日，墨西哥再次举行隆重活动，庆祝国家独立200周年。由此看出，自西班牙征服至今500年的墨西哥，前300年是作为西班牙殖民地、后200年是作为独立国家存在的。如果说500年前的殖民征服，使墨西哥纳入以欧洲为中心的资本主义世界体系，从而被动地卷入全球化进程，那么，200年前赢得独立国家地位，则为墨西哥探索现代化的道路创造了前提。

【国际发展援助体系调整与南南合作发展——巴西的实践及对中国的启示】

郭凌威，《西南科技大学学报（哲学社会科学版）》2021年第6期

国际社会长期面临的援助缺口以及影响力日益提升的南南合作，给传统的国际发展援助体系带来严峻挑战。为此，国际发展援助体系尝试做出了新的调整，但对南方国家对外援助的包容性仍相对不足，难以对其实现充分、有效的统计。为提升在国际发展援助体系中的话语权，南方国家存在共同利益诉求和合作发展空间。该文基于巴西在对外援助实践以及应对国际援助体系调整中积累的独到经验，探讨中国如何在此背景下高质量推进南南合作发展。

【"智利困境"新的轮回：左右翼福利民粹主义的交替及其生成逻辑】

张国军、李晓旭，《国外理论动态》2021年第6期

传统的左翼福利民粹主义曾使智利陷入"福利陷阱"，而由于新自由主义改革以来福利民粹主义渐趋工具化，智利又面临着"自由化陷阱"。2019年的智利骚乱揭示了以上两种陷阱接续出现形成的"智利困境"，即左右翼福利民粹主义交替推行"结构改革"和"福利补偿"两种逻辑不同的政策，均招致民众不满并引发社会动荡，使新兴民主国家的福利政治陷入两难困境。半个世纪以来，智利的福利民粹主义完成了从结构改革到福利补偿的一个轮回。在社会撕裂与结构固化、福利加码与相互否决、权威庇护与民意塑造、路径依赖与资源诅咒等滋生福利民粹主义的土壤难以根除的背景下，智利骚乱可能标志着下一个轮回的福利困境的开始。

【俄罗斯对拉美政策的变化】

崔守军、刘祚黎，《现代国际关系》2021年第12期

近年来，俄罗斯与拉美关系呈现加速升温态势。美国主导的北约东扩导致俄罗斯的地缘安全态势持续恶化，俄罗斯对拉政策的地缘政治色彩日渐浓厚。以军事合作为支撑，以委内瑞拉为支点，以经贸和科技合作为纽带，以多边外交为基石，俄不断加大其在拉美地区的存在。对俄而言，拉美既是构建多极世界和塑造"后西方"秩序的依托力量，又是对冲美国及西方体系压力的地缘杠杆，还是抵消西方制裁影响的平衡力量。作为域外大国，俄罗斯介入拉美事务增强了自身的世界大国地位，有助于维护拉美左翼国家的主权与安全利益，但也导致部分亲美国家对俄疑虑上升，以及美国对俄的防范和排斥加剧。

【中拉核电合作现状展望与对策建议】

邹占、段涛，《中国软科学》2021年第12期

拉美地区核电在其总发电量方面的份额较小，核能将在拉美地区能源组合中发挥重要作用。拉美地区核电市场充满激烈竞争，在中国核电走向拉美进程中，存在安全和成本等诸多问题，地缘政治也是重要的影响因素。核电合作是中拉共建"一带一路"的重要内容和先行产业，中国核电走向拉美将成为整个拉美地区的双赢命题，中拉核电合作将提升双方政治关系与经济合作。中国应发挥核电成本和技术优势，提升品牌竞争力；应发挥体制优势，加强政企与金融机构间协作；应以市场需求为导向，制定灵活拓展策略；应采用多种模式，加强风险管理。

【巴西与阿根廷转基因政策效果的比较及其启示】

徐振伟，《江西社会科学》2021年第11期

巴西与阿根廷是全球较早开放国内种子市场和批准种植转基因作物的国家。但是，巴西

成为转基因技术引进和创新的代表，而阿根廷则踟蹰不前。巴西与阿根廷的区别反映了技术自主与技术依附、技术与各种社会环境结合的不同结果，以及技术嵌入所需的各种条件对农业发展的重大作用。通过案例比较发现，只有实现转基因技术自主以及推动技术与社会环境有效结合，才能发挥技术的功能作用，从而维护国家的粮食安全以及粮食主权。

【巴西主流媒体对华意识形态：基于《圣保罗页报》《环球报》推文的研究（2015—2020）】
钟点、唐筱，《现代传播（中国传媒大学学报）》2021 年第 12 期

当今世界的意识形态比以往任何时代都更突出地体现为群体内成员通过不断互动、交流而逐渐形成的"共同心理"，与此同时，现代社会公共信息的供应和传播的重心也越来越从传统纸媒向社交媒体倾斜。以推特（Twitter）为代表的社交媒体平台已然成为政治传播、政治沟通的主要渠道，而巴西主流媒体官方推文内容则反映了其对华意识形态的演变规律。对 2015—2020 年巴西《圣保罗页报》和《环球报》官方推文的全方位分析显示，巴西主流媒体意识形态在文化、社会问题上反华情绪较明显，但在经贸、科技等议题上表现出了对华友好的态度。除此之外，自 2019 年起巴西主流媒体意识形态开始呈现"向左转"趋势，这对于中巴关系的未来发展而言无疑是一个积极的信号。

理论文章

【在后疫情时代不断推进中拉命运共同体建设】

方旭飞,《中国社会科学报》2021 年 4 月 15 日第 003 版

过去的一年对中国和拉美都极不寻常。新冠肺炎疫情暴发后,拉美经济深度衰退,政局和社会稳定遭遇威胁。但是中拉合作并未止步不前,相反,双方政治交往和互信继续深化,经贸合作逆势上扬,中拉命运共同体建设在逆境中结出硕果。

【近代历史上巴西城市水卫生的变迁】

程晶,《光明日报》2021 年 4 月 19 日第 14 版

水卫生的变迁见证并记录了人类文明的发展历程。"南美巨人"巴西作为世界城市化水平最高的国家之一,1999 年城市化率就已高达 80%。在其城市化进程中,水卫生事业的发展扮演着至关重要的角色,成为城市发展的风向标。追溯历史,巴西在近代城市发展中为了解决用水不便、供水不足、排污不畅、卫生设施缺乏、居民卫生习惯有待改善等问题做出不懈努力,取得积极成效。概括而言,近代巴西城市水卫生经历了由"原始状态"到"公共喷泉时代"再到"自来水时代"三大转变期。

【中国与拉美:在"绿色丝路"上拓新局】

芦思姮,《光明日报》2021 年 5 月 31 日第 12 版

当今世界,新冠肺炎疫情在重构全球经济结构及其生产关系的同时,极大地提升了国际社会对应对气候变化、构建生态文明体系紧迫性与重要性的认知。一方面,疫情冲击下经济下行压力显著削弱了各国政府对环保问题的财政支持力度,进而导致统一的气候治理行动放缓,甚至陷入困局;另一方面,气候异常与灾害性事件频发,叠加人们对疫情后经济回暖引发碳排放迅猛反弹的普遍担忧,不可避免地增加了各国陷入复合型风险的可能性。鉴于此,如何更为行之有效地打造"绿色丝绸之路"业已成为后疫情时代我国的核心关切。在这一进程中,拉美国家在我国深化气候治理南南合作框架下凸显其重要性与特殊性。应当指出,长期以来,在自然禀赋、经济结构、社会资本三重因素作用下,拉美各国成为全球气候与环境问题的利益攸关者,并始终致力于拓展国际合作,践行可持续发展道路。

(撰稿人:谌园庭、赵重阳)

学术动态

【中国视角下的中美洲研讨会】*

2021年2月4日，中国国际问题研究院与拉美社科院萨尔瓦多分院共同举办"中国视角下的中美洲"线上研讨会。国研院院长徐步、拉美社科院萨尔瓦多分院院长罗伯特·罗德里格斯（Roberto Rodríguez）、中国驻萨尔瓦多大使欧箭虹、联合国驻萨尔瓦多协调员办公室常驻协调员比尔吉特·格斯滕贝格（Birgit Gerstenberg）致开幕词，阮宗泽常务副院长、拉美社科院萨尔瓦多分院首席研究员亚历山大·塞戈维亚（Alexander Segovia）分别主持研讨。

中国社科院荣誉学部委员徐世澄、中国社科院拉美所副所长袁东振、欧美同学会西葡拉分会会长王卫华、上海大学拉美研究中心主任江时学、北京大学拉丁美洲研究中心秘书长董经胜、中国国际问题研究院拉美所所长宋均营等中方专家学者与会并发言。各方就中国对中美洲的认知、中美洲的现代化进程、中美洲发展现状、中美洲区域一体化以及中国与中美洲关系、美国与中美洲关系等议题进行了深入研讨。

徐步院长指出，随着中拉关系进入全面发展新阶段，中国与中美洲合作开始驶入"快车道"。2020年以来，面对新冠肺炎疫情的冲击，中国和中美洲各国守望相助，开展了全方位的抗疫合作。2021年对中国和中美洲来说都是具有历史性意义的节点之年，双方应共同努力，开启中国—中美洲合作新

---
* "学术动态"板块基本以时间顺序，对2021年国内拉美学界的主要学术动态作简要综述。

时代。徐步院长最后强调，智库始终是中拉及中国—中美洲合作的重要参与者，希望今后能与包括中美洲在内的拉美智库开展更多的交流与合作。

拉方学者也表示，中国视角对观察和解决中美洲问题至关重要，希望以后能通过智库交流，加深对中国的理解，更好地促进中国—中美洲合作。

（撰稿人：中国国际问题研究院拉美所）

【中拉大讲堂大型学术演讲季启动】

2021年4月29日，由中国知网（CNKI）、中国拉丁美洲学会（CALAS）、中拉教科文中心（CECLA）、拉丁美洲社会科学理事会（CLACSO）、拉丁美洲社会科学院（FLACSO）以及拉丁美洲中国研究学会（ALAECh）等机构联合发起的"中拉大讲堂"在中国社会科学院拉丁美洲研究所举行启动仪式。来自中国社会科学院、中国外文局、拉丁美洲社会科学院、拉丁美洲社会科学理事会、拉丁美洲中国研究学会、对外经贸大学、北京外国语大学、北京第二外国语大学以及人民日报、新华社、人民网、中央广播电视总台、中新社等新闻机构的代表40余人通过线上和线下方式参加了启动仪式。启动仪式同时通过中国知网平台进行全球直播，在线观看人数近300人。

启动仪式由中国拉丁美洲学会副秘书长兼中拉教科文中心协调员郭存海博士主持。中国知网副总编辑柯春晓博士、拉丁美洲社会科学院秘书长乔赛特·阿尔特曼·博尔冯（Josette Altmann Borbón）博士、中国拉丁美

洲学会副会长兼秘书长袁东振博士、拉丁美洲社会科学理事会研究部主任巴布洛·沃马罗（Pablo Vommaro）博士以及拉丁美洲中国研究学会会长毕嘉宏（Ignacio Villagrán）博士代表联合发起单位先后致辞。

中国知网是"中拉大讲堂"的平台提供方，副总编辑柯晓春博士在致辞中表示，中国知网的愿景是打造全球学术交流和传播平台，服务于国家创新发展和知识传播。中国知网还是开展海外中国学研究的重要文献渠道。中国知网希望通过"中拉大讲堂"这种形式推动中拉知识交流，助力拉美的中国研究。

拉丁美洲社会科学院秘书长乔赛特·阿尔特曼·博尔冯博士在发言中表示，我们生活在一个艰难但有趣的时代，因为它将科学和学术界置于公众讨论的中心。新冠肺炎疫情使世界发生了翻天覆地的变化，也彰显了不同发展模式的差距问题。这就是为什么需要一个新的发展和合作理念。这次疫情表明区域间、全球、多学科和多层次的衔接工作有待加强。疫情后的世界必定是不同的，但现在还无法预知。我们都有责任为更好的世界作出贡献。在此背景下，"中拉大讲堂"就极具潜力，使我们能够获得交换想法、分享知识和进行协作的机会，以造福全世界。我们需要制定新的概念图以了解正在发生的重大变化和趋势，因此有必要加强知识、科学和公共政策之间的联系，以创造共同的未来愿景。

面对全球性的威胁（如新冠肺炎疫情）以及更大的威胁（如气候变化），我们需要合作。没有合作就没有解决方案。正是通过合作，信息、想法、进程才得以共享并从变化中学习以创造共同愿景。为迎接21世纪的挑战，拉丁美洲社会科学院将努力加强与亚太地区的学术和合作关系，以促进更多的交流和相互理解，以利于建立更加多元化、多样化和包容性的社会。

中国拉丁美洲学会副会长兼秘书长袁东振博士在致辞中首先充分肯定了"中拉大讲堂"之于中拉知识交流和学术界服务社会的重要意义，认为"当代拉丁美洲"通识系列和"当代中国"通识系列将有利于中拉民心相通和中拉命运共同体的建设。他希望"中拉大讲堂"能够激励两地更多的青年学者投身于拉美研究和中国研究事业，为中拉关系的可持续和全面发展作出贡献。

拉丁美洲社会科学理事会研究部主任巴布洛·沃马罗博士表示拉丁美洲社会科学理事会非常荣幸能够共同发起这个多边活动。他认为，对于拉美来说，南南合作，特别是与中国和非洲的合作是非常重要的。他指出：与我们的伙伴合作非常重要的是在交流和发展上，尤其是中国在消除贫困、应对危机上都值得我们学习和借鉴。我从很多年前就开始研究中国，并和中国学界展开合作。在"一带一路"倡议所引导的多边合作体制下，我们认为拉美有着更多的机会，在交流视野的扩大，教育合作上都大有可为。尽管地理上我们相距甚远，但是实际上我们关系十分亲近。我们应该紧密合作，了解对方文化的不同。我们要为了知识的交流、融合和自由开放加强合作。这次"中拉大讲堂"意义重大，对中国和拉美及加勒比地区的关系深层发展十分重要,更多的共识有助于促进双边携手共同谋求更美好的发展。

拉丁美洲中国研究学会会长、阿根廷布宜诺斯艾利斯大学阿根廷中国研究中心主任毕嘉宏博士表示,拉丁美洲中国研究学会是应中拉关系快速发展的现实而生,拉美学术界迫切需要联合起来加强和中国学术界的对话和交流,共同助力中拉全面合作伙伴关系的发展。拉丁美洲中国研究学会非常高兴能和中国的同事一道促进知识的交流,一同研究中拉发展合作的相关问题。

启动仪式上还邀请了墨西哥国立自治大学亚非研究项目协调员阿莉西亚·希隆(Alicia Girón)博士、中国外交学院拉丁美洲研究中心主任左晓园博士,以及哥斯达黎加中美洲公共管理学院教授佘久(Sergio Rivero Soto)博士作为"中拉大讲堂"的主讲嘉宾代表发言。阿莉西亚·希隆博士以一个资深东亚经济学家的身份充分肯定了"中拉大讲堂"的重要作用。她认为学术合作非常重要,尤其是中拉之间的学术交流。她结合中国在2008年全球金融危机和2020年新冠肺炎疫情危机中的应对表现,阐释了拉美学界为什么应当研究中国、了解中国,中国的实践经验何以值得借鉴。

左晓园博士作为"当代拉丁美洲"通识系列的主讲嘉宾代表在发言中表示,尽管越来越多的中资企业和中国人走进拉美,但我们对这块丰饶而广袤的大陆了解仍非常有限,对拉美社会的许多领域仍然比较陌生。因此,"中拉大讲堂·当代拉丁美洲"通识系列讲座的推出恰逢其时,系列讲座将为公众了解拉丁美洲、促进中拉交流、相互了解作出重要贡献。

佘久博士结合其在中国近十年的商业经验和回哥斯达黎加后教授商业管理的体会,重点谈到中国独特的市场模式,以及中国走进包括中美洲在内的拉美国家对拉美经济的巨大影响。这无疑给拉美学界提供了很好的研究对象,助力中拉经贸交流。他同时表示非常荣幸能够作为主讲嘉宾代表之一在启动仪式上发言。

启动仪式上播放了联合发起方精心制作的"中拉大讲堂"开讲宣传片。据介绍,"中拉大讲堂"既是中国知网、中国拉丁美洲学会、中拉教科文中心、拉丁美洲社会科学理事会、拉丁美洲社会科学院以及拉丁美洲中国研究学会等机构联合发起倡导的"中拉知识交流与合作计划"(PRO-CICCLA)的有机组成部分,也是PRO-CICCLA计划的开局之举。

进入21世纪以来,中拉关系日益密切,合作领域正从传统的政治经济范畴向更深层次、更具本质意义的人文交流、知识共享、科技合作、发展互鉴,以及治国理政经验交流等领域拓展。2021年中国国务院新闻办公室发布的《新时代的中国国际发展合作》白皮书昭示:中拉亟待建立以知识交流与发展合作为基础的新型交流合作关系。正是在此背景下,中拉主要学术机构率先倡导发起"中拉大讲堂",借以普及中拉知识,促进两地学术交流,特别是增进中拉学界、媒界、企业界、教育界和社会公众之间的相互了解和理解。"中拉大讲堂"是中拉学术界为两地公众贡献的一场知识交流的盛宴，它必将为下一步中拉知识合作和发展互鉴打下良好的基础，助力构建中拉新型交流合作关系。据"中拉大讲堂"的主要策划人，中国拉丁美洲学会副秘书长兼中拉教科文中心协调员郭存海博士介绍，为加强中拉知识界之间的交流与合作，推动构建中拉学术共同体，"中拉大讲堂"的主要发起机构还计划商议邀请拉美地区从事中国相关研究的机构在第四届"中拉文明对话论坛"上发起成立拉美中国学研究联盟，借以协同推进拉美地区中国研究的发展。

此次启动的"中拉大讲堂"包括"当代拉丁美洲"和"当代中国"两个通识系列讲座，每个通识系列十五讲。"当代拉丁美洲"系列邀请了来自中国、墨西哥、美国、加拿大、西班牙等国家的高校和研究机构的优秀华人中青年学者担纲主讲，主要面向中国受众，演讲主题广泛涉及拉丁美洲的政治、经济、外交、移民、环境、电影等各个方面；"当代中国"系列主要由来自阿根廷、巴西、墨西哥、智利、委内瑞拉、哥伦比亚、秘鲁、厄瓜多尔8个拉美国家的杰出中国研究学者担纲主讲，议题主要涉及中国的经济、外交、企业、气候政策、儒家思想以及技术革新等，主要面向西葡语世界，特别是拉美国家的受众。

（撰稿人：郭存海）

【东亚—拉美地区研究伙伴对话国际会议】

2021年5月26—27日，中国社会科学院拉丁美洲研究所、澳门城市大学、西南科技大学联合举办"东亚—拉美地区研究伙伴对话"国际会议。此次活动以"大变局中的东亚和拉美地区发展与合作"为主题，采取线上与线下相结合的形式举行。会议开幕式由中国社会科学院拉丁美洲研究所党委书记、副所长王荣军主持，来自日本、韩国、新加坡、俄罗斯、阿根廷、巴西、智利、哥伦比亚、墨西哥、秘鲁、乌拉圭等国家以及国内拉美研究机构的专家学者、新闻媒体代表、听众120多人出席会议。与会专家学者围绕"大变局中的东亚和拉美地区发展面临的机遇与挑战""创新发展与亚拉经验互鉴""国际可持续发展合作""'东亚—拉美地区研究伙伴对话'机制与亚拉跨地区智库合作构建"四个议题进行深入交流与对话。

中国社会科学院拉丁美洲研究所所长柴瑜在致辞中指出，从1999年9月首届东亚—拉美论坛成立大会召开至今，世界政治经济格局发生了很大的变化。在当前的国际局势下，秉承多边主义的合作精神尤为重要。合作能够带来更大的经济利益，为经济增长和发展打下基础。有针对性的、多样化的开放型合作模式应是发展方向。开放型的合作有助于形成经济发展的动力基础，开放的组织方式有助于满足经济发展的差异化需求，开放的实施方式有助于促进经济的内生发展，东亚—拉美合作论坛应成为促进开放型合作模式的有效途径。东亚—拉美地区研究伙伴对话是东亚—拉美合作论坛框架下学术、学者对话的重要平台，中国社会科学院拉美所作为中国最大的拉美综合性研究机构，愿意在推动东亚—拉美合作方面发挥积极作用。

阿根廷驻华大使牛望道（Sabino Vaca Narvaja）在致辞中表示，拉美和东亚在多个领域的合作存在互补性，即便近年来遭遇逆境，双边关系仍得到巩固发展。两个地区间的贸易增长为拉美的发展提供了前所未有的机会。中国已成为拉美重要的贸易伙伴，双边贸易和投资呈现多样化趋势。提高区域的互联互通是拉美各国面临的重大挑战，而"一带一路"倡议为拉美自主提升地区联通性提供了机会。中拉双方在新能源与技术创新领域合作潜力巨大，中国的北斗卫星导航系统、嫦娥五号探月、深海探测行动顺利开展，人工智能、5G技术等科技领域发展成就引人瞩目。中国在联合国、世贸组织、世卫组织等多边领域发挥了重要作用，中国对阿根廷的投资与金融合作持续扩大。包括阿根廷在内的拉美国家应该借鉴和汲取中国经验，最终产生双赢结果。

中国外交部拉美司司长蔡伟在致辞中表示，中拉在抗击疫情中守望相助，在复苏经济中携手共进，以实际行动诠释了"天涯若比邻"和"患难见真情"。在习近平主席等国家领导人的引领下，中国向拉方捐赠物资、交流经验，并克服自身困难向其提供大量新冠疫苗。2020年中拉经贸合作再结硕果，贸易额连续第三年超过3000亿美元。疫情期间，中拉线上人文交流精彩纷呈，温暖感人的民间互助抗疫故事引发强烈反响，拉近双方民心。当前，国际格局发生深刻调整，疫情暴露了各国长期存在的结构性问题，也增加了各国进行深层次改革的动力，

为中拉关系发展提供了新机遇新动能。亚拉关系的发展越深入，就越需要全球视野和战略思维的引领，需要各位专家学者的智力支持。希望诸位专家学者发挥凝聚思想和引导共识的作用，坚定支持亚拉和平稳定和发展权利，促进亚拉合作进程走实走深。

拉丁美洲社会科学理事会（CLACSO）秘书长巴蒂亚尼（Karina Batthyány）在致辞中认为，新冠肺炎疫情给全球，尤其是拉美地区民众带来重大挑战。危机在拉美地区引发了一场辩论，促使人们重新讨论国家、政治和公共政策的作用。未来有六大议题需要特别关注，即贫困与极端贫困、民主和政治稳定、气候变化和环境危机、移民、性别差距和性别暴力、知识成果的测评与开放。其中，扶贫减贫可以成为重要的合作领域，这是拉美亟待解决的社会问题，而中国的脱贫攻坚战取得成功，为拉美提供了学习交流的良好机会。因此，有必要倡导建立区域性的对话机制，促进研究机构间的对话与合作，扩大拉美和东亚的经验交流，为加强跨区域合作建言献策。

在第一单元中，中国社会科学院拉丁美洲研究所经济室主任岳云霞指出，东亚和拉美在全球价值链的参与表现出不均衡的发展特点，前者的参与更多以制成品模式，而拉美的制成品参与则相对有限；拉美国家生产链长度相对较短，价值链位置处于相对低端；东亚的域内贸易大量发展，而拉美则更多地参与全球贸易。疫情中，东亚的发展形势优于拉美，这关乎地区的政策解决手段和全球产业链参与特点。随着拉美国家劳动成本的

竞争优势逐步显现，拉美存在扩大域内生产分工合作的需求，拉美和东亚的合作空间广泛，中国可在其中发挥黏合剂的作用。

巴西圣保罗州立大学教授科尔德罗（Marcos Cordeiro Pires）指出，疫情令拉美面临经济停滞、投资萎缩、通货膨胀等挑战，政治不确定性抑制了对拉美的私人投资，疫情加剧财政危机也抑制了拉美的公共投资。国际层面，中美贸易冲突给全球经济带来巨大挑战，美欧的贸易保护主义威胁着全球化。重塑全球经济需考虑数字革命与碳中和两个因素。拉美应改变传统的发展模式，进行经济改革和再工业化，扩大公共和私人投资，提高服务部门的生产率。拉美和东亚在可再生能源、农业、基础设施、智慧城市、数字金融与服务、环境保护等领域都存在广阔的合作空间。

日本神户大学经济经营研究所教授滨口伸明（Nobuaki Hamaguchi）指出，至20世纪70年代日本对拉美的投资一直较为活跃，投资主要分为自然资源导向和当地市场导向两大类，前者集中在钢铁、铜、铝等矿产及渔业、纸浆等资源，后者包括运输设备、家用电器、机械设备等。政府通过提供融资和贸易担保来提供支持。相比日本在亚洲的投资，在拉美的投资企业数量较少且以大型企业居多。在过去30年中，鉴于拉美政治经济不稳定性加剧和大型日企投资的风险规避倾向和保守态度，日本对拉投资一直处于低迷状态。基于先进的技术、乐观的精神以及政府的支持优势，年轻的初创日企有机会在拉美展露身手。

俄罗斯科学院拉丁美洲研究所所长迪米特里·拉祖莫夫斯基（Dmitriy Razumovskiy）比较了东亚和拉美的一体化模式，认为两地的区域发展经验值得相互借鉴。拉美的一体化发展起步较早，其间尝试了不同的道路，但总体缺乏长期稳定的发展路线。20世纪90年代，在拉美经委会的指导下，拉美实行开放的地区主义，但僵化、封闭式的一体化模式仍阻碍区域发展。东亚采取了完全不同的一体化模式，以自下而上的合作，形成区域生产链，打造开放的区域主义，结果更为成功。当前，区域全面经济伙伴关系协定（RCEP）为拉美开辟新的市场合作实现疫情后的经济恢复提供机会。

新加坡东南亚研究所APEC研究中心研究员梅农（Jayant Menon）指出，RCEP和全面与进步跨太平洋伙伴关系协定（CPTPP）的影响产生需要时间，主要取决于协议的执行情况以及成员国如何借其推行改革。相比较而言，CPTPP涉及数字贸易等领域而更具雄心，RCEP则偏于传统的市场准入和对全球供应链市场的支持。从长远来看，若RCEP和CPTPP能保持开放性和外向性，两者将产生最大的影响。在基于规则的贸易体系遭受威胁的当下，RCEP和CPTPP均是受欢迎的贸易协定。当前，解决中美贸易冲突对地区和世界都至关重要。未来打造RCEP-CPTPP联盟并非易事，构建基于亚太经合组织的亚太自贸区将更具包容性。

上海国际问题研究院外交政策研究所副所长牛海彬认为，随着东亚地区经济活力的持续释放、东亚国家作为发展融资方和投资方角色的日益显现，拉美地区一体化中的东亚因素随之增加。在地区一体化的实践中，东亚和拉美存在着相互学习与借鉴的广阔空间。东亚在构建以"开放地区主义"、聚焦非传统安全议题、注重平等对话协商的"东盟方式"等为主要特色的地区主义实践具有很强的生命力和借鉴价值。围绕联合国2030可持续发展议程，东亚国家与拉美国家正在努力构建可持续发展伙伴关系。

在第二单元中，墨西哥国立自治大学中墨中心主任杜塞尔（Enrique Dussel Peters）指出，尽管相关研究机构数量持续增多，但中拉关系的下一步发展对研究质量提出更高的要求。以中国对拉美的直接投资研究为例，以下四个方面值得关注：一是不同口径的统计数据差别，二是中国投资创造的就业岗位数据，三是投资领域的多样化发展趋势，四是投资促进政策的落实情况。拉美和东亚地区应加强合作，不断提高研究质量。

韩国首尔国立大学教授金崇燮（Chong-Sup Kim）聚焦韩国的生物医药行业，指出韩国高市值企业中生物医药类占比较高，且技术和专利数目保持增长，但这类企业的整体市盈率较低，存在较大泡沫。泡沫引发过度的知识生产，这种政府补贴下的知识和技术成果，最终是由公众去承担一部分成本的。这与20年前的互联网泡沫相似，尽管后来IT企业破产、股市崩盘，但知识和技术得以保留。应区分看待生产性和非生产性泡沫。

中国现代国际关系研究院拉丁美洲研究所所长杨首国指出，中国和拉美均将创新发展提升到战略高度，加强创新发展领域的合作应成为中拉合作的重要方向，并提出以下建议：在政策层面推动战略对接和政策沟通；以"一带一路"合作为引领，加强规划和制度性建设；以科技合作为基础，以产业重组为契机，推动产业合作升级；利用新技术、新业态、新合作模式，拓展中拉双边经贸关系，优化贸易结构；创新基础设施建设合作模式。

智利发展大学国际关系研究中心主任李昀祚（Yun Tso Lee）指出，在过去10年中，拉美的城市发展产生了支离破碎的城市，社会和城市的隔离程度越来越高，城市发展与自然保护发生冲突。作为拉美第七大城市，智利圣地亚哥的扩张导致自然资源和林地面积减少，生态与发展之间的矛盾凸显，平衡这些因素是未来城市规划的主要挑战之一。在环境生态保护下实现城市发展，绿色基建能够发挥重要作用。

日本上智大学伊比利亚美洲研究所所长古洋之（Tani Hiroyuki）指出，自北美自贸协定生效以来，墨西哥对美国的新鲜蔬菜出口实现了指数级增长。墨西哥西北部的锡那罗亚州在该国蔬菜出口中占据重要地位。当地的生产商通过建造温室和遮阳篷，更好地控制蔬菜的生产时间和产品质量。为了方便交易，墨西哥许多生产商在美国的边境城市设立营销公司。其中，食品安全标准和质量认证、社会和环境责任等问题值得关注。

西南科技大学拉美研究中心副教授李仁方指出，随着地区环境问题日益严峻，拉美国家政府面临环境风险、社会舆论及经济发展的压力。现代农业发展对环境造成了较大的破坏影响，林地减少、化肥农药使用、畜牧业扩张、耕地开发等导致碳排放量上升。拉美国家可通过简化环境治理结构、改善农业生产方式、科学规划合理开发农业用地等方式，实现农业政策与环境政策的平衡。

在第三单元中，秘鲁太平洋大学中国和亚太中心主任贾德亚（Rosario Santa Gadea）认为，新冠肺炎疫情大流行暴露了2030年可持续发展议程存在的问题和社会经济协同发展的重要性。通过对比秘鲁和16个亚太国家的全球竞争力指数（GCI）发现，秘鲁在信息通信技术、基础设施、技能、劳动力市场等其他指标上排名较为落后。秘鲁应在数字经济、社会包容性等多个领域学习借鉴中国及东亚地区的经验，努力缩小差距。

日本庆应大学名誉教授、亚洲开发银行研究所（ADBI）前所长兼首席执行官吉野直行（Naoyuki Yoshino）指出，无论是对东亚还是对拉美的经济发展而言，基础设施投资都至关重要，由于疫情影响国家财政及其对基础设施领域的投资，扩大私人投资的重要性日益凸显。政府部门可以通过发行基础设施债券，提高投资回报率以吸引私营部门的融资。数字基础设施投资可促进教育和小微企业的发展，通过发展清洁能源、开发税种，可降低基础设施投资的环境影响。

哥伦比亚国立自治大学教授戈麦斯（Diana Andrea Gomez）指出，拉美和东亚在气候变化问题上均面临相似的风险，遭受气候变化产生的巨大影响。双方应加强生产链合作，寻求新的发展模式，发挥自身优势。尽管环境和气候变化问题在拉美国家的发展议程中地位较低，拉美和东亚国家可以在可再生能源、矿产资源开发以及全球能源转型等问题上密切合作。

中国国际问题研究院拉美所所长宋均营从国家、地区和全球治理三个层面分析探讨了东亚和拉美国家的治理异同及其合作可能性，指出尽管东亚和拉美的历史文化、社会制度、发展阶段各异，但都面临着如何促进国家治理体系和治理能力现代化的共同问题，也担负着参与和完善地区治理和全球治理的共同使命。两个地区应就治理问题加强对话和交流，互学互鉴。

日本东京外国语大学助理教授水井正彦（Shuichiro Masukata）分析了中国如何参与巴西促进可再生能源的气候变化政策，从涉及地缘政治与社会风险、经济发展和环境保护领域大型投资、对全球议程的重视程度等三个假设出发，考察了卢拉、罗塞夫及特梅尔三届政府时期的气候变化政策和中巴关系，指出中国推动国际社会发展的意愿、巴西对中国的经济依赖与互补性是两国气候变化合作的基本动因。

澳门城市大学葡语国家研究院院长助理莱昂德罗（Francisco José Leandro）从必需的全球共同利益、自我保护的国家利益、重要不可或缺的国家利益、次级的发展或进步的国家利益四个层面解释了国家利益的本质，强调国际社会必须合作的领域，包括保障国际和平与稳定，管理自然资源、可持续生态系统及国际公域，保持国际机构的稳定性，促进建构国际司法体系，执行统一的人权标准。

在第四单元中,上海大学拉美研究中心主任江时学介绍了东亚拉美合作论坛(FEALAC)和亚洲暨大洋洲拉丁美洲研究理事会(CELAO),提出拉美研究跨区域机制建设的挑战和难点,主张通过召开学术会议、开展研究项目、设立学术网站和数据库、培养研究生等方式,找到共同的学术关注点和研究方向。

哥伦比亚对外大学国际关系学院教授卢娜(Lina Luna)指出,拉美在与中国智库的合作上应采取更加积极主动的姿态,开展更多真正意义上的对话。经贸关系、人口与城市、新兴经济体、比较法律是中拉研究合作的传统主题。结合中国的"十四五"规划,未来研究合作的重点可围绕食品安全、农业产业、生物技术、新材料、社会科学等领域,从全球南方的视角发声,提出新的国际关系观。

阿根廷拉普拉塔大学国际关系学院中国研究中心主任司芙兰(Maria Francesca Staiano)梳理了人类命运共同体概念的发展,指出人类命运共同体的实践凝结在"一带一路"倡议中,该倡议代表着人类命运共同体的全球化愿景。拉美和东亚在人类命运共同体框架下通过扩大交流合作增进了相互了解,深入研究了彼此的区域特色,进行了从中央到地方的多层次合作,开展了涉及政治、经济、法律、文化、能源等各领域的多方多维度合作。

北京大学国际关系学院副教授郭洁指出,20世纪90年代以来,拉美研究的"去中心化"改造已越来越成为显性话题,但拉美研究的"全球架构"仍存在很大的不确定性和模糊性。强调拉美研究的东亚身份,是要在演进中的全球架构下,本着主体意识和身份自觉发掘某些地区间或带有普适意义的共同议程。具体路径包括推进东亚与拉丁美洲两地学者展开合作研究,发掘并重新定位研究议题,提供拉丁美洲研究的东亚视角。

安徽大学拉丁美洲研究所所长范和生提出当前东亚拉美研究亟待关注的问题,具体包括:一是深刻把握时代背景;二是东亚拉美的国际公共卫生治理合作问题;三是东亚拉美与中国的关系问题;四是东亚拉美的卫生健康共同体构建问题;五是逆全球化背景下的东亚拉美经贸合作问题;六是东亚拉美关系中的美欧因素问题。

在讨论环节,参会学者就日本的对拉政策、巴西的气候治理、秘鲁大选形势、对拉基础设施投资方式、东亚模式对拉美的适用性、中国学者对拉美研究的话语权等议题进行了交流与探讨。

在闭幕式阶段,北京大学拉美研究中心主任董经胜发言表示,中国的拉美研究意义重大,除经贸发展和全球治理领域的合作外,东亚和拉美应考虑如何通过合作推动各自地区内部的交流与一体化,如何通过合作推动各自内部的国家体制变革,这一点在全球新冠肺炎疫情的背景下尤为突出。哥伦比亚对外大学国际关系学院教授丽娜·卢娜认为,通过此次会议,拉美和东亚学者在许多方面达成一致,其中包括扩大和加深合作、重视两个地区国家的特质、拉近研究方向并找到共同的兴趣点、研究成果的应用、意见交流与反馈以及互学互鉴。

围绕《"东亚—拉美地区研究伙伴对话"合作共识》初稿,与会者探讨了构建"东亚—拉美地区研究伙伴对话"合作机制的必要性与可行性,表示愿为建立"东亚—拉美地区研究伙伴对话"合作机制,形成定期、持续的互动发挥建设性作用。

最后,中国社会科学院拉丁美洲研究所副所长袁东振作会议总结发言,指出与会学者从不同的视角和切入点出发,既有宏观视角的形势解读,也有微观视角的案例分析,体现出研究人员对东亚和拉美的发展新动向以及两地区域合作的极大兴趣。在一些重大问题上,东亚和拉美地区的学者形成了基本共识,包括两地区应通过加强跨区域合作解决各自的发展难题,其中智库的建设具有重要意义。希望东亚和拉美的学者能够保持联系,加强交流和合作,为下一次会议的议题设置早做打算。希望两地智库和学术机构能够进一步扩大合作,提高研究质量,助力政府间合作论坛,为提升东亚—拉美地区关系提供智力支持。

(撰稿人:何露杨)

【2021年中国拉丁美洲学会会员大会暨疫情冲击背景下拉美国家发展的新挑战及中拉关系新趋势研讨会】

2021年7月4—5日,由中国拉丁美洲学会、中国社会科学院拉丁美洲研究所主办的2021年中国拉丁美洲学会会员大会暨"疫情冲击背景下拉美国家发展的新挑战及中拉关系新趋势"研讨会在北京举行。会议采取线上线下相结合的方式,来自国内外高校、科研院所及有关部委的60余位专家学者致辞发言,上百位会员与会。大会开幕式由中国社科院拉丁美洲研究所所长柴瑜主持,中国社科院院长、党组书记谢伏瞻出席并致开幕式主题词,中国拉丁美洲学会原会长、求是杂志社原社长李捷,外交部原副部长李金章,中国拉丁美洲学会会长王晓德等出席会议并致嘉宾辞。

(一)会议致辞:继往开来,砥砺前行

此次大会时值社科院拉美所成立60周年。拉美所所长柴瑜主持会议时表示,60年来在一代又一代致力于拉美研究的学者艰苦卓绝的努力下,拉美所现已成长为国内规模最大的专业性拉美研究机构,其成果丰富了中国拉美研究的学术谱系,并为国家制定相关战略和政策作出贡献。与会领导和来宾无一不是多年来给予拉美所关心、爱护和支持的领导、同行和朋友,特别是一些已退休的老领导、老前辈前来祝贺,让会场的气氛在热烈之余增添了许多温馨和感动。

中国社科院院长谢伏瞻在开幕致辞中,首先向拉美所建所60周年表示祝贺。谢伏瞻院长指出,60年来拉美所从无到有,现已发展为国内规模最大、学科门类齐全、人才队伍过硬的国内外重要拉美研究机构,取得了丰硕的研究成果。建所以来,拉美所根据国内经济社会发展和社会主义建设的需要,为党和国家工作大局服务,为科学制定对拉战略和政策提供学术支撑,并为推动中国拉美研究创新发展作出积极贡献。谢院长指

出,新的时代背景下,对哲学社会科学提出了新的更高要求。广大拉美研究者要深刻把握形势变化,强化问题意识,及时总结中拉发展的实践,坚持以马克思主义为指导,不断提升拉美研究的中国特色,积极推动中国拉美研究的理论创新和学术创新,完善话语体系,提高中国拉美研究的国际声音,推动人才队伍建设,不断提升竞争力,为中国拉美研究创新发展作出新的更大贡献。

中国拉丁美洲学会原会长李捷对拉美所60年来的发展给予高度评价。他认为拉美所有着悠久的历史和优良的学术传承,在国际上享有盛誉,是为国家全方位外交服务的高端智库,是联系拉美各国学术界的重要纽带,代表着国内拉美研究的最高学术水准,为推动中国同拉美各国关系健康发展作出了重要的贡献。以拉美所为主干成立的中国拉丁美洲学会,团结会聚了各方面优秀人才,成为推动拉美研究发展和为国家大局服务的重要力量。回看拉美所风雨兼程60年,正值中国和拉美国家经历重大的历史性变化,国际时局和时代主题也发生了深刻变迁,其间有许多现象值得研究,也有许多经验和规律值得探究总结。在世界经历大变局的背景下,举办此次拉美学会年会暨研讨会是对拉美所60周年最好的纪念。

外交部原副部长李金章积极评价拉美所成立以来所取得的成绩。他认为,60年的辛勤耕耘,硕果累累,已经树起了一面中国拉美学术研究的旗帜,引领了国内拉美研究的发展;同时锻造出一批倾心拉美研究的专家学者,他们治学严谨,创作出版了大量经得起推敲的专著、学术论文和研究报告等,为我国外交事业及制定相关地区和国家的对外政策发挥了不可或缺的重要作用。此外,拉美所的研究具有前瞻性、国际视野开阔、秉持战略思维、覆盖面广泛等特点,今后应继续把握好政治方向,遵循习近平新时代中国特色外交思想,进一步创新发展,打造中国特色的拉美研究事业,更好地为国家的发展战略服务。

中国拉丁美洲学会会长王晓德在致辞中指出,中国拉美研究的真正起步实际上是在改革开放之后,多年来拉美所取得的丰硕成果来之不易,发展至今日已成为引领中国拉美研究的中心。随着中国和拉美国家的交往越来越密切,拉美地区在中国对外战略中占据举足轻重的地位,拉美所扮演的中心作用也越来越重要。从事拉美研究的人员承担着神圣的使命,需要长期坚持不懈的努力,特别是中青年学者已成为国内拉美研究的主力军,只要具有坐冷板凳的精神和广阔的研究视野,中国的拉美研究必将在这一代人的共同努力之下走向兴盛。王晓德会长代表中国拉丁美洲学会向拉美研究老一辈学者的无私奉献、向一直以来对学会大力支持的拉美所领导表示感谢。

中联部拉美局局长王玉林在致辞中表示,中联部同中国社科院拉美所有着深厚的历史渊源,一直保持着密切的工作沟通和联系。今年是中国共产党成立100周年,是党的对外工作100年暨中联部建部70年,也是拉美所建所60周年。中共同拉美政党的交往始于20世纪50年代中期,目前已同近

30个拉美国家的80多个政党保持经常性联系。双方在思想理念和治党治国经验方面开展广泛交流，相互启迪借鉴，增进了政治互信，夯实了国家关系的政治基础。面对百年大变局与世纪大疫叠加给中拉政党交往带来的新挑战，中联部要进一步讲好中国和中共的故事，让中国理念、中国智慧、中国方案在拉美有更多的理解、支持和同行者。

外交部拉美司司长蔡伟对拉美所长期以来取得的显著成就和为中拉关系发展作出的重要贡献表示祝贺。蔡伟司长认为，拉美所随着新中国对拉美国家外交的起步应运而生，随着中拉关系的深入发展，拉美所已成长为国内学术一流的综合性拉美研究机构。在百年变局和世纪大疫交织叠加下，中拉关系克难前行，稳中有进。习近平总书记近期发表的关于加强和改进我国国际传播工作的重要讲话，为今后的外交工作提供了根本遵循和重要引导。如何增强国际传播影响力和舆论引导力，塑造可信、可爱、可敬的中国形象，日益成为推进中拉关系健康稳定发展的重要课题。拉美研究的专家学者，应充分发挥融通中拉的作用，进一步促进中拉关系友好互信。

中国拉丁美洲史研究会理事长、南开大学教授韩琦代表中国拉丁美洲史研究会宣读了祝贺拉美所成立60周年贺信。贺信中说，60年来拉美所经历了最初阶段的艰辛创业、改革开放以来的恢复和发展、21世纪创新工程的推动，并在几代学人的持续努力下，发展至今日的规模，为中国的拉美研究事业和中拉关系的发展作出了非常突出的贡献。百年未有之大变局和后疫情时代大国博弈的国际环境，对中拉关系的发展提出了新挑战和新课题，对拉美研究也提出了更高要求。希望拉美所能够再接再厉，坚持基础研究与应用研究、战略研究与对策研究密切结合，加强理论创新，更好地发挥国家智库的作用。

浙江外国语学院副校长张环宙、西南科技大学拉美中心主任陈才分别代表本单位宣读了庆祝拉美所建所60周年贺信。祝贺拉美所在拉美研究各领域取得的辉煌成绩，为发展与拉美国家的学术交流和友好合作作出了突出贡献。拉美所同全国各地从事拉美研究的机构和学者建立了广泛的联系，为国家培养了大批拉美研究的优秀人才。今后，期待与拉美所进一步加强合作、深化友谊，共同为我国哲学社会科学事业作出更大贡献。

（二）主题发言：新征程，新形势

拉美所党委书记王荣军主持了学术大会主题发言。拉美所所长柴瑜以"中国拉美研究六十年"为题，中国拉美学会副会长、中国现代国际关系研究院金砖暨G20研究中心主任吴洪英以"新冠疫情对拉美的影响"为题分别作学术大会主题发言。

柴瑜所长作的"中国拉美研究六十年"主题发言，回顾了中国社科院拉美所60年来的拉美研究事业在适应国际形势的变化、服务我国社会主义建设发展和新时代新要求的发展历程，梳理了拉美所立所以来致力于拉美研究事业作出的学术贡献和学术发展特点。报告从与中国国际地位相对应的拉美研究选题，与中国发展阶段相同步的拉美研究方向，与中拉关系相配合的拉美研究实践，与拉美发展相伴随的研究思想演进，新时代、新机遇提出的新要求以及如何开拓创新、不负使命争取进一步更大发展等维度进行了全面系统的阐述。

关于新冠肺炎疫情对拉美地区的影响，吴洪英研究员认为，拉美地区新冠肺炎疫情呈现影响范围"广"、疫情增长速度"快"、感染人员行政级别"高"、疫情形势严"重"的特点。造成疫情失控的主要原因包括拉美国家领导人重视不足，政府的抗疫和经济重启政策进退失据，公共医疗资源不足，各国社会严重不公、治理体制和治理能力脆弱，以及民众对抗疫政策配合度不高等。新冠肺炎疫情现已成为拉美地区近百年来最严重的一次卫生危机，造成拉美各国严重的经济衰退，社会矛盾激化，政局动荡，拉美国家在全球政治经济权力格局中的地位进一步边缘化。她同时指出，疫情对中拉合作也带来了新的机遇和挑战。

（三）分论坛一：经济与社会

在"经济与社会"分论坛，与会学者探讨了关于拉美地区经济和社会领域的相关重大问题，以及中拉及多边经济合作与社会交往等。拉美地区经济和社会的宏观形势及相关问题主要包括：新冠肺炎疫情对拉美政治经济的影响及挑战，拉美债务危机，拉美贫富分化的原因、影响及启示，基于国家能力视角下的百年变局中的拉美，公共卫生危机下的国际社会团结。对拉美地区经济和社会的微观问题探讨主要包括：南共市四国货币一体化可行性分析、阿根廷数字经济发展态势及对策、恩平归侨的再适应问题、当代墨西哥的禁毒宣传教育探析、秘鲁知识分子眼中的民族性构建、对拉美印第安人权利法律保障机制的分析与思考、土著民族自治制度的反思。对中拉及多边经济合作与社会交往等的探讨主要包括：大变局下中拉基础设施合作的治理空间，"美洲增长"倡议对中拉共建"一带一路"的经济影响，中拉开发性金融合作的现状及前景，金砖国家数字贸易合作的动力及对策，移民问题与近代巴西、中国和日本的关系，后疫情时代拉美经济挑战及中拉合作展望。

（四）分论坛二：政治与文化

在"政治与文化"分论坛，发言人主要围绕拉美政治与文化这两大领域的核心和前沿性议题分享观点。拉美政治领域研究的一个突出特点是现实性，在拉美地区和国别层次上的讨论主要就新冠肺炎疫情的影响、司法改革、政治转型、政治发展、政治体制、政党政治、社会运动、政治思潮、政治力量等政治学研究的核心研究主题展开，所涉及的议题和研究领域具有动态性、前瞻性、理论性的特点。讨论的选题具体如下：新冠肺炎疫情下拉美的发展困境与变革之路，拉美国家应对新冠肺炎疫情的比较政治学分析，新冠肺炎疫情与拉美民众主义的韧性，拉美国家的司法改革与政治转型，拉美总统制的议会制化，技术专家政治与循证政策实践，拉丁美洲后殖民主义与去殖民性，关于巴西两级政府对新冠肺炎疫情的不同治理态度，联盟总统制与巴西的政治困局，再民主化以来巴西政党政治碎片化的成因，基于委内瑞拉"蓬托菲霍体制"分析权力结构视角下的发展陷阱，权力结构视角下墨西哥现代右翼的构成、演变及发展，墨西哥裔移民在美国选举政治中的参与及影响，政治代表性危机的角度解析智利2019社会抗议原因，乌拉圭广泛阵线的政党特征与执政经验，等等。在拉美文化研究领域，主要讨论了文化运动及文化传播等议题：文化革新运动与墨西哥的社会转型、习近平新时代中国特色社会主义思想在拉美的传播和影响、拉美主流媒体新冠肺炎疫情的涉华报道、中拉科幻发展和交流。这些研究从文化及文化传播视角丰富、拓展了拉美现代化以及中拉关系研究的领域和深度。

（五）分论坛三：国际关系与中拉关系

在"国际关系与中拉关系"分论坛，学者发言集中在三个研究视角。一是全球疫情视角，体现了学者们普遍将全球疫情作为分析拉美地区形势和中拉关系的重要变量，并在此基础上探索当前和后疫情时代中拉关系的新思路、新领域、新业态。具体包括：新冠肺炎疫情冲击下拉美政治格局的变化和中拉同命运共抗疫、后疫情时代构建中拉人文网络交流机制的路径选择、中拉医疗卫生合作的先行者萨洛蒙·斯胡曼、中拉疫苗合作面临的机遇与挑战、新冠肺炎疫情对拉美科技发展影响及中拉科技合作前景分析、后疫情时代中拉旅游合作的挑战与机遇。二是美拉关系视角，具体包括：美国对拉美政策的新旧转换，拜登政府对拉美政策的调整及美拉关系前瞻，拉美政治、外交思想中对美"追随"元素与其历史影响。三是中拉关系视角，包括关于如何推动中国与拉美在全球治理中的合作，拉美地区变局、趋势及中国对拉美战略，中国—中美洲地区关系发展与分析，拉美国家参与金砖国家合作的动力、机制和路径，中拉核电合作现状展望与对策建议等议题。

（六）学会大会与研讨会成果

会议期间，中国拉美学会副会长兼秘书长、中国社科院拉美所副所长袁东振就中国拉美学会三项人事变动进行通报，并就学会《章程》修订、拟增加关于党建的内容进行汇报。以上事项均获得大会全体人员鼓掌通过。

在闭幕式上，社科院拉美所副所长袁东振致闭幕词。他指出，此次大会简朴而隆重，内容丰富，纪念性和学术性兼备；会学者代表性广，来自政府机构、高等院校、智库机构，分布于各学科各领域；会议学术含量高，讨论的议题广泛，会议得到老一辈学者的大力支持，中生代成为会议的重要支撑，青年学者成为会议的主力。他指出，与会学者在主要问题上观点相同或近似，但对一些问题也有不同认识，提出了一系列值得讨论的问题。他希望学者们能对拉美国家的发展走向与趋势、中美博弈加剧背景下中拉关系的机遇与挑战、拉美国家的国际地位的变化与影响、拉美在中国对外战略中的地位等议题进行进一步的研究与讨论，为中拉关系的不断提升提供智力支持。

（撰稿人：王帅）

【第11届中国拉美研究青年论坛暨拉美现代化进程中的科技与文化研讨会】

2021年9月25日至26日，由中国拉丁美洲史研究会和中国拉丁美洲学会主办，教育部国别和区域研究培育基地——西南科技大学拉美研究中心承办的第11届中国拉美研究青年论坛暨"拉美现代化进程中的科技与文化"研讨会在西南科技大学举行。来自中国社会科学院拉丁美洲研究所、南开大学、福建师范大学、中国人民大学、中国社会科学院大学、上海外国语大学、上海大学、南京农业大学、山东女子学院、北京外国语大学、西南科技大学、东方电气国际公司和长飞光纤国际公司等高校、科研院所及企业的60余位专家学者和企业代表参会，会议采取线下和线上结合的方式举行。

西南科技大学副校长尚丽平，中国拉丁美洲学会会长、教育部长江学者、福建师范大学社会历史学院教授王晓德、中国拉丁美洲史研究会理事长、南开大学历史学院拉美中心教授韩琦在开幕式上致辞。中国拉丁美洲学会副会长兼秘书长、中国社会科学院拉丁美洲研究所副所长袁东振和中国社会科学院拉丁美洲研究所区域合作研究室副研究员宋霞作大会主题发言。开幕式由西南科技大学拉美中心副主任陈才主持。

尚丽平简要介绍了学校的情况，强调了西南科技大学在学科建设、人才培养、科研和社会服务方面取得的进展。她表示，学校的拉美研究队伍率先进入了教育部国别和区域研究培育基地，对学校在文科发展方面有重要的提升作用。她希望中心把学校的多学科平台利用起来，将理工科的优势跟拉美研究结合起来，提升拉美研究的广度和深度。

拉美科技与外来投资

袁东振作题为"对拉美发展难题的文化视角解读"的主题发言。他认为外界对拉美的认知不同。部分观点基本把拉美作为反面典型或负面样板，将拉美作为收入分配不公和贫富分化的典型、中等收入陷阱的样板、民粹主义的典型试验场、城市病的标志性代表。另一部分观点则对拉美的认知比较正面，认为拉美实力可观、比较优势明显、发展潜力巨大。如果能把上述两种认知和观点综合起来，可能会更能够反映客观的拉美。虽然有实力和潜力，但拉美的发展面临很多困境或障碍，存在很多长期以来难以解决的经济政治和社会难题，具体地说有六对难题：民众主义和精英主义对立，社会矛盾加剧；频繁的左右更迭，造成政策多变；贫困和社会排斥现象根深蒂固，损害社会稳定；财产占有和收入分配严重不公，损害社会公平；非传统安全"常态化"，民众缺乏安全感；在美国化和去美国化问题上面临两难，对美国离不开信不过。对拉美发展的难题和困境可以从政治、经济、历史和社会等多层面多视角分析解读，文化也是解读拉美发展问题的重要视角。即使文化因素对拉美发展的影响不是决定性的，但毫无疑问是非常重要的。消除拉美传统文化中的负面因素，无疑会对化解拉美国家的发展难题、推进拉美的发展具有积极作用。

宋霞作题为"拉丁美洲科技创新阶段性发展的历史脉络"的主题发言。宋霞认为，由于科学技术在拉美国家的发展历史并非连续性的，而是随着经济和政治形势不断变动存在一些断裂隐蔽时期的，以至于在科学技术方面未能够形成一个完整的体系。因此，宋霞把整个拉美科学技术创新史分成了三个历史阶段。这三个历史阶段分别是拉美各国独立前夕、建国时期以及"二战"以后。要研究现状，就必须先洞察历史，科学技术创新也不例外。宋霞提到了拉美独立战争与混合科学模式。科学在拉美独立战争中的作用是不可或缺、不可低估的。这一时期对未来最重要的影响就是形成了拉美科学技术发展的混合模式。在19世纪初到"二战"之前，美国借助科技革命，从农业国家成为有世界影响的工业强国，而拉美国家却并没有实现类似的飞跃，原因首先是因为拉美资源丰富，自然条件优越，无须利用科学来聚集财富，从而形成了一种富裕但不繁荣的状态；第二个原因是资本主义生产方式本身的发育不良，拉美国家在生产方式上仍保留了大量的前资本主义的特征，形成了多种生产方式并存的混合发展模式，资本主义生产方式甚至还不占主导，生产率和生产方式没有彻底被解放出来。同时拉美国家走上了一条不同于其他地区的发展道路，即政治化和社会化，一方面是科学的政治化，另一方面是社会的科学化。在最后一个阶段，20世纪50年代开始了科学技术思想学派大辩论。

中国社会科学院拉丁美洲研究所张冰倩作题为"金融科技对拉美普惠金融发展的影响及其内在机理"的发言。针对拉美与加勒比地区金融科技助力普惠金融发展，她提出重塑金融科技监管理念，充分利用监管科技的发展来匹配金融科技的创新应用，进一步完善拉美版监管机制设计，加快普惠金融基础设施建设，促进金融服务主体多元化，提高公众对数字普惠金融认知水平。

中国社会科学院拉丁美洲研究所郑猛作题为"人口结构、资源依赖与科技创新——拉美经验"的发言。他认为拉美人口结构老龄化与科技创新并非保持单一线性关系，而是呈现显著先促进、后阻碍的倒"U"型趋势；资源依赖与科技创新同样呈现非单调线性关系，而是显现先阻碍、后促进的趋势。

拉美民族与文化

中国社会科学院大学（研究生院）拉美系的欧阳竹萱作题为"印第安民族身份建构危机——基于拉丁美洲视角"的发言。欧阳竹萱认为，拉美原住民是嵌入社会发展的，因此对其身份建构的分析研究应该置于动态化研究中。可以在拉美印第安民族经济社会地位的基础上，研究拉美印第安民族身份建构的主要危机并提出其身份建构的思路。

中国社会科学院拉丁美洲研究所徐睿作题为"巴拿马运河建设中的传染病传播与防治（1881—1914）"的发言。徐睿认为，在巴拿马运河建设的过程中，美国首席医务官戈加斯通过限制蚊子飞行距离，有效遏制了黄热病和疟疾的传播。传染病的控制有赖于限制蚊子的飞行，同样也使巴拿马运河成为美国乃至全球预防外来输入病例的重要安全阀。

南开大学拉美中心王盼作题为"卡努杜斯战争与达·库尼亚《腹地》中的民族构

建"的发言。王盼认为,卡努杜斯农民战争揭示出了巴西真正的问题是缺乏同质性的民族。达·库尼亚的民族建构有助于促进巴西的民族主义发展,推动巴西人身份认同的形成,维护政权的合法性与合理性,对卡努杜斯农民战争以及巴西都有着重要的意义。

中国社会科学院拉丁美洲研究所韩晗作题为"拉美印第安人权利的法律保护机制构建与挑战"的发言。韩晗认为,得益于国际法及公约对原住民权利的规范,拉美印第安人权利保护从规范性文本走向事实保护。其中尤为令人注目的是区域人权保护机制成为国内法保护重要补充的演进。由此,印第安人权利的区域和国家维度的二元保护制度竞合,也拉开了帷幕。

拉美经济与贸易

上海大学拉美研究中心张崧作题为"巴拿马运河扩建工程的背景、成就与挑战"的发言。张崧认为,尽管面临着水资源短缺以及大国博弈和疫情带来的不确定性,运河扩建工程的成就为巴拿马未来的发展奠定了良好基础,并激励着掌握了运河主权的巴拿马人的民族自信心。

南开大学拉美研究中心桑紫瑞作题为"国家与铁路:1850—1930年智利的铁路网络"的发言。桑紫瑞认为,在80年的时间里,智利政府通过多种方式参与铁路建设与铁路运营管理。这种积极的干预行为实际上是智利寡头精英通过操纵政府,国有化铁路以维护自身经济利益。其通过引入股份制推动了智利早期资本市场的塑造,也加速了城市化进程,并为智利培养了首批现代化产业工人。

中国社会科学院拉丁美洲研究所何丙姿作题为"浅析公民数字身份发展和构建:以拉美为例"的发言。何丙姿认为研究拉美的数字身份发展和构建的意义和原理,要将变化理论这一分析框架嵌入数字化身份构建中。

中国社会科学院拉丁美洲研究所寇春鹤作题为"浅谈气候变化与拉美农业发展的双向影响"的发言。寇春鹤认为,探究气候变化与拉美农业的双向影响对促进该地区农业绿色、可持续发展,保障全球粮食安全,促进气候治理能力提升都具有重要意义。

拉美政治与外交

中国社会科学院拉丁美洲研究所李昊旻作了题为"研究拉丁美洲政治发展问题"的发言。李昊旻认为右翼对拉美经济政治发展起着主导性作用,但国内外学术界对此关注较为不足。她从权力结构角度切入,对墨西哥现代右翼的构成、演变及其对发展的影响进行了深入剖析。

北京外国语大学史艳作了题为"认同作为策略:民主化以来拉美国家的政治变化"的发言。史艳从认同政治的角度,对拉美民主化以来的政治变化做比较分析。以智利、哥伦比亚、玻利维亚和秘鲁为例,归纳四个层次的政治认同,即政策认同、国家认同、民族认同和个人认同。

中国社会科学院大学(研究生院)乔赫作了题为"威权文化与拉美政治民主化发展进程"的发言。乔赫从拉美威权文化的视角进行阐述,回顾了威权文化在拉美民主化进程不同阶段的印迹和表现，并剖析了形成今天拉美不自由民主状态的威权文化因素，并对未来拉美民主发展作了总结和思考。

中国社会科学院大学（研究生院）王映燊作了题为"复合相互依赖视角下拉美一体化的发展路径及动因（1950—2014）"的发言。王映燊用复合相互依赖状态下国际机制变迁的四种解释模型对每一阶段拉美区域一体化发展路径及机制变迁进行分析，试图发现并解释导致拉美一体化路径发展的内外动因联动关系。

中国国际问题研究院拉美和加勒比国家研究所王慧芝作了题为"后疫情时代的中国—拉共体论坛：挑战与应对"的发言。王慧芝认为，在后疫情时代，中拉论坛推进难度显著加大。中拉论坛应适应新形势，在不断完善自身机制建设基础上，适时适度调整工作重点，持续推进人文交流、民间交流，切实提升对中拉合作的辐射带动作用。

中国人民大学国际关系学院魏益帆作了题为"以色列与拉美国家外交关系的历史变迁"的发言。魏益帆认为，自1948年以色列建国以来，以色列与拉美国家的外交关系经历了较为复杂的发展过程。以色列总理内塔尼亚胡在2017—2018年的两年里完成了对拉美十国的访问。不过，双边关系发展的不确定性仍然存在：以色列内塔尼亚胡政府的去留和拉美国家的政权更迭需要学界在未来较长一段时间内继续关注。

会议闭幕环节由中国拉丁美洲史研究会副会长、福建师范大学副教授李巨轸主持。中国拉丁美洲史研究会副会长、中国社科学院世界历史研究所研究员王文仙在闭幕式上致辞。王文仙表示，此次论坛采用线下和线上同时进行的形式。参会人员年轻人居多，说明拉美研究的潜力巨大。参会人员选题研究的范围十分广泛，呈现了拉美不同历史时段不同视角。从研究涉及的国家看，不再局限于拉美地区的主要大国。不仅有传统议题也有了新议题。年轻人已经从更高更广的层面来立体研究拉美，与现实生活的联结程度更加紧密。

（撰稿人：闫勇）

【第十届中拉学术高层论坛暨面向未来的新发展议程与中拉合作研讨会】

2021年9月26—27日，由中国社会科学院拉丁美洲研究所、河北大学、巴西圣保罗州立大学、智利安德烈斯·贝略大学、阿根廷科尔多瓦国立大学、智利圣地亚哥大学等联合主办的第十届中拉学术高层论坛暨"面向未来的新发展议程与中拉合作"研讨会通过网络平台召开。来自中国及巴西、智利、阿根廷、秘鲁、墨西哥等国的50多名专家学者与会。

论坛开幕式由中国社会科学院拉丁美洲研究所党委书记王荣军研究员主持，河北大学副校长申世刚教授、智利安德烈斯贝略大学中国研究中心主任费尔南多·雷耶斯·马塔大使、中国社科院拉美所所长柴瑜研究员分别致辞。此后，中国社科院财经战略研究院副院长闫坤研究员、巴西圣保罗州立大学路易斯·安东尼奥·保利诺教授，分别以"'十四五'时期中国财政可持续发展"和

"巴西5G技术的实施与巴西外交政策"为题作主旨报告。

第一单元"数字'一带一路'"由阿根廷科尔多瓦国立大学教授古斯塔沃·恩里克·桑蒂兰主持。南昌大学人工智能工业研究院院长王玉皞以"以高站位、厚基础、强精神主动开展中拉数字'一带一路'产学研合作"、桑蒂兰教授以"中国当前外交政策及其对阿根廷的展望:合作的可能性"、天津理工大学教授罗训以"新一代信息技术助力'一带一路'"、安德烈斯·贝略大学中国研究中心主任费尔南多·雷耶斯·马塔以"数字时代的中拉合作:中长期展望"、复旦大学"一带一路"及全球治理研究院研究员张晓通以"中国数字'一带一路':现状与趋势"为题作发言。

第二单元"可持续发展与2030年议程"由河北大学国际交流与教育学院院长、拉美研究中心主任闫屹主持。西北大学经济管理学院副院长、教授马莉莉以"在驱动新生产方式中推进可持续发展"、智利圣地亚哥大学教授莫尼卡·阿乌马达·菲格罗亚以"拉丁美洲的混合教育、在线教育以及与中国达成合作协议的可能性"、中国社会科学院世界经济与政治研究所副研究员万军以"2030年可持续发展议程下的中拉产能合作"、阿根廷拉普拉塔国立大学中国研究中心主任丝芙兰以"中国新民法典中的绿色原则:新时代的创新与人文主义"、中国社会科学院拉丁美洲研究所副研究员王鹏以"中拉可持续发展合作:成果与前景展望"为题作发言。

第三单元"减贫"由智利安德烈斯·贝略大学教授何塞·路易斯·瓦伦苏拉·阿尔瓦雷斯主持。中国社会科学院农村发展研究所研究员、中国社会科学院贫困问题研究中心主任吴国宝以"中国减贫战略转型及其经验"、瓦伦苏拉教授以"智利的社会革命:不稳定的后果"、对外经济贸易大学外语学院副院长郑浩瑜副教授以"贫困治理的中国经验"、巴西圣保罗州立大学教授玛丽娜·古斯马·德门多萨以"贫穷、饥饿和流行病:巴西悲剧"、中国社会科学院拉丁美洲研究所副研究员林华以"中拉减贫合作的空间与路径"为题作发言。

第四单元"创新、社会和未来"由中国社会科学院拉丁美洲研究所经济研究室研究员张勇主持。巴西圣保罗州立大学教授马尔克斯·科尔德罗·皮雷斯以"拜登执政时期美中争端中的中拉关系"、浙江外国语学院拉美所所长宋海英教授以"食物安全系统与中拉合作"、智利圣地亚哥大学教授罗莎·伊莎贝拉·巴萨乌雷·卡贝罗以"大流行后的中拉关系,为危机中的世界培养跨文化数字传播者"、阿根廷拉普拉塔国立大学教授劳拉·博加多·博达扎尔以"新时代中国多维合作战略:以阿根廷为例"、巴西圣保罗州立大学教授图洛·维杰瓦尼和莱斯·托马斯、伊莉莎·卡斯科·费雷拉以"不作为的博索纳罗政府:和美国一样低效的经济成果"为题作发言。

闭幕式由巴西圣保罗州立大学教授马尔克斯·皮雷斯·科尔德罗主持,阿根廷科尔多瓦国立大学教授桑蒂兰、中国社会科学院拉丁美洲研究所副所长袁东振研究员分别代表主办方致闭幕词。

论坛暨研讨会圆满结束后,论坛的中方和拉方主办单位的代表举行工作会议,就下届论坛和会议筹备工作及未来发展方向进行协商讨论。

（撰稿人：袁东振）

【第二届中国—拉共体高级别学术论坛暨第六届中国—拉美和加勒比智库论坛】

2021年10月12—13日,由中国社会科学院拉丁美洲研究所、中国社会科学院国际合作局、中国人民外交学会、中国国际问题研究院、中国国际问题研究基金会以及联合国拉丁美洲和加勒比经济委员会联合主办的"第二届中国—拉共体高级别学术论坛暨第六届中国—拉美和加勒比智库论坛"在北京召开。

此次论坛的主题是"中拉合作：共迎挑战,共创未来",论坛采取线上线下结合方式举行。来自中国、巴西、智利、阿根廷、秘鲁、墨西哥、古巴、牙买加、玻利维亚、哥伦比亚等国的政府官员、专家学者、企业代表以及新闻媒体记者等共百余人参加此次论坛。与会各方围绕"中拉发展互鉴""全球挑战下的中拉'一带一路'和'健康丝绸之路'合作""中拉新兴合作领域：数字经济与能源转型""面向未来的中拉合作：国际新格局下的新方向"四个议题进行深入交流与对话,聚焦中拉双方发展理念与发展需求对接,探索促进中拉整体合作升级的新动能和新机遇,就中拉双方如何协力推动高质量合作发展交换意见和建议。

开幕式及嘉宾致辞

论坛开幕式由中国社会科学院国际合作局副局长廖凡主持。中国社会科学院副院长王灵桂,中国政府拉美事务特别代表、中国公共外交协会副会长邱小琪,智利前总统爱德华多·弗雷,牙买加前总理布鲁斯·戈尔丁,联合国拉美经委会秘书长阿莉西亚·巴尔塞纳,墨西哥外交部美洲机制与组织司司长、拉共体国家协调员埃弗兰·瓜达拉马,拉丁美洲和加勒比大学联盟秘书长罗伯托·埃斯卡兰特·塞梅雷纳出席论坛开幕式并致辞。

王灵桂指出,建交60多年来中拉关系取得跨越式发展。即使面临经济全球化遭遇挫折、全球保护主义加剧、疫情冲击蔓延等不利因素,中拉贸易仍逆势增长,中拉经贸合作的"稳定器"作用凸显。与此同时,从交流抗疫经验,到中国疫苗助力抗疫,新冠肺炎疫情以来双方开展了卓有成效的抗疫合作,凸显中拉命运共同体的现实意义。此外,双方在中拉论坛框架下举办了科技、农业、传统医学等多个领域分论坛活动,进一步丰富了中拉整体合作的内涵。王灵桂就新时代推动中拉合作高质量发展提出五点建议：第一,加强发展互鉴,落实可持续发展目标；第二,共建"一带一路",对接共同发展需求；第三,坚持创新驱动,探索合作升级新动能；第四,增进共同利益,完善全球治理体系；第五,发挥智库功能,更好服务高质量合作。

邱小琪指出,习近平主席在出席第76届联合国大会一般性辩论时提出的全球发展倡议对推进新时代中拉关系发展具有重大指导意义。全球发展倡议坚持发展优先，将发展置于全球宏观政策框架突出位置，呼吁构建全球发展命运共同体。这点也应是中拉双方在平等互利原则基础上解决难题、共创美好未来的总钥匙。全球发展倡议坚持以人民为中心，将增进人民福祉、实现人的发展作为出发点和落脚点，旨在从民众中积蓄发展动力，并通过发展改善人们的生活水平，全心全意为人民服务。中拉关系发展的力量来自双方人民，也必须惠及双方人民。全球发展倡议强调普惠包容，推进人与自然和谐共生，与拉共体第六届峰会有关积极应对气候变化、推进可持续发展的成果遥相呼应，十分符合各国实际情况和发展需求。全球发展倡议突出创新驱动，指出应看到新一轮科技革命和产业变革的历史性机遇，挖掘疫后经济增长的新动能。

阿莉西亚·巴尔塞纳表示，此次论坛将为拉美地区抗疫和经济复苏提供智力支持。拉美地区经济受新冠肺炎疫情重创严重萎缩，而中国率先控制住疫情，有序推动复工复产，并实现经济的正增长。中国经济形势的改善和进口需求的增长为拉美地区改善外部环境、实现出口复苏提供了重要动力。拉美各国应从多方面学习中国疫情防控的成功经验，有效推进中拉疫苗研发合作，在遏制地区疫情方面发挥更重要作用。鉴于中国发展取得的巨大成就，希望未来进一步深化中拉全面合作伙伴关系，拓展中拉合作领域，尤其是与中国加强在公共卫生领域的合作。

埃弗兰·瓜达拉马指出，新冠肺炎疫情对拉美地区经济社会发展带来挑战的同时也提供了新机遇，加速推进了该地区卫生健康和教育事业改革，使改革发展成果更多更好地惠及全体人民。希望拉美国家能够抓住新机遇，学习中国发展经验，共享中国发展红利，持续推动拉美地区可持续发展，实现包容性增长。

爱德华多·弗雷指出，中拉关系在"一带一路"建设框架下取得了长足发展，双边政治互信不断深化，经贸合作突飞猛进，文化交流硕果累累。目前，中拉合作已经步入提质增效的新阶段，面临生态环境治理和疫情防控的双重挑战，除巩固传统合作优势、加强基础设施"硬联通"外，还应在环境保护、绿色发展、公共卫生、数字经济等"新基建"领域开拓合作新格局。他特别强调拉美区域内协作和一体化的重要性。拉美一体化组织作为协调拉美和加勒比各国整体立场的有效机制，为中拉关系发展提供了"一对一"直接对话平台，可有效节约外交资源，有助于在世界经济"新常态"和国际政治变局中，塑造体现发展中国家理念，为推进中拉整体合作提供全新的历史机遇。

布鲁斯·戈尔丁表示，中国的发展成就让其认识到"华盛顿共识"并不能作为"放之四海而皆准"的发展道路和发展模式在加勒比国家推广，必须寻找到符合自身实际国情的方法，充分利用各国的优势并且扬长避短，才能推进经济发展和社会进步。他认为，有限的财政空间和医疗资源的匮乏使加勒比小国难以应对疫情带来的冲击，中国在疫情信息分享、抗疫经验交流以及有效开展疫苗研发合作等方面采取积极行动，对遏制加勒比地区新冠肺炎疫情的蔓延发挥重要作用，为刺激加勒比地区经济复苏和可持续发展提供更大动力。为保证加勒比国家人民的安定繁荣，加勒比小国不愿意被拖入美国与中国的"新冷战"中，期盼继续与中国紧密合作，共同应对各种危机和挑战。

罗伯托·埃斯卡兰特指出，中拉间学术思想交流有助于双方树立对彼此的正确认知。当前中拉之间高层交往密切，经贸合作发展势头良好，研究中国的拉美学者在向拉美民众传播中国真实情况、分享中国经验和发展理念等方面需承担重要的社会责任，使更多的拉美民众感知中国、了解中国、理解中国。拉丁美洲和加勒比大学联盟希望，能够发挥学术在社会发展中的引领作用，和中国的高校、科研院所和智库学者建立长期的战略合作伙伴关系，共同开展针对中国、针对中拉关系的联合研究，期望通过双方共同的学术努力，挖掘抗击疫情、恢复经济、推进拉美国家可持续发展的新想法和新机遇。

第一单元"中拉发展互鉴"由联合国拉美经委会副秘书长马里奥·西莫利主持。

国务院发展研究中心副主任隆国强研究员简要总结了中国工业化和现代化进程中的历史性成就和经验。他指出，新中国成立初期，中国同很多拉美国家一样，采用进口替代工业化战略，力图逐步以国内生产来代替进口，从而带动经济增长，实现工业化。但是面对进口替代战略导致的外汇不足，中国转向出口导向的发展战略，充分发挥本国劳动力成本低的比较优势，通过扩大劳动密集型产品出口来增加外汇收入，带动经济的增长，解决了困扰中国的工业化外汇短缺难题。但随着经济发展，劳动力价格上涨，传统的人口红利和劳动力优势逐渐走向枯竭，中国及时调整产业政策，鼓励资本和技术密集型产业的发展。通过进一步扩大开放，特别是服务业的开放，推动创新驱动发展，打造中国国际竞争新优势。立足新的发展阶段，中国提出了高质量发展的战略思路，要求在经济发展过程中加强生态环境保护，有效利用自然资源，避免过度开发，走绿色发展道路。他强调，中国经济正进入高收入阶段的关键节点，拉美国家在此过程中积累了丰富的发展经验和发展教训值得中国学习和借鉴。

联合国拉美经委会国际贸易与一体化司前司长奥斯瓦尔多·罗萨莱斯指出，中拉同为发展中地区，在减贫和经济增长等重大议题上面临相似的问题与挑战。中国在完善知识产权保护机制、脱贫攻坚实践等方面成效显著，在加速经济数字化转型、使经济增长引擎惠及更多民众等领域取得巨大进步。希望中拉通过互学互鉴，总结和提炼发展经验，有效规避"中等收入陷阱"，推动和实现双方共同发展。

中国社会科学院金融研究所所长张晓晶研究员指出，中国的发展成就主要体现在两方面：一是综合国力大幅提升；二是全面建成小康社会，实现第一个百年目标，解决了困扰中华民族几千年的绝对贫困问题。综合两个方面发现，坚持以人民为中心是中国发展的宝贵经验和必须遵守的重要原则。在追求富强的中国梦中,国家繁荣昌盛与人民富裕幸福缺一不可。坚持以人民为中心的发展理念要求将促进全体人民共同富裕摆在更重要的战略位置,保证国家经济增长的同时也要保证全体人民更多更公平地享受经济增长的成果。他就如何扎实推进共同富裕提出三点建议:一是坚持公有制为主体、多种所有制共同发展的基本经济制度;二是协调好效率和公平的关系,富裕在先,共同在后,以高质量发展促进共同富裕;三是认识到促进全体人民共同富裕是一个长期的历史过程,要坚持循序渐进,尽力而为、量力而行。

墨西哥国立自治大学中墨研究中心协调员恩里克·杜塞尔认为,深入研究中国对外直接投资尤其是对拉投资状况对拉美吸引来自中国的直接投资、进一步推动中拉合作具有重要指导意义。他分析了目前中国对拉直接投资研究领域的局限性,指出现有统计口径不一致,不同统计机构披露的数据存在较大差异,建议进一步细化统计数据,除聚焦对外直接投资存量这一指标外,还应把投资区域分布、投资产业结构以及中国对外直接投资对当地经济和社会发展的促进作用等因素纳入考虑范畴。

对外经济贸易大学研究员塔蒂亚娜·普拉泽雷斯指出,中国与拉美地区的互学互鉴应该是双向的,中国在减贫和经济发展方面有很多可以和拉美国家分享的经验,同时拉美地区是生态脆弱与气候变化问题最为严峻的地区之一,对环境问题具有高度敏感性。拉美在减少碳排放方面取得一定成效,积累了大量有关低碳减排的技术条件和产业实力,了解该地区碳减排的实践经验和举措,有助于推进中国经济结构低碳转型,实现"碳达峰、碳中和"的发展目标。未来,中拉在应对气候变化、新能源、农业科技创新、食品市场、可持续发展等方面有很大的合作前景。

第二单元"全球挑战下的中拉'一带一路'和'健康丝绸之路'合作"由拉丁美洲和加勒比大学联盟秘书长罗伯托·埃斯卡兰特主持。

北京师范大学"一带一路"学院执行院长胡必亮教授指出,与中国正式签署共建"一带一路"合作文件的拉美与加勒比国家对带动整个拉美地区的经济发展作用有限,呼吁拉美主要国家尤其是地区大国例如巴西、墨西哥和阿根廷尽快加入"一带一路"合作"朋友圈"。他认为,中拉在农业、制造业、能源、绿色发展与数字经济等领域互补性较强,双方在市场需求、资源禀赋、产品结构等方面各具优势,合作潜力巨大。他特别指出,数字经济已成为疫情下中拉经贸合作新亮点。疫情催生"非接触"需求,而数字技术的核心特征之一,是通过数据的流动,让人们超越时空的限制,实现"非接触"协同,数字技术的应用克服了中拉传统经贸合作中存在的地理障碍,降低双方贸易成本,有效释放中拉经贸合作的巨大潜力。

古巴哈瓦那大学国际政治研究中心亚洲和大洋洲小组协调员鲁维斯莱·冈萨雷斯·萨伊斯强调拉美国家融入"一带一路"的必要性。他认为,中国"一带一路"倡议契合拉美国家的发展需求,响应了各国加强互联互通和互利合作的迫切愿望。长期以来，拉美地区基础设施建设明显滞后，严重制约着拉美国家经济增长。借助"一带一路"这一国际性合作平台，拉美国家可以获得更多的外部资金和技术，进行地区性的基础设施规划和建设，拉动落后地区的经济发展，在拉美地区实现互联互通。在"一带一路"合作框架下，中国对拉基建投资不局限于交通运输行业，同时积极参与拉美医疗卫生基础设施建设，对完善拉美地区公共医疗卫生体系、有效遏制新冠肺炎疫情在拉美地区蔓延发挥积极作用。

秘鲁太平洋大学中国与亚太研究中心主任罗萨里奥·桑加德亚教授认为，"一带一路"在中拉间建设出多条跨太平洋经济走廊，推动拉美国家基础设施建设的同时带动地区产业发展，帮助拉美国家更好融入全球价值链。就秘鲁而言，参与"一带一路"项目将有助于秘鲁交通运输、电信、港口等基础设施的建设与完善，成为其经济发展的重要动能。"一带一路"倡议促进秘鲁与"一带一路"沿线国家的经贸交流，并为秘鲁出口市场多元化的进一步发展创造机遇。

墨西哥数字政策与法律集团总裁、主席豪尔赫·费尔南多指出，中拉科技领域合作的重点不仅是纯粹的科技水平的提升，也要注重科技发展的包容性和普惠性，确保民众能普遍享受到科技发展带来的红利。疫情暴发后，拉美地区数字化转型明显加速，数字技术已经渗透到社会治理和政府服务的方方面面，给民众生活带来极大便利的同时，推动现代电子政务和公共管理水平的提升。拉美地区在信息通信基础设施建设方面投资不足、发展滞后，与中、美等国存在所谓的数字鸿沟，应加大对信息通信基础设施的财政支出和社会投资，建立更为普及型、可负担和高质量的网络链接。另外，数字技术的强渗透性也带来了数字经济治理难题。疫情期间，拉美各国上网需求激增，跨境数据流动和服务明显增加，个人信息保护和数据安全管理风险越来越高。"后疫情"时代，保障个人信息隐私安全同保障公民平等接入互联网的权利同样重要。

国药集团国际器械事业部副总经理、疫苗海外推广小组成员刘小宝以国药集团为例，简要分析了中国疫苗的可及性和有效性在构筑拉美地区免疫屏障、恢复社会生活中发挥的重要作用。在拉美地区，国药集团研发生产的新冠疫苗已经在玻利维亚、秘鲁获批正式注册，在阿根廷、萨尔瓦多、特立尼达和多巴哥等多个国家获得紧急使用许可。截至目前，国药集团已经累计向拉美国家供应 8000 多万剂疫苗，接种国药疫苗后新冠感染率和死亡率大大降低，疫苗的有效性得到印证，以国药疫苗为代表的中国疫苗已成为拉美多国抗疫的利器。

巴西布坦坦研究所临床研究主任医师里卡多·帕拉西奥斯认为中拉之间的疫苗合作惠及双方乃至世界。拉美国家在新冠疫苗的合作研发和推广使用方面发挥重要作用，为中国疫苗提供了良好的三期临床试验的场所和环境，促进中国疫苗真正"落地拉美"。目前多个拉美国家已开始大规模接种中国疫苗，中国疫苗的安全性和可靠性得到广泛认可，同时中拉疫苗合作助推中国疫苗走向世界，使得中国疫苗真正成为全球性的公共产品。

中国社会科学院拉丁美洲研究所经济研究室主任岳云霞研究员分别从短期、中期和长期三个维度分析中拉"健康'一带一路'"合作前景。短期而言，中拉疫苗合作具有优先性，"一带一路"合作促进中拉合作机制性发展；中期来看，疫情极限冲击下中拉合作稳定器作用凸显；从长期来看，中拉"一带一路"合作形成了双循环新格局下的良性互动。

智利天主教大学免疫学和免疫疗法千年研究所所长亚历克西斯·卡勒吉斯教授介绍了智利天主教大学与中国科兴公司在新冠疫苗研发合作方面取得的成效。双方共同研发的新冠疫苗已通过智利卫生部门审批，广泛应用于智利的疫苗接种。随着疫苗接种工作的推进，智利的新冠肺炎感染率大大降低，科兴疫苗展现出非常高的现实有效性，在智利抗击新冠肺炎疫情斗争中发挥重要作用。

第三单元"中拉新兴合作领域：数字经济与能源转型"由中国现代国际关系研究院院长特别助理吴洪英研究员主持。

哥伦比亚安第斯大学政治学和国际研究助理教授卡罗莱纳·乌雷戈认为，中国对拉美直接投资存在三个高峰：第一次中国对拉美投资高峰主要集中在能矿领域，第二次集中在汽车等工业产业领域，第三次主要集中在数字经济领域即信息通信技术领域。拉美将中资企业的投资更多看作企业行为，而不是国家行为。拉美对中资企业在数字经济领域的投资多持积极态度，越来越多的中资企业通过PPP（政府与社会资本合作）模式进入拉美的新能源、电信及数字技术设施等领域。未来，中国对拉美直接投资潜力很大，投资高峰将会持续，尤其是在通信技术领域等。

中国社会科学院工业经济研究所国际产业研究室主任李晓华研究员从狭义和广义角度阐述了数字经济的含义，并粗略将中国数字经济的发展历程划分为模仿阶段、壮大阶段和提升创新阶段。中国数字经济具有数字基础设施完善、数字经济规模大、数字平台企业强、独角兽企业众多、数字技术进步快速等优势。中国数字经济快速发展得益于人口多、市场规模大、网络覆盖广泛、交通基础设施完善、制造业发达、创新创业受鼓励、监管包容审慎、后发优势等。中国和拉美可在数字基础设施、跨境电商、产能合作、企业国际化、技术赋能、科技创新、国际治理规则等领域开展数字经济合作。

中国长城汽车股份公司国际业务巴西区域副总裁杨伟奇介绍了巴西新能源发展环境、长城公司概况、长城新能源产业发展、长城巴西战略规划四方面内容。巴西政府和人民有较强的环保意识，脱碳措施以预防森林砍伐及鼓励汽车行业生物燃料和新能源发展为主航道，巴西政策采取多种措施鼓励新能源的发展。长城在电池产业、电机产业、电驱动技术、氢能燃料电池技术方面进行布局，并取得了长足发展。长城乘用车产品将以全系清洁化路线进入巴西市场，结合未来业务发展，将适时导入电池产业助力巴西汽车产业向新能源变革，为拉美地区新能源发展贡献中国力量。

墨西哥交通与发展政策研究所拉美研究室主任贝尔纳多·巴兰达分析了城市交通发展的两大趋势，一是智能化即自动驾驶，二是电动化即电动汽车。为了改进国家公共交通系统，世界银行和中国主要向拉美国家提供了资金支持。中国还向公路项目、机场项目、港口项目等提供了贷款及投资。拉美城市交通系统最大的变化是采用了电动公交车，其技术多来自中国供应商。中国电动汽车将会在拉美国家越来越多。未来，中国的投资对拉美交通发展、交通运输方面的发展将扮演越来越重要的角色。

第四单元"面向未来的中拉合作：国际新格局下的新方向"由联合国拉美经委会国际贸易与一体化司司长马里奥·卡斯蒂略主持。

中国社会科学院拉丁美洲研究所副所长袁东振研究员认为，平等互利一直是中拉关系发展的基本轨迹，也是中拉关系的主要特点，更是中拉合作的重要动力；创新和开放是新时代中拉合作的重要方向；"一带一路"国际合作依然是新时代中拉合作的重要途径；推动构建中拉命运共同体是新时代中拉合作的方向和目标。为实现上述目标，中拉要在可再生能源、环境保护等重点领域的合作取得突破；要加强教育、卫生等领域的政策沟通，推动重点领域合作项目落地；要推进"2030年议程"框架内的合作。

智利安德烈斯贝略大学拉美中国研究中心主任费尔南多·马塔认为，自中拉论坛成立以来，中国对拉美的基础设施建设作出了突出贡献，拉美在公路、港口、机场、新能源项目等基础设施方面取得了令人注目的成就。中拉合作将不断深化，范围将逐步扩大。未来中拉共建"一带一路"，其中的数字丝绸之路将是中拉关系发展的核心组成部分。中拉可在生物多样性方面进行探索合作，还可在水资源管理、文化产业、电子游戏等领域进行合作。

经合组织发展中心前主任、经合组织发展秘书长特别顾问马里奥·佩齐尼认为，中国不仅在投资和贸易方面是拉美的重要合作伙伴，甚至在推动地区发展方面都发挥了重要作用。中拉合作需要不断深化，需要城市与城市、企业与企业、公民与公民之间多层次、多方位合作。目前，拉美国家还有一些诸如债务、公共开支、合作成本分摊等问题长期未能得到解决。拉美经委会是解决上述问题的重要平台。未来，拉美国家应该团结在拉美经委会周围，共同和中国展开对话，确定双方各领域合作议程，促进双方共同发展。

阿根廷拉努斯国立大学当代中国研究院主任古斯塔沃·吉拉多从宏观到微观探讨了国际新格局。第二次世界大战后，战胜国创造了包括联合国、世界银行、国际货币基金组织在内的国际机构，这些反映的是战胜国的利益和价值观。中国作为发展中国家，减少对西方的依赖，走出了一条独立自主的发展道路，中国和拉美国家都期望本国利益能够在现有的国际秩序内得到回应或更加充分地体现。中国通过"一带一路"倡议，利用自身理念和经验，提供多边和双边领域合作，加强了和拉美国家间的合作，促进了拉美国家的发展。同时，拉美要和中国进行多层次、多元化的合作，充分发挥拉美的资源优势和人力成本优势，促进双方发展。

中国驻玻利维亚、阿根廷、委内瑞拉等国前大使张拓认为，疫情期间中拉关系克服了各种困难和障碍，保持了稳中向好、越来越好的积极态势并展现出未来发展的五大新机遇：政策沟通契合的新机遇；优先发展产业的新机遇；深化金融合作的新机遇；发展新兴科技的新机遇；互为发展选择的新机遇。他同时也指出，中拉关系面临着来自第三方的干扰和破坏，但中国不寻求在拉美的地缘优势、势力范围和意识形态输出，不寻求挑战或排挤特定国家在拉美的长期传统影响，不寻求以发展双边关系来损害拉美与其他国家和地区的多边合作，更不寻求做伤害拉美国家主权、尊严、安全和发展利益的事，中拉双方一定能同心协力，排除外来干扰，共同推动中拉关系的深入发展。

墨西哥前驻华大使、墨西哥经济研究与教学中心副教授欧亨尼奥·安吉亚诺认为，目前世界各国在经济、环境等领域都面临着一些问题，这些问题需要可持续的全球合作来共同应对。为了应对上述问题，一方面，中国和拉共体需要进一步扩大合作领域；另一方面，中拉论坛部长级会议的一些成果可以继续深化，特别是在"一带一路"合作方面。在新的国际格局下，拉美应该在新能源、科技领域和中国加强合作，同时要加强基础设施领域的合作，期望中国和拉美在基础设施建设领域的相互投资。

闭幕式

论坛闭幕式由中国国际问题研究基金会理事长兰立俊主持。中国人民外交学会会长王超代表会议主办方宣读论坛成果文件。联合国拉美经委会秘书长阿莉西亚·巴尔塞纳、中国国际问题研究院院长徐步、中国社会科学院拉丁美洲研究所所长柴瑜研究员以及拉丁美洲和加勒比大学联盟成员、墨西哥国立自治大学国际关系中心教授伊格纳西奥·马丁内斯分别作总结发言。

阿莉西亚·巴尔塞纳指出，面对疫情带来的全球性危机和百年未有之大变局，要从战略高度和长远角度推进中拉关系，坚持危中寻机，推进共建"一带一路"，对接共同发展需求。除了建设更紧密的互联互通伙伴关系，加强基础设施"硬联通"以及规则标准"软联通"，还应在公共卫生、数字经济等"新基建"领域开拓合作新局，打造"中拉健康丝绸之路""中拉数字丝绸之路"。加大政策引导和对接，共同推动中拉务实合作转型升级。她强调了拉美一体化组织作为协调拉美和加勒比各国整体立场的有效机制对于拉美地区开展国际合作的重要性，希望借助联合国拉美经委会的力量，能够推动拉美一体化进一步发展。

徐步认为，中拉关系之所以能够一直保持良好积极发展态势，主要是因为双方始终能够做到三个坚持：坚持互尊互信的合作原则、坚持交流互鉴的合作目标以及坚持灵活务实的合作方式。他总结了新形势下中拉合作所面临的挑战：一是疫情冲击；二是单边主义、贸易保护主义势力抬头；三是全球治理体系严重不适应当今世界新形势的需要；四是数字鸿沟对发展中国家发展的制约；五是一些国家和一些政治人物抱着殖民主义、强权政治、冷战思维等旧观念不放，信奉零和游戏，与新时代国际发展潮流格格不入。希望中国与拉美国家把握双方经济互补性优势，激发合作潜力，排除各种干扰，努力加快经济社会发展，进一步提升相关国家人民的幸福感和获得感。

柴瑜强调了中拉建立全面合作伙伴关系的必要性。中拉同为发展中地区，在减贫和经济增长等重大议题上面临相似的问题与挑战。中拉在各自的发展历程中都积累了丰富的发展经验和发展教训，通过互学互鉴，有利于总结和提炼发展经验，推动和实现双方共同发展。当前中拉关系已经进入全方位发展的新时代，双方明确了共建政治上真诚互信、经贸上合作共赢、人文上互学互鉴、国际事务中密切协作、整体合作和双边关系相互促进的中拉关系五位一体新格局，携手推进"平等、互利、创新、开放、惠民"的新时代中拉关系，发展前景广阔，值得期待。

伊格纳西奥·马丁内斯认为中国的改革开放政策把中国带入了新的发展阶段，中国通过转变经济发展方式、优化经济结构，激发了经济发展的新活力，成为世界经济增长的重要引擎。新时代中国实施推进创新驱动发展战略，大力推进科技协调创新，科技实力和创新实力有了显著提升，为中国和拉美开展新业态合作，助推拉美竞争力提升提供了契机。希望进一步深化与中国的科技交流合作尤其是航天科技领域的合作。

（撰稿人：张冰倩）

【可持续发展目标的中拉互鉴国际研讨会】

2021年10月19日，由中国社会科学院国际合作局、中国社会科学院拉丁美洲研究所和江西省社会科学院联合主办的"可持续发展目标的中拉互鉴"国际研讨会在南昌顺利召开。来自厄瓜多尔、圭亚那、委内瑞拉、多米尼加、巴拿马、格林纳达、乌拉圭、古巴、巴巴多斯、秘鲁、墨西哥、苏里南和海地等拉美国家的使节或代表，以及来自中国社会科学院拉丁美洲研究所、江西省社会科学院、江西农业大学的十余位专家和学者出席会议。此次会议就中拉在实现联合国2030年可持续发展目标（SDGs）中取得的经验教训以及具体实践成果展开深度交流。

会议开幕式由江西省社会科学院副院长樊宾主持，江西省社会科学院院长蒋金法、中国社会科学院拉丁美洲研究所所长柴瑜以及厄瓜多尔驻华大使拉雷亚（Carlos Humberto Larrea Davila）发表致辞。拉雷亚大使表示中国在消除贫困、应对气候变化和全球应对新冠肺炎疫情方面取得重要成就，厄方尤其感谢中方对其提供的疫苗支持，厄瓜多尔疫苗总剂量的62%来自中国，厄总统拉索（Guillermo Lasso）在2021年8月30日与习近平主席会谈时强调了这一伟大里程碑，并在最近于纽约举行的联合国大会上发表讲话重申：厄瓜多尔感谢习近平主席为及时供应疫苗提供的个人支持，这使厄瓜多尔在他执政后的头100天内实现了为900万厄瓜多尔人接种疫苗的历史性目标。这对厄瓜多尔早日恢复经济、消除贫困、改善不平等具有重要意义。大使强调，疫情无疑阻碍了全球实现可持续发展目标的进程，通过分享厄瓜多尔在保护生物多样性和环境、减少贫困、应对气候变化方面的经验以及"生态转型"的政策，厄方对国际社会有关可持续发展的合作保持积极态度，在疫情后的历史性"十字路口"，厄方认为国际社会应在联合国框架下发起全面的减贫项目，缓解全球的社会危机。

四位中国学者与三位拉美和加勒比代表发表主题演讲。中国社会科学院拉丁美洲研究所副所长袁东振以"中国和拉美国家在2030年可持续发展目标中的合作"为主题，阐述了中拉在实现联合国可持续发展目标（SDGs）的共同立场，对比了双方为实现SDGs所采取具体措施的异同，进而提出中拉在实现SDGs方面开拓合作的新途径。江西省社科院院长蒋金法分享了"'两山'双向转化推进可持续发展"的经验。"绿水青山就是金山银山"（以下简称"两山"）理论具有深刻内涵，"两山"理论的转化为江西省脱贫作出巨大贡献，但该理论的双向转化中也存在问题和难点，蒋金法院长由此提出的推进可持续发展的若干建议对中拉实现可持续发展都具有重要的借鉴意义。江西农业大学经济管理学院院长翁贞林介绍了江西从脱贫攻坚到乡村振兴的实践探索，分享了江西脱贫攻坚的做法和成效，论述了江西如何实现脱贫攻坚与乡村振兴的有机衔接，阐释了江西如何打造新时代"五美"乡村推动乡村全面振兴。中国社科院拉美所发展与战略研究室主任、中美洲和加勒比研究中心秘书长王鹏从中拉可持续发展合作的成果与前景的角度发表演讲。他指出，中拉可持续发展的政策框架为双方奠定了合作基础，2010年以来，中拉的可持续发展合作在多项领域取得丰硕成果，如清洁能源、电动汽车、农业合作、环境保护以及抗疫合作等，鉴于双方需求匹配度较高，中拉在可持续发展领域仍有巨大的合作空间。

拉美和加勒比代表也积极分享了本国推进可持续发展的经验。圭亚那驻华大使周雅欣（Anyin Choo）从可持续发展目标出发，介绍了圭亚那的低碳发展战略、可持续发展的气候、可持续采伐的规定、新能源发展和减贫的举措，但同时也指出，作为人口有限的国家，圭亚那在实现可持续发展方面仍面临挑战，尤其是在应对气候挑战的资金方面。多米尼加驻华使馆公使衔参赞费索布（Yamila Alejandra Fersobe Botello）阐述了多米尼加在实施2030年可持续发展议程方面的经验和做法。她表示多米尼加是拉美和加勒比地区GDP（国内生产总值）平均增长率最高的经济体之一，并在消除贫困、宏观经济稳定、行使民主和保持社会和平方面取得积极进展。多米尼加致力于实现2030年可持续发展议程，并成立专门的委员会以推进该项议程与国家政策的衔接，其国家战略与SDGs之间的一致性从2018年的75%提高至2021年的91%。乌拉圭驻华使馆一秘贝尼特斯（Benitez Rodriguez Matias

German）表示，在疫情的冲击下，全球经济逐渐复苏，但传统和非传统的安全威胁交织在一起，维护世界和平、促进共同发展仍然是一项艰巨的任务。他认为，中国随时准备扩大与其他国家的共同利益，推动构建以合作共赢为核心的新型国际关系，构建人类命运共同体。贝尼特斯先生认为，通过将中拉关系的良好趋势和疫情带来的挑战这两部分相结合，中拉将在实现可持续发展和在该领域的多边目标的共同道路上，不断加强彼此的盟友关系。

在中拉双方代表就中国减贫和乡村振兴、拉美可持续发展的经验以及中拉可持续发展合作领域和路径等议题进行深入交流和研讨后，中国社会科学院拉丁美洲研究所前所长吴白乙研究员进行总结发言，并表达了对中拉在可持续发展领域达成多边共识、深化务实合作的期望。

（撰稿人：郭凌威）

【第四届中拉文明对话论坛】

2021年10月22—23日，由中国社科院拉丁美洲研究所、当代中国与世界研究院、江苏省人民政府外事办公室、朝华出版社联合拉丁美洲社会科学院、拉丁美洲社会科学理事会、阿根廷祖国研究所、智利天主教大学等机构共同主办的第四届中拉文明对话论坛在北京成功举办。

会议聚焦"发展互鉴：构建中拉新型交流合作关系"。第十二届全国政协副主席马培华、中国外文局局长杜占元、中国社会科学院副院长王灵桂、中国政府拉美事务特别代表邱小琪、中国外交部前副部长李金章、智利前总统爱德华多·弗雷、哥伦比亚驻华大使路易斯·蒙萨尔韦和巴西驻华大使保罗·瓦莱出席开幕式并致辞。

嘉宾致辞

马培华在书面致辞中指出，中拉文明对话从"研讨会"升级为"论坛"，是中拉知识界对文明交流互鉴思想的积极响应，也是中拉关系发展的时代需要。此届论坛聚焦发展经验互鉴，充分体现了中拉在分享发展知识与经验，实现共同发展方面的迫切愿望，也反映了中拉未来合作的新愿景。他表示，中拉文明对话论坛将有助于深化中拉理解与信任，推动中拉共同发展，助力构建中拉命运共同体。

爱德华多·弗雷在致辞中强调，中国和拉美作为经济和贸易稳定器的相互作用越来越明显。近年来，拉中的合作和贸易在各领域都有长足发展，在政治、经济、文化、科技、发展互鉴和治国理政经验交流等方面开展的合作对于智利经济社会发展具有重要意义。中国和拉美应该强化创新驱动，为增进各领域合作，实现联合国2030年可持续发展目标注入动力。

杜占元在致辞中指出，当前，百年变局与世纪疫情叠加交织，世界进入动荡变革期，人类面临着许多前所未有的全球性挑战，求合作、谋发展成为包括中拉在内的世界各国的共同愿望。他强调，为推动中拉合作，破解治理难题，中拉双方应聚焦共同议题，凝聚发展共识；应加强中拉文明互鉴，形成友好合力；应推动中拉青年交流，深化未来发展。他表示，中国外文局是致力于推动中外文化交流互鉴的综合性国际传播机构，今年还专门组建了美洲传播中心，加强面向拉美的国际传播。今后，外文局将继续深化和拉美各国智库、媒体机构的友谊，拓展务实合作，积极构建中拉命运共同体，共创中拉全面合作伙伴关系更加美好的明天。

王灵桂在致辞中指出，发展是紧密联结中拉命运的桥梁和纽带。文明交流互鉴不仅有利于增进相互理解和信任，更是让中拉命运共同体之船行稳致远的关键支撑。他建议，未来一个时期，中拉要紧密围绕共同关心的发展主题，加强发展领域的互学互鉴：一是要以发展经验和发展知识为核心，加强中拉交流与合作；二是要面向未来，优先推进最易达成共识、最引双方关切的领域开展交流互鉴；三是要构建发展共同体，推动形成多样化、多主体的文明交流互鉴。

邱小琪在致辞中指出，中国是世界上最大的发展中国家，拉美是新兴市场和发展中国家最为集中的地区之一，对于中拉而言，发展都是第一要务。在"后疫情"时代，中拉双方应继续聚焦发展，坚定开展互利合作，构建发展命运共同体，携手捍卫发展中国家发展权，推动建立更加公平合理的国际政治经济新秩序。他认为，发展是总钥匙，要坚持发展优先，以人民为中心探索发展的多样性，实现可持续发展和创新发展。

李金章表示，目前中拉关系进入了全面发展的历史机遇，中拉应着力构建政治上真诚互信、经贸上合作共赢、人文上互学互鉴、国际事务中密切协作、整体合作和双边关系相互促进的五位一体新格局，打造中拉携手共进的命运共同体。

路易斯·蒙萨尔韦指出，新冠肺炎疫情给各国间的交流与合作带来挑战，但同时也是一个契机，令人们反思如何看待全球地缘政治变化及疫情对社会的冲击，如何通过文明之间的对话与合作实现可持续的、全面的发展。他特别指出，习近平主席今年初向哥伦比亚民众发表了视频讲话，体现了中国对哥伦比亚的友好与支持，相信拉中关系将迎来更加美好的明天。

保罗·瓦莱在致辞中分享了中国和巴西在贸易与投资、外交与医疗卫生、人文交流方面取得的积极成果。他表示，中国与巴西、拉丁美洲在地理上相距遥远，但在文化上却越来越近，中拉文明对话论坛这类活动有助于消除误会，增进彼此了解。

主旨演讲

在主旨演讲环节，江苏省人民政府外事办公室主任孙轶、中国国际扶贫中心副主任谭卫平、中国社会科学院拉丁美洲研究所副所长袁东振、中国外文局美洲传播中心主任李雅芳以及来自拉美国家的阿根廷祖国研究所所长、联邦参议员奥斯卡·帕里利，拉丁美洲社会科学理事会秘书长卡琳娜·鲍贾尼，拉丁美洲社会科学院秘书长乔赛特·阿尔特曼，智利天主教大学校长伊格纳西奥·桑切斯，墨西哥前联邦众议员兼第一副议长多洛莱丝·帕蒂尔娜等嘉宾围绕中拉关系发展、地方友好交往以及经贸、人文、科技、抗疫、减贫等领域的交流合作深入探讨。主旨演讲环节由当代中国与世界研究院副院长王育宁主持。

孙轶在主旨演讲中介绍了江苏在哥伦比亚推出《小桥·流水·人家》杂技舞剧、徐工集团被巴西政府授予"中巴交流最高荣誉奖彰"和江苏医疗专家组被委内瑞拉政府授予"弗朗西斯科·米兰达"国家二级勋章等三个江苏与拉友好交往的生动故事，分享了江苏以文化交流助力中拉民心相通、以经贸合作推动中拉互利共赢、以守望相助共抗疫情践行中拉命运与共的经验和做法，展示了江苏主动参与"一带一路"建设，推动构建人类命运共同体的所做的积极努力。

谭卫平在主旨演讲中分享了中国贫困治理的政策和经验。他指出，推进减贫与发展经验交流，既是中拉文明对话的重要内容，也是构建中拉新型合作伙伴关系的务实举措。中国国际扶贫中心将继续围绕减贫与乡村发展，加强与拉美的交流合作，开展文明对话，学习借鉴拉美先进的发展理念和模式，同时也让拉美各国深入了解中国减贫和乡村发展的历史和经验，为推动构建没有贫困、共同发展的人类命运共同体作出贡献。

袁东振在主旨演讲中表示，中拉合作已经超越了双边范畴，具有越来越多的全球性影响力。中国和拉美国家都是发展中国家和新兴国家的重要代表，在国际事务中发挥着越来越重要的影响，中拉合作不仅有利于推动双方的发展，也有利于维护发展中国家和新兴国家的共同利益和权益，有利于扩大发展中国家在国际事务中的话语权和影响力。

李雅芳在主旨演讲中表示，媒体是公共关系的重要组成部分，中国和拉美地理遥远、文化不同、价值观念各异，因此媒体的交流与合作对推动中拉文明对话至关重要。媒体应该成为构建中拉多元文明交流互鉴的桥梁纽带，也应积极构建中拉文明对话的国际话语体系。中国外文局美洲传播中心愿与时俱进，巩固传统友谊，加强全方位交往，提高合作水平，推动中拉关系实现新的更大发展。

在研讨单元，中拉嘉宾以线上和线下相结合的方式围绕发展道路和发展模式的经验分享、卫生健康和社会治理、生态文明和绿色发展，以及数字经济和智慧城市等广泛的发展与治理议题展开热烈讨论，充分展现了中拉文明对话的内容日渐丰富，中拉文明对话的主体日益多元化。

闭幕总结

在闭幕式上，江苏省人民政府外事办公室副主任刘建东、江苏师范大学党委副书记岑红作总结发言，当代中国与世界研究院党委书记杨平代表论坛主办方在闭幕式上宣读了《中拉文明对话论坛北京宣言》，中国社会科学院拉丁美洲研究所所长柴瑜主持闭幕式并作论坛总结。

刘建东在总结发言中指出，近年来，江苏紧紧依托"中拉文明对话"这一主题活动带动江苏与拉美各国各领域的交往与合作，中拉政治互信的地方基础不断加深，地方交往互动的氛围不断浓厚，地方经贸合作等领域亮点频出。当前中拉合作已进入双边合作和整体合作并行发展的新格局，期待在对话交流的互动下，两地将更加相识相知；期待在共建"一带一路"新蓝图的指引下，双方交往将更加务实而密切；期待在抗疫合作的同舟共济之下，中拉命运共同体建设历经风雨而弥坚。

岑红在总结发言中介绍了近年来江苏师范大学在中拉人文交流合作中所做的工作、取得的成效以及该校"中拉人文交流研究基地"的有关情况。她表示，江苏师大将继续利用自身优势及"中拉人文交流研究基地"的平台，进一步深化中拉人文交流研究，为中拉文明对话构筑桥梁。

当代中国与世界研究院党委书记杨平代表论坛主办方在闭幕式上宣读《中拉文明对话论坛北京宣言》（以下简称《宣言》）。《宣言》用中、英、西、葡4个语种同步发布，凝聚了与会各方在中拉文明互鉴、共享发展成果、开展联合研究和联合出版等领域的广泛共识，进一步推动了中拉文明对话论坛机制化。

《宣言》指出，文明交流互鉴是推动人类文明进步和世界和平发展的重要动力。开展中拉文明对话，增进相互理解，推动互学互鉴，是各方共同的心愿。《宣言》支持加强地方友好交往，发挥中拉人文交流研究基地（江苏）平台作用；倡议共同努力推动中拉文明对话论坛机制性建设，形成中拉文明对话论坛合作网络，搭建中拉知识交流与合作分享平台，探索适时在拉美和加勒比国家举办中拉文明对话论坛；支持加强拉美和加勒比的中国研究和中国的拉美和加勒比研究，开展联合研究和联合出版，共建中拉学术共同体；支持以中拉文明对话论坛为平台，不断推动文明交流和发展互鉴，让中拉文明成为不同文明和谐共处、相互促进的典范。

柴瑜在作会议总结时指出，2021年是中国共产党建党100周年，也是"十四五"规划开局之年，同时也是中国社会科学院拉丁美洲研究所建所60周年。在这一历史节点上，此次召开的第四届中拉文明对话论坛在会议规格、参与人数、研讨内容、会议成果等方面都展现出了新时代的新面貌。中拉文明对话进入了一个新的发展阶段，期待在有关各方的共同努力下，推动中国的拉美研究事业和中拉关系发展取得更大的成绩。

签约仪式和成果发布

作为此届论坛的重要系列成果，论坛上还举行了系列签约仪式和成果发布：中国社会科学院拉丁美洲研究所与拉丁美洲社会科学院签订学术交流与合作协议，与江苏省人民政府外事办公室签订战略合作协议，朝华出版社与拉丁美洲社会科学理事会签订中拉文化出版战略合作协议。在成果发布环节，朝华出版社社长汪涛介绍了"中拉文明对话"系列丛书情况，中国社会科学院拉丁美洲研究所研究员郭存海发布了《中国与拉美：软实力视域下的人文交流》（西语版），西南科技大学拉丁美洲研究中心副教授崔忠洲发布了图书《中国与拉美：软实力视域下的人文交流》。

此次论坛由中国国际扶贫中心、中国外文局美洲传播中心、江苏师范大学、阿根廷布宜诺斯艾利斯大学、巴西中国研究协会等机构协办。来自中国、阿根廷、巴西、墨西哥、智利、哥伦比亚、委内瑞拉、秘鲁、乌拉圭、哥斯达黎加、厄瓜多尔等11个国家的政要、外交官、专家学者、媒体代表、国际组织负责人等近200人以线上或线下方式参会，围绕中拉共同关注的话题进行深入交流研讨，达成广泛共识。新华社、中央广播电视总台、人民网、中新社、中国网、《中国社会科学报》、《北京周报》、《中国报道》等主流媒体对活动进行了广泛报道。

（撰稿人：郭存海）

【第一届拉美研究中青年学者工作坊举办】

2021年10月30—31日，中国社会科学院拉丁美洲研究所、中国华侨华人研究所、对外经济贸易大学、上海大学、南京师范大学、西南大学、西南科技大学等高校与科研机构联合举办了"第一届拉美研究中青年学者工作坊"。来自国内外高校与科研机构的50余名中青年学者和期刊编辑聚首"云端"，围绕拉美华侨华人、中拉关系、拉美社会政治文化等议题展开深入讨论并提交了会议论文。

工作坊分为六个单元展开讨论。第一单元聚焦拉美华侨华人研究。南开大学龚韵洁副教授提交的论文《秘鲁华文报刊的历史演变及其中国国家形象构建：以〈公言报〉为例》，对新形势下海外华文媒体如何建构好中国国家形象提出了自己的思考。中国社会科学院大学博士研究生张晓旭的《新中国与秘鲁建交前后旅秘华侨华人在国家认同上的变化》一文，就新中国与秘鲁建交前后当地华侨华人的政治认同变化进行了分析阐释。西班牙巴塞罗那大学博士研究生邬一帆的论文《智利五邑籍新移民发展现状研究》，探讨了智利广东五邑地区中国新移民的现状及特点。西班牙塞维利亚大学博士研究生薛淇心的《哈瓦那华人社团的鼎盛、衰落与复兴（1940—2020）》一文，研究了古巴哈瓦那华人社团的变迁历史。

第二单元侧重拉美国家民族认同与文化分析。北京外国语大学讲师钟点《国家、民族认同与国族构建——巴西案例的分析》一文提出，巴西国家认同、民族认同根植于巴西国族建构的历史过程。四川外国语大学讲师唐思娟的论文《巴西浪漫主义文学中的国家认同研究》，分析了巴西浪漫主义文学作品中反映的国家认同特性及困境。对外经济贸易大学讲师王子刚《西班牙语习语中的"华人意象"：一种"内嵌"于文化的刻》一文，从跨文化交际的视角讨论了西班牙习语中的华人表述。南京传媒学院讲师刘海娜的文章《关于墨西哥mariachi音乐传统中文译名问题之探讨》，从人类学的角度探究了Mariachi的社会文化史意义。

第三单元主要涉及拉美文学电影和华人文化。外交学院讲师苑雨舒《秘鲁文学（1872—2017）中的中国书写：从国家形象的角度》一文，探讨了秘鲁华裔及非华裔作者笔下的中国和华人形象书写。北京华文学院讲师陈雯雯的论文《巴西华语传承和中文传播路径探析》，比较分析了巴西华文教育和国际中文教育间的异同。天津外国语大学讲师肖岚《中国游客对拉美文化的多维度感知与空间分异研究》一文，从游客感知角度剖析了中国游客对拉美文化的认识。中国劳动关系学院讲师武亮宇的论文《拉美魔幻现实主动态信息义电影中的国族建构与边缘性危机》，揭示了拉美魔幻现实主义电影中表达的主题和文化批判。

第四单元重点讨论拉美艺术和土著文化。北京城市学院讲师袁若南《墨西哥壁画艺术的变革及其社会意义》一文，讨论了墨西哥壁画艺术的变迁历史、风格特点及社会影响。西班牙格拉纳达大学周萌博士的文章《拉丁美洲的"中国风"：论墨西哥普埃布拉锡釉陶器与中国瓷器的关系》，分析了中国青花瓷对墨西哥普埃布拉锡釉陶器的影响。浙江外国语学院讲师陈岚《对土著民族自治制度的反思：基于玻利维亚的案例》一文，就玻利维亚土著民族自治制度中存在的问题进行了考察。中国人民大学讲师李彦的文章《高等教育国际化背景下的拉美土著民族教育研究——以墨西哥为例》，研究了墨西哥土著民族的高等教育状况。

第五单元着重探讨拉美地区的民族和卫生问题。上海大学讲师夏婷婷《阿根廷白人民族形象的建构与困境》一文，对阿根廷建构欧洲白人民族形象的历史过程做了探讨。南开大学博士研究生郑凯怡的文章《西班牙对墨西哥印第安人的统治：以种族关系为视角（1500—1600）》，研究了 16 世纪西班牙殖民者统治墨西哥印第安人的历史。上海外国语大学硕士研究生李苗苗《二十世纪上半叶墨西哥和古巴排华运动对比与探析》一文，分析比较了 20 世纪初墨西哥、古巴两国排华运动的异同。中国社会科学院拉丁美洲研究所助理研究员徐睿的文章《蚊子的跨洋飞行：巴拿马运河建设中的黄热病传播与防治（1881—1914）》，对巴拿马运河建设期间黄热病传播及防治的历史做了考察。

第六单元议题集中于中拉关系。上海国际问题研究院副研究员楼项飞《后疫情时代构建"中拉命运共同体"话语研究》一文，讨论了后疫情时代构建"中拉命运共同体"话语面临的问题及挑战。西南大学讲师罗晨曦《"一带一路"倡议下中国与拉美国家合作反贫困的现状评价与逻辑进路研究》一文，探讨了中国与拉美合作反贫困的现状及改进方法。西班牙萨拉曼卡大学博士研究生袁芳的文章《风险与机遇并存：中国对厄瓜多尔的直接投资》，分析了中国在厄瓜多尔投资的优劣势条件。西班牙瓦伦西亚大学博士研究生张萌《华为在墨西哥本地化研究》一文，总结了华为在墨西哥成功本地化的经验及教训。

在工作坊总结和闭幕式环节，《世界民族》副主编刘文远、《华侨华人历史研究》副主编张焕萍、《拉丁美洲研究》副主编刘维广、《中国与拉美》执行主编崔忠洲、《全球学评论》执行编辑张琨向与会中青年学者介绍了各自期刊的办刊特点、审稿流程以及用稿标准。中国拉丁美洲学会副会长兼秘书长袁东振研究员、中国社会科学院拉丁美洲研究所郭存海研究员、西南科技大学崔忠洲副教授分别作了总结发言。大家一致认为，此次工作坊入选论文选题较为新颖，注重对西文、葡文资料以及一手田野调查资料的使用。工作坊组织有序，中青年学者"生产自救、自我培养、学术批评"，取得了预期成效。

（撰稿人：杨新新）

【中国拉丁美洲史研究会第 20 届年会暨全球史视野下拉丁美洲与世界的互动学术研讨会】

2021 年 11 月 6—7 日，中国拉丁美洲史研究会第 20 届年会暨"全球史视野下拉丁美洲与世界的互动"学术研讨会举行。此次研讨会由中国拉丁美洲史研究会主办，中国社会科学院世界历史研究所承办。来自中国社会科学院、中国现代国际关系研究院、北京大学、南开大学、东北师范大学、福建师范大学等科研机构和高校的 90 余名学者以线上形式参会。

积极构建中国特色拉丁美洲史研究"三大体系"

中国社会科学院世界历史研究所副所长、研究员刘健在开幕式致辞中表示，拉丁美洲史是世界历史学科体系建设中一个重要组成部分。拉丁美洲自古至今都是世界文明发展进程中的重要一员，为世界文明发展作出了重要贡献。中国拉丁美洲史研究会是改革开放初最早成立的全国性学术社团之一。自 1979 年成立以来，在 40 多年时间里，中国拉丁美洲史研究会发挥了团结全国拉美史学界力量的作用，促使中国的拉丁美洲史研究取得了长足进步。作为中国拉丁美洲史研究会的代管单位，中国社会科学院世界历史研究所将继续发挥协调和指导作用，为中国拉丁美洲史研究会开展各项工作提供支持和保障。他希望中国拉丁美洲史研究会继续发挥协调全国相关研究力量的作用，加强国内外学术交流，积极为构建中国特色拉丁美洲史研究的学科体系、学术体系和话语体系而努力。

南开大学拉丁美洲研究中心教授韩琦在开幕式致辞中表示，1492 年哥伦布航海发现美洲，开启了世界全球化的进程。不少学者认为，这一时间点也是全球史的起点。欧美学界近些年不断推出一些全球史的力作，其内容都离不开拉丁美洲。从全球史的角度研究拉丁美洲与外部世界的互动，是我国拉美史研究的一个薄弱环节，我们的研究在很多方面都存在盲点，我们对中拉关系、美拉关系、英拉关系的研究比较多，但几乎没有人研究拉美动植物在全球的流动、法国与拉丁美洲的关系、荷兰与拉丁美洲的关系，对西班牙和葡萄牙的殖民征服史、大西洋三角贸易、德国对拉美的影响、跨国公司在拉美的影响等都缺乏深入的研究。因此，希望通过多开几次这样的会议，能够推动我国史学界对拉丁美洲与外部世界关系的深入研究，特别希望对这方面研究感兴趣的有志青年投身其中，坚持数年，以研究出丰硕的成果。

多维度多方法梳理拉美史

中国社会科学院荣誉学部委员、中国社会科学院拉丁美洲研究所研究员徐世澄作题为"全球史视野下拉美与亚洲的关系"的大会报告。徐世澄表示，自 20 世纪 80 年代后期起，拉美国家越来越看好东亚国家的市场和资本，越来越重视发展同东亚和亚洲其他地区各个国家的政治、经济和贸易关系。1994 年底爆发的墨西哥金融危机和随后拉美其他国家的金融危机、1997 年爆发的东亚金融危机和 2008 年的全球金融危机对拉美和亚洲经济发展以及拉美与亚洲的经贸关系产生了一定的负面影响。然而，随着亚洲和拉美经济的复苏和发展，21世纪以来，拉美与亚洲的政治、经济和贸易关系正在进一步发展，拉美国家越来越重视发展与亚洲国家的关系。对拉美国家来说，在相当长的时间里，日本一直是仅次于美国和欧盟（1993年以前为欧共体）的第三大贸易伙伴、第三大投资国和第三大债权人。但自2002年起，中国与拉美的贸易额超过日本，成为拉美在亚洲的第一大贸易伙伴和在世界的第二大贸易伙伴。拉美与亚洲国家在亚太经济合作组织、东亚—拉美合作论坛、全面与进步跨太平洋伙伴关系协定（CPTPP）等组织框架内的合作不断加强。

教育部长江学者特聘教授、东北师范大学美国研究所所长梁茂信作题为"美国的拉美移民来源的梯度结构分析：1900—1929年——以墨西哥移民为中心"的报告。报告提出，19世纪末至1929年，拉美国家特别是墨西哥掀起了向美国的移民浪潮。移民来源的梯度结构既反映了拉美地区经济发展的失衡及其与美国的经济融合关系，也是美国企业招工措施实施的必然结果。墨西哥人经过反复的季节性环流，其中一部分最终转化为永久定居美国的移民。伴随着美国边界检查和巡防执法力度的加强，来自墨西哥的合法劳工、永久移民以及其他国家过境墨西哥进入美国的各类人员，与从事贸易的双向车流相互交织，使美墨边境地区跃升为经济繁荣发展的区域性跨国中心，而与之伴随而生的非法移民、走私活动和妓女贩卖等问题的泛滥，则表明该地区具有国际化特点的跨国社会问题不容小觑。

福建师范大学社会历史学院教授王晓德作题为"16世纪50年代初'巴利亚多利德辩论'及其影响"的报告。王晓德认为，研究西班牙王室对美洲的征服与殖民化进程，巴利亚多利德辩论是个绕不开的重要事件，在如何对待美洲土著人上具有一定程度的转折意义。巴利亚多利德辩论的主角虽只有拉斯卡萨斯和塞普尔维达，却反映出在基督教框架下西班牙精英阶层对印第安人认知的两种对立观，涉及当时西班牙王室征服美洲过程中一个至关重要的问题，也就是烧杀抢掠的征服美洲活动是否具有合法的基础，美洲土著人由此成为回答这个问题所针对的对象。这场辩论没有决出胜负输赢，处于奴役之下的印第安人悲惨境况自然不会得到根本的改善，西班牙王室只是象征性地承认他们属于"人"的范畴，但还是认为他们与"具有理性的欧洲人"有本质区别，要从非理性之人向有理性之人的转变，唯有皈依基督教，接受"文明人"的"指导"，心甘情愿地服从征服者或殖民者对自己的安排。不管是主张印第安人享有"人"之权利，还是把他们视为缺乏理性的动物，美洲土著人都逃脱不了被奴役的命运，巴利亚多利德辩论实质上给西班牙殖民者奴役美洲土著人找到了振振有词的理由。这场辩论发生在1550年，距离美洲大陆映入欧洲人的眼帘已逾半个世纪。在此期间，欧洲人以自身文明作为衡量标准，在想象中构建了美洲土著人"他者"的形象，这场辩论既反映出了欧洲人对生活在大洋彼岸之人的基本认知，又对他们进一步构建美洲土著人的"他者"形象产生了很大的影响。

中国社会科学院拉丁美洲研究所研究员袁东振作题为"中美在拉美地区的博弈及影响"的大会报告。他对中美在拉美地区的态势、政策以及力量对比进行了分析，同时还分析了拉美国家对中美的态度。袁东振表示，相对美国在拉美建立独霸体系的目标，中国的目标是建立中拉命运共同体；美国对拉美政策的优先事项是安全，而中国对拉美政策的优先选项是发展合作。中国应该因势利导，敢于博弈，及时调整在拉美地区的战略政策。

上海大学拉美研究中心主任、教授江时学以"拉美史研究中的若干问题"为题进行了报告，他就"印第安人种族灭绝的后果""拉美历史上的采掘主义""马尼拉大帆船的现实意义""昨天的美拉关系""拉美右翼的历史基础""人类命运共同体思想""拉美史研究方法论""拉美文明是不是西方文明""拉美史研究的古为今用"等话题进行了分析，并提出"拉美史研究能否使用'方法论跨国主义'""拉美史研究的国际学术前沿问题和理论是什么"等问题。

此外，与会学者还以报告、分组论坛的形式展开学术研讨。老中青三代学者聚焦全球史视野下中国拉美史研究的路径与方法，深入探讨了地理大发现时期新旧大陆之间的互动、域外大国在拉美的博弈、西班牙与拉美国家之间的互动、英国与拉美国家之间的互动、美国与拉美国家之间的互动、东亚与拉美之间的互动、中拉关系的历史与现实、中美拉三边关系互动等问题，从不同层面剖析了全球史视野下拉丁美洲与世界的互动。此次会议还对拉美历史与当代的灾变与应对，拉美主要国家政治、经济、思想史等问题进行了交流。

在闭幕式上，中国拉丁美洲史研究会副理事长兼法人、中国社会科学院世界历史研究所研究员王文仙，中国拉丁美洲史研究会副理事长兼秘书长、南开大学拉丁美洲研究中心教授董国辉分别作会议总结，并对青年学者提出了殷切希望。

（撰稿人：闫勇）

【第十四届中国—拉美企业家高峰会"中拉智库合作论坛"】

2021年11月16日，由中国社会科学院拉丁美洲研究所、西南财经大学承办，四川外国语大学协办的第十四届中国—拉美企业家高峰会"中拉智库合作论坛"在北京成功举办。

此次论坛的主题是"助力中拉合作，智库肩负使命"，采用线上与线下相结合的方式举行。来自中国、巴西、墨西哥、阿根廷等国的官员、学者和媒体代表等近50人参加了此次论坛，与会专家围绕"智库助力中拉经贸合作""全球经济治理与中拉合作"等话题展开对话。中国社会科学院副院长王灵桂作书面主旨演讲。来自中国社会科学院、西南财经大学、四川外国语大学、清华大学、墨西哥国立自治大学、西南科技大学、浙江外国语学院、复旦大学、深圳大学、中国外文局等智库单位的学者作主题发言。

开幕式

中国社会科学院拉丁美洲研究所所长柴瑜研究员主持论坛开幕式。柴瑜研究员表示，2020年新冠肺炎疫情暴发以来，中拉携手抗疫，成为国际合作的典范，中国作为2020年全球主要经济体中唯一正增长的国家，为包括拉美在内的其他国家经济注入了活力。在此背景下，召开中拉企业家高峰会具有特别重要的意义。此届高峰会的创新之一是首创"中拉智库合作论坛"单元。考虑疫情原因，在北京设立高峰会独家分论坛，并在论坛主场进行全场直播，论坛的成果共识均被纳入此届高峰会对外公布的成果清单。

中国社会科学院副院长王灵桂以"发挥好智库功能，激活中拉合作中的智库力量"为题，作书面主旨演讲。王灵桂表示，中拉共建"一带一路"已进入高质量发展新阶段，中拉智库应立足现有合作基础，克服新冠肺炎疫情造成的物理隔离，通过线上和线下相结合的方式，加强沟通和理解，为中拉合作的各个领域集思广益、建言献策，为构建中拉命运共同体贡献力量。王灵桂指出，激活中拉智库合作需要从以下五个方面着手，一是加强中拉智库间的联合研究，推进"南南合作"的理论创新；二是促进中拉智库间的成果转化，提供切实管用的对策建议；三是提升中拉智库的宣传能力，实现及时有效的舆论引导；四是拓展中拉智库间的合作模式，开展系统高效的社会服务；五是开展中拉智库间的对话交流，助力形式多样的公共外交。

嘉宾发言

中国社会科学院拉丁美洲研究所副所长高程研究员主持了"智库助力中拉经贸合作"的话题研讨。巴西旅游部前部长、清华大学教授亚历山德罗·戈隆别夫斯基·特谢拉，中国社会科学院拉丁美洲研究所所长柴瑜研究员，西南财经大学副校长彭龙教授，墨西哥国立自治大学北京代表处主任吉列尔莫·普利多·冈萨雷斯教授，西南科技大学副校长尚丽平教授，四川外国语大学副校长祝朝伟教授和浙江外国语学院副校长张环宙教授参与话题讨论。

就加强中拉智库合作，推动中拉经贸发展，亚历山德罗·戈隆别夫斯基·特谢拉教授表示，中国和拉美地区互为重要的经贸伙伴，中拉智库应加强交流和知识共享，增加人员往来与政策沟通，为双方民众了解市场需求和解读政策方针提供了智力支持。

柴瑜研究员指出，当前中拉各领域合作进展顺利，合作成果日渐丰硕，为中拉智库研究提供了丰富的意义和素材。国内拉美研究智库应发挥各自比较优势，强强联手，为决策部门提供研究支持；应建设好中拉智库合作网络，加强双边沟通和联系，为中拉关系发展带来新思路。

彭龙教授表示，如何抓住发展机遇，共同打造中拉命运共同体，把中拉合作关系推上一个新台阶，是中国与拉美国家面临的重要课题。中拉智库应走向特色型、创新型、开放型、融合型、外交型、发展型的道路，应不断加强国际传播能力建设，合作内容要紧跟中拉合作的动态发展需要。

吉列尔莫·普利多·冈萨雷斯教授表示，中拉智库交流在促进中拉经贸关系、加强双边沟通理解方面发挥了重要作用。建议中拉加强智库合作，建立有效的知识传播和推广的渠道，加强在气候变化、性别平等、可再生能源、环境保护等议题方面的合作。

就中国智库助力中拉经贸合作的探索和实践，柴瑜研究员表示，中国社会科学院拉丁美洲研究所秉持中国立场，聚焦中拉合作重大问题，在前瞻性、战略性、理论性和对策性研究方面取得了丰硕的研究成果；同时也积极配合国家外交行动，每年承担多项重大学术论坛的举办任务。中国社会科学院拉丁美洲研究所将坚持基础理论研究与应用对策研究融合发展，同国内外拉美研究同人相互支持、共同发展。

彭龙教授表示，西南财经大学拉美研究中心聚焦拉美经济与金融、中拉经贸促进与合作、中拉就业与劳务合作等研究领域，愿与国内外智库加强交流，深化合作，推动智库研究服务国家战略需要。

尚丽平教授从中拉经贸合作研究、中拉经贸合作人才培养和对拉国际交流合作三个方面分享了西南科技大学拉美研究中心助力中拉经贸合作的努力和实践，表示西南科技大学愿与国内外智库携手，发挥多学科优势，在人才培养和拉美研究当中贡献力量。

祝朝伟教授介绍了四川外国语大学与拉美地区的合作交流情况，包括对拉学科建设、同拉美高校建立合作关系、建立拉美营商环境研究中心以及对拉人文交流活动；表示四川外国语大学将继续发挥外语比较优势，以语言为桥，沟通中拉人文交流。

张环宙教授介绍了浙江外国语学院拉美研究所的发展历程，表示浙外拉美所着力服务地方经济发展，进而辐射周边城市及全国，将继续为中拉双方培养懂语言、知国情的复合型人才，围绕中拉合作重要现实问题向政府部门建言献策。

西南财经大学北京研究院院长胡斌主持了"全球经济治理与中拉合作"的话题研讨。中国社会科学院拉丁美洲研究所副所长袁东振研究员，复旦大学吉列尔莫·萨尔瓦多教授，深圳大学"一带一路"研究院院长陶一桃教授，中国外文局美洲传播中心李雅芳主任，西南财经大学全球金融战略实验室主任、首席研究员方明和四川外国语大学张庆教授参与话题讨论。

袁东振研究员表示，中国和拉美国家同属发展中国家，在全球治理方面具有开展合作的共同诉求和迫切需要。中拉双方应加强联合国 2030 年可持续发展目标的合作；推动更多元的社会主体参与中拉在全球治理方面的合作；在现有国际组织框架内推进全球治理合作；让中拉合作经验为世界发展和全球治理作出更大的贡献。

吉列尔莫·萨尔瓦多教授表示，中拉合作日趋紧密，合作形式越来越丰富。下一步，中拉应着重关注合作的质量，在国家、地区、省份和更加微观的层面推动中拉合作。建议中国更加积极地参与拉美地区合作，推动拉美区域团结。

陶一桃教授表示，中拉合作应加强文化开放与包容。中拉"一带一路"倡议的实施需要文化与价值的包容来化解冲突、降低交易成本，实现国家之间、人民之间的互信。

李雅芳主任表示，中拉是全球经济治理的积极参与者、相对活跃的贡献者。深化中拉合作，媒体机构可以发挥重要作用。通过媒体，中拉双方可以巩固传统友谊，加强全方位的交往和了解，增进中拉民心相通。

方明首席研究员表示，在全球经济治理中，发展中国家中等收入陷阱的背后是美元霸权，只有破除美元霸权的支配，中心外围结构才能走向竞争性制衡。中拉应深化互信合作，加强友好往来；推动中拉自贸区的建设；在双边大宗商品贸易中增加人民币的使用，加强数字化智库平台和商务平台的建设。

张庆教授表示，应坚定中拉合作的信心不动摇；推进中拉关系提质升级的过程中，要充分考虑到新冠肺炎疫情防控和美国的作用；通过加强经贸和产业合作、构建高级别人文交流机制、推进智库合作等方式，开创中拉合作稳步发展的新局面。

闭幕总结

与会中拉智库专家经过研讨，形成了《中拉智库共识》，同意共同推进开放、包容、合作、共赢的中拉智库合作框架，助力中拉合作持续发展。中国社会科学院拉丁美洲研究所党委书记、副所长王荣军研究员代为宣布共识，获得与会学者一致通过。共识包括以下内容。一、坚持独立自主、互利合作的原则，共同促进开放、包容、合作、共赢的中拉智库合作框架。二、秉持开放包容的理念，营造有利于中拉智库发展的良好环境，共同构建开展有利于中拉关系问题研究的合作伙伴。三、秉持合作共赢的理念，共同打造中拉智库之间知识交流与成果分享的合作平台。四、秉持创新发展的理念，推动建设高水平创新型智库，发挥咨政建言作用，使中拉智库成为中拉关系，尤其是中拉经贸合作持续发展的重要的助推力量。五、秉持相互依存的理念，促进中拉民心相通，增进中拉人民的友谊，使中拉智库成为构建中拉命运共同体的重要引领力量。六、秉持团结互助的理念，推动产学研有机结合，增强智企联动，使中拉智库服务双方企业，为中拉务实合作赋能。

签约仪式和成果发布

西南科技大学拉美研究中心主任陈才教授在线主持了签约仪式和成果发布。在论坛上，中国社会科学院拉丁美洲研究所分别与西南财经大学签署战略合作框架协议、与西南科技大学续签战略合作协议；发布了《"一带一路"框架下中拉"五通"研究报告》（中文版和西班牙文版）和《中国—拉丁美洲与加勒比地区经贸合作进展报告（2021）》两项重要成果。

此次论坛围绕中拉智库合作进行深入交流研讨，达成广泛共识。新华社、CGTN（西班牙语频道）、人民网、光明网、《经济日报》、中国社会科学网、《今日中国》等主流媒体对论坛进行了广泛报道。

（撰稿人：王淞）

【2021年全国西葡拉美文学研讨会】

2021年11月20—21日,由贵州财经大学承办,中国外国文学学会西葡拉美文学研究分会主办的"2021年全国西葡拉美文学研讨会"采用线上会议形式成功召开。来自贵州财经大学、中国社会科学院、北京大学、北京外国语大学、上海外国语大学等60余所高校、科研机构的专家学者,以及商务印书馆、中央编译出版社、外语教学与研究出版社、译林出版社、中央广播电视总台等出版界与媒体人士共计109名代表与会,提交论文52篇。

20日上午9点,会议正式拉开帷幕。贵州财经大学党委副书记杨勇教授、贵州财经大学外语学院院长张虹教授、西葡拉美文学研究分会会长郑书九教授等参加了开幕式。开幕式由张虹主持,杨勇、郑书九分别致辞。

杨勇在致辞中对各位代表的到来表示热烈欢迎,向关心支持贵州财经大学工作的社会各界表示感谢。杨勇就贵州财经大学的师资力量、硬件设施、学科专业建设发展情况、平台建设和科研服务情况以及学校的办学方向等方面进行了简要介绍。对学校外语学院历史与发展现状、学科建设情况及西班牙语、葡萄牙语专业建设情况作了介绍。他表示,在长期的办学过程中,外语学院充分发挥学校作为贵州省唯一经济类本科院校的优势,整合利用学校办学资源,确立了"应用型高层次外语人才"的培养定位,培养具有扎实外语基本功、知识面宽、较强的跨文化交际能力与较高人文素养,并具备国际商务知识与技能、良好的经济管理知识背景的复合应用型外语人才。同时,外语学院借助西语、葡语语言优势,结合财经院校经管学科背景,成立了院级拉丁美洲研究中心。他希望以此次研讨会为契机,更加广泛地团结文学爱好者、研究者和工作者,助力中国外语教育事业发展。

郑书九以图文的形式,回顾了西葡拉美文学研究分会42年的历史。他表示,一代又一代前辈研究者、翻译家的热爱与执守,成就了西葡拉美文学研究欣欣向荣的今天,西葡拉美文学研究同人依然"在路上"。他勉励新一代西葡拉美文学研究者继往开来,为中外文化的交流与传播作出新的贡献。

此次大会为期两天,老中青三代西葡拉美文学翻译工作者、研究人员和教育工作者会聚一堂,通过小组讨论、总结发言、专家对话等环节,围绕西葡语文学研究、比较文学与跨文化研究以及文学翻译、文学教学及其他研究等议题进行了深入探讨。最后,贵州财经大学外语学院西班牙语系主任李翠蓉进行总结发言,希望将来有机会能和同行们有更多相关交流。郑书九教授也对此次大会给予了充分的肯定,并宣布此次西葡拉美文学研讨会圆满结束。

(撰稿人:马纪禹)

【拉丁美洲华侨华人系列研讨会——中美洲专题】

为加强对中美洲地区侨史、侨情的了解与研究,2021年11月24日,中国社会科学院拉丁美洲研究所、中国华侨华人研究所、西南科技大学拉美研究中心以及《华人头条》等机构联合举办了"拉丁美洲华侨华人系列研讨会——中美洲专题"会议。此次会议是"拉丁美洲华侨华人系列研讨会"的第一场专题会议，会议采取线下和线上相结合的方式进行。来自相关领域学者、侨务工作者以及中美洲地区侨领及代表人士进行了深入交流与讨论。中国社会科学院拉丁美洲研究所副所长袁东振、中国侨联联谊联络部副部长朱柳、中国华侨华人研究所副所长张秀明分别致开幕词。

袁东振研究员强调了开展华侨华人研究的重要性，华侨华人作为中外交往的重要历史见证人和中华文明的重要传播者，在提高中国软实力方面发挥着独特的、不可替代的作用。近年来，国内越发重视华侨华人研究，但相较于世界其他区域，对拉美地区特别是中美洲地区华侨华人的研究较少。鉴于华侨华人在推进中国与中美洲国家关系、维护祖国统一与民族团结以及双方学术交往方面所起到的重要作用，期望以此次研讨会为起点，加强拉美学界与中国侨联、海外侨团的合作交流，共同推进中美洲地区华侨华人研究。

朱柳副部长表示，拉美侨史历史悠久，侨胞职业领域多元化，且拉美台湾籍侨胞占比较大，是开展侨务对台工作的重点地区。但相对而言，对于拉美地区的侨情研究起步晚、成果少。随着拉美华侨华人群体的发展壮大，对其研究的重要性日益凸显。面对当今世界百年未有之大变局，需要进一步开展拉美华侨华人研究工作，凝聚侨心、侨力、侨智，助力构建人类命运共同体；充分发挥华侨华人融通中外的优势，弘扬中华文化，讲好中国故事，塑造良好国家形象。中国社会科学院拉丁美洲研究所在推动拉美华侨华人研究方面做出了不懈努力，此系列研讨会的成功举办对夯实拉美华侨华人研究的学术基础，辅助开展新时期拉丁美洲侨务工作，扩大中拉人文交流、助推文明互鉴等方面具有积极的现实意义。

张秀明副所长肯定了华侨华人在推动拉美经济社会发展和中拉友好交流方面的桥梁纽带作用；从地理相隔遥远、语言障碍以及拉美华侨华人的人口规模较小等方面分析了国内拉美华侨华人研究相对薄弱的原因；就未来进一步深化拉美华侨华人研究提出三点建议：一是加强拉美研究界与华侨华人研究界的交流与合作，二是加强大陆与港澳台以及海外研究机构和专家学者的交流合作，三是加强国内与当地华侨社会特别是侨领、侨团的交流与合作。此次会议专门邀请了多位侨领，开了一个很好的先例。她表示，此次系列研讨会为推动拉美华侨华人研究提供了新的平台，是推动拉美华侨华人研究走深、走实的重要举措。

危地马拉华商总会会长潘骏、伯利兹中国和平统一促进会会长麦群裕、洪都拉斯福建同乡会会长谢作奇、尼加拉瓜世纪矿业总经理卞飞武、萨尔瓦多华侨总会会长陈克和、哥斯达黎加华人商会会长黄耀佳、巴拿马华人青年联合会创会会长王家明七位中美洲国家侨领，围绕中美洲地区华侨历史与侨情现状、中美洲地区的移民政策、新冠肺炎疫情后中美洲地区侨情的新变化等议题进行了"云"分享。

西南科技大学拉美研究中心崔忠洲副教授、中国社会科学院拉丁美洲研究所社会文化研究室副主任林华、对外经贸大学讲师王子刚、上海大学张琨副教授与七位侨领做了交流互动。中国社会科学院中美洲和加勒比研究中心秘书长王鹏、《华侨华人历史研究》副主编张焕萍、《华人头条》创始人兼总裁黄琪旺主持分阶段会议与讨论。中国社会科学院拉丁美洲研究所社会文化研究室主任郭存海研究员在闭幕总结时对各位嘉宾的发言与讨论表示感谢，并期待后续系列活动能够继续得到大家的支持，协同做好拉美华侨华人的研究工作。来自拉美所等研究机构和高校的近30位学者参与了讨论与互动。

（撰稿人：杨新新）

【第四届中拉合作高端论坛举办】

2021年12月10日，由中国拉丁美洲学会、安徽大学创新发展战略研究院主办，安徽大学拉丁美洲研究所承办，安徽大学社会与政治学院、国别和区域研究院协办的第四届中拉合作高端论坛在合肥举办。安徽大学党委常委、副校长兼创新发展战略研究院院长程雁雷，中国拉丁美洲研究会副会长、中国社科院拉丁美洲研究所所长柴瑜出席会议并致辞。安徽大学拉美研究所所长范和生教授主持开幕式。

程雁雷指出，在中国共产党成立100周年和拉美宣告独立200周年之际，安徽大学召开第四届中拉合作高端论坛既具有强烈的现实意义，又具有长远的历史意义。安徽大学的拉美研究在各位领导专家的关心、支持和帮助下，取得了长足的发展和进步，特别是去年学校拉丁美洲研究所被教育部认定为高校国别和区域高水平建设单位，这是对学校以拉丁美洲为代表的国别和区域研究工作的充分肯定和高度评价。安徽大学将以习近平新时代中国特色社会主义思想为指导，进一步增强学校国别和区域研究，为"一带一路"建设和服务安徽"三地一区"建设作出应有贡献。

柴瑜指出，当前中拉合作各领域蓬勃发展，特别是在务实合作方面更是取得了骄人的成绩，拉美国家对中国的信任与合作信念大幅提高，为中拉合作提供了非常扎实的基础。中拉在发展问题、构建人类命运共同体、实现增长方式和产业结构转型升级以及在国际舞台上发挥更大作用的愿望等方面面临共同的挑战和任务。

会议分为上下两个阶段，每个阶段又分两个单元。在上阶段"中拉关系新发展"单元，中国社会科学院拉丁美洲研究所副所长袁东振，上海大学拉美研究中心主任、特聘教授江时学，中国前驻阿根廷、委内瑞拉、古巴大使、中国—拉丁美洲和加勒比友好协会副会长张拓，中国拉丁美洲史研究会副理事长、南开大学教授王萍，墨西哥蒙特利大学教授Francisco Valderrey，哥伦比亚阿尔伯莱达大学西班牙分校校长、教授Emiliano García等6位拉美学界专家围绕中拉战略合作、中拉欧三边关系、疫情冲击下的中拉关系以及拉美国家疫情治理等主题作了报告。

中国社会科学院《拉丁美洲研究》编辑部主任、编审刘维广担任主持人。在"中拉合作新机遇"单元，厄瓜多尔瓜亚基尔天主教大学教授 Uriel Castillo，墨西哥蒙特利大学教授 Evodio Kaltenecker，阿根廷布宜诺斯艾利斯大学教授 Ariel Slipak，中国人民大学国际组织学院副院长、国际关系学院教授崔守军，中国社会科学院荣誉学部委员、察哈尔学会拉丁美洲研究中心主任徐世澄等5位拉美学界专家就中拉命运共同体构建、中拉经贸和金融合作、拉美国家疫情背景下经济发展的新路径等内容作了主题发言。上海大学拉美研究中心主任江时学担任主持人。

在下阶段"中拉合作新阶段"单元，中国社会科学院拉丁美洲研究所经济研究室副主任、研究员张勇，中国社会科学院拉丁美洲研究所经济研究室研究员谢文泽，上海国际问题研究院外交政策所副所长、副研究员牛海彬，安徽大学范和生教授，安徽大学拉丁美洲研究所历史研究室主任、教授孙语圣5位专家就中拉经济合作新趋向、中拉科技合作以及拉美国家治理能力相关议题作了全面阐释。安徽大学创新发展战略研究院副院长张德元担任主持人。在"中拉合作新展望"单元，中国国际问题研究院拉美和加勒比研究所所长、副研究员宋均营、西南财经大学经济与管理研究院教授欧阳俊，安徽大学拉丁美洲研究所政治研究室主任、副教授王云飞，安徽大学拉丁美洲研究所社会研究室副主任、副教授姚德薇4位中青年学者对"后疫情"时代全球贸易格局变化及挑战、构建新时代中拉发展伙伴关系的新趋势以及中拉文化和人文交流新路径作了深刻论述。范和生教授担任主持人。张德元主持闭幕式并致闭幕词。范和生指出，此次会议的成功举办得益于中国拉丁美洲学会和中国社科院拉美所等全国拉美研究机构的有力支持。相比以往这次会议研讨议题更广泛、视角更宽广、思考更成熟，体现出我国拉美学界服务国家对外开放战略的能力和责任。

据悉，此次会议旨在贯彻落实中国—拉美和加勒比国家共同体论坛第三届部长级会议精神，为新时期中拉更高质量的整体性合作建言献策。国内外32个拉美研究机构、大学和国际组织的200余名拉美研究者、师生线上线下参会。

（撰稿人：唐惠敏）

【《拉美黄皮书：拉丁美洲和加勒比发展报告（2020—2021）》发布会暨当前拉美形势研讨会】

2021年12月28日，由中国社会科学院拉丁美洲研究所和社会科学文献出版社共同主办的《拉美黄皮书：拉丁美洲和加勒比发展报告（2020—2021）》发布会暨当前拉美形势研讨会在中国社会科学院拉丁美洲研究所举行。社会科学文献出版社副总编辑蔡继辉和拉丁美洲研究所所长柴瑜在会上致辞，拉丁美洲研究所副所长高程主持会议，来自党政机关、科研院所和新闻媒体的90余人参加了会议。

社会科学文献出版社副总编辑蔡继辉在致辞中充分肯定了拉美黄皮书20年来的发展历程和成绩，特别提到拉美黄皮书系列作为国别区域类智库成果多次荣获"优秀皮书奖"和"优秀皮书报告奖"等荣誉。对于 2020—2021 年度报告的发布，蔡继辉总编给予了高度评价。他指出拉美和加勒比地区是共建"一带一路"的重要参与方，拉美黄皮书的发布有助于中国推动共建"一带一路"高质量发展；报告基于新冠肺炎疫情在拉美地区各领域产生的巨大冲击和深刻影响，不仅为国内外关注拉美地区发展形势的各界人士提供了参考，同时也为中国深化中拉合作水平、深化南南合作提供了理论支撑和智力支持。

拉丁美洲研究所所长柴瑜重点就拉美黄皮书对于中国拉美研究、智库建设和人才队伍培养等方面发挥的积极作用予以肯定。她指出，多年来拉美黄皮书为中国拉美研究事业作出了卓越贡献；拉美皮书系列的出版发布，是贯彻落实中国社会科学院"三大体系"和智库建设要求，推动基础研究和应用对策研究融合发展的重要成果之一；与此同时，将皮书撰写与科研人员"双定"政策相联系，也是拉丁美洲研究所培养和锻炼科研学术队伍的重要途径。柴瑜所长还对社会科学文献出版社在拉美黄皮书编辑和出版环节予以的大力支持和付出的辛勤工作表达了诚挚的谢意。

在拉美形势研讨会上，有 5 位学者就 2020—2021 年拉美地区总体形势与发展趋势及拉美政治、经济、社会、对外关系等分领域情况进行了发言。2020 年以来，新冠肺炎疫情在拉美地区形成持续、大范围传播，确诊人数和死亡病例在世界范围内均占较高比重。尽管拉美地区各国采取了较为迅速的应对措施，但一系列结构性制约因素损害了拉美各国防疫措施的效力。在新冠肺炎疫情的持续影响下，拉美地区经济形势陷入严重衰退，社会状况受到严重冲击，政治冲突暂时获得"冻结"的同时拉美国家政府处于弱势地位，地区国家围绕抗疫开展的合作和地区一体化进程得到有限发展。拉美地区抗疫仍主要依靠域外力量的支持与合作。

2020—2021 年是拉美地区"大选年"，该地区有多个国家进行了大选或国会选举。选举结果和政治走向的不可预测性，使拉美地区政治总体形势的发展呈现不确定性和复杂性，政局的多变性和不稳定性增强。主要表现在主要政治力量分歧加剧、政党政治碎片化更加凸显、社会诉求多元化、民主政治体制弱化。2022 年仍将有地区重点国家举行大选，将对拉美地缘政治产生重要影响，同时左右翼竞争也值得关注。

在 2020 年遭遇 120 年来最严重经济衰退、成为新兴经济体中遭受冲击最严重的地区之后，拉美地区经济在 2021 年迎来脆弱性复苏，呈现出较高的但不具可持续性的"补偿性"增长。2021 年拉美地区通胀率持续走高，失业状况依然严重，经济重归经常账户赤字状态，债务问题凸显，宏观政策操作空间缩小。对于后疫情时代，预计拉美经济的恢复性增长将缓慢而漫长，宏观政策调整效应趋弱，通胀和就业问题亟须解决，如何应对长期难以根治的债务问题成为挑战；在域内外因素叠加的环境下，拉美国家可能需要将短、中、长期目标结合起来，以恢复经济增长。

新冠肺炎疫情对拉美社会形势的影响十分显著。2020年以来，拉美地区的新冠肺炎疫情严重且难以控制，让本就医疗资源不足的拉美各国医疗卫生系统不堪重负、脆弱性凸显；社会发展遭受重创，贫困激增、收入分配恶化、阶层加速向下流动；就业形势恶化，劳动参与率和就业率双双大幅下降，尽管在2021年有所恢复但也未达到疫情前水平，失业率大幅攀升；出现了"数字鸿沟"、疫苗分配不公等新的不平等表现形式；社会不满和焦虑情绪加剧。同时，疫情造成的长期社会影响有待观察。而拉美国家政府处理中长期危机的能力严重不足，拉美社会发展的前景黯淡。

2020年以来拉美对外关系的总体形势是大国在拉美地区的博弈持续升温，地区外交议程深度调整。世界大国如美国、俄罗斯等在拉美地区的争夺日益显性化，特别是美国政府外交政策的重大变化直接影响了拉美国家外交议程的转向。同时，以合作与援助为主要形式的疫苗外交成为拉美国家对外交往的重心。区域合作艰难前行，但中拉关系逆势上扬，取得了新的突破，中拉经贸合作稳步上升，中拉整体合作取得新进展，中国和尼加拉瓜复交。2022年美国拜登政府的对拉政策将明朗化，中拉关系的风险点也将增多，而拉美区域内关系则将面临新的分化组合。

在研讨会自由讨论环节，与会者就拉美经济的通胀问题、"发展陷阱"议题、拉美国家政府的执政效力、2022年大选对中拉关系的影响、拉美疫情的实际情况、拉美国家政府对北京冬奥会的态度立场等与发言人进行了热烈交流。

（撰稿人：王帅）

中国拉美研究全国性社团及动态*

---

* 本板块主要介绍中国拉丁美洲学会、中国拉丁美洲史研究会、中国外国文学学会西葡拉美文学研究分会三个全国性学术社团及其主要学术动态。

中国拉丁美洲学会

中国拉丁美洲学会（以下简称拉美学会）是中国研究拉丁美洲地区问题的全国性民间学术团体，成立于1984年5月18日。拉美学会的宗旨是团结全国各地从事拉丁美洲研究、教学和开展对拉美地区工作的人士，促进我国对拉丁美洲政治、经济、国际关系、社会、文化、民族问题等方面的研究，增进中国人民和拉丁美洲各国人民之间的相互了解和友谊，为实现我国社会主义现代化服务。

拉美学会经常主办全国性的学术讨论会。与会者来自全国各地的科研机构和高校、外交部和中联部等政府部门、对外友协、新华社、人民日报社和有关企业。2005年以前，每年举行一次学会年会暨研讨会，此后每两年举行一次。自成立以来，拉美学会主办了下述全国性的学术讨论会。

1984年5月15—21日在山东烟台召开中国拉丁美洲学会成立大会暨"当代拉美民族民主运动讨论会"。与会学者深入讨论了拉美民族民主运动的发展历程和近年来的形势，就拉美民族民主运动的未来发展方向提出了一些新观点和新见解，并探讨了这一课题的未来研究重点。

1985年11月7—13日在江苏南通召开"拉美的对外开放政策讨论会"。与会学者分析了拉美国家20世纪六七十年代的经济发展战略和近年来的对外开放政策，对拉美一些国家实施对外开放政策的原因、措施、影响和意义进行了热烈讨论，从理论上和实践上对拉美国家的政策转变进行了深刻的分析。

1986年11月4—7日在北京召开"战后拉美政治进程和中拉关系讨论会"。与会学者梳理了第二次世界大战后拉美国家政治进程中民主体制与威权体制更替的历史进程，并对这一进程的根源和绩效作了深入探讨；分析和讨论了当前拉美国家政治进程中的新现象；回顾了中拉关系的历程，提出了一些发展中拉关系的建议。

1987年10月20—21日在北京召开"拉美经济调整和发展讨论会"。与会学者对拉美的初级产品出口模式和进口替代模式发展战略进行了总结、回顾，评价了当前拉美经济发展战略的调整，认为拉美的经济调整势在必行，但拉美国家要注意提出自己独特的发展战略。

1988年10月21—24日在江苏苏州召开"跨入90年代的拉丁美洲学术研讨会"。与会学者总结了拉美国家在20世纪80年代经济低迷的诸多因素,提出要加强对拉美一些国家当前实施的美国主导的经济改革的研究,用拉美国家的经验为中国的经济改革和建设提供借鉴;对拉美国家当前的政治格局进行了广泛的讨论。

1989年7月25日在北京召开"尼加拉瓜革命和中美洲形势研讨会"。与会学者专门讨论了尼加拉瓜革命和中美洲形势的发展变化,认为中美洲国家真正实现和平还有较长的道路,关键是巩固现有的革命成果;会议还讨论了整个拉美地区的政治形势。

1990年7月3—4日在北京召开"当前美拉关系研讨会"。与会学者详细梳理了美拉关系的历史,分析了目前的美拉关系现状,认为拉美国家的政治、经济发展进程和对外政策仍在很大程度上受美国的影响;多数学者认为目前拉美国家的改革将使美拉关系进一步加强,但将为美拉关系注入新的内容;美拉之间控制与反控制的斗争将继续,但美拉关系在短期内不会发生根本性变化。

1991年7月5—6日在北京召开"世界新格局与拉丁美洲研讨会"。与会学者从全球的视野就世界新格局的变化对拉美的影响进行了深入探讨,认为苏联东欧剧变对拉美产生了深刻的影响,特别是对古巴的社会主义建设造成了巨大困难;学者们提出,拉美国家应对目前困难的关键是要结合本国国情走自己的道路。

1992年10月23—27日在北京召开"拉美国家当前形势与政策动向研讨会"。与会学者对当前的拉美政治、经济、社会和对外关系进行了全面剖析,深入分析了拉美国家的政治发展道路和经济政策,认为目前形势非常复杂,应关注其未来走向和政策调整;认为拉美国家的经济改革将会继续,其经济政策和政治发展道路短期内不会发生根本性变化。

1993年7月16—17日在北京召开"拉丁美洲的投资环境与市场学术讨论会"。这一讨论会是与首钢研究开发公司国际化经营研究所联合举办的。与会代表就拉美的投资环境和我国对拉美投资的有利因素和不利因素进行了充分的讨论。此次会议也是学会同企业合作召开研讨会的尝试,为理论研究与现实结合开辟了新路。

1994年11月2—5日在天津召开"庆祝中国拉丁美洲学会成立10周年暨中拉关系研讨会"。此次研讨会是同南开大学拉美研究中心联合举办的。会议回顾和总结了学会成立10年来的工作,并对如何进一步推动中拉友好合作关系的发展展开了热烈的讨论。会议还邀请了中联部、外交部、经贸部和国家科委的有关领导同志作了专题报告。

1995年11月27日至12月1日在北京召开"当前拉美发展模式研讨会"。与会者就当前拉美发展模式的由来、理论基础、组成部分、整体评价,拉美国家发展模式之间的异同,拉美发展模式对中国改革开放的启示等问题展开了热烈的讨论。

1996年10月14—18日在北京召开"拉美国家经济改革讨论会"。会议讨论了拉美经济改革的背景、指导思想、主要内容、共性、差异性、成就与失误、经验与教训等问题。与会者认为，拉美经济改革是拉美研究领域中的重大问题，中国学者应该加强研究，为中国的改革开放提供借鉴。

1997年10月13—17日在北京召开"拉美经济区域化、一体化研讨会"。与会代表就全球化与一体化的区别、全球化对发展中国家的影响、全球化和集团化对拉美一体化的影响、拉美各一体化组织的进程、美洲自由贸易区和拉美国家的战略选择、墨西哥加入北美自由贸易区后的利弊、拉美一体化对我国经济和中拉关系的影响等问题展开了热烈的讨论。在此次年会召开期间，召开了学会理事会扩大会议，会议决定将此届拉美学会理事会的换届工作推迟到1998年举行，实行老、中、青三结合的原则，增补和扩大学会理事的规模。

1998年10月19—23日在北京召开"世纪之交的拉丁美洲及中拉关系研讨会"。与会者就世纪之交的拉美经济、政治及中拉关系发表了各自的看法和观点，并围绕着多极化格局的形成和发展、社会贫困问题产生的原因、如何进一步发展中拉关系、全球化与民族化的关系、世纪之交拉美经济发展所处的外部环境及面临的挑战等具体问题展开了广泛深入的讨论。会议对学会领导班子进行了换届改选，选举产生了中国拉丁美洲学会第四届理事会。

1999年10月12—15日在重庆召开"当前拉美形势和国有企业改革问题研讨会"。与会学者就20世纪90年代及1999年的拉美经济形势、1999年拉美政治形势的基本特点、世纪之交的拉美对外关系、当前中拉经贸关系、拉美经济发展前景与中拉关系、拉美国有企业改革的特点和影响、外国政府和企业开拓拉美市场以及中国在墨西哥开发农业项目的建议等问题进行了深入讨论。

2001年6月29日至7月1日在北京召开"拉美学会年会暨拉美所建所40周年所庆学术讨论会"。2001年7月4日是中国社会科学院拉美研究所建所40周年。拉美学会与拉美研究所联合举办此次研讨会。与会学者就政治多极化和经济全球化大趋势下的拉丁美洲、拉美经济发展的回顾与展望以及拉美国家的政治、外交和社会发展等议题展开了深入研讨，并针对如何解决弱势群体的问题，如何搞好扶贫工作，如何解决收入分配不公的问题，如何既不维护平均主义又保持社会的安定等问题提出了一些启发性的思考。

2002年8月5—9日在辽宁大连召开"中国'入世'后的中拉关系研讨会"。与会人员就中国入世对中拉关系的影响、拉美国家对中国入世及中拉关系前景的总体评价、当前拉美经济的特点、当前南锥体国家的经济动荡、阿根廷危机的性质、委内瑞拉政变未遂事件的性质、美国与古巴关系的基本走向、"9·11"事件对美拉关系的影响以及拉美在国际舞台上地位的变化展开了热烈的讨论。

2003年10月14—17日在江西庐山召开"20世纪拉丁美洲变革与发展研讨会"。此届年会由拉美学会与拉美史研究会共同主办。会议讨论了拉美国家在现代化道路上取得的经验教训，并根据学会章程，改选了学会的领导班子。苏振兴同志连任会长。

2004年10月22—26日在河北保定召开"拉美国家经济与社会协调发展的经验教训"研讨会。会议围绕以下7个议题展开了热烈讨论：增长、分配与社会分化——对拉美国家社会贫富分化问题的考察，对拉美国家经济与社会不协调发展的理论分析，拉美国家的社会政策及其对中国的启示，发展与公正——拉美人均GDP达到1000美元的挑战，"拉美化"概念辨析，巴西经济发展与社会发展关系问题，经济与社会协调发展——古巴的经验与教训。

2005年8月29—30日在北京召开"从战略高度认识拉美：中拉关系的回顾与展望"研讨会。在此届年会上，与会学者紧紧围绕主题，重新认识了拉美，回顾了中拉关系的发展历程，探讨了中国重视拉美的必要性、中拉关系在南南合作格局中的地位、中拉关系中的美国所谓"中国威胁论"、中国与拉美未建交国的关系以及如何进一步提升中拉关系等一系列问题。

2007年5月9—12日在辽宁鞍山召开"社会和谐：拉美国家的经验教训学术讨论会"。来自中联部、外交部、人民日报社、新华社、北京大学、复旦大学、中国社会科学院国际合作局、中国社科院拉美研究所等单位的近60位专家、学者和政府官员参加了会议。

2009年8月29—30日，"中拉关系60年：回顾与思考"学术研讨会暨中国拉丁美洲学会年会在北京市效外交部张湾培训基地举行。会议由中国拉丁美洲学会、中国拉美史学会、外交部拉美司、中联部拉美局共同主办，中国社会科学院拉丁美洲研究所承办。会议聚焦中拉关系的发展与展望，围绕四个主题进行了研讨：中拉关系的总结与思考、中拉政治关系、中拉经贸关系、中拉文化交往。

2011年7月5日，中国社会科学院拉美研究所、拉美学会联合主办的中国社科院拉美所成立50周年纪念大会暨"拉美现代化进程及其启示"学术研讨会在北京举行。全国政协副主席、中国社会科学院院长陈奎元为该所50周年华诞题词："研究拉美更知世界多样，振兴中华岂能亦步亦趋。"第九、第十届全国人大常委会副委员长，中国拉丁美洲友好协会会长成思危给大会发来贺词。中国社会科学院党组副书记、常务副院长王伟光，中共中央对外联络部副部长陈凤翔，外交部部长助理张昆生，古巴驻华大使卡洛斯·米格尔·佩雷拉等出席大会并致辞。

2013年10月16日，由中国拉丁美洲学会和中国社会科学院拉丁美洲研究所主办的"国际变局中的拉美：形势与对策"学术研讨会暨拉美学会换届工作会议在北京举行。来自全国各地的学者、专家、官员及媒体人士150人出席此次会议，提交学术论文61篇，涉及拉美地区的政治、经济、社会和国际关系领域的新变化及其影响，参加会议的机构分布之广、与会代表数量之众、提交论文数量之多和涉及研究话题之细，均为此前历届拉美学会学术会议之最。这一成就充分反映了中拉关系取得的历史成绩和中国拉美研究的美好前景。

2015年9月21—22日，中国拉丁美洲学会"展望中拉合作的新阶段"学术研讨会在四川绵阳西南科技大学召开。会议由中国拉丁美洲学会、西南科技大学主办。来自外交部、中联部、中国社会科学院、中国国际问题研究院、中国现代国际关系研究院、上海国际问题研究院、北京大学、中国人民大学、南开大学、四川大学、西南科技大学、河北师范大学、浙江外国语学院、四川外国语大学等单位的专家、学者共100多人参加了会议。

2017年6月29—30日在北京召开中国拉美学会学术大会。此次会议与由中国社会科学杂志社、中国社会科学院拉丁美洲研究所联合举办的第六届中拉高层学术论坛合并召开。该次会议暨第六届中拉学术高层论坛的主题为"结构性转型与中拉关系的前景"。

2018年6月9日，中国拉丁美洲学会会员大会在中国社会科学院召开。来自外交部、中联部、中国现代国际关系研究院、北京大学、中国人民大学、中山大学、南开大学、中国政法大学、对外经贸大学、北京外国语大学、河北大学、湖北大学、天津外国语大学、广东外语外贸大学、四川外国语大学、西安外国语大学、福建师范大学以及人民日报社、新华社等单位的120余位会员出席会议。求是杂志社社长、中国拉丁美洲学会会长李捷代表第七届理事会作学会工作报告。会议进行了学会新一届理事会换届选举工作。王晓德教授当选为新一届会长。

2019年10月19—20日，第八届中拉高层学术论坛暨中国拉美学会学术大会在福州举行，主题是"地区与全球大变局下的中拉关系展望"。会议由中国社会科学杂志社、中国拉丁美洲学会、中国社会科学院拉丁美洲研究所、福建师范大学、巴西圣保罗州立大学、智利安德烈斯·贝略大学和阿根廷科尔多瓦国立大学联合举办，由福建师范大学历史文化学院承办。来自中国、阿根廷、巴西和智利等国的130多名学者及外交官参会并发言。

2021年7月4—5日，由中国拉丁美洲学会、中国社会科学院拉丁美洲研究所主办的2021年中国拉丁美洲学会会员大会暨"疫情冲击背景下拉美国家发展的新挑战及中拉关系新趋势"研讨会在北京举行。会议采取线上线下相结合的方式，来自国内外高校、科研院所及有关部委60余位专家学者致辞发言，上百位会员与会。中国社会科学院院长、党组书记谢伏瞻出席并致开幕式主题词，中国拉丁美洲学会原会长、求是杂志社原社长李捷，外交部原副部长李金章，中国拉丁美洲学会会长王晓德等出席会议并致嘉宾词。

2021年12月10日，由中国拉丁美洲学会、安徽大学创新发展战略研究院主办，安徽大学拉丁美洲研究所承办，安徽大学社会与政治学院、国别和区域研究院协办的第四届中拉合作高端论坛在安徽合肥举办。

自2000年起，中国拉美学会和中国拉美史研究会联合发起和主办"中国拉美研究青年论坛",至2021年已连续举办11届,为青年学者提供了交流的平台。2000年4月21—22日,第一届"中国拉美研究青年论坛"在南开大学召开,主题为"进入新世纪的拉丁美洲"。第二届论坛2003年12月16—17日在北京大学举行,主题是"20世纪拉丁美洲的变革与发展"。第三届论坛2006年5月19—21日在北京密云社科院培训基地召开,主要讨论内容是缅怀罗荣渠先生的学术探索与成就;拉美政治、现代化与对外关系。第四届论坛2008年7月11日在中国现代国际关系研究院召开,主要议题是:中拉关系的特点与走势、左派崛起与中拉关系、美国因素与中拉关系、中拉关系中的国别与具体问题。第五届论坛2015年11月28—30日在湖北武汉举行,主题是"拉美发展与中拉关系"。第六届论坛2016年10月20—21日在中国人民大学召开,主题是"中国、美国与拉美:新行为体和变化中的关系"。第七届论坛2017年9月9日在南开大学召开,主题是"20世纪拉丁美洲革命与改革"。第八届论坛2018年6月16日在上海大学举行。第九届论坛2019年5月11日在安徽大学召开,会议主题为"'一带一路'视野下中拉合作"。第十届论坛2020年10月24—25日以腾讯会议形式召开,并通过钉钉平台进行直播,主题是"拉美的发展、治理与变革"。2021年9月24—26日,第十一届中国拉美研究青年论坛暨"拉美现代化进程中的科技与文化"研讨会在四川绵阳召开,论坛专题分别为:"投资拉美与科技企业""民族与文化""经济与贸易""政治与外交"。

(撰稿人:袁东振)

中国拉丁美洲史研究会

中国拉丁美洲史研究会是中国社会科学院主管,由世界历史研究所代管的群众性学术团体,成立于1979年12月,研究会的宗旨是团结和组织全国所有从事拉丁美洲史教学、科研人员,开展拉美史研究,推动本学科的学术讨论,加强信息交流,增进中国人民与拉丁美洲人民之间的友谊,为我国现代化建设和精神文明建设作出贡献。

出于历史的原因,有关拉丁美洲历史的研究在我国起步很晚,到20世纪60年代初,才有少数学校和研究机构的少数人员开始这方面的教学和研究工作。而紧接着的"文化大革命"

又使这一工作长期处于分散停顿状态。"文化大革命"结束后,北京大学、世界史研究所、拉丁美洲研究所、复旦大学、南开大学、河北大学、湖北大学(原武汉师范学院)等一些对拉丁美洲历史有一定研究基础的单位,均认为有必要将国内有限、分散而又比较薄弱的研究力量统一起来,进行适当地协调、配合,以便交流信息、成果,提高研究水平,特别是集中力量探讨和研究一些重大问题。这样,从1978年底开始酝酿和筹备成立一个统一协调和领导全国拉丁美洲史研究工作的民间群众性学术团体——中国拉丁美洲史研究会。

1979年12月初,在武汉洪山宾馆举行的中国世界史学术讨论会上,在北京大学、中国社会科学院世界历史研究所和拉丁美洲研究所、复旦大学、南开大学、河北大学、武汉师范学院(现湖北大学)等单位的倡议下,正式成立了"中国拉丁美洲史研究会",并举行了第一次会员代表会议和第一届学术讨论会。会议制定了学会章程,并就学会的主要任务、领导机构等问题作了决议。会议推举中国人民大学李春辉教授为学会首任理事长,秘书处设在武汉师范学院。

自成立以来,中国拉丁美洲史研究会组织全国拉美史工作者开展了比较系统、深入的学术研究和学术交流工作。研究会发扬理论联系实际的学风,团结和组织全国拉丁美洲历史教学和研究的工作者,通过开展学术讨论,资料交流,撰写论著,举办国际性学术活动等方式,有力地促进了拉美史研究的开展和深入。截至2021年底,中国拉丁美洲史研究会共召开全国性学术研讨会34次,分别就拉丁美洲历史上的重大问题,如拉美的社会性质和民族解放运动、拉丁美洲独立运动、关于玻利瓦尔的评价、拉丁美洲民族的起源、拉丁美洲的经济和资本主义发展、拉美现代化、中拉关系等问题进行了讨论,这些会议分别是:

1979年11月28日至12月6日,在武汉大学召开了中国拉美史研究会第一次代表大会暨第一次学术讨论会。参会者有30多名拉美史教学与科学研究工作者,提交了19篇学术论文,围绕"十九世纪拉丁美洲独立战争"和"第二次世界大战后的拉美民族民主运动"等议题,进行了热烈讨论。

1982年9月,中国拉丁美洲史研究会在山东济南举行了第二届会员代表大会暨第二次学术讨论会,与会代表围绕"拉美独立战争的性质和拉美国家的社会性质"等议题进行了热烈研讨。

1983年6月6—11日,在河北北戴河召开了中国拉丁美洲史研究会年会暨"玻利瓦尔学术讨论会",与会代表围绕拉美独立运动的领导人、解放者西蒙·玻利瓦尔的政治思想、历史评价等方面展开了研讨。

1984年5月15—21日,在山东烟台召开了中国拉丁美洲学会成立大会暨"当代拉美民族民主运动"学术讨论会,中国拉丁美洲史研究会与中国拉丁美洲学会联合主办了此次学术研讨会。与会学者深入讨论了拉美民族民主运动的发展历程和近年来的形势。

1986年5月17—22日，中国拉丁美洲史研究会在湖北宜昌举行第三届会员代表大会暨第五次学术讨论会。会议围绕拉美资本主义的发展、美拉关系的历史演变和拉美历史上的几个问题进行了分组讨论。

1988年5月23—28日，中国拉丁美洲史研究会在广西桂林召开了"哥伦布航行美洲第一次学术讨论会"，与会代表围绕哥伦布航行美洲及其历史意义等议题展开了学术探讨。

1990年6月20—22日，中国拉丁美洲史研究会与中国世界民族研究会、中国拉丁美洲学会在北京联合主办了"拉丁美洲民族学术讨论会"，与会代表围绕拉美民族及其相关议题进行了深入讨论。

1991年9月16—21日，中国拉丁美洲史研究会第四届会员代表大会暨"哥伦布航行美洲第二次学术讨论会"在辽宁大连举行。此次会议由中国拉丁美洲学会、中国世界中世纪史研究会、中国美国史研究会、中国世界民族学会和中国拉丁美洲史研究会共同主办，与会代表围绕哥伦布航行美洲等议题进行了热烈讨论。

1992年10月7—9日，中国拉丁美洲史研究会与和其他5个全国性学会（中国拉丁美洲学会、中国美国史研究会、中国世界中世纪史研究会、中国世界民族学会、中国国际文化书院）在北京联合举办了"纪念美洲发现——两个世界文明汇合500周年学术讨论会"，这是研究会举行的第三次哥伦布航行美洲学术研讨会。

1994年9月23—27日，中国拉丁美洲史研究会第11届年会暨"拉美现代化及对外关系"学术研讨会在湖北武汉举行。此次会议决定将"拉美发展研究"作为中国拉丁美洲史研究会下一阶段继续讨论的一个重点内容。

1999年11月2—5日，中国拉丁美洲史研究会第五届会员代表大会暨学术讨论会在北京国防大学举行，会议的主题是"20世纪拉美的重大变革和21世纪拉美史研究的重点与方向"。会议决定将秘书处从湖北大学迁至南开大学。

2000年4月21—22日，中国拉丁美洲史研究会与中国拉丁美洲学会联合发起和主办的第一届"中国拉美研究青年论坛"在南开大学召开，主题为"进入新世纪的拉丁美洲"。此次会议标志着一个全国拉美研究青年学者学术交流平台的搭建成功。

2001年4月21—23日，中国拉丁美洲史研究会在山东曲阜师范大学召开了主题为"全球视野下的拉丁美洲发展"的学术研讨会，与会代表围绕全球化对拉丁美洲的影响等议题展开了热烈讨论。

2003年10月14—17日，中国拉丁美洲史研究会第六届会员代表大会暨"20世纪拉丁美洲变革与发展"学术讨论会在江西九江庐山召开。此次会议由中国拉丁美洲史研究会与中国拉丁美洲学会联合主办。与会代表从现状、个案研究、历史，以及研究的未来走向等不同的角度，讨论了拉美的变革与发展问题。

2003年12月16—17日，中国拉丁美洲史研究会与中国拉丁美洲学会联合主办的第二届拉美问题青年论坛在北京大学举行，论坛研讨的主题是"20世纪拉丁美洲的变革与发展"，围绕"结构主义与拉美的社会变革和发展""民众主义与20世纪拉美的现代化"两个特色主题展开。

2005年10月23—26日，在郑州大学召开了中国拉丁美洲史研究会年会暨"发展中国家现代化模式"学术讨论会。此次会议决定将"现代化"作为今后一个时期研究会继续研究和讨论的一个重点。

2006年5月19—21日，中国拉丁美洲史研究会与中国拉丁美洲学会联合主办的第三届中国拉美研究青年论坛在北京密云社科院培训基地召开，主要讨论内容是缅怀罗荣渠先生的学术探索与成就；拉美政治、现代化与对外关系。

2007年10月19—22日，中国拉丁美洲史研究会第七届会员代表大会暨"拉丁美洲现代化进程研究学术讨论会"在山东师范大学举行。会议围绕"转型时期拉美的经济与现代化""转型时期拉美的政治与现代化"和"转型时期拉美的社会与现代化"三个专题展开了热烈讨论。

2008年7月11日，由中国拉丁美洲史研究会、中国拉丁美洲学会和中国现代国际关系研究院联合主办的第四届全国拉美研究青年论坛在中国现代国际关系研究院召开。会议讨论共分四个单元，议题分别为：中拉关系的特点与走势，左派崛起与中拉关系，美国因素与中拉关系，中拉关系中的国别与具体问题。

2009年8月28—30日，在北京市郊张湾外交部基地召开了中国拉丁美洲史研究会年会暨"中拉关系60年：回顾与思考"学术讨论会。此次会议由中国拉丁美洲史研究会与中国拉丁美洲学会合办。与会代表就中拉政治关系、经贸关系、文化交往等主题展开了研讨。

2010年10月16—18日，在浙江杭州召开了中国拉丁美洲史研究会第17届年会暨"纪念拉美独立运动200周年"学术讨论会，与会代表围绕独立运动与拉美历史的宏观思考、独立运动与克里奥尔人、独立运动与国际关系、独立后经济模式的反思和独立后政治发展的反思等主题展开了热烈讨论。

2012年10月19—22日，中国拉丁美洲史研究会第八届会员代表大会暨"拉丁美洲文化与现代化学术讨论会"在福建武夷山召开。会议围绕拉美文化的形成与基本特征、拉美文化与现代化的关系、文化交流与中拉关系等主题展开了热烈的讨论。

2014年11月15—16日，在山东济南召开了中国拉丁美洲史研究会第18届年会暨"拉丁美洲与外部世界"学术讨论会。与会代表围绕拉美史研究领域中的热点问题、研究现状，以及青年学者的治学和培养问题展开了热烈讨论。

2015年11月28—30日，由中国拉丁美洲史研究会、中国拉丁美洲学会和湖北大学巴西研究中心联合主办的第五届中国拉美研究青年论坛暨"拉美发展与中拉关系"国际学术研讨会在湖北武汉举行。

2016年10月15—16日，在河北保定召开了中国拉丁美洲史研究会第19届年会暨"全球史视野下的拉丁美洲文明"学术讨论会。会议主题反映出拉美史研究向全球史、文明史视角的转变。

2016年10月20—21日，由中国拉丁美洲史研究会、中国拉丁美洲学会和中国人民大学拉丁美洲研究中心联合主办的第六届中国拉美研究青年论坛暨"中国、美国与拉美：新行为体和变化中的关系"国际学术研讨会在中国人民大学召开。

2017年9月9日，第七届中国拉美研究青年论坛暨"20世纪拉丁美洲革命与改革"研讨会在南开大学顺利召开。此次会议由中国拉丁美洲史研究会、中国拉丁美洲学会联合主办，南开大学拉丁美洲研究中心承办。

2017年11月24—26日，中国拉丁美洲史研究会第九届会员代表大会暨"拉美史教学和研究"研讨会在天津市华城宾馆召开。与会学者围绕拉美史教学中的体会与感悟、拉美研究的方法与思路等议题进行了深入的探讨与交流。

2018年6月16日，第八届中国拉美研究青年论坛在上海大学举行。此届论坛由中国拉丁美洲学会、中国拉丁美洲史研究会、中国社会科学院—上海市人民政府上海研究院联合主办，上海大学全球问题研究院、上海大学中国—阿根廷联合研究中心、上海大学拉美研究中心承办。

2019年5月11日，由中国拉丁美洲史研究会、中国拉丁美洲学会、安徽大学创新发展战略研究院联合主办的第九届中国拉美研究青年论坛在安徽合肥召开，会议主题为"'一带一路'视野下中拉合作研讨会"。与会代表重点对中拉"一带一路"合作、中美拉三边关系、拉美政治格局及走势等议题展开讨论。

2019年11月1—3日，中国拉丁美洲史研究会第19届年会，即"拉美历史上的民族与国家"暨纪念中国拉丁美洲史研究会成立40周年学术研讨会在西安外国语大学举行。与会代表分成"拉美国别史研究""拉美国际关系史""拉美历史上的民族与国家"三个分论坛，深入讨论了拉美历史上的民族构建和民族认同、民族主义在拉美国家现代化进程的作用以及拉美国家治理体系和治理能力的现代化等议题。

2020年9月5日，由中国拉丁美洲史研究会主办，中国社会科学院世界历史研究所承办的"拉美史研究前沿问题"学术研讨会以云端会议形式召开，与会学者围绕拉美史研究的现实意义、拉美国家民族构建问题、美国因素在中拉合作中造成的实质性影响、民法典的社会控制功能等议题进行了热烈的讨论。

2020年10月24—25日，由中国拉丁美洲史研究会、中国拉丁美洲学会和大连外国语大学联合主办，大连外国语大学西葡语系承办的第十届中国拉美研究青年论坛举行。此届论坛以腾讯会议形式开展，并通过钉钉平台进行直播。论坛的主题是"拉美的发展、治理与变革"。会议共分六个分论坛。各位青年学者从政治政策、经济发展、社会人文、治理应急四个主题展开讨论。

2021年11月6—7日，由中国拉丁美洲史研究会主办，中国社会科学院世界历史研究所承办的中国拉丁美洲史研究会第20届年会暨"全球史视野下拉丁美洲与世界的互动"学术研讨会顺利举行。此次研讨会的主题为"全球史视野下拉丁美洲与世界的互动"，来自中国社会科学院、中国现代国际关系研究院、北京大学、南开大学、东北师范大学、福建师范大学等科研机构和高校的90余名师生以线上形式参会。

（撰稿人：董国辉）

中国外国文学学会西葡拉美文学研究分会

20世纪60年代至70年代初，拉丁美洲出现了震惊世界的"文学爆炸"，而此时的中国正处在一个特殊的历史时期，对外国文学的译介与研究几乎处于停滞的状态。20世纪70年代末，中国改革开放的大潮为久违的外国文学打开了大门，各种外国文学流派、文学思潮、文学大家、文学经典开始为国人所知。西班牙语和葡萄牙语国家的文学重新进入国人的视野。

与中国改革开放的大格局紧密相关，1979年10月中国西班牙葡萄牙拉丁美洲文学研究会（现中国外国文学学会西葡拉美文学研究分会）在南京成立。这是国内最早成立的少数几个文学研究会之一。研究会成立的同时举办了第一届学术研讨会，议题为"西班牙、葡萄牙、拉丁美洲文学"。1982年，在天津会议上审议通过了研究会章程并选举了第一届理事会。研究会的章程指出，作为一个民间学术团体，研究会的宗旨是团结全国从事西班牙、葡萄牙、拉丁美洲文学翻译和研究的专业和业余工作者，开展对上述国家和地区文学的介绍和研究工作，以促进国际文化交流和提高我国文化科学水平。

经过几代人的不懈努力，西葡拉美文学研究会健康地发展起来，并且受到国内外作家以及文学研究界的广泛关注。20世纪80年代，研究会同人积极推进对拉丁美洲魔幻现实主义流派及作品的介绍、翻译与研究。对此后在中国掀起的魔幻现实主义热潮作出了巨大贡献。研究会还组织译介了一系列颇具影响力的文学作品：如在1986年在昆明召开"全国西班牙文学研究暨加西亚·洛尔卡逝世50周年纪念会"期间，与云南人民出版社达成了翻译出版《拉丁美洲文学丛书》的协议，该丛书共计出版了60余部拉丁美洲经典作品。此后，研究会与出版界合作，相继出版了《西班牙文学名著丛书》《伊比利亚文学丛书》《伊比利亚文丛》《塞万提斯全集》《加尔多斯文集》《博尔赫斯全集》《她世纪丛书》以及《21世纪年度最佳外国小说·西葡拉美作品》等大型系列作品集。获诺贝尔文学奖的西班牙、葡萄牙及拉美作家的大部分作品也已被译为中文。

从20世纪90年代开始，研究会工作的一个显著特点就是加强了对西葡拉美文学理论的翻译、研究，以及文学史的撰写。最早出版的作品是《拉丁美洲文学史》，它的面世在文学界产生了热烈反响。随后，《西班牙与西班牙语美洲诗歌导论》《西班牙文学史》《西班牙文学：黄金世纪研究》《20世纪西班牙小说》《20世纪墨西哥文学史》《拉丁美洲小说史》《塞万提斯学术史研究》《当代外国文学纪事（1980—2000）：西班牙卷》等有关西班牙语文学史研究专著相继出版。这一期间，对拉丁美洲文学的研究也取得了长足进步，先后出版了《20世纪拉丁美洲小说》《拉美当代小说流派》《拉美文学流派的嬗变与趋势》《拉丁美洲"文学爆炸"后小说研究》《当代外国文学纪事（1980—2000）：拉丁美洲卷》《西班牙与西班牙语美洲文学通史》等一批具有一定学术价值及史学价值的拉丁美洲文学研究成果。

研究会在兴盛时期曾经有正副会长5—6人，常务理事10多人，理事20余人。但在2005年换届选举中，只选出11人的理事会，丁文林、胡真才、郑书九三人被选为正副会长。2011年在东营召开的研讨会对研究会理事会进行了增选，一些在国内外毕业的文学硕士、博士等有文学专业学习背景、有积极性的年轻人充实到了理事会。2015年在南京师范大学召开的研讨会上，研究会理事会进行了改选，并且恢复了常务理事会。现任理事会共27人，会长为郑书九，副会长为丁文林和胡真才，秘书长为楼宇和杨玲。

自成立以来，研究会组织了一系列学术研讨会和纪念活动。从2008年起，基本固定为每两年召开一届研讨会。近年来，研讨会无论是参会人数，还是提交论文的数量及质量都呈现稳步增长的势头。研究会在1989年成立10周年之际出版了第一部论文集《世界文学的奇葩——拉丁美洲文学研究》。2016年以来，在研究会的推动下，又陆续出版了3部论文集。

40多年来，西葡拉美文学研究会的同人通过卓有成效的工作，使西葡拉美优秀文学作品的翻译、出版及研究工作在我国形成了一定的规模和特色，为繁荣我国当代文学，为世界文化交流与传播作出了应有的贡献。

中国外国文学学会西葡拉美文学研究分会举办了一系列重要的西葡拉美文学研讨会：1983年在西安召开"全国加西亚·马尔克斯与拉美魔幻现实主义讨论会"；1984年在杭州召

开"全国拉丁美洲文学史研究与编写工作讨论会";1985年在牡丹江召开第三届年会;1986年在昆明召开"全国西班牙文学研究暨加西亚·洛尔卡逝世50周年纪念会";2008年在青岛大学召开西葡拉美文学研讨会;2011年在东营召开西葡拉美文学研讨会;2013年在吉林大学召开西葡拉美文学研讨会;2015年在南京师范大学召开西葡拉美文学研讨会;2017年在西安外国语大学召开西葡拉美文学研讨会;2019年在常州大学召开西葡拉美文学研讨会;2021年在贵州财经大学召开西葡拉美文学研讨会。

中国外国文学学会西葡拉美文学研究分会还举办了一些重要的纪念会。2014年5月17日,中国外国文学学会西葡拉美文学研究分会在北京外国语大学举办纪念已故哥伦比亚作家、诺贝尔文学奖得主加西亚·马尔克斯的高端研讨会。多位知名学者和资深翻译家会聚一堂,追思先贤,研讨经典,围绕加西亚·马尔克斯在中国的译介研究及其作品对中国当代文学的影响等议题作了精彩的发言。会议由北京外国语大学教授、西葡拉美文学研究会会长郑书九主持。参会的嘉宾有广电部原副部长、马尔克斯多部作品的译者刘习良,北京大学教授、西葡拉美文学研究会前会长沈石岩,上海外国语大学教授、《百年孤独》译者黄锦炎,人民文学出版社编审、西葡拉美文学研究会副会长胡真才,西安外国语大学教授、马尔克斯多部作品的译者陶玉平,中国社科院外文所研究员、《世界文学》原副主编林一安,北京大学教授、翻译家赵德明,北京大学教授、翻译家赵振江,中国社科院外文所所长、马尔克斯研究者陈众议,北京大学副教授、西葡拉美文学研究会副会长丁文林等。

2019年10月19日,中国外国文学学会西葡拉美文学研究分会在北京外国语大学外语教学与研究出版社举行了庆祝研究会成立四十周年纪念会。会议由北京大学副教授、西葡拉美文学研究会副会长丁文林主持。北京外国语大学教授、研究会会长郑书九代表理事会讲话。北京外国语大学副校长贾文键、外语教学与研究出版社副总编辑常晓玲参会并致辞祝贺。参加纪念会的还有研究会前副会长林一安、赵德明,老会员黄志良大使、汤柏生大使,老会员董燕生、毛金里、孙成敖、张永泰、陶玉平教授,中央编译局及中国国际广播电台编审或译审申宝楼、边彦耀、范维信、喻慧娟、刘京胜、蔚玲等专家。北外西葡语学院院长常福良教授及学院党总支书记孙眉也应邀参加了纪念会。除上述嘉宾外,参会的还有朝气蓬勃的年青一代学者,他们已经成为研究会的主体。会议安排了致敬环节,通过大量珍贵的历史照片、书影和图片回顾研究会发展的历史及取得的成就,并追思西葡拉美文学研究会的先驱们。来自全国各地近30所高校、研究机构、出版社和新闻媒体的专家学者出席了会议。与会嘉宾就研究会建立40年来的发展历程与取得的成就展开了讨论。

2021年11月20—21日,由中国外国文学学会西葡拉美文学研究分会主办,贵州财经大学承办的"2021年全国西葡拉美文学研讨会"以线上会议形式成功召开。来自中国社会科学院、北京大学、北京外国语大学、上海外国语大学、复旦大学、南京大学、西安外国语大学、北京语言大学、广州外语外贸大学、四川外国语大学、首都师范大学、河北师范大学、苏州大学、西班牙马德里自治大学、葡萄牙科英布拉大学、巴西圣保罗大学等 60 余所高校、科研机构的专家学者，以及商务印书馆、中央编译出版社、外语教学与研究出版社、上海外语教育出版社、译林出版社、中央广播电视总台等出版界与媒体人士共计 109 名代表与会，提交论文 52 篇。此次大会为期两天，老中青三代西葡拉美文学翻译工作者、研究人员和教育工作者会聚一堂，通过小组讨论、总结发言、专家对话等环节，围绕西葡语文学研究、比较文学与跨文化研究以及文学翻译、文学教学及其他研究等议题进行了深入探讨。

（撰稿人：楼宇）

全国主要拉美研究机构及动态

中国社会科学院拉丁美洲研究所

一、历史沿革

拉丁美洲研究所成立于 1961 年 7 月 4 日，最初隶属于中国科学院哲学社会科学部。1964 年归中共中央联络部领导。"文化大革命"期间，研究工作中断。1976 年 4 月全面恢复工作。1981 年 1 月起归中国社会科学院领导。拉丁美洲研究所是国内最大的拉美综合性研究机构。现任党委书记、副所长王荣军，所长柴瑜，纪委书记、副所长袁东振，副所长高程。截至 2021 年底，拉丁美洲研究所共有在职人员 52 人。其中，正高级职称人员 10 人，副高级职称人员 11 人，中级职称人员 22 人；高、中级职称人员占全体在职人员总数的 83%。

拉美所创建 60 年来，在党中央和国务院的领导和关怀下，从创建、成长到发展壮大，走过了一条艰苦奋斗、严谨求实，而又成果累累的发展道路。党的十一届三中全会以来，拉美所共承担了众多国家社科基金项目和院重点项目。编写了《拉丁美洲历史词典》《简明拉丁美洲百科全书》《西汉经贸词典》等大型工具书，《中国与拉美美洲：未来 10 年的经贸合作》《住房政策：拉丁美洲城市化的教训》《拉美国家的能力建设与社会治理》《拉美国家的法治与政治——司法改革的视角》《墨西哥农业改革开放研究》《智利养老金制度研究》《中国与拉丁美洲和加勒比国家关系史》《拉美国家政党执政的经验与教训研究》《农民、土地与政治稳定：墨西哥现代村社制度研究》《当代中国拉丁美洲研究》《一带一路合作空间拓展：中拉整体合作新视角》《回望拉丁美洲左翼思潮的理论与实践》《"一带一路"和拉丁美洲：新机遇与新挑战》《现代拉丁美洲研究》《劳尔·卡斯特罗：革命生涯》《智利女总统巴切莱特：绽放的铿锵玫瑰》《共享型社会：拉丁美洲的发展前景》《巴西史》《国际变局中的拉美：形势与对策》《中国与阿根廷——迈向命运共同体》等专著和译著以及大量的论文和研究报告。其中许多成果获得了国家和中国社会科学院的奖励。这些成果不仅为中国的拉美研究作出了重要贡献，而且为繁荣中国的社会科学作出了应有的贡献。

目前研究所下设六个研究室：拉美经济研究室、马克思主义理论与拉美政治研究室、国际关系研究室、拉美社会文化研究室、拉美发展与战略研究室、拉美区域合作研究室。另外，还有《拉丁美洲研究》编辑部、信息资料室和负责行政事务的综合办公室。所学术委员会和职称评审委员会由所内及部分所外专家组成。

1984年拉美所与国内有关单位联合发起并成立中国拉丁美洲学会,该学会对推动中国的拉美研究事业发挥了重要作用。2009年以后,为了加强国别重点地区研究,所先后成立了巴西研究中心、古巴研究中心、墨西哥研究中心、中美洲和加勒比研究中心、阿根廷研究中心,这些非实体研究中心,是国别和地区综合研究平台,对提升国别研究水平和整合国内外拉美研究资源发挥了重要作用,为推动拉美研究事业的发展作出了突出贡献。

拉美所自1979年起出版《拉丁美洲丛刊》(双月刊),自1986年起,改名为《拉丁美洲研究》。这是我国第一份,也是迄今为止唯一一份向国内外发行的、专门发表有关拉美研究的学术刊物,在国内外拉美学术界享有一定声誉。

拉美所历来十分重视人才培养,除举办各类业务培训班、派送多人到国外留学和进修,还设立了隶属于中国社会科学院大学(研究生院)的拉美系。拉美系每年都招收拉美经济和拉美政治研究方向的硕士研究生和博士研究生,为国家培养了很多拉美专业研究人才。

二、国内学术活动

2021年,拉美所举办了53场国内学术会议,主要的学术活动如下。

1. 中国拉丁美洲学会会员大会暨"疫情冲击背景下拉美国家发展的新挑战及中拉关系新趋势"研讨会。2021年7月4—5日,中国拉丁美洲学会会员大会暨"疫情冲击背景下拉美国家发展的新挑战及中拉关系新趋势"研讨会在中国社会科学院拉丁美洲研究所举行。会议采取线下线上相结合的方式进行。在庆祝中国共产党建党100周年这个特殊的历史节点,又逢中国社科院拉丁美洲研究所建所60周年。拉丁美洲学会学术大会的召开,既是对中国共产党百年华诞的献礼,也是对拉美所60年来的发展历程进行回顾和展望,具有双重的庆祝意义。

2. 《拉美黄皮书:拉丁美洲和加勒比发展报告(2020—2021)》发布会暨当前拉美形势研讨会。2021年12月28日,由中国社科院拉美所和社会科学文献出版社共同主办的《拉美黄皮书:拉丁美洲和加勒比发展报告(2020—2021)》发布会暨当前拉美形势研讨会在拉美所举行。会议由社会科学文献出版社副总编辑蔡继辉、拉美所所长柴瑜致辞,拉美所副所长高程主持,来自党政机关、科研院所和新闻媒体的90余人参加了会议。

3. 2021年1月6日,经济研究室以线上加线下的形式举办学术研讨会,邀请中国社会科学院拉丁美洲研究所张森根研究员以"经济全球化与经济民族主义——动向与前景"为主题进行主旨演讲,来自南开大学历史学院、现代国际关系研究院、中国社会科学院世界经济与政治研究所以及人民大学国际关系学院等相关单位专家学者参与讨论,拉美所所长柴瑜研究员及各研究室科研人员聆听交流。会议由经济室主任岳云霞研究员主持。

全国主要拉美研究机构及动态

4. 2021年3月16日，马克思主义理论与拉美政治研究室、拉美政治学科、政治创新项目组联合举办2021年第一次拉美左翼与社会主义论坛，邀请中国社会科学院荣誉学部委员徐世澄研究员作关于"拉美左翼政党和共产党的现状与研究方法"的专题学术报告。此次论坛也是拉美所建所60周年所庆系列学术活动之一。杨建民研究员主持会议，袁东振副所长作总结发言。来自拉美所的30多名科研人员参加了会议。

5. 2021年5月11日，《拉丁美洲研究》编辑部举办主题为"中国共产党与拉美共产党和左翼政党交往"的学术讨论会。研讨会的召开，旨在庆祝中国共产党建党100周年、开展党史学习教育活动、庆祝拉丁美洲研究所建所60周年，推动拉美所员工进一步坚定理想信念，增强自觉运用马克思主义基本原理分析问题和解决问题的能力，同时也是为了加强《拉丁美洲研究》专题建设。中共中央对外联络部、中央党史和文献研究院、中国现代国际关系学院等相关单位以及北京外国语大学等高校的专家学者与会，会议由拉美所编辑部主任刘维广主持。

6. 2021年5月12日，为庆祝中国共产党建党100周年、开展党史学习教育活动、庆祝拉丁美洲研究所建所60周年，推动拉美所员工进一步坚定理想信念，增强自觉运用马克思主义理论分析问题和解决问题的能力，拉丁美洲研究所举办系列学术活动。拉美所青年小组举办的《资本论》读书会是其中重要活动之一。拉丁美洲研究所所长柴瑜在《资本论》读书会上致辞，指出150多年前出版的《资本论》依然具有非常重要的理论和现实意义。按照精读计划，《资本论》读书会将举行6期，从5月上旬持续到6月中旬，每周三下午进行。读书会采取线上与线下相结合的方式，每一期均由一位辅导老师进行全书辅导报告，两位青年学者根据领读文本作精读报告。

7. 2021年5月15日，由中国社科院拉美所与上海外国语大学联合主办的"比较法视野下的西葡与拉美法制"学术研讨会在上海外国语大学虹口校区举行。中国社会科学院拉美所副所长袁东振研究员、上海外国语大学副校长查明建教授出席并致辞，来自中国社会科学院、北京大学、厦门大学、湖北大学、华中师范大学、华东政法大学、上海外国语大学、西班牙巴塞罗那大学、卡米亚斯大主教大学等高校、研究机构和法律实务部门80多位专家学者出席了研讨会。上海外国语大学法学院院长张海斌主持开幕式。

8. 2021年5月18日，拉美所古巴研究中心与马克思主义理论与拉美政治研究室联合举办2021年第二次拉美左翼与社会主义论坛。此次论坛的主题是迪亚斯－卡内尔执政以来的古巴模式"更新"。会议邀请外交部、中联部、现代国际关系研究院等机构的官员与学者与会。古巴中心执行主任杨建民研究员主持会议。来自拉美所的30多名科研人员参加了此次会议。

9. 2021年6月1日，应中国社会科学院拉丁美洲研究所的邀请，中国外文局当代中国与世界研究院院长于运全研究员在拉美所作专题报告"后疫情时代中国对外传播的机遇与挑战"。专题报告会由拉丁美洲研究所所长柴瑜研究员主持。来自中国外文局当代中国与世界研究院、中国外文局朝华出版社的学者、专家以及拉丁美洲研究所全体研究人员聆听了这次专题报告会。

10. 2021年6月23日,中美洲和加勒比研究中心与西南科技大学拉美研究中心在四川省绵阳市共同举办"当前中美洲—加勒比地区形势"研讨会。中美洲和加勒比研究中心秘书长王鹏、中美洲和加勒比研究中心副秘书长李菡、上海大学文学院张琨、西南科技大学拉美研究中心彭建容作发言,分析中美洲—加勒比地区形势、中国与中美洲—加勒比国家关系的动向、美国因素带给中国与中美洲—加勒比国家关系的影响、当前萨尔瓦多形势及中萨关系动向。西南科技大学拉美研究中心副主任陈才教授主持会议。

11. 2021年6月24日,中国社会科学院拉丁美洲研究所"拉美发展的重大理论和现实问题研究"项目组、拉美发展与战略研究室和西南科技大学拉美研究中心在四川省绵阳市共同举办主题为"拉美腐败问题与中国企业面对的挑战"的研讨会。发展与战略研究室主任王鹏副研究员、政治研究室谭道明副研究员和西南科技大学拉美研究中心李仁方副教授应邀发言,分析拉美国家的制度性腐败、拉美国家反腐败的做法与经验以及腐败问题带给中资企业的挑战。西南科技大学拉美研究中心副主任陈才教授主持会议,西南科技大学拉美研究中心崔忠洲副教授和上海大学文学院张琨博士就发言作评论。

12. 2021年7月14日,"海地总统遇刺身亡与当前海地形势"研讨会在中国社会科学院拉丁美洲研究所举行。此次会议由中美洲和加勒比研究中心、"拉美发展的重大理论与现实问题研究"项目组和发展与战略研究室共同举办。中国驻海地贸易发展办事处前代表王书平、拉美所赵重阳和现代国际关系研究院曹廷应邀发言,中国驻古巴前大使张拓和中国驻巴拿马贸易发展办事处前代表王卫华作评论。来自拉美所、现代国际关系研究院、中国国际问题研究院、中联部、新华社、南开大学和拉美所的30多名专家学者与会。

13. 2021年9月2日,中国社会科学院拉丁美洲研究所经济学科、经济研究室、"拉美经济长期发展与双循环研究"创新项目组与乌拉圭天主教大学（UCU）商学院召开线上学术会议。经济研究室主任岳云霞研究员与乌拉圭天主教大学商学院负责人 Ignacio Bartesaghi 教授作为联席主持人共同主持了会议。

14. 2021年9月14日,中国社会科学院拉丁美洲研究所国际关系研究室和巴西研究中心联合召开"全球大变局下的金砖国家合作"研讨会,邀请中国社会科学院、复旦大学、北京师范大学等单位的专家学者以及来自新开发银行（金砖银行）的机构从业者就金砖国家内部关系、金砖合作难点和突破口、新开发银行扩员以及多边主义等议题展开讨论。

15. 2021年9月16日,"如何做好区域国别研究"讲座暨拉美系研究生第一堂课在拉美所顺利举办。拉美所所长、博士生导师柴瑜研究员结合个人经历,生动地向拉美系一年级、二年级全体学生传授了在学术研究过程中如何发现、分析问题,如何超越个人的思维定式,以及基于区域国别研究的学科属性与特点,如何自我学术定位、明确努力方向。

16. 2021年9月25—26日,由中国拉丁美洲学会和中国拉丁美洲史学会联合主办,西南科技大学拉美研究中心承办的第十一届中国拉美研究青年论坛暨"拉美现代化进程中的科技与文化"学术研讨会召开。此次研讨会采取线上线下相结合的方式,在四川省绵阳市西南科技大学拉美研究中心举办。

17. 2021年10月15日,"中美竞争背景下的中美洲和加勒比地区动向"研讨会在中国社会科学院拉丁美洲研究所举行。此次会议由中美洲和加勒比研究中心、发展与战略研究室和"拉美发展的重大理论与现实问题研究"项目组共同举办,系拉美所庆祝建所60周年系列学术活动之一。来自现代国际关系研究院、中国国际问题研究院、新华社和拉美所的10多名专家学者与会研讨。与会者结合中美竞争背景,对中美洲—加勒比国家政局、美国对中美洲—加勒比地区政策和中美洲—加勒比国家对华关系进行分析。

18. 10月22—23日,由中国社科院拉丁美洲研究所、当代中国与世界研究院、江苏省人民政府外事办公室、朝华出版社联合拉丁美洲社会科学院、拉丁美洲社会科学理事会、阿根廷祖国研究所、智利天主教大学等机构共同主办的第四届中拉文明对话论坛在北京成功举办。会议聚焦"发展互鉴:构建中拉新型交流合作关系"。第十二届全国政协副主席马培华、中国外文局局长杜占元、中国社会科学院副院长王灵桂、中国政府拉美事务特别代表邱小琪、中国外交部前副部长李金章、智利前总统爱德华多·弗雷、哥伦比亚驻华大使路易斯·蒙萨尔韦和巴西驻华大使保罗·瓦莱出席开幕式并致辞。

19. 2021年10月27日,"世界视阈中的拉美社会主义思想实践"研讨会暨《拉美21世纪社会主义研究》发布会在中国社会科学院拉丁美洲研究所举行。会议由"拉美发展的重大理论和现实问题研究"创新项目组和国家社科基金"拉美21世纪社会主义研究"项目组共同举办。

20. 2021年11月17日,拉美研究所举办拉美左翼与社会主义2021年第四次论坛,主题是"拉美左翼与社会主义最新发展"。此次论坛由拉美所马克思主义理论与拉美政治研究室、拉美政治重点学科、拉美政治创新项目组、马克思主义工程项目组、古巴研究中心联合举办。论坛由拉美所政治室主任杨建民研究员主持。

三、科研成果

2021年出版学术著作7部,163.2万字,其中专著5部,140.7万字;论文85篇,83.95万字;研究报告74篇,22.2万字;译著1部,22.5万字;黄皮书1部,42.1万字;共计348.45万字。

四、教学成果

中国社会科学院大学（研究生院）拉丁美洲研究系以中国社会科学院拉丁美洲研究所为依托，成立于1981年。目前是中国社会科学院大学22个教学系之一。现任系主任为中国社会科学院拉丁美洲研究所副所长袁东振研究员。

拉美系现有二级学科硕士学位点3个，分别是国际政治、国际关系和世界经济；二级学科博士学位点2个，分别是世界经济和国际政治。此外，还拥有博士后流动站1个。拉美系累计培养博士180余名、硕士110余名。向大学、研究院，外交部，中联部，各大企业等不断输入高端拉美研究人才。截至2021年底，拉丁美洲研究系有博士生导师8名，硕士生导师11名；硕士、博士在读学生共44人。

拉美系世界经济专业（拉美经济研究方向）设置专业课"拉美经济基础"和"拉美经济理论"。"拉美经济基础"是拉美系所有研究生必修的基础专业课，主要针对新入学的一年级硕士研究生和博士研究生。该课程基本按照拉美和加勒比经济的历史发展轨迹进行讲授，在突出拉美和加勒比经济发展的一般规律的同时，注重对拉美和加勒比地区的主要案例分析。通过对"拉美经济基础"课程的学习，学生能够熟悉和了解拉美和加勒比经济发展的基本情况，以及经济发展的最新趋势，从而使学生能够结合中国经济改革的现实，站在拉美经济学科的前沿思考问题，并且提高其综合分析和研究能力。"拉美经济理论"是拉美系拉美经济专业研究生必修的专业课，主要针对该专业的二年级硕士研究生和博士研究生。该课程重点培养学生的专业理论素养，尤其是对拉美经济发展进程中的重大理论和现实问题进行独立研究和分析的能力。按照此思路，课程主要以拉美和加勒比经济发展的重大理论与现实问题为主，突出其研究型教学特点。通过对"拉美经济理论"课程的学习，拉美经济专业的学生能够从理论上对拉美和加勒比经济发展重大问题及经济发展的最新趋势进行独立研究，结合中国经济改革的现实，站在拉美经济学科的前沿思考问题，提高专业综合分析和研究能力。

拉美系国际政治（拉美政治研究方向）和国际关系专业（拉美国际关系研究方向）设置专业课分为"拉美政治基础"和"拉美政治理论"。"拉美政治基础"课程要求学生对拉美政治发展进程，政治体制和国家结构，立法机构和司法机构，选举制度，政党和政治思潮，社会组织和社会运动，社会阶层，阿根廷、墨西哥、巴西等拉美主要国家的政治和政治发展，当前拉美政治热点焦点问题，当代拉美国际关系的特点，拉美社会问题等有基本的了解，为进一步从事对拉美政治的研究打基础。"拉美政治理论"课程要求学生对拉美政治发展的重大理论和现实问题、拉美社会发展的重大理论和现实问题、中拉关系发展的重大理论和现实问题有比较深入的了解，为进一步从事对拉美政治的研究和撰写论文打下坚实基础。

此外，拉美系还开设有西班牙语初级课、中级课，要求非西班牙语专业的学生都要进行西班牙语的学习，为拉美专业学习提供帮助。

拉美系国际政治和国际关系专业已有教材《拉丁美洲政治》（徐世澄著）是中国社会科学院研究生院第一批重点教材之一。自2006年7月出版以来，受到国内众多高校的欢迎，一些高校文科的研究生院在招收拉美方向和西班牙语专业的研究生或相关教学中，都把它作为必读或主要参考书籍之一。迄今为止，它仍然是中国国内唯一一部"拉丁美洲政治"课程教材。2006年以后，拉美和加勒比地区的政治、经济、社会形势和国际关系发生了重大变化。在这种形势下，第一版的《拉丁美洲政治》已经难以满足新形势的需要，因此拉美系在第一版的基础上组织教材修订，目前已修订完毕，即将出版。此教材的编写者力求在第一版基础上，结合从事拉美政治数十年研究生教学的经验体会，以最新材料更加全面、系统和简要地阐述拉美的概况和政治发展进程、政治体制、政党和政党制度、思潮、政治和社会团体、拉美国际政治和拉美主要国家的政治发展成就和问题等。

拉美系世界经济专业于2020年启动"拉美经济发展"课程教材立项，开始教材的编著。此教材旨在适应社会科学学科建设的新要求，立足国际学术前沿，为国内拉美经济学科建设明确方向。

五、对外交流情况

拉美研究所同全国各地从事拉美研究的机构和学者有着广泛的联系，并且与拉美各国驻华使馆以及拉美、美国、加拿大、西班牙等国的大学、研究机构也建立了各种学术交流形式。研究所多次举办大型国际学术会议，经常派学者到国外进行访问、讲学或出席国际会议，与此同时也接待了大量的国外专家和政府官员来所进行学术交流或发表演讲。

2021年，在所党委的领导下，拉美所统筹推进疫情防控和对外学术交流工作，坚持迎难而上、主动作为，努力克服疫情影响，围绕对拉政策研究思想库建设的总目标，根据实际需要组织落实各项工作，丰富交流方式，深化学术合作。其间与拉丁美洲研究所开展学术交流的国家和地区有秘鲁、巴西、哥伦比亚、阿根廷、墨西哥等。组织重要国际学术研讨会5次；派员参加线上或线上线下相结合的国际会议12次。

（一）组织的国际学术会议

1. "东亚—拉美地区研究伙伴对话"国际会议。中国社会科学院拉丁美洲研究所联合澳门城市大学和西南科技大学，于2021年5月26—27日共同举办"东亚—拉美地区研究伙伴对话"国际会议。拉美所所长柴瑜、阿根廷驻华大使牛望道、中国外交部拉美司司长蔡伟和拉丁美洲社会科学理事会（CLACSO）秘书长卡琳娜·巴蒂亚尼（Karina Batthyány）出席会议，并在开幕式上致辞。此次会议以"大变局中的东亚和拉美地区发展与合作"为主题，采取线上线下相结合的方式举行。来自日本、韩国、新加坡、俄罗斯、阿根廷、巴西、智利、哥伦比亚、墨西哥、秘鲁、乌拉圭等国家以及国内拉美研究机构的 120 多位专家学者、新闻媒体代表、听众出席会议。与会专家学者围绕东亚和拉美地区发展面临的机遇与挑战、创新发展与亚拉经验互鉴、国际可持续发展合作、"东亚—拉美地区研究伙伴对话"机制与亚拉跨地区智库合作构建这四个议题进行了深入交流和对话。

2. 第二届中国—拉共体高级别学术论坛暨第六届中国—拉美和加勒比智库论坛。2021 年 10 月 12—13 日，拉美所受外交部委托，与国际合作局、中国国际问题研究院及联合国拉美和加勒比经济委员会等机构联合主办了第二届中国—拉共体高级别学术论坛暨第六届中国—拉美和加勒比智库论坛。此次智库论坛的主题是"中拉合作：共迎挑战，共创未来"，采取线上线下相结合的方式举行，中国社会科学院王灵桂副院长，中国政府拉美事务特别代表邱小琪，联合国拉美经委会秘书长阿莉西亚·巴尔塞纳，智利前总统爱德华多，墨西哥外交部美洲机制与组织司司长、拉共体国家协调员埃弗兰等出席开幕式并致辞。来自中国、巴西、智利、阿根廷、秘鲁、墨西哥、古巴、牙买加、玻利维亚、哥伦比亚等国的官员、学者、外交使节、企业家代表以及新闻媒体记者等各界人士共 100 余人参加了此次论坛。

与会各方围绕"中拉发展互鉴""全球挑战下的中拉'一带一路'和'健康丝绸之路'合作""中拉新兴合作领域：数字经济与能源转型""面向未来的中拉合作：国际新格局下的新方向"四个议题进行深入的交流与对话。

3. 第十四届中国—拉美企业家高峰会"中拉智库合作论坛"。11 月 16 日，拉美所受中国贸促会委托，与西南财经大学和四川外国语大学联合举办了第十四届中国—拉美企业家高峰会"中拉智库合作论坛"，副院长王灵桂作书面主旨演讲。中国—拉美企业家高峰会于 2007 年由中国贸促会倡导创立。2015 年初，高峰会被列入《中国与拉美和加勒比国家合作规划（2015—2019）》，成为"中国—拉共体论坛"项下经贸领域机制性活动。2021 年，中国贸促会与拉丁美洲研究所建立合作，首次在中国—拉美企业家高峰会上设立"中拉智库合作论坛"。

4. "可持续发展目标中的中拉互鉴"国际研讨会。2021 年 10 月 19 日，中国社会科学院国际合作局、中国社会科学院拉丁美洲研究所和江西省社会科学院联合主办的"可持续发展目标的中拉互鉴"国际研讨会在南昌顺利召开。来自厄瓜多尔、圭亚那、委内瑞拉、多米尼加、巴拿马、格林纳达、乌拉圭、古巴、巴巴多斯、秘鲁、墨西哥、苏里南和海地等拉美国家的使节或代表，以及来自中国社会科学院拉丁美洲研究所、江西省社会科学院、江西农业大学的 10 余位专家和学者出席会议。

5. 第四届中拉文明对话论坛。10 月 22—23 日，由中国社会科学院拉丁美洲研究所、当代中国与世界研究院、江苏省人民政府外事办公室、朝华出版社联合拉丁美洲社会科学院拉丁美洲社会科学理事会、智利天主教大学等机构共同主办的第四届中拉文明对话论坛在北京成功举办。此次对话论坛聚焦"发展互鉴：构建中拉新型交流合作关系"。第十二届全国政协副主席马培华、中国外文局局长杜占元、中国社会科学院副院长王灵桂、中国政府拉美事务特别代表邱小琪、中国外交部前副部长李金章、智利前总统爱德华多·弗雷、哥伦比亚驻华大使路易斯·蒙萨尔韦和巴西驻华大使保罗·瓦莱出席开幕式并致辞。闭幕式上，用中、英、西、葡4个语种同步发布的《中拉文明对话论坛北京宣言》凝聚了与会各方在中拉文明互鉴、共享发展成果、开展联合研究和联合出版等领域的广泛共识，进一步推动了中拉文明对话论坛机制化。

（二）其他对外学术交流活动

1. 3月11日，受西班牙驻华使馆邀请，社会文化研究室助理研究员楼宇以译者和研究者的身份，参加该馆主办的"一场关于里卡多·皮格利亚的对话"活动，探讨阿根廷著名作家、文学评论家皮格利亚的作品及其对西班牙语文学的影响。

2. 4月29日，作为拉美所建所60周年的系列活动，"中拉大讲堂"学术演讲季启动仪式在中国社会科学院拉丁美洲研究所举行。此次学术演讲季由中国知网、中国拉丁美洲学会、中拉教科文中心、拉丁美洲社会科学理事会、拉丁美洲社会科学院以及拉丁美洲中国研究学会等中拉重要学术组织与研究平台共同发起，旨在普及中拉知识，促进两地学术交流，特别是增进中拉学界、媒界、企业界、教育界和社会公众之间的相互了解和理解。

3. 5月13日，中联部邀请拉美所副所长袁东振研究员参加了该部举办的主题为"地区安全形势与中拉关系"的拉美和平组织领导人与安全智库学者网络研修班，并作"后疫情时代中拉'一带一路'合作的风险与挑战"专题介绍。

4. 6月初，中国驻阿根廷使馆邀请郭存海研究员参加该馆举办的建党百年线上专题研讨会，就新时期中阿、中拉关系发展及前景进行介绍，阿有关政党负责人和智库学者代表参加会议。

5. 5月21日，古巴驻华使馆举办主题为"美国对古巴实施经济、商业和金融封锁及域外影响"的研讨会，拉美所古巴研究中心秘书长、拉美区域合作研究室助理研究员韩晗在会上作题为"多边主义中的不和谐之音——新冠疫情下美国对古巴的封锁"的发言。

6. 6月10日，古巴国际政治研究中心邀请古巴研究中心秘书长韩晗参加"建党百年来作为领导力量的中国对外政策"网络研讨会，通过视频会议方式在会上作"'一带一路'倡议下的中拉合作：理念共识与现实发展"的演讲。

7. 6月29日，应中联部邀请，周志伟研究员参加了由中国驻累西腓领馆和巴西共产党下属智库毛里西奥·格拉博伊斯基金会、民主工党下属智库布里佐拉基金会共同举办的"百年历程——中巴智库对话会"线上会议并发言。

8. 6月27日，国际关系研究室副研究员孙洪波参加由阿根廷拉普拉塔国立大学中国研究中心举办的"中国共产党一百年：构建人类命运共同体"专题会议，并作题为"人类命运共同体：中国与拉美的虚构神话还是现实梦想？"的发言。

9. 坚决克服疫情影响，保持与拉美驻华使馆的良好关系和频繁交流。2021年上半年，拉美所所长柴瑜研究员先后拜会古巴驻华大使和阿根廷驻华大使，就双方今后可能开展的合作方式与领域进行交流，同时各拉美使馆官员多次拜访拉美所，拉美所学者也参加了一系列使馆举办的纪念活动和发布仪式等。

六、承担课题情况

序号	课题名	主持人	课题类型	课题编号
1	双循环新格局下中国与拉丁美洲经贸关系的发展与挑战研究	岳云霞	国家社会科学基金重点项目	21AGJ013
2	内生及外源性危机对拉美国家的影响及其应对机制研究	张勇	国家社会科学基金一般项目	20BGJ073
3	区域性公共产品视阈下中拉在"一带一路"框架内的金融合作研究	王飞	国家社会科学基金青年项目	19CGJ027
4	拉美现代右翼的演变及其对中拉关系的影响研究	李昊旻	国家社会科学基金青年项目	20CGJ043

南开大学拉丁美洲研究中心

一、历史沿革

南开大学拉丁美洲研究中心是我国在高校最早设立的拉丁美洲研究机构之一，现已发展成为国内重要的拉丁美洲史研究基地、人才培养基地和高水平的学术交流平台。

20世纪60年代初，为满足国家对拉丁美洲深入了解之所需，北京大学、中国人民大学、北京师范大学和复旦大学等高校先后开设"拉丁美洲史"课程。在这一历史大背景下，南开大学拉丁美洲史研究室成立。20世纪90年代初，国家教委积极推动高校国际问题研究，在具有基础的教委直属高校布设地区与国别研究中心。1993年11月，南开大学拉丁美洲研究中心正式挂牌成立。2000年10月，中心并入历史学院。拉丁美洲史是国家重点学科"世界史"的主要分支学科之一，也是历史学院的特色学科之一。2017年，中心成为教育部国别和区域研究备案中心。2002年，中心开始招收博士后。

中心在1999年成为中国拉丁美洲史研究会秘书处所在地，负责研究会日常事务和举办各类学术活动，为组织和协调国内拉美研究发挥重要作用。洪国起教授在1991年至1999年任拉丁美洲史研究会副理事长，在1999年至2007年任理事长。2007年至2016年，王晓德教授担任研究会理事长，韩琦教授担任常务副理事长。2016年至今，韩琦教授担任研究会理事长，董国辉教授担任副理事长兼副秘书长，王萍教授任副理事长。

二、研究方向

中心主要对拉丁美洲整体及其主要国家的历史进行全方位研究，相关研究工作如下。

第一，对拉丁美洲整体的历史发展进程进行长期研究。目前，中心主要从拉美多元社会的形成、殖民遗产、现代化进程及社会变革等角度对拉丁美洲地区的整体发展进行研究。在拉丁美洲区域研究中已形成全方位、多角度的研究结构。

第二，中心在重视区域史研究的同时，力拓国别史研究，做到区域史与国别史相结合、大国史与小国史相协调。中心在国别史研究中紧抓具有国际和地区影响力的大国，例如阿根廷、巴西、智利、墨西哥等国家。这些地区大国无论是自身的发展还是辐射力来说都对拉美地区产生至关重要的影响。在坚持着眼大国的同时，拉美中心并没有忽视对拉美中小国家历史的研究，例如秘鲁、巴拉圭、乌拉圭、厄瓜多尔和中美洲国家等。对于这些中小国家历史进程的研究丰富了国内拉美史研究的领域。

第三，在坚守历史学研究的同时，中心秉承史学研究的现实关怀，关注拉美现状，积极参与各种形式的现状研究。中心以历史学研究为基础，深究现实问题的历史缘由，从社会发展进程的角度对现实问题进行独具特色的解析，发挥了独特的作用和优势。这种以史学为基础现状研究与即时性的现状研究相互配合、取长补短，加强了我国对拉美地区和国家现实问题分析的准确度和前瞻性。南开大学拉丁美洲研究中心在拉美地区的疫病状况、社会治理、教育等问题上都提出针对性政策和建议并形成咨政报告等类型的研究成果，取得了很好的社会效应。

三、人员情况

目前，中心共有32位专职和兼职研究人员。其中，专职研究人员共有6名。在所有研究人员之中，3人为教授、博士生导师，2人为副教授、硕士生导师，1人为讲师。26名兼职研究人员均是国内外长期从事拉丁美洲研究的著名专家、学者。

韩琦，历史学博士、教授、博士生导师。现为南开大学拉丁美洲研究中心教授、南开大学世界近现代史研究中心（教育部人文社科重点研究基地）副主任，兼任中国拉丁美洲史研究会理事长，中国拉丁美洲学会副会长，中国世界近代史研究会副会长，中国外国经济史学会副会长。曾分别于2001年和2011年在墨西哥国立自治大学经济研究所做普访和高访学者，并出访过拉美多个国家。主要研究领域为拉丁美洲历史、拉丁美洲经济史、拉丁美洲现代化进程。曾主持完成教育部重大攻关课题子项目"拉丁美洲现代化模式"、教育部基地重大项目"拉美主要国家现代化道路"、国家社科基金一般项目"墨西哥20世纪前半期的文化革新运动和现代化"、教育部基地重大项目"拉丁美洲的民族主义和现代化"等课题研究。在《历史研究》《世界历史》《拉丁美洲研究》等刊物上发表学术论文百余篇。著有《拉丁美洲经济制度史论》《跨国公司与墨西哥的经济发展》，合著有《墨西哥文化革新运动与现代化》，并主编《世界现代化历程（拉美卷）》《拉丁美洲文化与现代化》等著作。其中《世界现代化历程（拉美卷）》获2012年教育部高校人文社科优秀成果奖二等奖。目前正主持国家社科基金重大项目子课题"20世纪拉丁美洲的城市化转型"（项目编号：16ZDA139）、国家社科基金后期资助项目"拉丁美洲史学史研究"（项目编号：19FSSB002）和教育部基地重大课题"独立以来拉美主要国家的社会转型"（项目编号：19JJD770007）。

王萍，历史学博士、教授，博士生导师。现为中国拉丁美洲史研究会副理事长、南开大学世界近现代史研究中心教授、南开大学经济史研究中心教授、北京对外经济贸易大学特邀研究员。1987年毕业于南开大学外文系英语专业，获文学学士学位，1990年、2002年先后获得南开大学历史学硕士学位和历史学博士学位。1990年留校工作，1992年底调入拉丁美洲研究中心，并参与中心成立筹备工作。1999年底至2001年初受教育部委派在哥伦比亚国立大学国际关系学院研做访问学者。主要研究领域为拉丁美洲经济史、拉丁美洲经济思想、拉美地区一体化、拉美对外经济关系、古巴研究等。主要著作有《走向开放的地区主义——拉丁美洲一体化研究》（专著）、《越南、古巴社会主义现状与前景》（合著）等3部；在《世界历史》、《现代国际关系》、《南开学报》、《拉丁美洲研究》、Leaders（香港）、《亚洲研究》（香港）等刊物上发表了《结构主义与拉美的发展》《美洲自由贸易区与拉丁美洲一体化》《拉美"开放的地区主义"与中国》《全球化与拉美的发展》等50余篇论文。主持和参加国家社科基金项目和教育部项目6项，主要包括国家社科基金项目、国家"九五"规划重点项目、博士基金项目、教育部重大攻关项目子课题，以及南开大学项目5项，目前正在从事国家社科基金项目"拉丁美洲大地产制度及其对社会经济结构的影响研究"。开设的硕士研究生课程有西班牙语基础、拉丁美洲经济史专题，开设的博士研究生课程有拉丁美洲一体化研究、拉丁美洲对外经济关系专题。

董国辉，现为南开大学拉丁美洲研究中心主任、教授、博士生导师，中国拉丁美洲史研究会副理事长兼秘书长,中国拉丁美洲学会副秘书长,中国人权研究会理事。1986年考入南开大学历史系世界史专业,先后获得历史学学士、硕士和博士学位。2006—2007年,获中美富布赖特研究学者项目资助,赴美国伊利诺伊大学香槟分校做访问研究;2017—2018年,赴美国加州大学圣迭戈分校做访问研究。主持国家社科基金项目1项和国家人权教育与培训基地重大项目1项,参与国家社科基金重大项目、教育部重大攻关项目、教育部人文社会科学重点研究基地重大项目多项。

四、主办刊物简介

中心长期承担中国拉丁美洲史研究会刊物《拉美史研究通讯》的组稿、排版、出版等一系列工作。《拉美史研究通讯》每年出版两期,成为学会会员之间学术和信息交流的重要渠道。

五、学术活动

2021年6月4日,中心举办学术讲座"拉美研究方法论刍议",上海大学特聘教授江时学应邀作报告。

2021年11月6—7日,由中国拉丁美洲史研究会主办,中国社会科学院世界历史研究所承办的中国拉丁美洲史研究会第20届年会暨"全球史视野下拉丁美洲与世界的互动"学术研讨会举行。中心成员积极组织参与并发言。

2021年11月14日,由南开大学世界近现代史研究中心、南开大学拉丁美洲研究中心主办的"现代化、全球化与社会转型"报告会,通过腾讯会议的形式在线上举行。此次报告会邀请了华中师范大学历史文化学院邢来顺教授、南京大学历史学院刘金源教授、华东师范大学历史系沐涛教授、中国社科院世界历史研究所毕健康研究员,以及中国社科院社会发展战略研究院房连泉研究员作主题报告。报告会由世界近现代研究中心韩琦教授主持。

六、科研成果

中心承担了拉美研究各类各级多项课题,发表多项高质量的研究成果。2021年,中心师生在《世界历史》《华人华侨历史研究》《拉丁美洲研究》等学术期刊发表20余篇论文。2021年3月,韩琦教授与其学生合著的《墨西哥文化革新运动与现代化》由社会科学文献出版社出版。

七、教学成果

中心是国内高校中少数长期招收拉美史方向研究生的教学机构之一,分别于1987年和1997年开始招收拉美史方向的硕士研究生和博士研究生。到目前为止,该中心在拉美史方向已培养88名硕士和47名博士，现有在读硕士研究生和博士研究生合计40名。另外，在周恩来政府管理学院、经济学院等其他文科学院系也培养拉美方向的硕士研究生和博士研究生。

中心研究人员每年都在为硕士研究生和博士研究生开设十余门拉美史方向的专题课程，引导研究生走入拉美史研究。在研究生培养中，中心教师坚持通过指导论文帮助研究生逐渐建立独立科研的能力。从2020年1月到2021年6月，在导师的指导下，中心的研究生共发表26篇学术论文。同期，中心的5名博士研究生全部以学位论文总评为A的优异成绩通过匿名评审进入论文答辩阶段并顺利通过论文答辩获得学位，7位硕士研究生也顺利通过论文答辩获得学位。

中心研究人员一直坚持为南开大学本科生和研究生开设课程，形成了涵盖本科生、硕士研究生和博士研究生的课程体系。目前，中心为本科生开设的课程有"拉丁美洲史""拉丁美洲外交史""拉丁美洲现代化进程""拉丁美洲文明史史""巴西史""世界近现代史"。

中心为硕士研究生开设的课程包括"西班牙语基础""拉丁美洲史专题研究""拉丁美洲经济史专题研究""拉丁美洲政治史专题研究""拉丁美洲外交史专题研究""拉美社会文化史""拉丁美洲现代化专题研究""拉美国别和其他问题专题讲座""世界近现代史专题"。

中心为博士研究生开设的课程包括"专业西班牙语""拉丁美洲经济史""拉美现代化进程研究""拉丁美洲一体化：理论与实践""拉丁美洲对外经济关系史""拉美发展的比较政治研究""拉美国际关系史专题研讨"。

八、承担课题情况

该所主要承接四种类型的课题：本院专项课题、高端智库课题、国家部委委托课题及企业委托课题。2021年的课题完成情况如下。

该所完成一项关于拉美政治生态演变的现代院专项课题，对2019年以来拉美政治生态变化的趋势、原因及影响进行了较为详细、深入的分析。该所研究人员认为，在百年未有之大变局和新冠肺炎疫情的双重影响下，拉美政治生态加速演变，政治不信任危机蔓延，政党碎片化趋势加剧，新兴政治力量加速崛起，地区"左""右"政治力量呈现拉锯对峙、全面博弈的新态势，拉美各国政府的执政压力空前。拉美政治生态变化背后，既有全球同频"共振"、负面效应传导的外因，更有自身新旧矛盾集中发酵、相互激荡的内因，而突然暴发的新冠肺炎疫情无疑成为冲击地区发展的最大因素，加速了地区"乱""变"交织的进程。在此背景下，不稳定不确定因素显著增多，地区困难局面短期难以改善，改革迫在眉睫。拉美国家亟须加强民主治理，推动政党良性竞争，增强民众政治参与信心，提升政府治理能力，以创造稳定发展环境，增加内生性发展动力，推动国家重回发展快车道。

该所还承担了多项政府机构、企事业单位委托课题，包括中拉蓝色伙伴关系、中拉能源合作、全球能源合作等议题。在中拉蓝色伙伴关系研究课题中,该所研究人员对新时期构建中拉蓝色伙伴关系的战略意义、可行性、路径、风险挑战等进行了全面分析,提出了有针对性的政策建议,填补了国内相关研究空白,获得国家海洋信息中心专家评审会的高度评价。

中国现代国际关系研究院拉美研究所

一、历史沿革

中国现代国际关系研究院(CICIR)是中国历史悠久、研究领域广泛、功能齐备的复合型国际战略与安全问题研究及决策咨询机构。其历史可上溯至20世纪40年代,后在1980年正式挂牌为"现代国际关系研究所"。随着研究领域的不断拓宽、研究队伍的不断壮大、研究实力的不断提升,它在2003年更名为"中国现代国际关系研究院"(以下简称现代院)。目前,现代院拥有300余名研究和科辅人员,下设15个研究所、12个研究中心以及国际交流部、国际信息资料中心、研究生部、时事出版社等部门。现代院的研究领域覆盖全球所有国家和地区,涵盖全球重大战略性、综合性问题,以及中国与外国、国际机构或组织的关系等,彰显研究的全面性、综合性、战略性。现代院主办发行三大学术期刊:《现代国际关系》(中文核心期刊)、《现代国际关系》(英文版)和《国际研究参考》,每年推出具有自身特色的年度报告《国际战略与安全形势评估》,不定期推出各种白皮书、小册子。其下属的时事出版社每年就国际关系、国际战略与国际安全推出大量学术著作。现代院还着力培养高端人才,是国家学位委员会批准授予博士学位点、硕士学位点的单位,每年培养数十位国际关系专业和国家安全学专业的硕士研究生、博士研究生。现代院于2015年入选首批国家高端智库建设试点单位,在2020年美国宾夕法尼亚大学全球智库排行榜中名列中国第一、全球第十八,并在外交政策与国际事务研究分类排名中位列全球第三,是享誉内外的中国特色国家高端智库。

现代院拉美所的历史可追溯至20世纪60年代。现代国际关系研究所在1980年成立后,拉美研究室随即组建起来。2003年"所"改"院"后,研究室相应更名为"现代院拉美所"。目前，拉美所下设三个研究室：墨西哥—中美洲—加勒比研究室、安第斯地区研究室和南共市地区研究室。研究对象涵盖拉美和加勒比地区 33 国和 14 个未独立地区，研究领域包括拉美各国和地区问题、中拉关系、拉美对外合作以及全球治理等综合性问题。

二、研究方向

该所坚持区域研究与国别研究、基础研究与动态研究、学术研究与政策研究相结合，现已形成以国别研究为基础、以问题研究为牵引、以战略和政策研究为特色的多层次、复合型研究格局。主要研究领域包括：拉美地区全部 33 国的国别研究；拉美政治、经济、社会、军事、外交、安全等地区问题研究；中拉关系、美拉关系、欧拉关系、东亚与拉美关系等拉美对外关系研究；南共市、中美洲共同体、加勒比共同市场、拉美共同体、美墨加自由贸易区等一体化组织研究；拉美与联合国、金砖国家、G20、APEC 等国际机构或组织的关系及拉美在世界格局中的地位等专题研究。

三、人员情况

该所现有研究人员十余名，具有"老中青"三代结合、年轻人为主力军的特点，人才梯队布局合理、衔接有序。研究人员多拥有博士或硕士学位，均通晓西英或葡英双语，教育背景涵盖外语、历史、经济、国际关系、国际政治等多学科，严谨治学风气和集体攻关氛围浓厚。

该所学术带头人为吴洪英研究员。她取得历史学博士学位，曾长期担任拉美所所长，现任现代院金砖暨 G20 研究中心主任，是国务院政府特殊津贴专家、全国社会科学基金重大项目评审专家、博士生导师。她的研究领域包括拉美政治经济、中拉关系、美拉关系、美洲一体化、金砖机制、二十国集团、第三世界地位与作用、世界民族问题、全球治理等。其专著《巴西现代化进程透视——历史与现实》被公认为"中国研究巴西现代化进程的第一部专著"。她参编了《当代第三世界透视》《历史拐点：21 世纪第三世界的地位与作用》等 30 余部书籍，合译了《剑桥拉丁美洲史》（第二卷和第九卷）、《独立以来拉丁美洲的经济发展》和《民族与国家》等世界名著，在《人民日报》《光明日报》《经济日报》《中国日报》《世界历史》《现代国际关系》《拉丁美洲研究》等重要报刊和学术期刊上发表文章和学术论文 200 余篇。她多次应邀在 CCTV-1、CCTV-4、CGTN、凤凰卫视、中国国际广播电台等媒体上点评拉美时政，多次在"中拉智库论坛""中拉文明对话""东亚—拉美对话"等重要场合发表演讲，长期担任中国拉美学会副会长、中国拉美史研究会副会长。

该所现任所长为杨首国研究员。他取得法学博士学位，现为博士生导师，兼任中国拉美史研究会副会长、中国拉美学会常务理事，长期从事拉美战略性问题研究，研究领域涉及拉美政治、经济、外交、中拉关系及墨西哥、古巴、委内瑞拉等国别研究。他的主要研究成果包括：《劳尔时代古巴经济改革研究》《巴西现代化进程中的农业问题》《中国对拉美政策评估》等多篇学术论文；在拉美国家刊物上用西班牙语发表多篇论文，包括主编《中智关系40年：经验与启示》（智利发展大学出版）、撰写《中墨关系40年回顾与展望》（墨西哥国立自治大学出版）等；在《人民日报》《解放军报》《瞭望》《世界知识》等报刊杂志或网站上发表数十篇评论文章。

现任副所长为孙岩峰研究员。他是中国拉美学会常务理事、中国拉美史研究会常务理事，长期研究拉美政治及经济形势、中拉关系，重点跟踪研究巴西、阿根廷、委内瑞拉等南美国家，多次主持现代院及外交部、中联部课题，曾参与撰写《拉美政治变迁三十年》、《跨越中等收入陷阱：巴西的经验教训》、《新形势下的中国与墨西哥关系》（西文）等学术著作及《葡萄牙人的地理大发现》等译著，并在中央广播电视总台、新华社、《人民日报》（海外版）、《光明日报》等媒体发表诸多时政评论。

四、学术活动

作为中国专门的、重要的拉美问题研究机构，该所每年主办多场重大学术活动，并参与国内外大量学术活动，与外交部、中联部、商务部、环保部、财政部等政府部门，中国社会科学院、中国国际问题研究院、上海国际问题研究院等研究机构，北京大学、南开大学、中国人民大学、北京外国语大学、对外经贸大学、上海大学、湖北大学、西南科技大学等高校，国开行、中石油、中广核等企业长期保持密切交流与合作。

2021年4月22日，该所主办"古共'八大'后古巴形势及中古关系"学术研讨会。中国社科院荣誉学部委员徐世澄研究员、中国前驻古巴大使张拓、中联部拉美局金小鹏副局长、中国社科院拉美研究所政治室主任杨建民研究员、中国社科院马克思主义研究院贺钦副研究员等20余位专家学者与会，就4月16日至19日召开的古巴共产党第八次全国代表大会成果以及古巴形势、中古关系等议题展开深入交流。专家学者们认为，当前古巴正进入东欧剧变以来又一困难时期，美国对古巴制裁封锁有增无减，古巴经济受新冠肺炎疫情严重冲击，改革亦步入"深水区"。但古巴共产党在以劳尔为首的老一辈革命家领导下，沉稳应对，推动古共"八大"如期召开。会议实现了古共领导层的新老交替，使社会主义事业得到传承和延续；重申了古巴共产党的绝对领导地位，有助于统一思想、凝聚共识；通过了一系列经济社会政策纲领性、指导性文件，为推进经济社会模式增添新动力。吴洪英研究员在总结发言中表示，此次举办古共"八大"专题研讨会，体现了中国学术界对古共"八大"以及世界社会主义运动新发展、新变化的高度关注；古共"八大"是古巴一次承前启后、继往开来的具有里程碑意义的大会，将有力推动古巴未来的发展；现代院相关研究人员将持续加强对古巴共产党"治国理政"、世界社会主义运动发展的动态跟踪和理论探索，以丰硕的学术成果向建党一百周年献礼。

2021年6月8日，该所主办"拉美政治生态变化"研讨会，就近期拉美政治生态变化动向、特点、走向及对中拉关系影响等议题进行了深入探讨。中国社科院荣誉学部委员徐世澄研究员，中国前驻古巴、阿根廷、委内瑞拉、玻利维亚大使张拓，上海大学拉丁美洲研究中心主任江时学教授，中国社科院拉美研究所方旭飞副研究员，中国国际问题研究院拉丁美洲研究所研究实习员章婕好先后作主题发言。与会专家认为，百年疫情与百年变局叠加，拉美正进入一个历史变化的关键节点，民众普遍反思现有体制不足，呼吁加快治理体系变革和经济结构转型，以尽快走出疫情阴霾和发展困局。在此背景下，中拉发展合作的动力更加强劲，双方可持续深化政治互信，加强治国理政经验交流，创新合作模式，拓展合作领域，中拉互利合作前景可期。

2021年12月23日，该所和《现代国际关系》编辑部联合举办"百年变局下的拉美形势及中拉关系"研讨会。会议聚焦百年变局和世纪疫情下的拉美政治、经济、社会、外交和中拉关系新动向，来自中国社科院拉美研究所以及现代院拉美研究所、世界政治研究所、世界经济研究所的专家学者进行了深入研讨。现代院院长助理兼美国研究所所长王鸿刚致欢迎词，金砖国家暨G20研究中心主任吴洪英和拉美研究所所长杨首国、副所长孙岩峰分别主持会议的三个单元。与会者认为，当前拉美疫情挥之不去，经济复苏艰难推进，政治生态乱中有变，对外合作调整重构，地区发展呈现挑战与机遇并存、希望与迷茫交织的复杂局面，亟须找到一条稳定持久的发展之路。变局之下，中拉更加坚定携手前行，推动中拉关系逆势上扬，开启创新合作、共同发展新时代。

此外，该所还就中拉关系、中拉"一带一路"合作、中拉能源合作、中拉"蓝色伙伴关系"、金砖国家合作、拉美与G20等议题主办多场讨论会、咨询会，邀请院内外专家从不同研究视角分析问题、分享看法，搭建了一个相互学习交流的良好平台。

该所研究人员积极参与国内政府部门及其他学术机构举办的各类重要学术活动，主要活动如下。

吴洪英研究员在2021年度参加近20次国内学术活动。主要包括由中国社科院拉美所主办的"全球化与经济民族主义研讨会"（2021年1月6日），并以"全球化对拉美民族主义的影响"为题进行发言；由商务部主办的"如何加强下阶段金砖国家合作"政策咨询会（2021年3月24日），并以"新冠疫情背景下金砖国家合作的机遇与挑战及其思考"为题进行发言；由国防大学防务学院主办的"中拉军事合作研讨会"（2021年3月31日），并以"当前中拉安全合作的机遇与挑战"为题进行发言；由中联部和平与核裁减理事会主办的"第一次中拉学者视频研讨会"（2021年5月13日），并以"当前拉美安全形势"为题进行发言；由中国社科院拉美所和日本、韩国学术机构共同主办的"东亚—拉美地区研究伙伴对话"国际会议（2021年5月27日），并以"当前中拉合作面临的机遇与挑战"为题进行发言。

杨首国研究员先后参加了由中国社会科学院拉丁美洲研究所举办的"中国共产党与拉美共产党和左翼政党的交往"研讨会（2021年5月）、西南科技大学北京研究院举办的"美国及西方国家对华经济规制影响及应对策略"研讨会（2021年5月）等十余场学术活动，并作主旨发言。

孙岩峰研究员参加了由清华大学与中国驻巴西使馆共同举办的"百年变局下政党在中巴关系中的作用"研讨会（2021年6月）等学术活动。

五、科研成果

该所既进行独立研究，也接受国内政府部门委托研究，还同国内外有关机构就共同感兴趣的课题进行合作研究，在学界有较强影响力、号召力。研究成果或提供给有关政府部门、企事业单位，服务于政府、企业拓展对外合作；或通过学术刊物、报纸等公开发表，以扩大学术和社会影响。

2021年，该所以集体或个人名义发表学术论文或评论文章数十篇，代表性成果有《巴西基督教福音派的政治扩张及其影响》（《拉丁美洲研究》2021年第2期）、《拉美政治生态演变的新趋势、动因及影响》（《拉丁美洲研究》2021年第3期）、《新冠疫情下拉美的发展困境与变革之路》（《2021世界发展状况》拉美篇，中国发展出版社）等。

该所研究人员还就拉美地区形势、热点问题，在《人民日报》《光明日报》《经济日报》《中国日报》《大众日报》《工人日报》《瞭望》《世界知识》《环球》等报刊及澎湃新闻等网站上发表多篇文章，内容涉及拉美整体形势、中美拉三边关系、委内瑞拉局势、玻利维亚大选、古共八大、智利修宪等；另就2021年中国"两会"与中拉合作、中国"双循环"新发展格局对中拉关系的影响、拉美疫情与中拉疫苗合作等话题，多次接受CCTV-1、CCTV-4、CGTN、凤凰卫视、中国国际广播电台等媒体的采访，努力讲好中国故事、传播好中国声音。

六、成果

现代院在1981年开始招收硕士研究生，在1995年开始招收博士研究生，旨在培养在国际关系、国家安全研究领域具备一定理论基础和专业知识，能够灵活运用科学研究方法独立从事创新性学术研究，适应新时代相关工作需要的高素质、高层次专门人才。该所现有2名博士生导师，1名硕士生导师，招生方向为国际关系研究、国家安全研究，招生对象主要为党政机关、事业单位、国有企业等在职在编定向委培人员，迄今已为高校以及外交、外贸等战线输送多名高端人才。

七、对外交流情况

该所对外交流广泛、频繁，与拉美各国驻华使领馆、拉美国家在华学者保持着定期沟通，与拉美地区高校及研究机构建立了多种多样的交流合作形式。

目前，该所在拉美 7 国有 9 家固定交流伙伴，包括古巴国际政治研究中心、巴拿马大学、墨西哥国立自治大学、墨西哥维拉克鲁斯大学、巴西亚历山大古斯芒基金会、巴西中国—亚洲研究所、阿根廷国际关系理事会、智利发展大学、秘鲁太平洋大学。另与联合国拉美经委会、美洲对话、巴西国际关系研究中心等多所智库、高校保持着密切交往，形成了覆盖拉美地区主要国家的交流网络。

2021 年以来，受新冠肺炎疫情影响，中外人员交流受阻。在此背景下，该所重点与拉美国家驻华使馆进行联络，并通过视频会议的形式与拉美地区学术机构保持交流，力保对外交往不中断，力求对外交往更好地服务研究工作。据不完全统计，一年半时间内，该所共与拉美国家驻华使馆官员会面十余次，与拉美地区学术机构举办线上交流会十余场。

八、承担课题情况

课题名	主持人	课题类型	课题编号
巴西的日本移民史研究	杜　娟	国家社会科学基金一般项目	19BSS033

北京大学拉丁美洲研究中心

一、历史沿革

北京大学拉丁美洲研究中心成立于 2003 年，是一个跨学科、跨院系（所）的学术机构，挂靠北京大学历史学系，在 2017 年入选教育部国别和区域研究备案中心。

二、研究方向

中心的主要任务是：1. 协调北京大学拉丁美洲学科的教学和研究工作，对拉美地区开展跨学科的综合性研究，推出高质量的学术成果，培养后备人才；2. 针对拉美形势和中拉关系，与政府部门和企事业单位合作，开展应用性的研究，发挥智库功能；3. 通过学术会议、讲座等形式，开展丰富多彩的国内外学术交流；4. 收藏拉美研究的图书资料。

三、人员情况

董经胜：历史学系，北京大学拉丁美洲研究中心主任、教授，兼任中国拉丁美洲学会副会长、中国社会科学院拉丁美洲研究所学术委员、清华大学国际与地区研究院学术委员、天津外国语大学拉美研究中心学术委员、西南科技大学拉美研究中心学术委员、《拉丁美洲研究》编委、中国未来研究会现代化分会理事会理事。主要研究方向为拉美历史。

郭洁：国际关系学院，主要研究方向为拉美政治与外交、中拉关系。

闵雪飞：外国语学院，主要研究方向为巴西文学与文化。

路燕萍：外国语学院，主要研究方向为拉美政治、拉美文学。

樊星：外国语学院，主要研究方向为巴西文学与文化。

四、学术活动

2021 年 5 月 11 日，邀请前驻巴西大使李金章作题为"百年变局漫谈"的讲座。

2021 年 12 月 3 日，董经胜在清华大学国际与地区研究院作题为"从马尼拉大帆船到一带一路"的讲座。

2021年10月30日，在河北保定与河北大学联合举办"外国近代以来的战争、革命和思想变迁会议"。

2021年12月10日，郭洁在清华大学国际与地区研究院作题为"从特朗普到拜登——美国对拉美政策的变与不变"的讲座。

五、科研成果

李伯重、董经胜主编：《海上丝绸之路：全球史视野下的考察》，社会科学文献出版社2021年版。

董经胜：《阿根廷民粹主义政党的转型与新自由主义改革》，《北大区域国别研究》第3辑，江苏人民出版社2021年版。

董经胜：《墨西哥现代化模式的转换及其经验教训》，《世界历史》2021年第6期。

董经胜：《小农制与墨西哥的现代化道路》，《世界近现代史研究》第18辑，社会科学文献出版社2021年版。

樊星：《从见证者到亲历者——2020年巴西文学叙事转向研究》，《外国文学研究动态》2021年第3期。

樊星：《被低估的文学遗产——"十七年"巴西文学在中国的译介》，《文艺理论与批评》2021年第1期。

六、承担课题

序号	课题名	主持人	课题类型	课题编号
1	巴西"30一代"左翼作家研究	樊星	国家社会科学基金青年项目	19CWW018
2	独立以来墨西哥社会转型研究	董经胜	教育部人文社会科学研究基地（南开大学）重大项目	19JJD770007
3	东亚三国与拉丁美洲跨越太平洋的历史联系与现实纽带	郭洁	北京大学桐山教育基金研究项目	—

对外经济贸易大学拉美研究中心、太平洋联盟国家研究中心

对外经济贸易大学从事拉丁美洲区域和国别研究的平台有两个：一是外语学院区域国别研究所拉美研究中心，二是太平洋联盟国家研究中心。

一、外语学院区域国别研究所拉美研究中心

为适应中国加入世界贸易组织后对外经济贸易发展的需要，发挥对外经贸大学外语学院语种众多，涵盖国家、地区广泛的优势，2001年9月对外经济贸易大学区域国别研究所成立并挂靠外语学院，下设东亚、俄罗斯与中亚、西亚北非、拉美、欧洲五个研究中心。

从拉美问题的研究角度看，对外经济贸易大学拉美研究中心事实上是延续了外经贸大学原国际问题研究所拉美区域研究的作用。1982年原北京外贸学院国际问题研究所成立，设有欧洲、美国、西亚北非、前苏联、拉美等区域研究方向。2000年，外经贸大学与金融学院合并，国际问题研究所更名为国际经济研究院，研究部门按着专业方向重新调整，拉美区域研究方向被取消。

2001年以来，该研究中心围绕着中国与拉美国家经贸关系发展这一主题分别于2006年、2008年、2011年和2013年举办过四次国际研讨会，其中的三次在对外经济贸易大学举办，一次在阿根廷布宜诺斯艾利斯市与阿根廷二月三日国立自治大学联合举办。

二、太平洋联盟国家研究中心

2017年6月，对外经济贸易大学宣布成立区域国别研究院，太平洋联盟国家研究中心位列该院下设十二个研究中心之一，后获教育部高校区域和国别研究基地备案。

（一）中心定位

区域研究平台：太平洋联盟研究国家研究中心是针对由智利、哥伦比亚、墨西哥、秘鲁四国所组成的拉丁美洲重要组织太平洋联盟的区域研究平台。太平洋联盟成立于2011年4月28日，是拉美国家在21世纪推动经济一体化的新尝试，以自由贸易为核心驱动力，在当前

的拉美一体化进程中呈现活跃状态。从 2012 年成立至今，太平洋联盟不断壮大，其观察员国在 7 年内增加了 50 多个，其影响力不可谓不大。与其他拉美地区一体化组织相比，太平洋联盟的一个重要特点便是在关注自身发展的同时对亚太地区经贸一体化同样重视和参与，这也使其获得了其他拉美地区一体化组织所没有的动力。2013 年，中国就成为太平洋联盟观察员国，太平洋联盟近年来更是加强"向东看"，这种契合使得太平洋联盟成为中拉次区域合作"重要抓手"。研究中心主要以该联盟四个成员国及其组织整体为重点研究对象，关注其整体国情以及与我国双边关系发展，同时也注重与该区域其他组织和国家的对比研究，将研究视野辐射整个拉丁美洲和西班牙语世界，以求获得更加全面的研究成果。中心始终将自己定位为研究该区域的全方位立体平台，在学科上覆盖广泛，包括但不局限于区域政治、经济、产业、法律制度、社会和文化研究等学科领域。

国家服务智库：中心将自己的职能定位于服务国家智库，为我国关于太平洋联盟国家和拉丁美洲政策制定提供服务。中心始终把握正确导向，深刻认识国别和区域研究工作的重大意义，具有为国家服务的强烈意愿；在学科研究上坚持以国家战略需求为导向，积极鼓励和引导研究人员关注有关太平洋联盟国家的国际热点和我国急需解决的现实问题，加强中心的科研成果为国家制定对外政策尤其是对太平洋联盟国家政策的服务意识，借助学校和教师团队现有的资源禀赋优势做出自身特色，在国情研究中及时发现问题，关注问题，解决问题，积极建言献策，在国际政治、经济、文化等社会科学领域为政府相关部门提供决策咨询服务，贡献智力成果。

学术交流纽带：中心同样将自己定位于连接太平洋联盟国家和有关学者的学术交流纽带，发挥自身跨国研究的天然属性和语言优势，积极拓展交流渠道、深度促进与研究对象国不同学术机构的多方合作，建设学习型研究平台，通过定期交流互访，共建课题，举办讲座等方式加强中心学者和对象国机构联系，以研究中心为桥梁充分发挥学术纽带作用，加深双方友谊的同时力求更加全面准确地把握目标区域国别研究动态。

区域国别人才培养基地：中心还将自己定位为太平洋联盟国家区域和国别研究人才培养基地。依托对外经济贸易大学整体资源，结合现有研究教师的多元研究和外语学院西语系优势，通过经济学科、语言学科和信息技术等学科的交叉渗透，拓宽人才培养口径，给予一流学生以一流的培养，造就出一批一专多能，即精通对象国语言又熟悉太平洋联盟国家国情，并掌握多种科研工具和方法的跨学科高级复合型人才。

（二）建设目标

总体目标：中心立足太平洋联盟组织，以四个成员国为核心研究对象，拉美和西语世界为延伸研究对象，秉持区域研究特色，以国家战略为科研导向，依托对外经济贸易大学的优势科研资源，打造有知名度，有辨识性，能为国家提供有前瞻性、建设性政策建议的，多学科多角度的特色区域国别研究中心。

分项目标

1. 夯实基础性研究，努力打造知名品牌。坚持研究中心的专业性，突出中心特色定位是中心长期规划的重中之重，中心将继续以太平洋联盟组织及其成员国和观察国为重点研究对象，在夯实基础性研究的同时，还要有前沿性的开拓和碰撞。从国情出发对对象国行动和形势进行前瞻思考，开展科学评估，进行预测预判，对有关双边或多边重大问题提出前瞻性、建设性的建议，在国家相关对外战略、规划、布局和政策等方面积极发挥重要作用。在科研产出上质、量并重，大力倡导相关学术研究的规范性和创新性，注重研究观点的独创性，重视相关成果的学术和公众传播，面向不同受众，使用不同方法传递智库观点，力求在中心研究领域内提高影响力，推出如简报类、专题研究类和基础研究类抑或具有自身特色的分析模型工具等科研产品，努力打造具有中心特色的知名品牌。

2. 紧密服务国家战略，提升咨政服务能力。坚持以服务国家战略为科研导向，不仅要在国家目前所关切的相关战略问题上下功夫，更需要开展有关太平洋联盟组织的前瞻性研究，并提出前瞻建议。中心将继续要求研究教师具有战略眼光审视大势和大局，认清机遇和挑战，准确分析不利环境和有利条件，从而未雨绸缪，系统谋划。此外，还要始终牢记形成的研究成果和建议对策要切实际，有根基，具有时效性，可行性，细致具体，具有建设性，能切实有利于我国在与相关国家的互动中趋利避害，赢得关系发展的主动权。只有把握相关国家发展大势、辨别发展方向，从具体和实际出发，才能切实发挥该中心咨政建言作用，提升资政服务能力。

3. 拓展与高校、科研机构和智库全面合作。中心依托对外经济贸易大学原有科研机构优势，充分使用相关科研资源，释放科研活力。在此之上努力拓展合作外延，就北京市而言，高校数量众多，不仅各综合性大学都有较为完备的科研机构层次和布局，数量多、范围广，具备较好的研究基础、较强的人才队伍、较为集中的问题凝练和一定的决策咨询经验，更有不少学校也拥有拉美国家区域研究中心或平台。中心将继续探索与更多机构展开合作，强调协同的同时突出特色，集中优势资源攻关重点问题，并在有关方面支持下，尤其与拉丁美洲研究所在内的企事业单位、智库合作共建，形成高校、政府、企业等多方面联动的机制。

4. 秉承全球治理人才培养目标，助力学校实现全球治理人才培养目标。全球治理人才培养推送是落实党和国家国际战略的一步先手棋。尤其近年来，中心所依托的对外经济贸易大学为响应国家对全球治理人才的迫切需求，树立世界格局眼光，立足人才培养，充分发挥国际化办学特色，搭建了广泛、深度、高水平的国际化人才培养交流与合作体系，努力培养具有家国情怀、国际视野、全球竞争力的高层次人才，积极探索全球治理人才培养推送新途径。中心作为立足太平洋联盟组织的区域国别研究机构，在全球治理人才培养上将发挥自身研究平台和国际科研纽带的优势，坚决助力学校相关人才培养目标，培养熟悉太平洋联盟组织、了解拉美的高层次人才。

（三）人员组成

太平洋联盟国家研究中心目前拥有研究人员3人，其中博士2名，硕士1名，均为区域国别研究方向。

1. 郑皓瑜，研究中心主任，对外经济贸易大学外语学院副院长，教育部高等学校外国语言文学类专业西班牙语专业教学指导分委会委员，副教授，硕士生导师。担任专注拉美社会问题研究十余年，目前已出版专著1部，发表学术论文多篇。

2. 王子刚，研究中心副主任，讲师，硕士生导师。主攻西语世界华人华侨研究、跨文化研究和"一带一路"背景下的国际关系研究，目前已出版专著1部，发表学术论文5篇学术论文并承担省部级课题1项。

3. 刘镓，助教，葡萄牙语语言文学硕士，主要研究方向为巴西区域国别研究，目前也已参与论文发表和课题数项。

研究中心成员在研究领域上做到了对研究对象和其所处区域较为全面的覆盖，积累了一定的科研成果和经验，团队整体年轻，富有拼搏精神，团队内部以"老"带"新"的结构保证了科研力量发展的可持续性，从整体上为中心科研提供了保障。

（四）主要科研成果

Zheng, H. (2021). La comprensión en la interpretación desde la perspectiva de la teoría de sentido. *Ibero-América Studies*, 2(1).

王子刚：《社团名称的统计与分析：探寻海外华人社团发展趋势研究的定量方法》，《统计与管理》2021年第7期。

王子刚：《从数据与量化角度浅析西班牙华人社团发展》，《八桂侨刊》2021年第1期。

Wang, Z. (2021). Breve Análisis del estereotipo de China y chinos en el mundo hispanohablante, *Ibero-América Studies*, 2(1).

（五）学术会议

2021年6月7日，由院太平洋联盟国家研究中心主办，伊比利亚美洲研究（*Ibero-Americas Studies*）杂志社与西班牙中国文化交流协会（Asociación de China España Intercultural）协办的首届西语国家国别研究青年工作坊召开。

此届工作坊旨在为西班牙语世界区域和国别研究的青年学者提供相互交流与学习的学术平台，建立国内外研究生间的学术交流机制，为西语世界区域和国别研究的发展助力。工作坊活动吸引了众多对西语世界区域和国别研究感兴趣的海内外青年学者参加，太平洋联盟国家研究中心主任郑皓瑜副教授与中心研究员王子刚博士发起并组织了此次活动。

（六）承担研究课题

序号	课题名	主持人	课题类型	课题编号
1	"一带一路"背景下西语世界华人现状研究	王子刚	对外经济贸易大学校级课题	—
2	西语世界华侨华人在"一带一路"倡议中的作用研究	王子刚	中国侨联青年课题	—

商务部研究院美洲与大洋洲研究所

一、历史沿革

商务部国际贸易经济合作研究院（CAITEC）是商务部直属事业单位，集经贸研究、信息咨询、新闻出版、教育培训、人才培养于一体，是一所综合性、多功能社会科学研究咨询机构，为党中央、中央决策部门提供经济外交和商务发展领域的咨政报告和决策建议，为党中央、国务院政策出台和实施提供调研评估和分析咨询，为地方决策部门对外开放和创新发展提供战略规划和实施方案。

国际贸易经济合作研究院的前身是 1948 年 8 月创建于香港的中国国际经济研究所。该机构后内迁入京，在 1997 年整合为外经贸部国际贸易经济合作研究院，继而在 2003 年正式更名为商务部国际贸易经济合作研究院。2015 年，它成为中央确立的首批国家高端智库建设单位之一。

商务部研究院现有 38 个部门、20 个研究所、16 个研究中心和研究生院，主要从事国际贸易、国际投资、国际经济合作、多双边经贸往来及流通消费等五大领域的研究咨询和研究生教育工作。

美洲与大洋洲研究所（美大所）是研究院下属研究所，设北美研究部、拉美研究部和大洋洲研究部三个研究部以及太平洋研究中心，长期研究北美洲、拉丁美洲、大洋洲主要经济体的经贸问题及中国与各国的双边经贸关系、经济和贸易相关的政策、法律、金融、财税和国际协定等，为各相关政府部门、组织机构和企业开展美大区域经贸活动提供咨询。

二、研究方向

美大所重点关注的国别包括美国、加拿大、澳大利亚、新西兰、墨西哥、巴西、阿根廷、智利、秘鲁、委内瑞拉、古巴、哥伦比亚、哥斯达黎加等；重点关注的相关国际治理机制包括拉美区域一体化组织、亚太经合组织、二十国集团、经济合作组织以及金砖国家合作组织等；美大所下设的太平洋研究中心聚焦于太平洋地区各国经济发展及其与中国的双边经贸合作、参与太平洋地区国际国内交流与合作，并重点与相关国家讨论区域协同和一体化发展问题。

三、人员情况

美大所现有研究员3名，副研究员3名，助理研究员4名，研究实习员1名，以及其他研究助理若干。现在国内任职的正式在编人员均有长期海外工作学习经历，对研究对象地区及国别的国情有深入的了解，其中曾在中国驻美国、拉美等使领馆经商参处担任过相关职务的研究人员3名，对于双边经贸合作的实际情况有较为准确的认知，专职从事拉美研究的人员共4人，其余人员在主要研究美国、加拿大等国家相关问题时也对拉美地区问题保持密切关注。

美大所现任所长为李伟研究员，曾在中国驻美国使馆经商参处工作多年，对于美国相关国情研究及政策应对具有丰富的经验；副所长为周密研究员，主要研究对外投资合作、服务贸易、国际规则与协定等。

四、学术活动

2021年12月1日，国际贸易经济合作研究院与巴西应用经济研究院共同举办了双方第二届联合研究研讨会。研讨会就双方2021年度合作完成的《中国—巴西农产品贸易研究》和《中国—巴西投资合作研究》两份研究报告作了深入研究和探讨。中国商务部副部长兼国际贸易谈判副代表王受文为研讨会视频致辞，巴西经济部副部长罗伯特·芬特出席研讨会并致辞，中国驻巴西大使馆金红军公使、商务部研究院曲维玺副院长、巴西应用经济研究院国际部主任伊万等两国政界、学界代表列席。

五、科研成果

截至2021年，美大所共公开发表文章420余篇，主持或参与项目200余个。

在国别合作领域，美大所代表性成果包括《中国与哥斯达黎加自由贸易协定可行性研究》和《中国与智利自由贸易协定可行性研究》等；在地方合作领域，美大所代表性成果包括

《中美省州合作的重点与难点》《珠海与拉美国家经贸合作研究》《中国（乐亭）拉美产业园战略规划》等；在国际合作领域，美大所代表性成果有《关于贸易便利化行动实施有效性评估的研究》《关于中国实施相关贸易便利化措施的必要性及成本的评估——对WTO贸易便利化谈判的影响》等。除了研究地区内经贸问题，美大所广泛参与制定各省份经贸政策规划、自贸区规划，并参与高校学科建设和教材编写。

美大所主要报告类科研成果包括《中国与哥斯达黎加自由贸易协定可行性研究》《中国与智利自由贸易协定可行性研究》《美洲与大洋洲国家国家风险报告》《珠海与拉美国家经贸合作研究》《中国（乐亭）拉美产业园战略规划》《拉美环境保护产业需求调查与研究》《中国与拉美国家"一带一路"经贸合作研究》《中国—巴西自由贸易协定货物贸易影响评估》《中国—巴西服务贸易研究》和《中国—巴西农业合作研究》。

六、教学成果

美大所是纯科研型研究机构，无日常教学任务。所内研究员每年均接收国际贸易、国际金融、农林经济、工商管理、国际商务等研究方向的硕士研究生若干名。2021年度，李伟所长招收硕士研究生4名，周密副所长招收硕士研究生8名。

七、对外交流情况

美大所各研究人员按分工，与相关国家驻华使馆以及中国驻当地使馆保持日常联络与交流。2021年，相关人员先后与海地驻华代表处、墨西哥驻华使馆、古巴驻华使馆、阿根廷驻华使馆、乌拉圭驻华使馆等使馆相关官员举行会见并探讨双边经贸有关问题，与中国驻巴西使馆及巴西驻华使馆联络筹备中巴联合研究事宜。

八、承担课题情况

课题名	主持人	课题类型	课题编号
中国—巴西投资合作研究	商务部研究院美洲与大洋洲研究所	中国—巴西联合研究课题	—

外交学院拉丁美洲研究中心

一、历史沿革

外交学院拉丁美洲研究中心成立于 2009 年 12 月。

二、研究方向

中心的主要研究方向为拉丁美洲政治、美拉关系、中拉关系、拉丁美洲历史、文化、拉丁美洲文学等。

三、人员情况

中心现有 9 名研究人员，从事与拉美研究相关的教学、科研工作。所有研究人员都有海外研修经历，其中 8 人拥有博士学位；1 人为教授，1 人为副教授，7 人为讲师。3 名研究人员为英语与国际问题研究系教师，主要从事拉美国际关系及拉美历史、政治方面的研究；其他研究人员由西班牙语专业的教师构成，主要从事拉美文化、文学领域的研究和西班牙语教学工作。

四、学术活动

由于新冠肺炎疫情，中心在 2021 年没有组织活动，但是参加了一些线上的国际、国内学术交流活动。

五、科研成果

2021 年，中心研究人员在《拉丁美洲研究》《光明日报》《中国社会科学报》《今日中国》《中国文化报》等期刊、报纸上发表论文及时评近 10 篇。其中一篇时评被推送到中宣部主办的"学习强国"平台。

六、对外交流情况

中心与美国、巴西、墨西哥、智利、阿根廷等国的学术机构有合作关系，不定期进行学术互访、共同进行学术研究等。

七、承担课题情况

2021年参与完成外交部政策规划司委托课题 1 项，参与完成教育部国别与地区研究中心课题 1 项。

西南科技大学拉美研究中心

一、历史沿革

西南科技大学拉美研究中心成立于 2010 年（前身为拉美研究院），为学校独立专设的正处级智库型学术研究机构。2012 年，中心被教育部首批评审认定为全国 37 个"区域和国别研究培育基地"（教外司专〔2012〕90 号）之一；2013 年 5 月，被四川省教育厅确立为首批 12 个"四川省国别和区域重点研究基地"（川教函〔2013〕344 号），系其中唯一从事拉美研究的机构；2019 年，教育部评估中被认定为全国 48 个"高校国别和区域研究高水平建设单位"（教外司综〔2020〕1585 号）之一。

二、研究方向

中心积聚校内外资源，形成一支在拉美经济、拉美社会、拉美教育、拉美政治和中拉人文交流等多个领域具有专业优势和学术影响的研究团队，团队成员的专业领域涉及经济学、社会学、法学、外语等多个学科。

三、人员情况

中心立足西南科技大学，引进与自我培养相结合，国际与国内、专职与兼职、自立与合作相结合，逐步构建起一支稳定的、跨学科的具备较高水平的研究队伍。现有引进博士 1 名，培养博士研究生 1 名，送培在读博士研究生 4 名，国内进修 2 人，出国进修 5 人，2 人晋升副教授。

目前，中心专职研究人员 13 人，博士比例 38%，高级职称比例 62%，赴相关国家（区域）研修比例 62%，参加政府咨询会 10 人次；已聘任苏振兴、徐世澄等拉美研究领域的领军人物以及我国前驻拉美地区大使、国外前驻华大使、国内外知名学者、行业领域专家等兼职研究人员 24 人。

中心常务副主任范波教授主持工作。

四、主办刊物简介

根据《关于加强中国特色新型智库建设的意见》和《国别和区域研究中心建设指引（试行）》等文件精神，创建了专业学术辑刊《中国与拉美》（*China and Latin America*）。该刊依托教育部国别和区域研究基地拉美研究中心的平台优势，着重刊登体现中国在拉美和拉美在中国的相关社会科学与人文科学研究成果，鼓励基于田野调查的精细研究，特别鼓励跨学科的具有开拓新领域和引发新讨论的论文。每辑有相对集中主题，并设有常规栏目"拉美研究关键词""访谈"和"书评"等，全面展示拉美研究的新成果。另外，《西南科技大学学报（哲学社会科学版）》开辟有"拉美研究"专栏。

五、学术活动

中心在近期主办了"后疫情时代中拉共建'一带一路'的挑战与思路研讨会""中拉关系研讨会""第三届全国高校拉美研究中心主任工作交流会""新冠疫情之下的拉美——加勒比地区形势和中拉合作研讨会""美国及西方国家对华经济规制影响及其应对策略研讨会"等 7 场学术会议，联合举办了"中国—厄瓜多尔建交 40 周年研讨会暨《厄瓜多尔十二夜谈》新书发布会""新冠疫情背景下的中拉合作及中国特色外宣体系建构视频研讨会""东亚—拉美地区研究伙伴对话"国际会议，参与协办了"巴拿马运河移交 20 周年纪念会"；邀请上海大学江时学教授、中国社会科学院拉丁美洲研究所林华副研究员和郭存海副研究员、河北师范大学外语学院乔建珍副教授等国内相关领域专家学者为中心师生作题为"构建中国特色国际关系理论的必要性与可行性""新冠疫情下的拉美社会""拉美政治与文化""中国—巴西友好交流"等学术报告 10 余场次；校内研究人员参加"第九届中拉学术高层论坛暨新冠疫情后的世界学术研讨会""东亚—拉美地区研究伙伴对话国际会议"等国际国内学术会议 20 余人次，并在会议上作题为"拉美农业发展与环境保护的政策权衡""新冠疫情对科学技术发展的长期影响""拉美农业发展与环境保护的政策权衡"等主题发言。

六、科研成果

中心以咨政服务为要旨，围绕"中拉命运共同体"的构建和"一带一路"倡议在拉美落地，追踪拉美政治经济动态和中拉关系热点，积极为国家对拉关系发展和中拉经贸合作等发挥智库作用，并取得了突出的成就。中心向教育部国际司、国务院学位办、政府机构、四川省社科联、四川省科技厅等机构累计提供有关新冠肺炎疫情背景下的拉美形势分析与中拉抗疫合作等主题的资政报告23份；在中国社会科学网、《今日中国》、中国国际电视台（CGTN）、《环球时报》等国内主流媒体发表相关评论文章20余篇；由中国社会科学出版社出版《拉丁美洲和加勒比经济发展分析与展望（2019）》《墨西哥能源战略与政策研究》2部学术专著。与阿根廷国立拉努斯大学学者合作出版《拉丁美洲和阿根廷——新区域背景下战略关系的挑战与机遇》。该书是两校之间的第二次学术出版合作，由现任阿根廷共和国驻华大使馆公使萨比诺·巴卡·纳瓦哈作序；发表论文十余篇。中心推出的"拉丁美洲和加勒比研究智库丛书""拉丁美洲和加勒比经济蓝皮书""国别和区域研究讲堂"逐渐成为声誉良好的学术品牌。

七、教学成果

2017届、2018届、2019届拉美复合型拔尖创新人才培养班教学和管理运转正常，成效初显：2017级学生有9人被录取硕士研究生，研究生升学率达到39%；两人分别赴智利、西班牙进行交流学习。此外，还有一名学生获得国家留学基金委与哥斯达黎加大学联合奖学金项目，预计2021年10月赴哥斯达黎加大学进行本科插班生学习；学生主持或参与各类项目39人次，发表论文14篇，其中多篇涉及拉美社会、文化、经济以及中拉关系等众多议题。2019届创新班已正式开班，细化了培养目标。同时采取模块化课程与导师制相结合的培养方式，注重知识的培养和研究能力的提升；依托学校相关学科硕士学位点开展国别和区域研究（拉美方向）硕士研究生培养，当前各方向在读硕士研究生共6人；组织校内外跨学科研究团队编写拉美特色教材《拉美社会与文化》，进一步完善了学校拉美复合型拔尖创新人才培养的课程体系建设。

八、对外交流情况

在前期合作和沟通的基础上，中心与布宜诺斯艾利斯大学社会科学学院拉丁美洲和加勒比研究所建立合作关系，决定在学术研究、学术交流及人才培养等方面开展合作，共同推动拉美和加勒比研究，推动中拉合作与发展；1名研究人员获国家留基委资助赴厄瓜多尔访学一年。

九、承担课题情况

课题名	主持人	课题类型	课题编号
拉美复合型人才培养生态体系构建研究	陈 才	四川省新文科研究与改革实践项目	—

浙江外国语学院拉丁美洲研究所

一、历史沿革

浙江外国语学院拉丁美洲研究所成立于2011年10月，是浙江外国语学院跨学科、跨学院的开放式研究平台，也是浙江省内唯一一家研究拉美问题的专业研究机构。拉美所得到了中国社会科学院拉丁美洲研究所、中国拉丁美洲学会的全方位指导和浙江省教育厅、商务厅、社科联的大力支持，聘请中国社会科学院荣誉学部委员、中国社会科学院拉丁美洲研究所原副所长徐世澄担任第一届所长。依托学校外语类专业的独特优势，立足浙江外向型经济，以高起点的国际化视野，聚集国内外有志拉美研究的人才，潜心开展拉美政治、经济、教育、社会等问题的研究，以服务国家外交、地方建设及学校发展的需要。该所重点关注中国与拉美地区经贸合作及文化交流领域的前沿问题，组织科研人员多角度、多层面深入开展拉美领域的基础理论研究和应用对策研究，积极服务浙江经济发展，进而辐射周边省市乃至全国，努力成为国内拉美领域重要的研究智库。2017年6月，该所成为教育部备案的国别和区域研究中心；2020年8月，获批为国家民委"一带一路"国别和区域研究中心。

二、研究方向

经过近10年的努力，拉美所已形成5个方向的研究特色。

1. 拉美政治生态与社会思潮研究

主要研究拉美政治、政党制度、法律制度、政治环境变迁，以及社会思潮等问题。特聘教授徐世澄是这一方向的国内权威领军人物。目前该方向已承担科研项目10多项，产出论文80余篇，著作（译著）8部。由徐世澄研究员承担的国家社科基金课题《拉美左翼与社会主义理论思潮研究》已经结题并出版专著，获得国家社科基金委高度评价。

2. 拉美经济环境与中拉经贸合作研究

主要研究拉美地区经济发展、贸易、投资环境以及中拉经贸合作等领域的重点问题。拉美所所长宋海英教授的国家自然科学基金项目"质量安全标准对蜂蜜国际竞争力的影响"的绩效评估为优。刘钢发表论文《拉美六国人均产出稳态值相对变化及原因分析和启示》(《数量经济技术经济研究》2019年第5期）。此外，拉美所研究人员在国内外率先提出"'一带一路'倡议应延伸到拉美地区""以增强共生性来超越互补性"等理论创新观点，受到国内的高度重视。

3. 拉美社会文化与中拉人文交流研究

主要研究拉美地区社会、文化、语言以及中拉人文交流等领域的重点问题。该方向已获得国家级项目多项，并取得较好的研究成果。文化交流上，与多所拉美国家的高校确立了校际合作关系，今后将进一步加强合作，为师生提供更多的留学、交流的机会。

4. 中拉共建"一带一路"研究

主要研究中拉共建"一带一路"的前景、面临的机遇与挑战等。拥有"'一带一路'国家国际产能合作风险预警——以拉美为例"等在研项目，发表论文《科教能否增进"一带一路"国家城市经济联系？——基于浙江及其国际友城数据的实证分析》（《浙江学刊》2019年第5期）等。

5. 拉美教育及国际比较研究

主要研究拉美地区的教育制度、教育行为以及国际教育比较研究。在政策咨询方面，拉美所积极为浙江省国际化建言献策，例如受教育部委托对智利、阿根廷等国的教育状况和中智文化交流开展研究，为国家领导人出访提供参考素材。拉美所受教育部委托的项目"阿根廷教育情况手册"，研究报告获教育部国际司的高度评价，被列为教育部国别和区域研究重点项目，为国家进一步掌握拉美地区的教育情况提供依据。

三、人员情况

现任所长为宋海英教授，副所长为吕宏芬教授和刘冬博士。同时，该所聘请中国社会科学院荣誉学部委员徐世澄研究员担任顾问、特聘教授。

该所通过人才引进、资源整合等形式，形成了一支专兼职结合的研究队伍。现有26名校内专职研究人员和16名校外兼职研究人员。专职研究人员来自学校各二级学院和部门，包括浙江省省级重点学科"国际经济贸易与旅游管理""外国语言文学"和省一流学科"应用经济学""工商管理""外国语言文学"的核心骨干成员，研究领域覆盖拉美政治、拉美经济、拉美文化，以及语言学。

专职人员中含有正高级职称4人，副高级职称7人，83%人员拥有博士学位（含博士研究生在读）。同时，拉美所聘请国家相关部委、中国社会科学院、国内外高校和拉美研究机构以及企业人才等专家担任兼职研究员，形成一支实力雄厚的学术研究团队，研究水平稳居全国拉美研究领域前列。

所长：宋海英，博士，教授，硕士生导师。入选浙江省151人才工程培养人员：第二层次、浙江省"之江青年"社科学者。中国拉丁美洲学会常务理事、浙江省循环经济学会理事、浙江省女科技工作者协会会员，国家自然科学基金同行评议专家。2007年南京农业大学博士毕业，2009年浙江大学博士后出站，2009年以来在浙江外国语学院国际经济与旅游管理学院任教，兼任校拉丁美洲研究所所长。主持完成国家自然科学基金、人文社科基金、浙江省教育厅、商务厅等项目10余项。出版学术专著3部，主编规划教材2部。发表学术论文30余篇。

四、学术活动

拉美所通过举办"博达论坛"，定期、不定期邀请校内外从事拉美领域研究和工作的专家学者来校讲座，讨论拉美政治、经济、文化环境等热点问题，形成一个特色学术活动。2021年4月，宋海英所长为论坛作题为"中国与拉丁美洲农产品贸易竞争力研究"的讲座。

2021年1月8日，拉美所教师赴浙江省人民政府外事办公室进行调研并洽谈合作事宜。省外办美大处处长刘晓慰和拉美所教师交流了对当前中拉关系的看法。双方通过交流讨论加深了理解，某些方面达成了共识，为今后双方进一步开展合作交流奠定了良好的基础。

2021年7月4—5日，中国拉丁美洲学会、中国社会科学院拉丁美洲研究所主办的中国拉丁美洲学会会员大会暨"疫情冲击背景下拉美国家发展的新挑战及中拉关系新趋势"研讨会在北京举行。浙江外国语学院副校长张环宙带队赴京参会，并在会上致辞发言。

2021年11月16日，中国社会科学院拉丁美洲研究所和西南财经大学联合主办了第十四届中国—拉美企业家高峰会中拉智库合作论坛。学院在厚德楼设置分会场。副校长张环宙在线参会，并在"智库助力中拉经贸合作"环节发言。张环宙指出，拉美地区是新兴经济体和发展中国家的重要组成部分，也是国际格局中不断崛起的一支重要力量。浙江是中国对拉美贸易的最大省份之一。近年来，浙江与拉美的经贸合作显示出强大的韧性与活力，进入了蓬勃发展的新时期。

五、科研成果

自2020年初新冠肺炎疫情暴发以来，拉美所关注相关地区疫情进展，根据国外疫情和事态的发展，进行深入具体的跟踪研究。

拉美所研究人员在近期发表论文的情况如下。

陈岚、欧阳媛：《中国对拉美西班牙语国家传播模式的传承与变迁——以书刊出版为例》，《对外传播》2021年第2期。

叶健辉：《拉美马克思主义的"科尔多瓦学派"》，《拉丁美洲研究》2021年第4期。

该所研究人员在近期出版专著和译著的情况如下。

宋海英：《中国与拉丁美洲农产品贸易竞争力研究》，经济科学出版社 2021 年版。
陈岚编著：《开启加勒比海的金钥匙——古巴》，浙江工商大学出版社 2021 年版。
陈岚翻译：《丝路大通道——中欧班列纪行》，外文出版社 2020 年版。

六、教学成果

拉美所研究人员为浙江外国语学院开设"拉美国家概况""拉美商业文化""中拉经贸合作""拉美经济发展史""拉美经济前沿""二外西语"等课程。通过一系列课程的学习，学生对拉美国家的文化和社会生活有个基本的认知，加深了对语言和文化的理解，丰富了学生的人文知识，增强了对文化差异的敏感性，培养了学生的跨文化交际意识和能力。

七、对外交流情况

2020 年 6 月 28 日，拉美所和委内瑞拉国家历史研究中心签订国际合作协议。双方就国际学术交流、国际项目合作、共同举办国际会议等事宜达成一致意见。今后希望通过两校深入合作能够相互借鉴经验，取长补短，实现双方长期的国际化交流。2021 年，卡洛斯·A. 弗朗哥（Carlos A. Franco Gil）、赫苏斯·A. 卡梅约（Jesús A. Camejo Yanez）和内鲁斯卡·R. 罗哈斯（Neruska R. Rojas Lachica）主编的《从南方看中心王国：21 世纪拉丁美洲研究视角下的中国》由委内瑞拉国家历史中心出版社出版，并在委内瑞拉第 17 届国际书展上举行首发仪式。该论文集汇集了来自委内瑞拉、阿根廷和中国学者的十余篇论文，探讨中国如何在世界地缘政治中取得决定性优势。拉美所所长宋海英教授为该书作序，陈岚的《中国的扶贫政策：成就与展望》一文收录在书中。

2020 年 6 月 30 日，拉美所和阿根廷拉斐拉国立大学签订国际合作协议。根据协议，双方将在平等互利、优势互补、相互协作、共同发展的基础上，进一步深化在教师互访、会议活动、合作科研等领域的合作，并在重点学科领域联合申报科研项目、开展产学研深度合作。

八、承担课题情况

序号	课题名	主持人	课题类型	课题编号
1	数字经济国际不平衡发展视域下马克思国际价值规律及其当代价值研究	宋树理	国家社科基金一般项目	20BKS017
2	疫情后数字经济驱动我国制造业在全球价值链攀升的机理与路径研究	吕宏芬	国家社科基金一般项目	20BJL132

续表

序号	课题名	主持人	课题类型	课题编号
3	通过教育合作促进中拉人文交流的实现路径研究	陈 岚	2020年教育部课题	教外司综[2019]3392号
4	浙江对新兴经济体OFDI的贸易效应研究：数字贸易视角	吕宏芬	2020年浙江省软科学研究计划项目	2020C35021
5	连接大西洋与太平洋的桥梁——巴拿马	李晨光	2020年浙江省社科联社科普及立项课题	20KPD14YB
6	开启加勒比的金钥匙——古巴	陈 岚	2020年浙江省社科联社科普及立项课题	20KPD37YB
7	我国与新兴经济体之间数字贸易的效率和潜力测算：基于随机前沿引力模型	吕宏芬	2020年杭州市哲学社会科学规划常规性课题	Z20JC087
8	"一带一路"沿线主要国家旅游服务贸易对策研究	钱 晨	2020年浙江省商务厅对策类课题	2020ZSY32
9	常态化疫情防控下提升浙江产业链供应链竞争力的对策建议	邵建春	2020年浙江省商务厅对策类课题	2020ZSY27
10	拉美主流媒体中阿里巴巴媒介形象比较研究	刘 冬	2020年浙江省教育厅一般科研项目	Y202044261

湖北大学巴西研究中心

一、历史沿革

湖北大学巴西研究中心成立于2012年。中心成立至今，在机构设置、队伍建设、成果产出、对外交流、咨政服务等方面取得了有目共睹的成果，呈现欣欣向荣的发展态势。2017年6月，湖北大学巴西研究中心和拉丁美洲研究中心成功入选"教育部国别和区域研究中心备案名单"。

湖北大学巴西研究起步于20世纪60年代初，至今已努力耕耘、坚持不懈50余载，在整个中国巴西史及拉美史研究的发展进程中写下了浓墨重彩的一笔,为中国巴西史研究的开创与发展、为中巴两国人文交流的推进作出了有目共睹的贡献。

20世纪60年代初,"在毛泽东、周恩来等老一辈国家领导人的关注和倡导下",北京大学、南开大学、复旦大学等部分中国高校先后开设了拉美史课程,成立了一批专门性的拉美研究学术机构,中国的拉美史研究由此"逐渐步入正轨"。湖北大学(当时名为"武汉师范学院")也于1964年在黄邦和教授的带领下开始涉猎巴西史及拉美史研究,因此成为新中国最早开展巴西史研究的高校。20世纪60年代中期,"文化大革命"的爆发使得起步不久的中国拉美史研究遭受重创,被迫中断长达10年之久。湖北大学巴西史研究也难逃厄运,陷入停滞状态。

20世纪70年代末,中国的拉美史研究得以恢复,湖北大学巴西史研究也迎来了发展的春天。1978年,湖北大学正式挂牌成立了"巴西史研究室",成为中国第一个专门研究巴西史的科研机构,开中国巴西史研究之先河。

1984年,湖北大学巴西史研究室改名为"拉美史研究室",仍以巴西史作为研究重点,并向整个拉美地区辐射。在第一任研究室主任黄邦和教授的率领下以及研究室老师们共同努力下,湖北大学巴西史及拉美史研究在20世纪80年代中期迎来了发展的黄金时期,科研成果丰硕,硕士研究生培养卓有成效,对外学术交流活跃,获得了国内外拉美史学界的一致好评,成为当时中国巴西史研究的领头羊。

在科学研究方面,湖北大学巴西史研究室成员先后在《历史研究》《世界历史》《拉丁美洲研究》等重要学术期刊上发表了30多篇学术论文,出版了专著《巴西独立运动》(1985)、共同主编了论文集《通向现代世界的500年:哥伦布以来东西两半球汇合的世界影响》(1994)、参与编写了论文集《拉丁美洲史论文集》(1986)等。

在开展学术研究的同时,为了深入研究巴西历史的需要,湖北大学巴西史研究室一直以来十分注重资料建设,于1978年创立、编写了"供中国拉丁美洲和巴西问题研究者作内部分析和参考之用"的资料性质的刊物——《巴西史资料丛刊》(季刊,共编写16期,约160万字),同时负责编写供中国拉美研究学者内部交流之用的中国拉丁美洲史研究会的会刊——《拉美史研究通讯》(一共负责编写了37期);先后翻译了葡语、西语、英语、俄语、法语、日语等多个语种的巴西史及其他拉美国家历史资料约400万字,包括《巴西从殖民时期到世界强国》《巴西的经济结构》《巴西的国土和人民》《巴西通史》等;编印、出版了《马恩列斯毛主席论拉丁美洲》《全国图书馆藏拉丁美洲书目》《巴西史年表》(约5万字)等资料。

湖北大学巴西史研究室在研究生培养方面亦卓有成效。1985年,湖北大学开始招收拉美史硕士研究生。1985年,湖北大学经国务院学位委员会批准获得拉美史硕士学位授予权,不仅成为湖北大学首批硕士授予点，同时也是"文化大革命"结束后中国第一个拉美史硕士授予点。1985年至1995年，湖北大学培养了18名拉美史硕士生，其中很多人至今仍活跃在中国拉美学界，包括"长江学者"、福建师范大学王晓德教授，浙江大学夏立安教授，中国现代国际关系研究院吴洪英研究员、杨首国研究员，中国社会科学院拉美研究所周志伟研究员，浙江师范大学万秀兰教授，上海外国语大学万瑜副研究员，等等。

湖北大学巴西史研究室在巴西历史研究方面的探索，折射出中国学者对巴西历史问题的思考和认识，获得国内外拉美史学界的肯定和好评。中国拉丁美洲史研究会第一任理事长李春辉教授评价道，湖北大学巴西史研究在某种程度上"填补了中国对巴西史研究的空白"。在国外，1983年，耶鲁大学拉美研究学者马克·西德尔（Mark Sidel）在发表于美国的拉美研究期刊《拉丁美洲研究评论》（Latin American Research Review）的文章《拉美研究在人民中国》（"Latin American Studies in the People's Republic of China"）中，将湖北大学巴西史研究室赞誉为"中国拉美研究四个主要研究中心之一"。

20世纪90年代中期以来，由于老一代学者的退休、世界史学科的调整以及市场经济的冲击，整个中国的拉美史研究"一时出现了青黄不接"的局面，陷入低谷。这种情况一直持续到21世纪初。湖北大学巴西史及拉美史研究也面临人员减少、资金不足等多重困境，但是一直努力坚持，在巴西及拉美研究这条道路上砥砺前行，并没有中断拉美研究。

为了服务于国家对外战略的需要、增进两国民众之间的相互了解、促进中巴关系的发展，湖北大学审时度势，以过去积累下来的巴西史研究作为基础，整合校内资源、提振巴西研究。2008年，湖北大学与巴西圣保罗州立大学合作共建了巴西第一所孔子学院——圣保罗州立大学孔子学院。这一合作为湖北大学的巴西及拉美研究注入动力。2012年，巴西研究中心宣告成立，成为重振湖北大学巴西史研究的新平台。2015年，湖北大学葡萄牙语专业获得教育部批准，湖北大学成为华中地区首家开设葡语专业的高校。

二、研究方向

中心主要研究方向为巴西、葡萄牙等葡语国家研究及拉美区域研究，包括巴西等葡语国家历史与现状、中巴关系、巴西文化、巴西法律、巴西环境等。

三、人员情况

中心现有校内研究人员23人，学科背景涵盖历史、政治、经济、法律、体育、葡语等不同领域，掌握的语言涉及葡语、西语、英语、日语等。中心还聘请了国内外巴西及拉美研究领域的知名学者担任客座教授和顾问，其中包括中国拉美学会会长王晓德教授、中国拉丁美洲史研究会会长韩琦教授、中国驻巴西前大使陈笃庆大使、巴西圣保罗州立大学Luis Antonio

Paulino 教授。王晓德教授同时担任湖北大学拉美研究院名誉院长。

四、主办刊物简介

为及时跟踪和发布巴西年度发展的最新动态、服务国家的战略需求、推进中国的巴西研究，中心组织中巴两国学者共同撰写巴西年度发展报告，由社会科学文献出版社以黄皮书的形式出版。

中心主编的《巴西黄皮书：巴西发展报告（2016）》为国内出版的第一部巴西国别年度发展报告，在中国和巴西学术界产生了积极影响。2018年8月，中心推出《巴西黄皮书：巴西发展报告（2017—2018）》。2020年1月和9月，中心分别推出《巴西黄皮书：巴西发展报告（2019）》和《巴西黄皮书：巴西发展报告（2020）》。

《巴西发展报告》是湖北大学巴西研究中心不懈努力的成果，也是中心与国内其他单位及巴西学者合作的结晶。该书发挥湖北大学在巴西研究方面的传统和优势，结合湖北大学巴西孔子学院、湖北大学世界史专业、湖北大学葡语专业的资源，将巴西年度热点、焦点和难点问题相结合，力图全面深刻展现巴西年度发展和中巴关系现状，为相关部门和人员提供参考。

五、学术活动

中心自2012年揭牌成立以来，先后邀请了20多名国内外知名学者前来讲学、交流，包括中国驻巴西前大使陈笃庆，中国社科院拉美所研究员徐世澄、张森根、张宝宇、周志伟，福建师范大学教授王晓德，北京大学拉美研究中心主任董经胜，中国现代国际关系研究院拉美所研究员吴洪英、杨首国，南开大学拉美研究中心教授韩琦，上海大学拉美研究中心主任江时学，澳门城市大学葡语国家研究院院长叶桂平，巴西伯南布哥联邦大学教授 Marcos、Alexandre，巴西圣保罗州立大学孔子学院巴方院长 Paulino、教授 Marcos，美国加利福利亚大学教授 David，美国迈阿密大学教授 Rechard，等等。

中心研究人员2021年7月参加中国拉丁美洲学会会员大会暨"疫情冲击背景下拉美国家发展的新挑战及中拉关系新趋势"研讨会。

六、科研成果

2014年以来，中心围绕巴西及拉美研究先后出版了多部学术著作。其中，中心组织编写的《巴西黄皮书：巴西发展报告（2016）》（社会科学文献出版社2017年版）为国内出版的第一部巴西国别年度发展报告，在中国和巴西学术界产生了积极影响。2018年8月，中心推出第二部《巴西黄皮书：巴西发展报告（2017—2018）》。2020年1月和9月，中心分别推出《巴西黄皮书：巴西发展报告（2019）》和《巴西黄皮书：巴西发展报告（2020）》，上述黄皮书均由社会科学文献出版社出版发行。

中心研究人员围绕巴西对华关系、中国企业在拉美的投资与贸易等问题，先后完成多篇咨询报告。

2021年，中心研究人员公开发表研究成果的情况如下。

程晶：《近代历史上巴西城市水卫生的变迁》，《光明日报（理论版）》2021年4月19日。

缴洁：《葡萄牙征收法的演进及对我国的启示》，《比较法视野下的西葡与拉美法制论文集》，2021年。

孙怡、宋灏岩、姚京明：《从国家间互动关系看中国内地与澳门高校葡语教育演变：对多元化路径的探讨》，《外语教学与研究》2021年第3期。

七、教学成果

中心研究人员为湖北大学历史专业本科生和研究生开设课程"拉美史专题研究"，为本科生开设课程"'一带一路'国际经贸法律导论"，为葡语本科专业开设葡萄牙语相关课程。

中心重点培育巴西历史、国际关系、民族问题研究以及相关课程，同时继续加强"拉美史专题研究"等课程在本科和研究生当中的讲授，已经有近10名本科生和研究生选取巴西问题作为毕业论文和学年论文的写作主题。

在湖北大学世界史专业2021年应届硕士毕业生中，2名研究生撰写的硕士毕业论文有关拉美史研究。它们分别是《试析卡特人权外交的实质——以莱特利尔案为中心的分析》和《阿根廷对不结盟运动的态度与政策分析（1973—1991）》。

八、对外交流情况

中心与国内主要拉美研究机构保持紧密的交流与合作。例如，2016年11月，湖北大学科研处领导带队、中心研究人员一起赴福建师范大学美洲史研究院、南开大学拉丁美洲研究中心、中国社科院拉美研究所、中国现代国际关系研究院拉美研究所、西南科技大学拉美研究中心等国内主要拉美研究机构进行调研与学术交流。

中心积极"请进来"，先后邀请了中国社科院拉美所研究员徐世澄、张森根、周志伟，福建师范大学教授王晓德，南开大学拉美研究中心教授韩琦，中国现代国际关系研究院拉美研究所研究员吴洪英、杨首国等国内多位拉美研究著名学者前来访问、讲学、进行座谈等。

中心与巴西、墨西哥、美国等国大学的拉美研究机构和研究人员保持交流与合作，包括举行研讨活动、开展人员互访、合作编撰论著、合作翻译著作等。其中，湖北大学巴西研究中心与巴西圣保罗州立大学、巴西伯南布哥联邦大学亚洲研究院建立了密切的合作关系。例如，湖北大学与巴西圣保罗州立大学合作共建了巴西第一所孔子学院——巴西圣保罗州立大学孔子学院。以此为平台，双方开展了频繁的科研人员互访；共同举行了"中拉关系国际学术研讨会"等会议；合作编写多部《巴西黄皮书》，完成《巴西发展与拉美现代化研究》《巴西及拉美历史与发展研究》等著作。

九、承担课题情况

序号	课题名	主持人	课题类型	课题编号
1	巴西现代化进程中环境治理的历史考察（1930—2010）	程　晶	国家社会科学基金冷门"绝学"和国别史等研究专项	2018VJX093
2	南美主要国家南极政策史研究（1940—2019）	刘　明	国家社会科学基金青年项目	20CSS024
3	战略文化视角下大国安全战略研究	刘文祥	国家社会科学基金一般项目	20BGJ010
4	中国参与东亚非传统安全治理中的区域公共产品供给研究	熊　兴	国家社会科学基金一般项目	20BGJ019
5	国家治理体系现代化视野下的土地征收权、税收权和警察权配置优化研究	邹爱华	中宣部"四个一批"人才自主选题项目	—

中央民族大学拉丁美洲社会文化研究中心

一、历史沿革

中央民族大学在2012年设立世界民族学人类学研究中心，拉丁美洲研究被确定为世界民族学人类学研究中心重点发展方向。9年来，世界民族学人类学研究中心先后派出7名博士研究生、硕士研究生完成对墨西哥、阿根廷、巴西、秘鲁和古巴的田野调查，与国内外拉美研究重要基地建立了密切的合作关系，组建了国内从事拉美社会文化研究的高水平团队。

"一带一路"倡议提出以来,中央民族大学始终致力于以"一带一路"建设为中心培养国际化人才,突出本校的民族学人类学研究优势,力图将1950年民族学对国家建设的知识贡献和研究经验扩展到对拉美研究中来,填补当前国内拉美研究的知识空白。2018年12月,在世界民族学人类学研究中心拉美研究团队的基础上,成立了中央民族大学"拉丁美洲社会文化研究中心",并获批"国家民委区域国别研究基地"。

二、研究方向

中央民族大学拉丁美洲社会文化研究中心的拉美研究目前主要集中在民族问题、拉美华人、文化遗产和中资企业在拉美四个研究方向,主张采用规范的人类学研究方法,即立足于一年周期的实地田野,使用当地语言对拉美社会进行研究。其中,拉丁美洲民族问题主要关注拉美主要国家的民族问题的历史与现状,以及民族问题的治理模式进行研究;拉美华人研究主要对拉美国家华人的分布状况,从事行业与发展现状进行研究。文化遗产分析主要关注拉美国家在文化遗产尤其是非物质文化遗产保护方面的情况进行实地研究。中资企业在拉美主要是立足于国家"一带一路"倡议,从文化层面上对中国企业在拉美的经营状况进行研究。

三、人员情况

目前,该中心以张青仁副教授为团队负责人,成员包括庄晨燕教授(从事拉丁美洲民族问题)和王伟副教授(从事拉丁美洲社会与文化),同时拥有在读硕士研究生4名。

张青仁,副教授,国家民委区域国别基地"拉丁美洲社会文化研究中心"主任,首都中青年优秀文艺人才,兼任中国世界民族学会理事、中国拉丁美洲学会常务理事、中国拉美史研究会常务理事,中国宗教学会理事、北京民间文艺家协会常务理事等,主要从事拉丁美洲人类学、民俗学研究。

四、学术活动

2021年3—4月,该中心与南京大学社会学院合办"拉丁美洲人类学"系列讲座。

2021年11月8日,张青仁副教授应清华大学国际与地区研究院邀请,为第二场拉美和加勒比地区研究讲座作主题为"重建'美好生活':一个墨西哥印第安社区的自治实践"的讲座。

五、科研成果

1. 专著

张青仁:《末世太阳——一个墨西哥印第安城镇的变迁、动荡与抗争》,商务印书馆2021年版。

2. 论文

张青仁：《人类学参与区域研究的历史逻辑》，《中央民族大学学报（哲学社会科学版）》2021年第2期。

六、教学成果

中心承担中央民族大学本科生必修课"世界民族研究专题"拉美部分课程，民族学研究生必修课"中外民族志"拉美部分课程，人类学硕士研究生专业选修课"拉丁美洲人类学"课程。

七、对外交流

2016年，中央民族大学与巴西利亚大学签署校际合作交流协议。

2017年，中央民族大学世界民族学人类学研究中心与秘鲁天主教大学社会科学学院签署院系级合作协议。

2019年，中央民族大学与阿根廷布宜诺斯艾利斯签署校际合作协议。

2021年，中央民族大学与墨西哥蒙特雷科技大学签署校际合作协议。

八、承担课题

课题名	主持人	课题类型	课题编号
墨西哥新自由主义民族政策及其实践困境研究	张青仁	国家社会科学基金青年项目	18CMZ035

河北师范大学秘鲁研究中心

一、历史沿革

河北师范大学秘鲁研究中心成立于2013年4月8日。2017年7月，中心入选"教育部国别与区域研究中心备案"名单。河北省将中心列入省级"双一流"发展规划。

中心的成立源自河北师范大学与秘鲁的广泛联系。2008年3月，秘鲁派遣弗拉若·赛西莉亚·拉扎诺（Flora Cecilia Lozano）和安娜·赛西莉亚·泰罗（Ana Cecilia Tello）两名教师赴我校任教。同年6月，河北师范大学西语本科专业开始招生，每届30人。2010年11月18日，河北师范大学里卡多·帕尔玛大学（URP）孔子学院挂牌，这是国家汉办批准在秘鲁设立的第4所孔子学院，也是设在利马的第2所孔子学院。里卡多·帕尔玛大学拥有悠久的历史，在秘鲁教育界享有盛誉。

2012年，河北师范大学正式筹备设立"秘鲁研究中心"。2013年，秘鲁里卡多·帕尔玛大学校长伊万·罗德里奎兹博士和河北师范大学校长蒋春澜博士共同签署了两校合作建设秘鲁研究中心的协议。

2013年4月8日上午，由秘鲁驻华使馆主办的河北师范大学秘鲁研究中心成立仪式在北京公共外交文化交流中心正式举行。河北师范大学蒋春澜校长在致辞中表示，河北师范大学致力于为教师和学生"搭建"三座"桥梁"——与世界科学家学术交流的桥梁、与世界政治家思想对话的桥梁、与企业家之间相互支持的桥梁，最终目的是把大学办成一所世界性大学。秘鲁外长拉斐尔·龙卡利奥洛在致辞中表示，河北师范大学秘鲁研究中心的创建意义重大，是两国加强文化交流的重要举措。由秘鲁外交部赠予河北师范大学秘鲁研究中心的图书来自秘鲁的各个机构，其内容涵盖了秘鲁语言文化经济和历史的方方面面，希望有助于把秘鲁研究中心建设成为一个使更多中国人了解秘鲁的重要平台。在秘鲁总统奥扬塔·乌马拉的见证下，蒋春澜校长和拉斐尔·龙卡利奥洛外长共同签署了"河北师范大学秘鲁研究中心创建纪念证书"。乌马拉总统在致辞中指出，河北师范大学秘鲁研究中心是秘鲁政府在海外支持建立的第一所秘鲁研究中心，希望该中心能够成为中秘文化交流的桥梁。

2013年10月25日下午，中心揭牌仪式在河北师范大学会议中心隆重举行，时任秘鲁共和国驻华大使贡萨洛·古铁雷斯博士和河北师范大学党委书记李建强教授为中心揭牌。古铁雷斯大使还应邀为河北师范大学师生作了题为"中国与秘鲁"的学术讲座。

2018年1月29日，由秘鲁华侨、中国商会总经理、拉美加勒比中国人民友好总会理事、第十二届河北省政协会议海外列席代表何莲香女士带领的秘中商会代表团一行2人应邀访问河北师范大学，秘鲁研究中心聘任"中秘建交使者"何莲香女士为终身荣誉主任。

中心依托河北师范大学教育部人文社科重点研究基地，发挥学校学科齐全的优势，已整合外国语学院、马克思主义学院、法政与公共管理学院、历史学院、商学院等研究团队，与学校承办的秘鲁孔子学院形成互相支撑发展的机制，从整体上构建了境外"孔子学院+中国/汉学研究中心+合作院校学科团队"与境内"研究中心+对接二级学院+智库相关学科团队"的合作模式，开展了全方位多领域的与秘鲁相关的研究工作。

2017年下半年，中心整合学校各人文社科类学院的优势资源，与河北师范大学马克思主义学院、历史学院、法政与公共管理学院、商学院面向社会联合招收国别和区域研究方向的硕士研究生，尝试开展跨学科领域的复合型国际人才培养。自 2018 年以来，国别和区域研究中心在国外社会思潮、国际政治、世界史、世界经济 4 个专业共招收 30 名硕士研究生。

二、研究方向

中心致力于推动中秘文化交流，并对秘鲁及拉美地区文化、语言、政治、经济、社会等开展全方位的研究；为促进中秘友好，促进中国与南美西语地区建设全方位的国际联系搭建平台，提供信息和咨询服务；为中资企业和南美国家建立联系、到南美投资，融入南美地区新一轮的经济发展提供咨询报告和解决方案；培养拉美研究人才，服务国家发展，开展国别和区域研究。

中心自入选教育部国别和区域研究备案名单以来，在教育部和河北省关怀指导下，汇聚河北师范大学学科人才优势，整合国内外学术资源和人脉，广泛开展以秘鲁研究为核心的跨学科研究，努力创建一流"冷门小国"国别研究智库，取得了显著成效，形成了独有特色。

三、人员情况

中心目前有专职研究人员 2 名，分别为宋晓丽和傅一晨（Felipe Camargo Gaiotto）。

宋晓丽现为河北师范大学秘鲁研究中心讲师，曾于南开大学周恩来政府管理学院国际关系系取得硕士学位和博士学位，曾在中国社会科学院美国研究所任博士后、助理研究员。其以对外政策分析、美拉关系和中拉关系为主要研究方向，曾在《外交评论》《拉丁美洲研究》等期刊发表多篇学术论文。

傅一晨，巴西籍，河北师范大学秘鲁研究中心副研究员，在巴西圣卡塔琳娜联邦大学取得国际关系学硕士学位，在巴西南大河州联邦大学取得国际战略研究博士学位。他以美拉关系、中拉关系、巴西对外政策研究为主要研究方向，曾在《拉丁美洲研究》等期刊发表多篇学术论文。

为了打破学科壁垒、整合学科优势，中心联合校内其他人文社科类学院开展学科建设和学术研究，打造跨学科、多方向的研究团队。2018 年初，中心正式聘请来自外国语学院、马克思主义学院、商学院、历史学院、国际文化交流学院的 17 名老师作为兼职研究人员，为全方位的秘鲁政治、经济、文化、历史、社会研究的开展奠定团队基础。

此外，中心聘请来自政府、企业、其他高校以及秘鲁华侨华人高层次人才为中心特聘研究员。中心聘请中国社会科学院学部委员苏振兴研究员、荣誉学部委员徐世澄研究员、上海大学拉美研究中心主任江时学教授、中国前驻拉美大使及外交官等 9 位专家为中心特聘研究员。其中,苏振兴研究员、徐世澄研究员作为中心首席特聘专家参加了中心学科建设和发展规划的制定。同时,中心聘请了秘鲁华人华侨、"中秘建交使者"何莲香女士为中心的终身荣誉主任。

四、学术活动

2021年4月25日,中心举办"当前拉美政治形势与前景"研讨会。此次会议特别邀请了中国社科院拉美研究所政治研究室主任、研究员杨建民,副研究员方旭飞,副研究员谭道明以及助理研究员李菡作学术报告。会议由国际文化交流学院康振国书记及秘鲁研究中心宋晓丽老师主持。杨建民主任和方旭飞副研究员分别对2020—2021年拉美政治形势的现状做分析,并对拉美政治的未来发展趋势进行了展望。副研究员谭道明作题为"如何理解拉美地区的民粹主义?"的主题发言,副研究员李菡作题为"拉美左翼和参与式民主"的主题发言。学校国别和区域研究中心研究生张成宇、陈雅美两位同学分别作了关于基什内尔主义、"秃鹰计划"的发言。

2021年6月24日,秘鲁研究中心特聘研究员、中国社会科学院荣誉学部委员徐世澄先生做客腾讯会议,就"秘鲁大选与中秘关系"进行了线上主题报告。

2021年适逢中国和秘鲁建交50周年,是中国共产党成立100周年,也是秘鲁独立200周年。河北师范大学秘鲁研究中心筹备了多项活动,加强同秘鲁的交流合作,同秘鲁各方共同庆祝中秘建交50周年。

2021年9月,秘鲁研究中心同外文局新世界出版社合作的译著《美洲华人简史》一书正式发行。该书的作者为秘鲁籍华裔汉学家欧亨尼奥·陈-罗德里格斯(Eugenio Chang-Rodriguez),又名陈汉基(1924—2019)。该书以清晰有序的论述和分析向读者刻画了一幅华人在美洲的过去、现在以及未来的图景。

2021年9月27日,秘鲁研究中心邀请了来自河北省贸促会、国家开发银行、中国银行的三位专家就"河北省与秘鲁的贸易金融合作"进行内部研讨。三位专家曾驻秘鲁多年,或曾长期开展同秘鲁的合作,对河北省及我国同秘鲁的贸易金融合作有着丰富的经验和独到的见解。三位专家分别介绍了各自多年同秘鲁相关的工作内容和心得,并就秘鲁中心的未来研究和人才培养给出了相应建议。

2021年11月2日,秘鲁研究中心宋晓丽博士在《今日中国》(西班牙语版)杂志发表文章《推动中秘关系行稳致远》,介绍中秘两国建交50年以来的政治和经济关系的主要成就。中国驻秘鲁大使、秘鲁驻中国大使在该杂志同期也刊登了署名文章,共同庆祝中秘建交50周年。

2021年11月4日,秘鲁研究中心组织全体研究生参加了庆祝中秘建交50周年的线上会议,会议主题为"中国与秘鲁:过去、现在与未来"。会议由清华大学和秘鲁天主教大学主办,参加会议的主讲嘉宾有中国外交部拉丁美洲和加勒比司司长蔡伟、秘鲁外交部经济司司长路易斯·苏博亚玛等。

2021年11月14日，中央电视台西语频道播出"中秘建交五十周年CGTN美美与共系列文明对话论坛"节目，秘鲁研究中心宋晓丽博士参加了该节目，介绍了秘鲁研究中心的基本情况，并祝愿中秘两国友谊地久天长。早先宋晓丽博士曾参加10月21日中央电视台西语频道在微博播放的西语界人士为该论坛助威的先导片。

2021年11月18日，欧美同学会拉美分会和秘鲁驻华使馆在北京举办"庆祝中秘建交50周年大会"，分会秘书长潘灯博士将他同秘鲁研究中心共同翻译出版的《秘鲁企业一般法》（中文版），作为中方唯一学术类礼物赠送给秘鲁驻华大使。

五、教学成果

宋晓丽博士参加历史学院和秘鲁研究中心共建"外国语言和外国历史"本科生专业，并讲授"西班牙语国家概况"课程。

宋晓丽博士在法政与公共管理学院分别为2019级、2020级国际政治专业硕士研究生讲授"现代国际关系"课程，为2020级研究生政治学、国际政治专业硕士研究生讲授"国际政治学专题研究"课程，为2020级政治学与行政学本科生讲授"当代世界经济与政治"课程。

六、承担课题情况

中心目前承担2018年教育部美大处重点研究项目2项，河北省社科基金项目2项。中心在秘鲁进行调研、交流和访谈的基础上，向教育部提交课题结项报告《"一带一路"倡议在拉美：传播与对接》。

安徽大学拉丁美洲研究所

一、历史沿革

安徽大学拉丁美洲研究所在2013年8月正式挂牌成立，是安徽大学为建设"国际知名，国内一流"大学而设立的国别和区域研究机构，致力于打造"科学研究、文化交流、人才培养、学科发展和政府智库"五位一体的创新平台,承担安徽大学"双一流"项目"中拉命运共同体构建研究"建设任务。研究所由苏里南共和国驻华大使馆和安徽大学合作共建,在2015年成为安徽大学国别和区域研究院重点研究机构,在2017年入选教育部高校国别和区域研究备案中心,在2018年进入安徽大学创新发展战略研究院科研平台,在2020年获评安徽省唯一的教育部高校国别和区域研究高水平建设单位(备案中心Ⅰ类),被中宣部外宣网列为中国十大拉美研究机构。

二、研究方向

该所的主要研究方向包括以下四个方面。

第一,国际政治社会学。该所主要依托安徽大学社会学一级学科博士点、新闻学一级学科博士点和政治学一级学科硕士点,致力于推动国际政治社会学研究纵深发展。

第二,拉美未建交国家国情研究。该所聚焦危地马拉和尼加拉瓜(2021年12月9日,尼加拉瓜与中国复交),开展对两国的国情研究,以便服务国家外交大政方针。

第三,中拉关系。该所注重研究中拉关系发展面临的挑战及参与"一带一路"建设的可行路径,特别注重中美拉、中欧拉、中俄拉等三边及多边关系研究。

第四,拉美政治、经济和文化研究。该所充分利用政治学、社会学(人类学)、经济学等学科理论知识和研究方法,对拉美政治、经济和文化进行全方位研究。

三、人员情况

该所现有专职研究人员21人(见下表),其中包含8名教授和7名副教授;兼职研究人员21人,其中包含3名外籍专家。范和生教授为现任所长。

安徽大学拉丁美洲研究所专职研究人员情况一览表

序号	姓名	学历学位	专业技术职务	主要研究方向
1	范和生	硕士研究生	教 授	社会学理论、政治社会学、国际政治社会学、消费社会学
2	吴理财	博士研究生	教 授	地方政治、乡村治理、文化治理
3	陈峻峰	博士研究生	教 授	拉美社会发展与社会问题研究
4	周典恩	博士研究生	教 授	宗教社会学、民俗学、人类学
5	孙语圣	博士研究生	教 授	中拉经济合作
6	吴宗友	硕士研究生	教 授	文化社会学、社会工作理论
7	杨雪云	博士研究生	教 授	拉美文化与妇女研究
8	张 军	博士研究生	教 授	当代西方社会学理论与方法论、经济社会学、互联网社会治理
9	王云飞	博士研究生	副教授	农村社会学、政治社会学、法律社会学
10	王中华	博士研究生	副教授	拉美政府与政治、政治社会学
11	陈以定	博士研究生	副教授	中国外交

续表

序号	姓名	学历学位	专业技术职务	主要研究方向
12	陈婷婷	博士研究生	副教授	中拉关系
13	姚德薇	博士研究生	副教授	理论社会学、中—拉社会发展模式比较研究
14	夏当英	博士研究生	副教授	拉美地区宗教文化研究
15	魏华飞	博士研究生	副教授	组织行为学、知识创新和市场营销
16	陈 光	博士研究生	讲 师	国际政治经济学、当代国际关系批判理论、外交实务管理
17	耿言虎	博士研究生	讲 师	拉丁美洲生态和环境治理
18	唐惠敏	博士研究生	讲 师	社会治理与法治、全球社会学、中拉关系
19	崔清夏	硕士研究生	讲 师	西班牙语语言文学

范和生，现为安徽大学创新发展战略研究院、社会与政治学院教授，安徽大学拉丁美洲研究所所长，安徽大学社会学学科带头人，博士生导师。主要兼职有第二届全国社会工作专业学位研究生教育指导委员会委员、中国社会学会常务理事、中国社会心理学会常务理事、中国拉美学会常务理事、中国拉丁美洲和加勒比友好协会理事、安徽省社会心理学会会长、安徽省社会学会副会长、安徽省老年学学会副会长、安徽省计生协会副会长、安徽省社会科学界联合会第八届委员会委员、安徽省广播电台特约评论员。出版专著9部，主编各类教材30多部，发表论文100多篇，其中在CSSCI（含扩展版）期刊上发表论文50余篇，《新华文摘》、《中国社会科学文摘》、人大复印报刊资料全文转载8篇。主持国家社科基金一般项目、国家社会科学基金重大项目子项目等纵向项目8项，主持省市县各类横向项目30多项，公开发表各类研究报告20多篇，向相关部门递交各类资政报告50多篇。学术研究方向为社会学理论、政治社会学、国际政治社会学、消费社会学。

四、学术活动

2021年12月10日，由中国拉丁美洲学会、安徽大学创新发展战略研究院主办，安徽大学拉丁美洲研究所承办、安徽大学社会与政治学院、国别和区域研究院协办的第四届中拉合作高端论坛在安徽合肥成功举办。此次会议主要是贯彻落实中国—拉美和加勒比国家共同体论坛第三届部长级会议精神，为新时期中拉更高质量的整体性合作建言献策。

该所还邀请社会科学文献出版社社长谢寿光、上海大学拉丁美洲研究中心主任江时学、杜克大学教授吴敏作国别研究学术成果出版、拉美研究的方法论、美国大选和中美关系等多场报告。

该所研究人员广泛参与国内学界活动。2021年7月4—5日，范和生所长应邀赴京出席中国拉丁美洲学会会员大会暨学术研讨会，主持"经济与社会"分论坛，并作题为"论公共卫生危机下的国际社会团结——基于国际政治社会学视角"的会议发言。

五、科研成果

陶德强、范和生:《从国际社会团结看逆全球化产生及应对——基于国际政治社会学视》,《太平洋学报》2021年第3期。

六、教学成果

该所结合交叉学科的人才培养目标,创新研究生培养模式,在研究生教学与培养方式中建立课堂教学、社会实践和对外交流"三位一体"以及"大师+团队"的培养模式。2021年6月,该所举办第三届"大使进校园、学长进课堂"活动。

该所为博士研究生开设以下课程:"政治社会学专题""社会发展理论研究""社会学研究前沿"和"社会学理论专题";为硕士研究生开设以下课程:"全球化与全球治理专题""国别和区域研究专题""国际关系理论前沿""国际关系研究方法专题""国际组织与国际法专题"和"比较政治学专题";为本科生开设以下课程"中国外交决策机制研究""大国政治""美国政治""经济与文化""认识拉丁美洲""全球治理"和"政治社会学"。

七、对外交流情况

2021年5月26—27日,范和生所长应邀参加"东亚—拉美地区研究伙伴对话"国际研讨会,并作题为"当前东亚拉美研究亟待关注的问题"的主题发言。此次会议由中国社会科学院拉丁美洲研究所主办,澳门城市大学和西南科技大学协办。

八、承担课题情况

序号	课题名	主持人	课题类型	课题编号
1	全球公共卫生治理中的中拉命运共同体研究	范和生	教育部高校国别和区域研究2020年规划课题	2020-G59
2	委托调研报告	唐惠敏	教育部高校国别和区域研究2021年委托课题	GBQY2021WT-33
3	新冠肺炎疫情下增进团结的公民责任研究	黄梦晓	国家社科基金青年项目	20CZZ013
4	资本下乡背景下村企合作治理模式研究	唐惠敏	国家社科基金青年项目	20CSH039

上海外国语大学巴西研究中心

一、历史沿革

上海外国语大学巴西研究中心成立于2014年。在筹建之初，中心属于校级区域国别研究中心成员；2017年，正式成为教育部高校国别和区域研究备案中心。

中心历史可分为三个阶段：2014年前的筹备阶段，2014—2017年的初始阶段，2017年至今的发展阶段。

在筹备阶段，上海外国语大学西方语系葡萄牙语专业开展大量有关巴西、葡萄牙以及非洲葡语国家国情文化等方面的教学和科研活动。该专业始建于20世纪70年代，是国内最早开设的葡萄牙语专业之一，在同类专业中始终位列前茅。在国别与区域研究中，该专业不仅关注葡萄牙及非洲葡语国家，更高度关注巴西这个世界最大的葡语国家和拉美区域核心国家，围绕巴西开展一系列教学和科研工作。在教学活动方面，葡萄牙语专业特别为本科生开设"巴西概况""巴西文学史""拉丁美洲文化"等课程。2009年以来，该专业还为上外国际教育学院的研究生开设区域与国别研究课程。2000年至2014年巴西研究中心正式成立前，该专业教师陆续发表与巴西研究相关的论文7篇（5篇刊载于CSSCI期刊、扩展或境外期刊）、专著1本（参与编写）、辞典1本（参与编写）、译著4本以及政府咨询报告1篇。该专业教师注重与国内外巴西研究的专家学者进行交流，踊跃参加各类国内国际研讨会，其中包括有上海拉丁美洲研讨会（2004年复旦大学）、中国拉丁美洲研讨会（2006年复旦大学）、第十三届国际拉美及加勒比研究联盟大会（2008年澳门）、语言政策及语言规划研讨会（2012年北京）、上海拉丁美洲研讨会（2012年上海外国语大学）等。在2012年上海拉丁美洲研讨会上，4位与会教师分别宣读自己有关巴西研究的最新成果：《巴西印第安学校教育现状剖析》《民族大熔炉——巴西社会人种构成探讨》《后卢拉时代巴西经济社会发展趋势》和《全球化背景下的巴西国内语言政策浅析》。

2014年，上海外国语大学积极对接我国发展国家和区域研究的重大战略，正式建立一批校级区域国别研究中心，巴西研究中心便是其中一员。中心积极响应国家、政府要求，依托上海外国语大学多语种、多学科、国际化优势，秉承拉丁美洲与葡语国家研究传统，与国内外多所高等院校、研究机构保持畅通联系，对巴西及其他葡语国家开展更为具体、深入的研究；同时，不断提升自身科研水平，强化决策咨询能力，为国家的外交战略服务。

二、研究方向

根据《上海外国语大学教育事业改革和发展第十三个五年规划纲要》提出的总体目标，中心以建设"以外语为特色的多学科领域知识创新的平台、国家经济社会发展的思想库"为指导思想，以成为国家经济社会发展的思想库为努力方向，以上外的外国语言文学专业为基础，以学校的国际化为依托，致力于学术研究和政策咨询，不断为区域国别研究提供新素材和新观点。具体而言，中心注重研究巴西国内政治、经济和文化，以及巴西与其他葡语国家、区域组织、国际组织关系，推动"区域国别+领域"研究，力争打造以巴西研究为重点、不断向其他葡语国家拓展的研究创新平台体系、项目体系和研究队伍，密切跟踪和分析巴西及其他葡语国家社情动态的发展，为中拉人文交流、民心相通作出积极贡献。

三、人员情况

中心以上海外国语大学葡萄牙语专业教师团队为基础，通过学校外国专家项目等项目平台邀请国内外巴西研究领域知名专家加入，努力打造一支以国内需求为导向、以巴西研究为重点的创新研究团队。

中心现有10名专职研究人员和6名兼职研究人员。专职研究人员包括9名中国教师和1名外国专家，均于上外任教。在专职研究人员之中，1人具有正高职称，4人具有副高职称，4人具有中级职称；兼职研究人员包括2名中国专家和4名外国专家，分别来自国内外著名高校和企业等。此外，中心发掘利用上外葡萄牙语专业研究生资源，培养其从事国别与区域研究工作的兴趣和能力。

四、学术活动

为了构建葡语国家国别研究的分享交流平台，推动葡语国家区域国别的教学与研究，中心坚持"引进来"和"走出去"双向发力，一方面通过主办全国性学术研讨会和邀请国内外相关领域专家学者开展学术交流两种途径将重大科研成果和学术前沿动态"引进来"，另一方面着重支持中心成员"走出去"，赴其他高等教育机构和研究机构开展学术讲座、参与国内外学术会议并宣读论文。

中心自正式成立以来，多次邀请国内外巴西研究专家为作学术讲座。2015年，中心邀请中国驻巴西前大使陈笃庆作题为"世界上最大的葡语国家——巴西面面观"的讲座，介绍巴西政治、经济、历史、文化等方面概况，阐述中巴双边关系重要性、互补性，并对巴西及中巴关系的未来提出展望；2018 年，中心邀请商务部援外司原副司长、中国—葡萄牙语国家经贸合作论坛前秘书长、现对外经济贸易大学客座教授王成安作题为"葡语国家教学与研究"的讲座，介绍我国的葡语教学事业和葡语国家研究的发展历程以及当前所处的重要历史时期；2019 年，中心邀请上海大学拉美研究中心主任、特聘教授江时学作题为"对拉美研究领域中若干问题的看法"的讲座，从拉美研究的理论、如何评价拉美的民众主义、拉美改革的成败得失、拉美研究中的"钟摆"现象、如何进一步提升中拉关系、如何认识百年未有大变局中的拉美发展前景六个角度进行解析。2020 年，中心邀请现对外经济贸易大学客座教授王成安作题为"全面提高学习能力，未来服务国家开放"的讲座。

中心研究人员在近期参加的学术会议包括葡萄牙阿威罗大学和大连外国语大学共同举办的"通往东方之路系列"研讨会（2020—2021）和四川外国语大学举办的"全国外语非通用语'一带一路'与中外人文交流"学术研讨会（2021）。

五、科研成果

身处百年未有之大变局的时代，中心的研究人员始终保有强烈的使命感和责任感，坚持以重大现实问题导向为主，积极主动对接国家战略和上海市发展需求，立足教学、科研和智库建设，努力发挥高校智库咨政建言与社会服务等作用。

近 4 年来，中心研究人员共主持 5 项省部级课题，发表 32 篇学术论文（含 3 篇 CSSCI 论文），2 人获国家级科研奖励一等奖，2 人获国家级二等奖，出版专著 1 部，译著 2 部。中心成员还在国内各大主流报刊媒体上发表多篇与巴西国情和文化相关的评论文章。

六、教学成果

中心努力完善人才培养体系，提高人才培养质量，推动面向整个松江大学城的本科公共课教学和面向上外汉语国际教育硕士研究生的区域与国别研究课程，致力于让更多的本科生和研究生了解巴西和拉丁美洲；同时，努力激发学生对巴西研究的兴趣，指导学生从事上海全球治理与区域国别研究院巴西动态新闻专报和与巴西研究相关论文的写作。

2020 年 10 月，葡萄牙语专业"基础葡萄牙语 I"被认定为首批国家级一流本科线下课程；与此同时，中心成员参与的"区域与国别研究导论"被认定为国家级一流本科线下课程，并于 2021 年获批教育部课程思政示范项目；2021 年 3 月，上外葡萄牙语专业入选 2020 年度国家级一流本科专业建设点。

近年来，葡语专业本科生在各类全国学科竞赛中屡获奖项，包括第一届中国高校中葡笔译大赛中译葡组第一名、全国最佳葡语学生"徐日昇"奖各组别第一名、全国葡语辩论赛亚军和 2019 年首届全国大学生国别区域演讲比赛优秀奖。硕士研究生在专业教师的指导下参与

4项省部级课题、1项校级课题，2人赴葡语国家进行短期交流，7人次参加国内外会议并宣读论文，8人次在国内外学术期刊和报刊媒体发表文章。

七、对外交流情况

2020年，面对突如其来的新冠肺炎疫情，中心重点围绕国内外的疫情发展情况以及政府采取的各项措施开展研究、完成相应研究报告，其中包括《巴西新冠疫情及政府措施动态简报》《巴西新冠疫情报告》《葡萄牙新冠疫情报告》《巴西不可抗力制度研究报告》。

八、承担课题情况

中心致力于服务治国理政，服务社会经济发展，基础研究进展显著，重大项目有所突破。近4年来，中心成员共主持13项课题，其中包括6项省部级课题（如"上海市人大与巴西友好城市地方议会交流机制研究"）和2项横向课题（如"圣保罗提升城市品质的政策与举措"）。

北京第二外国语学院秘鲁研究中心

一、历史沿革

北京第二外国语学院秘鲁研究中心创立于2014年10月，是北京第二外国语学院与秘鲁圣伊格纳西奥罗约拉大学合作共建的教学科研机构。

二、研究方向

中心致力于成为一所以秘鲁国情为研究方向，以社会经济为重点，涵盖政治、文化和国际关系等研究领域的拉美研究智库。中心的目标是在2018年前后成为中国众多拉美研究智库中第一梯队成员，在2020年前后成为全国一流国别和区域研究智库，为学校成为中国一流、世界上有重要影响的外国语大学这一目标积极作出自身贡献。

中心采取的重点建设措施包括：第一，积极为包括中联部在内的国家部委和北京市教委提供咨政服务；第二，依托北京市西班牙语葡萄牙语学科群的资源和力量，大力提升秘鲁中心青年研究人员的科研能力；第三，与中国社会科学院拉丁美洲研究所墨西哥研究中心结成合作伙伴关系，联合举办国际学术研讨会，以提升中心知名度和学术影响力；第四，发挥专职研究人员的自身学科实力和优势，在促进中国本土学术对外传播上聚焦发力，取得一系列重要成果。

中心已获得 2 项中华学术外译项目立项，系国家级科研成果。

三、人员情况

中心有专职人员 11 人，兼职专家 5 名。其中，既有中国社会科学院拉丁美洲研究所的资深研究员，又有来自本校欧洲学院的西班牙语教授和讲师。

四、学术活动

2020 年 11 月 12—15 日，张珂教授参加北京第二外国语学院主办的"'一带一路'——第三届小语种早期培养研讨会"。

2020 年 9 月 15 日，刘鹏代表秘鲁研究中心在中国社会科学院拉丁美洲研究所举办的"新冠疫情背景下的拉美与中拉关系"学术研讨会上作"秘鲁主流媒体关于中国新冠疫情报道分析"主题的发言。

2020 年 11 月，刘鹏以秘鲁研究中心主任的身份，参与长江电力公司和国务院国资委联合举办的"中秘文化异同及对企业运营的影响"文化论坛。

五、科研成果

截至 2021 年，该中心总共获得 2 项国家级社科基金项目、6 项省部级社科基金项目。高源副教授主持完成的《"当代中国"丛书》中华学术外译项目，黄乐平副教授和刘鹏讲师分别成功申请了教育部国别和区域研究课题"智利经济增长与收入分配关系研究"和"秘鲁原住民社区对'两洋铁路'的影响和启示研究"，研究成果已完成。丁波文副教授申请北京社科基金青年项目"墨西哥城城市化中的问题、经验及对北京的启示研究"，现已结项。朱晓金讲师和董杨副教授成功申请 2019 年度教育部国别和区域研究中心（基地）美大地区重点研究项目，成果分别为《秘鲁国情教育报告》和《牙买加国情教育报告》。

六、教学成果

中心大力鼓励本科生开展与西语国家国情主题相关的国家级或省部级科研创新活动。2015 年以来，该中心研究员指导了多达 14 项大学生创新创业科研项目，其中国家级 3 项，省部级 8 项，校级 3 项。

中心大力鼓励西语专业学生赴西语国家开展短期学习交流。2015 年以来，共有 41 位本科或研究生同学赴西班牙、墨西哥、阿根廷、秘鲁、哥伦比亚等西语国家留学。通过重点培养学生的科研能力和鼓励他们赴西语国家了解国情，大大促进了西语国家国情研究这一学科建设，为后续的国别研究学科体系建设和相关课程建设打下了良好的基础。

七、承担课题情况

序号	课题名	主持人	课题类型	课题编号
1	会通中西：近代中国知识转型的基调及其变奏	丁波文	中华学术外译项目	19WZSB008
2	西班牙语国家媒体中关于中国抗击新冠肺炎疫情的疫情分析	张 岑	2020 年度教育部国别和区域研究课题	2020-G51
3	北京传统艺术在拉美传播策略研究	贾 静	北京市社科基金青年项目	16JDXCC002

中国人民大学拉丁美洲研究中心

一、历史沿革

中国人民大学是新中国最早在高等院校开设拉丁美洲通史课程的高校之一，清史研究所李春辉教授长期从事拉美史研究工作，曾担任中国拉丁美洲史研究会第一届至第三届理事长、名誉理事长，其主持撰写的《拉丁美洲史稿》是我国第一部介绍拉丁美洲通史的学术专著。

2015 年，中国人民大学依托国际关系学院建立拉丁美洲研究中心。同年，时任哥斯达黎加总统路易斯·吉列尔莫·索利斯·里维拉到访中国人民大学，获授名誉博士学位，并受聘拉美研究中心名誉顾问。2017 年，时任巴拿马总统胡安·卡洛斯·巴雷拉·罗德里格斯到访中国人民大学，获授名誉博士学位，并受聘拉美研究中心名誉顾问。

目前，中心成员主要来自中国人民大学国际关系学院和外国语学院，主任为国际关系学院崔守军教授。中心成立后，先后开展了国际学术会议、大使讲坛等一系列活动，并指导本硕博中国学生和留学生就拉丁美洲问题开展学习研究，在有关拉丁美洲的教学与科研方面做出了一定探索。

二、研究方向

中心成员的主要研究方向为拉美政治与外交、拉美社会与文化和拉美经济。目前，中心成员在中拉关系、中拉能源合作、拉美民粹主义、拉美中小企业发展、拉美土地制度、拉美移民等方面发表了相关研究成果，并获得国家社科基金、北京市社科基金、中国人民大学科学研究基金等科研项目的支持。

三、人员情况

中心目前核心成员共有5名，均为中青年教师，分别如下。

崔守军：中国人民大学国际关系学院教授，拉丁美洲研究中心主任，博士生导师，中国人民大学国际组织学院副院长，国际发展研究所所长，获聘中国人民大学"杰出学者"。入选北京高校"青年英才计划"，兼任中国人民大学国家发展与战略研究院专聘研究员，中国人民大学拉丁美洲研究中心主任，中国人民大学中东非洲研究中心执行主任，中国人民大学当代中国研究全英文硕士项目（CCSP）执行主任。美国国务院"国际访问者领袖计划"访问学者，欧盟委员会"玛丽·居里国际交流计划"访问学者。中国中东学会理事，中国拉美学会理事，中国非洲史学会理事，中华全国律师协会会员。主要研究方向为中国外交、能源问题、中国与发展中国家关系、国际组织等。主持和参加多项国家级和省部级课题，出版五本中英文著作，发表学术文章和评论文章数百篇，受聘多个国际机构、国家部委和企事业单位咨询专家和顾问。

金晓文：中国人民大学国际关系学院讲师，拉丁美洲研究中心研究员，主要研究方向为拉美政治与社会、国际移民、海外利益安全。

许嫣然：中国人民大学国际关系学院讲师，拉丁美洲研究中心研究员，主要研究方向为国际关系理论、外交政策分析、国际政治经济、中美关系、中拉战略伙伴关系、能源研究、美国对东亚外交政策、战略研究和地区安全问题。

李彦：中国人民大学外国语学院讲师，拉丁美洲研究中心研究员，主要研究方向为西班牙语对外教学，拉美经济、政治及社会。

周楠：中国人民大学外国语学院讲师，拉丁美洲研究中心研究员，主要研究方向为拉丁美洲政治。

四、学术活动

2021年1月30日，崔守军教授应英国广播公司BBC邀请参加"The Real Story"栏目专题对话，主题为"China's advance into Latin America"，参加人包括墨西哥前驻华大使Jorge Guajardo、美洲对话中拉项目主任Margaret Myers、美军战争学院教授Evan Ellis等。崔守军在主题发言中认为，中拉是互相尊重的合作伙伴，新冠肺炎疫情暴发以来中国对拉美"医疗外交"促进了中拉关系的发展，深化了中拉之间的友谊。

2021年3月16日，金晓文博士参加中国社会科学院拉丁美洲研究所社会文化研究室主办的"新时期中拉科技创新合作对话"，并作题为"拓展新时期中拉科技创新合作"的发言。

2021年4月12日，崔守军教授参加中国人民大学 *Economic and Political Review* 杂志举办的国际学术研讨会"US-China-Latin America Interaction and the Emerging World Order"。会上，崔守军教授指出，在共建"一带一路"倡议的引领下，中拉之间的政治互信日益加深，经贸合作规模与水平持续攀升，民意基础不断夯实，中拉关系的发展始终保持高水平发展。并认为从拉美角度而言，拉中关系的发展也受制于美拉关系的发展，保持美拉关系的稳定是拉丁美洲各国的核心利益，中拉之间应该相互尊重。

2021年7月3日，金晓文博士参加北京大学出版社和中拉教科文中心联合打造的"理解拉丁美洲"文库启动仪式，并作为国际编辑委员会代表发言。

2021年10月29—31日，崔守军教授应邀参加"上海论坛2021"年会，并在"理解疫情后南方世界的秩序——中国—拉美全球治理对话"单元作主题发言。

2021年12月10日，崔守军教授应邀参加由中国拉丁美洲学会、安徽大学创新发展战略研究院主办，安徽大学拉丁美洲研究所承办，安徽大学社会与政治学院、国别和区域研究院协办的第四届中拉合作高端论坛，并在"中拉合作新机遇"单元作主题发言。

五、科研成果

Yan, Li（李彦），"Reflexiones acerca del impacto de la crisis del coronavirus sobre las Mipymes mexicanas," *Orientando*, Año 10, Número 21, Octubre2020−Marzo 2021.

金晓文：《移民、租佃制与阿根廷早期民众主义的兴起》，《拉丁美洲研究》2021年第1期。

崔守军、刘祚黎：《俄罗斯对拉美政策的变化》，《现代国际关系》2021年第12期。

六、教学成果

中心成员分属国际关系学院和外国语学院两个学院，授课对象分别为国际关系学院本硕博学生，以及外国语学院西班牙语系本科生。同时，中心成员还面向全校学生开设跨专业选修课，其中与拉美相关的课程如下。

1. 本科生教学

崔守军："发展学与发展中国家"（国际关系学院专业必修课）

金晓文："拉美政治与经济"（国际关系学院专业选修课）

金晓文："拉丁美洲的现代化：理论与专题"（全校跨专业选修课）

周楠："拉丁美洲国家概况"（外国语学院专业必修课）

周楠："西班牙语国家经济"（外国语学院专业选修课）

周楠："西班牙语国家政治"（外国语学院专业选修课）

2. 研究生教学

崔守军："世界体系与发展问题研究"（国际关系学院专业必修课）

金晓文："拉丁美洲研究"（国际关系学院专业选修课）

许嫣然："美国霸权与中拉关系"（国际关系学院专业选修课）

3. 博士生教学

崔守军等："区域国别专题研究"（国际关系学院专业必修课）

七、对外交流情况

中心目前已同美国匹兹堡大学、巴西南大河州联邦大学、巴西坎皮纳斯州立大学、巴西里约热内卢联邦大学、墨西哥学院、墨西哥国立自治大学、墨西哥维拉克鲁斯大学、秘鲁太平洋大学、智利大学、哥斯达黎加大学、巴拿马大学等高校建立了学术联系。

八、承担课题情况

序号	课题名	主持人	课题类型	课题编号
1	拉美政治格局变化与中拉转型发展研究	崔守军	国家社会科学基金一般项目	19BGJ061
2	拉美民粹主义对构建中拉命运共同体的影响及应对	周楠	国家社会科学基金青年项目	19CGJ026
3	拉美民粹主义的发展趋势及其对中拉关系的影响研究	金晓文	北京市社会科学基金青年项目	19ZGC013

上海大学拉丁美洲研究中心

一、历史沿革

上海大学拉丁美洲研究中心在2016年正式挂牌成立。经过近十年的发展，上海大学拉丁美洲研究中心于2019—2021年连续三年入选南京大学"中国智库索引"（CTTI）。

中心的前身为成立于2009年的上海大学全球学研究中心。全球学研究中心创始人郭长刚教授自2007年起，就开始规划以广大亚非拉地区为研究对象的区域国别研究。全球学研究中心成立后，研究人员以历史学与政治学的学科思想为指导，以在对象国的田野调查为基础，大力推进对土耳其、阿根廷与印度等国研究。

在此基础上，全球学研究中心开始逐步建立和发展对拉美合作。2012年，全球学研究中心博士生张琨在国家留学基金委的资助下前往乌拉圭拉丁美洲人文经济研究所（CLAEH）接受为期两年的联合博士培养。以此为开端，全球学研究中心开始大力拓展与拉丁美洲各国高校和智库之间的合作。2014年5月，郭长刚教授与张琨博士访问阿根廷国家科学技术研究委员会（CONICET）下属的劳工运动研究中心（CEIL），与其就人员交流和项目合作方面达成了初步的合作意向；同年6月，张琨博士访问智利大学，就两机构之间的合作达成初步意向；2015年5月，张琨代表全球学研究中心，与中国社会科学院考古所一起前往洪都拉斯科潘遗址，参与相关的遗迹修复工作，进一步拓展了全球学研究中心在拉美方向的相关研究。

全球学研究中心在2015年正式拆分为上海大学拉丁美洲研究中心、上海大学土耳其研究中心与上海大学南亚研究中心。中国社会科学院拉丁美洲研究所原副所长江时学教授受聘为上海大学拉丁美洲研究中心主任。2017年2—5月，张琨博士前往秘鲁天主教大学进行为期3个月的访学。同年，郭长刚教授与张琨前往阿根廷，代表上海大学与阿根廷国家技术科学研究委员会正式签署合作协议。2018年，中心聘用秘鲁天主教大学知名学者安东尼奥·萨帕塔（Antonio Zapata）为全职教授，进一步增强了中心的相关研究力量。2019年，中心以研究机构的身份加入了美国拉丁美洲研究协会（LASA）。

拉丁美洲研究中心自创立以来，积极参与和举办各类学术活动。2015年7月，中心举行上海大学拉丁美洲研究国际学术会议"全球化进程中的拉丁美洲研究";2016年11月,中心与阿根廷国家科学技术委员会、美国纽约州立大学石溪分校和乌拉圭国立大学一起举办"冷战与拉丁美洲"的国际学术研讨会。并举办了第一届上海大学"拉丁美洲研究暑期学校"。中心研究人员参加了美国拉丁美洲研究协会2018年、2019年与2020年年会。

中心在2015年举办了第一届上海大学"拉丁美洲研究暑期学校";在2019年举行第二届暑期学校,招收来自全国各高校的学员100多名。为加强国内高校拉美研究中心之间的学术交流,中心在2017年举行首届全国高校拉美研究中心主任工作会议。2017年10月,中心举办"'一带一路'倡议与中拉关系"国际研讨会;2018年,中心举办第二届上海大学拉丁美洲国际会议"'一带一路'视域下的拉丁美洲";同年9月,中心举办《拉美与"一带一路"》新书发布会和"人类命运共同体与中国拉美国家关系"国际研讨会;2019年8月,中心举办"中国与拉美在全球治理中的合作"国际研讨会。

二、研究方向

中心现有的研究领域包括以下四个方面。

第一,当代拉美政治与社会政策研究。中心重点关注拉美重要国家(如阿根廷、智利与秘鲁等国)的当代政治发展状况、政党组成、社会思潮以及政府的社会管理政策等。

第二,拉美国际关系研究。中心一方面研究拉美各国之间的关系与区域合作情况,如南美洲国家联盟、安第斯山国家共同体、南方共同市场等;另一方面研究拉美国家与其他地区尤其是与美国以及中国的关系、金砖国家与全球秩序等。

第三,拉美历史、文化与宗教等综合研究。中心重点研究拉美主要国家的历史发展、文化传承、宗教信仰(天主教)与社会生活等,关注焦点在拉丁美洲的宗教、政治与社会之间的互动、拉丁美洲的左派以及拉丁美洲的中国移民这三个方面,试图从更深层次上理解和掌握拉美国家的发展特点和发展趋势。

第四,中拉关系研究。中心重点研究中国与拉美国家的经济贸易、文化往来、国际关系,以及中国在拉美的国家形象、拉美的中国移民等。

三、人员情况

中心现有全职研究人员6人。其中,江时学教授为中心主任,张琨博士为执行主任,安东尼奥·萨帕塔教授、夏婷婷博士、于开贺博士与奥古斯蒂娜·萨罗斯(Agostina Zaros)博士为中心研究成员。江时学教授为国内知名拉丁美洲专家,国务院政府特殊津贴获得者,研究的主要范围包括拉丁美洲的经济、金砖国家与国际关系;安东尼奥教授毕业于美国哥伦比亚大学拉丁美洲史专业,研究特长为安第斯国家历史与拉丁美洲左派运动;张琨博士与夏婷婷博士均毕业于上海大学文学院历史系，研究特长为拉丁美洲的宗教，阿根廷、智利与秘鲁国别史，拉丁美洲的左派，以及中拉关系史；于开贺博士毕业于澳门城市大学，研究特长为巴西与金砖国家；奥古斯蒂娜博士毕业于意大利帕多瓦大学，研究特长为拉丁美洲的宗教与社会。2020年，中心招收奥古斯蒂娜·萨罗斯（Agostina Zaros）博士与于开贺博士为博士后，夏婷婷博士成为中心全职研究员。

中心还常年聘请多名客座研究员，为中心的对外联系及研究发展出谋划策。外方名单包括：阿根廷国家科学技术委员会高级研究员福图纳多·马里马奇（Fortunato Mallimaci）、秘鲁天主教大学副校长阿尔多·庞飞奇（Aldo Panfichi）、秘鲁研究院现任主席娜塔莉亚·卡拉斯科（Natalia Carrasco）、乌拉圭国立大学教授阿尔多·马切西（Aldo Marchesi）与乌拉圭天主教大学宗教研究中心主任内斯特·达·科斯塔（Nestor Da Costa）。中方名单则包括中国驻拉美国家的前任大使张拓、王珍、陈笃庆、徐贻聪、吴长胜、王华等。

四、主办刊物简介

中心作为全球问题研究院的下属机构，与土耳其研究中心合作出版《全球学评论》（已出版两期），并负责文学院《医疗社会史》（CSSCI集刊）拉美方面的审稿工作。

五、学术活动

2021年5月20日，中心举办"'后疫情'时期中国与拉美国家关系发展趋势研讨会暨江时学著《认识拉丁美洲》新书发布会"。

2021年6月18日，上海全球治理与区域国别研究院与《世界知识》杂志社共同主办"新冠疫情背景下的国际格局与外交模式转型研讨会"。中心主任江时学应邀参加了会议，并就"'后疫情'时期如何推动中国与发展中国家关系"这一题目作了发言。

2021年7月31日，中心召开了"如何推动中国与拉美在全球治理中的合作网络研讨会"。

2021年11月4日，中心邀请上海国际问题研究院学术委员会主任、上海市国际关系学会会长、上海国际战略问题研究会会长杨洁勉作题为"国际问题研究和世界趋势判断——兼论当前中美关系"的学术讲座。

2021年12月26日，中心举办"2021年拉美形势研讨会"。

六、科研成果

2021年，中心成员在国内国外重要期刊上发表多篇论文，出版多部专著和译著。与此同时，中心成员在国内外多种报纸媒体上发表文章。

1. 学术专著、章节与译著

江时学：《认识拉丁美洲》，中国社会科学出版社2021年版。

Kun, Zhang, "Las Relaciones Triangulas antes del establecimiento de relaciones diplomáticas Entre China y Chile," en Las Relaciones entre China y Chile, Edicion Universidad de Chile, 2021.

Zaros, A (2021) "Redes intrafamiliares y socioreligiosas: pensar los vínculos en familias pertenecientes a diferentes credos en Padua y en Buenos Aires." En Forni, P. Enfoques Relacionales en las Ciencias Sociales Contemporáneas. Ediciones de la Universidad del Salvador: Buenos Aires (on press).

［美］马克·亚当斯:《到马丘比丘右转：一步一步重新发现失落之城》，范文豪译，商务印书馆 2021 年版。

［英］休·汤姆森:《龙舌兰油：迷失墨西哥》，范文豪译，商务印书馆 2021 年版。

［阿根廷］罗伯特·阿尔特:《愤怒的玩偶》，夏婷婷译，四川文艺出版社 2021 年版。

2. 学术论文

江时学、来源:《论拉丁美洲国家的"国家风险"》，《国际论坛》2021 年第 2 期。

江时学:《构建人类命运共同体的中国贡献》，《红旗文稿》2021 年第 9 期。

Tingting, Xia, Salvador Marinaro, "Las representaciones de China posrevolucionaria en los escritos de los viajeros argentinos (1949-1966)," *Historia y Comunicación Social*, Vol.26, No.1, 2021, pp.121-130. (A&HCI)

3. 其他成果

江时学:《在百年未有之大变局中继续推进新兴大国合作》，《中国社会科学报》2021 年 1 月 14 日。

江时学:《全球治理需要有力、有益的学术支撑》，《光明网—学术频道》2021 年 2 月 4 日。

江时学:《"中国缺乏适应全球化能力"的说法实属谬误》，《中国社会科学报》2021 年 5 月 19 日。

4. 外文报刊

Kun, Zhang, "Los Desafíos en China en la post pandemia," *Pagina 12*, Mar 2, 2021.

Tin, tin, Xia, "Durante la crisis, surgen contradicciones, como la discrminacion," *La Republica*, Mar 3, 2020.

七、教学成果

中心招收来自中外各国的拉丁美洲研究方向的硕士研究生与博士研究生，并设有博士后流动站。迄今为止，拉丁美洲研究方向已毕业博士 5 名和硕士 11 名；拉美方向在读博士研究生 8 名，硕士研究生 12 名。中心利用国内外资源，基本上保证所有拉丁美洲研究方向的硕博士研究生都有机会前往研究对象国进行半年以上的交流，以便其学习语言、收集资料或是进行田野调查。2020年，中心成功申请到国家留学基金委创新项目，每年固定有4个名额派送学生与研究人员前往拉丁美洲各国进行博士研究生联合培养与学者访学。

2021年，中心成员面向上海大学师生开设多门精品课程，课程涉及拉丁美洲研究、全球学研究以及国际关系研究等多个方面。已开设课程包括如下。

江时学："拉丁美洲研究导论"，研究生课程。

江时学："国际关系入门"，本科生课程。

江时学：International Relations，留学生课程。

Antonio Zapata: Los Inmigrantes Chinos en América Latina, for graduate students.

Antonio Zapata: La Izquierda en América Latina, for graduate students.

张琨："拉丁美洲的文化与政治"，本科生课程。

张琨："全球冷战史"，本科生课程。

张琨："西方思想史"，本科生课程。

张琨："拉丁美洲近现代史"，研究生课程。

张琨："拉丁美洲原著选读"，研究生课程。

夏婷婷："西语国家文化概况"，本科生课程。

八、对外交流情况

2020年，中心青年教师张琨和博士研究生田楚子、王迪被国家留学基金委"创新人才国际合作培养"项目录取，以访问学者以及联合培养博士研究生的身份于2021年分别前往智利大学、秘鲁天主教大学访学。

2020年11月，上海大学全球问题研究院特聘研究员，上海大学"中国—阿根廷联合研究中心"（CIMI）阿方主任福图纳多·马利马奇（Fortunato Mallimaci）教授被阿根廷科技创新部部长罗贝托·萨瓦雷斯（Roberto Salvarezza）任命为"中国—阿根廷社科线上中心"阿方主任。该中心是在中国国家主席习近平于2018年访问阿根廷时成立，由中国社会科学院与阿根廷科技创新部签订协议和落实，目的是通过各类合作项目推动中国与阿根廷人文社科方面的合作交流。

九、承担课题情况

序号	课题名	主持人	课题类型	课题编号
1	"人类命运共同体"思想的历史学研究	江时学	国家社会科学基金重大项目	18ZDA170
2	阿根廷与智利政教关系比较研究（1973—1989）	张　琨	国家社会科学基金青年项目	19BGJ061

河北大学拉丁美洲研究中心

一、历史沿革

2016年1月，闫屹教授牵头组建河北大学拉丁美洲研究中心。中心由河北大学直属领导，成为集区域国别研究、咨政服务和人才培养于一体的研究机构。2017年6月，中心成为教育部备案的国别和区域研究中心。

河北大学的拉美研究始于乔明顺先生。乔明顺先生是我国著名历史学家、中国拉丁美洲史研究会创始人之一、中国拉美史研究会原副会长、河北省历史学会副会长；早年毕业于北京辅仁大学，后在美国诺垂达姆大学获得美洲史博士学位。1980年，河北大学为历史系77级学生开设拉丁美洲史课程，乔明顺先生是主讲此课程的第一人。当时，国内仅有5所高校能够开设拉丁美洲史课程。1985年，河北大学开始招收世界近现代史专业拉丁美洲史方向的研究生。

乔明顺先生之后，其弟子张家唐教授接班讲授拉丁美洲史课程。张家唐曾任中国拉丁美洲史研究会常务理事、中国拉丁美洲学会常务理事、中国拉丁美洲史学会顾问。2005年，由张家唐教授牵头，河北大学取得了世界史一级学科硕士学位授予权，并培养了14位拉丁美洲史方向的硕士研究生。张家唐教授主要从事有关拉丁美洲历史与拉丁美洲现代化等问题的研究。出版著作有《拉丁美洲简史》（2009年，人民出版社）；《全球视野下的拉丁美洲历史研究》（2016年，人民出版社）。发表论文有《简述拉美现代化进程及问题》[《河北大学学报（哲学社会科学版）》2000年第1期]被《新华文摘》2000年第6期全文转载。

2010年，河北大学在巴西里约热内卢天主教大学设立孔子学院，并以此为平台，不断加强与巴西各界的联系。2015年，两校开设"中巴问题研究""金砖国家合作研究"等校际合作项目。

2020年6月，中心参加了由教育部组织的高校国别和区域研究备案中心评估，从中心保障力、成果生产力、社会影响力三个方面接受了全面评估。

二、研究方向

中心主要依托河北大学经济学和历史学两大学科现有的拉美研究基础，以河北大学在巴西里约热内卢天主教大学设立的孔子学院为交流平台，从经济、历史、政治、社会、文化、教育等多角度入手，对拉美地区开展综合性研究。

在长期积累的基础上，中心逐渐形成拉美经济和拉美国家现代化进程两个特色的研究方向，以及巴西、阿根廷、安提瓜和巴布达、巴哈马四个重点研究国别。

中心通过多学科协同合作，打破各学科间的壁垒，创新研究模式，在校内建立起跨学科研究团队，与河北大学提出的建设"特色鲜明、国际知名"高水平综合性大学的战略目标保持高度一致，为促进河北省与拉美各国合作提供咨政服务。

三、人员情况

拉美中心现有专职教师 7 名。其中，6 人具有博士学位，1 人博士研究生在读；教授 1 名，副教授 3 名，讲师 3 名；1 名教师年龄在 45 岁以上，6 名教师年龄在 45 岁以下。校内兼职教师 7 名，包括 1 名外籍教师，分别来自经济学院、管理学院、历史学院、国际交流与教育学院和外国语学院；校外兼职教师 19 名，分别来自中国社会科学院、南开大学、新华社、人民日报社、商务部国际贸易经济合作研究院、中国—拉丁美洲和加勒比友好协会等单位。

中心主任为闫屹教授，现为中国拉美学会常务理事、中国拉美史研究会理事、中国国际经济关系学会常务理事、中国国际金融学会理事，研究领域主要为金融市场、国际金融、世界经济、拉美经济。

四、主办刊物简介

《拉丁美洲研究简报》（以下简称《简报》）由中心制作发行，为校内发行刊物，未公开出版。《简报》以中心的研究团队为依托，发挥河北大学综合类院校多学科发展的独特优势，紧密围绕近期拉美地区发展和研究的相关进展，跟踪梳理拉美地区的经济与社会发展的最新动态和热点问题，及时发布中心的研究成果，为河北省和国家相关部门提供决策咨询的信息服务。

五、学术活动

2021 年 4 月 28 日，中心举办以"拉美政治"为主题的学术报告会。中国社会科学院拉丁美洲研究所杨建民研究员作题为"疫情以来拉美形势分析与展望"的报告，方旭飞副研究员作题为"拉美政治发展现状与前景"的报告，谭道明副研究员作题为"理解民粹主义"的报告，李菡助理研究员作题为"拉美左翼参与式民主"的报告。

2021 年 9 月 25—26 日，闫屹教授应邀参加由中国拉丁美洲史研究会和中国拉丁美洲学会主办，教育部国别和区域研究培育基地——西南科技大学拉美研究中心承办的第 11 届中国拉美研究青年论坛暨"拉美现代化进程中的科技与文化"研讨会，并主持专题会议三"经济与贸易"。

2021年9月26—27日，第十届中拉学术高层论坛暨"面向未来的新发展议程与中拉合作"研讨会召开，此次活动由中国社会科学院拉丁美洲研究所主办，境外合作机构包括巴西圣保罗州立大学、智利安德烈斯贝略大学、阿根廷国立科尔多瓦大学、智利圣地亚哥大学。河北大学拉美研究中心参与了论坛筹备工作，副校长申世刚教授在开幕式上致辞，拉美研究中心主任闫屹教授主持了第二单元的学术讨论。

六、科研成果

中心研究人员现已完成河北省社科基金项目2项、教育部国别与区域研究课题项目4项、保定市文化艺术课题1项，为教育部编写了《圭亚那教育情况手册》和《海地教育情况手册》。2020年，中心教师发表论文14篇，包括一篇英文论文和一篇西班牙语论文；获得河北省社科成果二等奖1项。

七、教学成果

中心主要依托经济学一级学科下面的世界经济和金融学两个二级学科开展拉美研究方向的学生培养，在2020年度招收硕士研究生5名。徐永利教授开设的"区域经济一体化与金砖国家合作专题"课程，被批准成为2020年河北省研究生示范课程立项建设项目。

八、承担课题情况

序号	课题名	主持人	课题类型	课题编号
1	新形势下拉丁美洲金融开放效应及金融监管研究	闫 屹	教育部国别和区域课题	2020-G55
2	"一带一路"视域下一国世界旅游联盟构建中拉旅游扶贫国际合作机制研究	邢慧斌	教育部国别和区域课题	2020-G46
3	Wadadli，"属于我们的"安提瓜和巴布达	陶国霞	浙江省社会科学界联合会社科普及课题	—

北京外国语大学拉丁美洲研究中心

一、历史沿革

北京外国语大学拉丁美洲研究中心成立于2016年，成立之初即为教育部国别和区域研究备案中心。中心依托北外的西班牙语、葡萄牙语专业人才培养基地进行建设。北京外国语大学的西班牙语和葡萄牙语专业是全国历史最悠久的西班牙语和葡萄牙语专业，均为首批国家级一流专业建设点和首批国家级一流本科，为拉美和加勒比研究提供了强有力的语言和人文支持。

北京外国语大学与我国最权威的拉美研究智库——中国社会科学院拉丁美洲研究所签署共建协议，强强联手、优势互补，共建北外拉美研究中心，极大地提升了该中心学术水平和人才培养质量。在国际上，中心与墨西哥国立自治大学建立合作，双方均派出研究人员常驻对方大学，每年联合举办1次研讨会。

二、研究方向

北京外国语大学拉丁美洲研究中心按照学校"双一流"建设总体规划和发展目标，充分发挥西班牙语、葡萄牙语国家级一流专业的学科强项及与研究对象国长期友好交往的传统优势，不断加强拉美研究学科建设和复合型人才培养；致力于拉丁美洲和加勒比政治、经济、文化、社会等领域的研究，持续提高研究水平，努力成为重要智库，为"一带一路"倡议的推进与落实提供理论和思想支持。中心成立6年来受到教育部、北京市教委及学校的高度重视与大力支持，在人才培养、学科建设、科学研究、对外交流、社会服务等方面取得了显著成绩，受到社会各方面认可。

三、人员情况

目前，中心有专职研究员15人，聘有客座教授3人。在本科阶段即开设拉美研究方向课程，并且选拔优秀学生设立"战略班"着力培养这一方向的人才；与墨西哥国立自治大学、巴西圣保罗大学、巴西南大河州联邦大学等知名高校学分互认，联合培养"拉美研究"方向硕士研究生，实质性学术交流与学生交流项目数量和质量居全国前列。

四、主办刊物简介

1.《中拉互鉴》(*Interacción Sino-Iberoamericana*)

该刊由北京外国语大学主办,主编为常福良(北京外国语大学)。该刊由外语教学与研究出版社(中国,FLTRP)与德古意特出版社(德国,De Gruyter)联合出版,其国际刊号为 ISSN 2747-7479。采用在线出版和印刷出版两种形式,刊登西班牙语或者葡萄牙语论文,是中外学者关于中国和西班牙语、葡萄牙语国家互动关系研究的重要平台,是目前世界上唯一一份由中国机构主办的用西班牙语和葡萄牙语刊发的学术期刊。每年出版两期,发刊时间分别为 6 月和 12 月。

2.《西班牙语论丛》(集刊)

北京外国语大学西班牙语葡萄牙语学院在 2011 年创办了该学科的学术平台——《西班牙语论丛》(以下简称《论丛》),系年刊形式的学术丛书,每年出版一辑。主编为常福良(北京外国语大学)。《论丛》确立前沿理论探索、高新应用交流、引领学科发展为宗旨,栏目包括:西班牙语语言研究与教学、班牙语文学、西班牙语翻译、西班牙语国家历史、文化及国情研究。

五、学术活动

2021 年 1 月 14 日,中心举办"拉美政党当前格局及拉美地区安全热点"学术报告会。史艳老师作的报告从拉美政党、政党政治、政治变化和安全热点四方面入手,以政党的概念、拉美政党的起源类型等理论知识为基础介绍了拉美政党的基本情况,结合实际探讨了拉美地区安全形势的热点议题及中拉合作的相关话题。

2021 年 4 月 23 日,中心举办"1580—1600 年马尼拉大帆船体系中的葡萄牙非官方商贸网络"线上讲座。乌特莫克·维拉马尔(Cuauhtémoc Villamar)博士应邀为与会者介绍了 16 世纪后 25 年澳门—马尼拉的商贸网络走廊,并简要分析马尼拉大帆船体系的形成。

2021 年 4 月 28 日,中心举办"影视跨文化传播视角下的中拉文化交往历程与研究"学术讲座。中国传媒大学杨宾博士向与会者分析了中拉影视交流的历史脉络、拉美影视研究方向和中拉影视文化研究现状。

2021 年 4 月 30 日,中心举办"西葡文学之夜"学术讲座。晏博副教授介绍拉美文学各个主义出现的时期,以及拉美文学大爆炸时期的历史背景、文学特点、代表作家和作品。

2021 年 5 月 7 日,中心举办"民族英雄阿蒂加斯:伟大的拉美解放者"讲座。乌拉圭历史老师潘慧敏(Georgina Pagola)和张哲海(Liber Di Paulo)为北京外国语大学西班牙语葡萄牙语学院西班牙语专业高年级学生作讲座。

2021 年 5 月 19 日,中心举办"外语学科区域国别研究与大数据手段的结合——以美国大选政治人物研究为例"学术讲座。北京外国语大学区域与全球治理高研院陈征老师在讲座中分析了语言、文本材料分析，以及文化社会背景等外语学科背景做区域国别研究的种种优势；指出了国际关系领域对大数据和人工智能的关注；举例讲解了上述研究手段相结合所取得的成果。

2021年6月6日，李紫莹教授参加北京外国语大学第一届比较政治学论坛，在世界政党数据库圆桌讨论上以拉美政党为例，认为数据库建设必须在厘清基本概念的基础上体现现实关怀。

2021年11月6—7日，李紫莹教授应邀参加由中国拉丁美洲史研究会主办，中国社会科学院世界历史研究所承办的中国拉丁美洲史研究会第20届年会暨"全球史视野下拉丁美洲与世界的互动"学术研讨会。李紫莹教授在发言中论述了"古巴性"与华人的跨文化融合问题，认为古巴华人在宗教信仰、民族习俗、文化表达、语言符号等各个方面，与驻在国文化融合共生，在保持自身特色的同时，实现了整体的民族认同，成为以欧、非、亚三种文化融汇为代表的古巴性的有机组成部分。

2022年11月10日，李紫莹教授主持了北外西葡美洲讲堂系列活动第八讲"学习贯彻二十大精神，深耕拉美研究，做好对拉工作——中国发展新阶段与中拉合作新机遇"。

2021年12月1日，李紫莹教授应邀参加上海外国语大学—西班牙皇家学院联合研究中心学者论坛暨研究生学术训练营系列讲座活动，并作了主题为"拉美研究的选题与方法"的讲座。

2021年12月10日，北京外国语大学西葡语学院和国家社会科学基金重大项目"冷战后全球主流媒体意识形态演变研究"课题组共同举办"人类命运共同体视阈下的中拉关系论坛"，北外党委常委、副校长孙有中出席活动。来自北外、中国社会科学院拉丁美洲研究所、中国现代国际关系研究院拉美所、南开大学、河北师范大学、哈尔滨师范大学、墨西哥国立自治大学、智利圣地亚哥大学、美洲国际大学、瓦伦西亚高级技术学院等海内外高校和科研机构的十余位专家在线上分享观点、交流思想、提出建议，约300人参加论坛。论坛开幕式由北外西葡语学院院长常福良教授主持。李紫莹教授在"中拉关系与全球化"单元作了发言。

六、科研成果

2020年度出版专著2部、编著1部、译著1部、发表学术论文8篇（其中SSCI论文1篇）。在《光明日报》《中国教育报》刊发文章两篇。

七、教学成果

2020年，葡萄牙语专业叶志良教授和张方方副教授分别斩获校级本科教学成果奖一等奖和本科优秀教学奖二等奖。2021年1月"全国西葡语教师发展中心"在北外成立。1月13日，中心成功举办"中国西班牙语葡萄牙语教师发展论坛"暨"全国西葡语教师发展中心"揭牌仪式。全国西葡语教师发展中心的成立开创了西葡语教育发展和人才培养的新局面，具有重大的现实意义。近些年，受新时代教育理念的指引，在中国出现了西班牙语、葡萄牙语学习热潮，但目前全国高校西葡语专业师资培养模式与制度不够完善、亟待优化；而正是为了使全国西葡语专业教学能够更好地应对新时代的新要求，北京外国语大学西班牙语葡萄牙语学院依托自己的学科建设优势汇聚优质资源，成立全国西葡语教师发展中心。今后，中心将利用好全国西葡语教师发展中心这一平台，组织全国西葡语专业广大师生群策群力，强化学科交叉融合，开阔西葡语学科的视野，丰富西葡语学人的人文思想，增加西葡语教育的人文科学含量，使西葡语师生的科学研究拥有更多的路径和发展机遇。

2021年6月，李紫莹教授、王子刚博士主编的教材《国际经贸教程（西班牙语）》（新经典系列）由外语教学与研究出版社出版发行。

八、对外交流情况

在中国和阿根廷建交49周年之际，当地时间2021年2月22日，中心李紫莹教授接受阿根廷主流媒体《十二页报》专访，作为阿根廷执政党正义党及其纲领"正义主义"唯一一部中文版专著的作者，就中国的阿根廷政党研究、中阿政党交往、中阿双边关系发展的前景与"一带一路"合作等问题接受了专访。

2021年2月19日是中阿建交49周年，《十二页报》作为阿根廷第三大报，为此组织了中阿交往与合作的系列专访，此前的相关报道是2月8日，该报刊登了对中国驻阿根廷大使邹肖力的专访。

2021年5月5日，中心李紫莹教授应邀参加拉美地区著名的学术联合体——拉美社科理事会举办的线上论坛，作中拉后疫情合作的主题报告。

九、承担课题情况

目前中心研究人员主持国家级课题3项、省部级课题2项、校级课题6项，横向委托课题1项。

大连外国语大学拉美安第斯国家研究中心

一、历史沿革

大连外国语大学拉美安第斯国家研究中心成立于2017年。在中拉合作全面深入发展的背景下，中心依托学校西班牙语学科优势，服务国家"一带一路"建设需求，多层次、多角度开展对拉美国家语言文化、风俗习惯、投资政策、法律法规等方面的广泛深入研究，以高起点、国际化的视野，建设集学术研究、政策咨询、国际交流于一体的学术机构和新型智库。中心自成立以来，每年坚持举办各类学术活动，为培养更多的国际型、复合型、应用型西语人才，深化中拉合作，促进中拉之间的互惠共赢作出贡献。

二、研究方向

中心主要针对安第斯国家及其周边拉美地区（包括巴西）开展政治、经济、文化、社会、文学及语用方面的研究。

1. 安第斯地区及其周边国家国情研究

2017年10月以来，中心教师指导安第斯国家小组学生开展了对玻利维亚、委内瑞拉、哥伦比亚、厄瓜多尔、秘鲁、智利、阿根廷七国的前期研究，通过新闻翻译、特色课程、知识竞赛等路径完成了包括七国历史沿革、地理区划、地形地貌、政治体制、社会结构及特色、产业结构及重点产业体系、经济体制特征等基本概况的初步研究。与企业合作，完成了对拉丁美洲西葡语人才需求的问卷调查和数据收集工作。

2. 安第斯地区及其周边国家现状解读

前驻外外交官、高校学者、研究机构专家等受中心邀请先后多次前来大连外国语大学为学生及教师进行包括政治、历史、文化、翻译等主题的讲座，为学校师生深入解读拉美安第斯地区及其周边国家的现状。

为了充分融入国际拉美安第斯地区及其周边国家的研究，中心有计划地组织和派遣教师参加包括中国拉丁美洲学会、中国拉丁美洲史研究会、中国外国文学学会西葡拉美文学研究分会、中国跨文化交际学会等研究机构组织的学术会议，助其扩展学术视野，积累研究经验。

3. 中—西社会科学作品互译及其研究

中心积极组织青年教师和研究生翻译拉美安第斯地区的文学、中拉关系及历史等著作，并致力于开展中华文化作品外译、中华文化对外推广和翻译西班牙语国家当代作品。

三、人员情况

研究中心暂无专门研究人员，相关学术活动及教学工作由大连外国语大学欧洲语言学院西班牙语专业教师承担。他们的主要研究领域包括西班牙语语言哲学、世界经济、当代历史、西班牙语国家文学、当代拉美研究、翻译理论与实践等。

四、科研成果

2020—2021年，中心教师发表论文10余篇，并为政府提供资政报告1篇。

2020—2021年，出版了"西班牙语教学及跨文化教育"相关主题的学术专著2部。此外，中心成员完成的《中国—阿根廷关系史》即将出版；由外文局朝华出版社出版的《中国"一带一路"倡议及其对地缘政治空间的影响》（出版过程中）入选国家出版基金《"一带一路"拉美看中国》项目。

五、教学成果

1. "拉丁美洲研究与翻译"特色系列课程建设

中心注重国际化办学，同西班牙赫罗纳大学（Universitat de Girona）合作开发"拉丁美洲研究与翻译"特色系列课程。课程由大连外国语大学欧洲语言学院院长黎妮副教授和赫罗纳法学院前院长José María Pérez Collados教授协同建设，双方教员合作完成教学任务。赫罗纳方教学团队由来自西班牙和拉美国家的教员组成，主要负责西语国家国情（政治、经济、法律等）相关课程，大连外国语大学教师负责中西翻译、中西文化对比等相关课程。赫罗纳大学为参与项目的我方青年教师设立博士奖学金，培养拉美研究领域的教员。

2. 西班牙语国家概况课程建设

西班牙语国家概况课通过对西班牙和拉丁美洲政治、经济、文化以及国际关系现状的介绍和分析，要求学生通过对西班牙语国家历史、社会、政治以及经济现状的学习，初步了解西班牙语国家的政治、经贸和社会状况，从而理解中西、中拉关系在中国经济发展中的重要性。2020年，中心已完成"西班牙语国家概况"线上课程录制工作，今后将采取线上线下混合式教学模式，更加充分地利用好课堂时间开展教学实践，以师生交际、生生交际的方式提高学生的综合思辨能力和语言应用能力。

3. 拉丁美洲历史、拉丁美洲现状课程建设

在中心成立伊始，大连外国语大学欧洲语言学院便成立拉美安第斯研究小组，其成员为西班牙语专业在校本科生和研究生，每学期面对研究小组同学开设拉丁美洲历史、拉丁美洲现状等课程；同时，中心定期邀请国内外拉美问题专家为研究小组同学作专题讲座，帮助他们深入解读拉美安第斯地区各国情况。在西班牙语专业教师负责指导下，每名安第斯小组成员提交一篇规范的专题研究报告作为结业成果。

六、对外交流情况

中心参与大连外国语大学欧洲语言学院与西班牙赫罗纳大学（Universitat de Girona）的合作，共同开发"拉丁美洲研究与翻译"特色系列课程（10—12门）。该特色课程面向国内西班牙专业大四学生开设，培养中国学生从事法律、政治与经济等领域翻译的语言能力；完善中国西班牙语专业学生在西班牙及拉丁美洲社会文化方面的知识结构。学生在完成课程学习，并通过大连外国语大学毕业资格审查之后，可继续在赫罗纳大学教学团队的指导下，进行3个月的科研实践；如能完成答辩，即可获得赫罗纳大学的"拉丁美洲法律、政治与经济文化：文化解读与翻译"校级硕士学位。获得校级硕士的学生可以继续攻读赫罗纳大学推荐的欧盟官方硕士项目。

七、承担课题情况

中心成员先后获批并主持省级社会科学规划基金项目、省级科研课题、省级教改项目多项，并获得省级教学成果奖三等奖。同时，研究中心教师获批各类校级科研项目、校级教改项目及高教研究课题多项。

广东外语外贸大学拉丁美洲研究中心

一、历史沿革

广东外语外贸大学拉丁美洲研究中心于2017年经教育部备案为国别和区域研究中心。中心的前身是成立于2011年的中智研究中心。该中心最初由广东外语外贸大学与智利圣托马斯大学（中国孔子学院拉美总部所在地）联合成立，每年定期举办中拉经济管理高层论坛，会后编写并印刷中国—拉丁美洲研究通讯。自成立起，中心就鼓励广外商学院与智利圣托马斯大学商学院每年相互派遣老师到对方学校讲授课程，同时开展学生互换等国际交流活动。

中心的主要成果体现：一是出版年度拉丁美洲蓝皮书；二是举办年度中拉学术论坛；三是开展中拉学者合作项目研究；四是实施学生互换和教授互访教学计划；五是提供中拉企业家交流平台；六是撰写并提交有关咨政报告、中拉经贸案例报告，以及国别动态信息资源报告等。主要服务对象：政府决策机构、中拉企业家、高校学者与学生等。

中心的建设定位和目标是发挥广东外语外贸大学管理学科、葡萄牙语与西班牙语师资队伍和研究人员的优势，构建跨院合作的国别与区域研究中心，发挥广外与拉美高校合作伙伴，如智利圣托马斯大学商学院中智研究中心和墨西哥国立自治大学中国研究中心等国际合作平台优势，努力打造一个高端、国际化的拉美智库平台，通过提交政策咨询报告和承接相关研究项目为广东省外向型经济发展、粤港澳大湾区建设以及国家"一带一路"倡议实施作出贡献，同时努力建设成为一个特色鲜明的国别和区域研究重要基地。

二、研究方向

中心组织开展的基础性研究方向包括：中拉企业管理文化研究、中拉经济合作与挑战研究、拉丁美洲国别社会文化与价值观研究、拉丁美洲国别法律与政策研究、中国企业拉丁美洲投资案例研究、拉美国别政情商情研究等。拟解决的关键问题是响应国家"一带一路"倡议，集中开展拉丁美洲相关区域与国别投资环境问题研究，产出一批创新性实用研究成果。

三、人员情况

中心聚集广东外语外贸大学管理学科、西方语言文化学院葡萄牙语系与西班牙语系及拉美高校的师资队伍和研究人员，共有 15 名兼职教师和研究员。其中博士比例 94%，教授比例 74%。

四、科研成果

中心教师和研究人员组织学生编译团队，关注拉美国情，追踪时事热点，在公众号平台上定期发表区域动态文章，并就热门议题进行分析发表深度观察文章。目前共发布 6 期《区域动态追踪》，主题涉及阿根廷堕胎合法化、新冠肺炎疫情大流行下的性别缺口、新冠肺炎疫情"免疫鸿沟"、环境保护、拉美土著走出困局和拜登时代的拉美关系等；发布 3 期《深度观察》，对疫情期间西班牙的经济态势、墨西哥仇恨女性犯罪和疫情下墨西哥的毒品问题等进行剖析。此外，编撰的关于拜登上台后美拉关系走向的文章被广东国际战略研究院内部刊物录用。

五、对外交流情况

中心与智利圣托马斯大学商学院中智研究中心、墨西哥国立自治大学中国研究中心等拉美研究机构开展较为紧密的合作研究。年度蓝皮书的发布会通常邀请智利、秘鲁、墨西哥、委内瑞拉等国驻广州总领事馆总领事或者相关代表出席，并就中拉热点问题联席举办座谈会。此外，中心与秘鲁圣玛利亚天主教大学孔子学院建立并保持友好合作关系。

2017 年至今，中心依托的西方语言文化学院等培养单位已派出 48 名学生到拉美国家和地区的孔子学院做汉语志愿者。

中心与智利圣托马斯大学利用轮流举办中拉论坛的契机进行互访。智利圣托马斯大学先后委派商学院院长 Carlos Maquieira Villanueva 教授，经济学院 Susana Katherine Chacón Espejo 教授、Marcelo Taito Jara 教授、Alejandro Puente 教授等访问广东外语外贸大学，为商学院 MBA 学生开展专题系列讲座，并与学生进行交流讨论，让学生对当前拉美的经济发展现状有了较全面的认识和了解。中心先后派了朱文忠、黄磊、马飞雄、吴易明等教授到智利圣托马斯大学开设"中国商务发展与展望""China's Foreign Trade: Opportunities and Challenges""Sino-Chile Trade and Investment"和"China's FDI and Its Implications to Chile"等专题系列讲座。

近年来，中心广泛邀请中拉企业家参加拉丁美洲蓝皮书发布会，并在发布会后举办了"拉美发展与中拉合作"座谈会，为中拉企业家、拉美驻广州领馆代表、拉美中心研究人员搭建了交流平台。随着中心影响力的不断扩大，拉美地区的考察团加强与中心的联络。2019 年底，牙买加及特立尼达和多巴哥干部考察团来访，就广东经济社会发展情况以及对拉美地区国家合作情况等议题进行座谈。

六、承担课题情况

序号	课题名	主持人	课题类型	课题编号
1	中资企业海外社会责任行为动因与影响机制研究	朱文忠	国家社会科学基金一般项目	19BGL116
2	博尔赫斯作品中的西方话语研究	陈 宁	国家社会科学基金一般项目	18BWW073
3	2020年疫情背景下中国与巴西经贸合作研究	朱文忠	2020年度教育部高校国别和区域研究项目	2020-G57

中山大学拉丁美洲研究中心

一、历史沿革

中山大学拉丁美洲研究中心成立于2017年，是教育部国别和区域研究备案中心。中心坐落于珠海校区，与港澳毗连。中心自成立以来，充分发挥地域优势，积极参与推动粤港澳大湾区与拉丁美洲政治、经济、文化合作事宜，为地方经济发展和政策制定服务，服务于"一带一路"大背景下的国家战略需求和社会需求。

中心已粗具规模，有专兼职研究人员30余人，分别来自中国、西班牙、墨西哥、阿根廷等国。凭借人员国际化的特点，中心科研成果大多发表于国家拉美研究领域重要期刊，具有广泛的国际影响力。

二、研究方向

中心的学术研究高度契合国家战略发展的需要。随着国家"一带一路"倡议的推进，以及《粤港澳大湾区发展规划纲要》的正式发布，中心对拉美各国进行了多方面、多视角深入研究，以便满足国家和地区社会经济发展需要。

具体而言，中心致力于整合语言、文化、历史、宗教、国际政治、国际关系等领域的学术资源和研究力量，为拉美学界及地方政府提供关于拉美地区的基础性认识，关注拉美对中国崛起的回应、认知和接受，探讨"一带一路"下中拉移民的跨文化生存困境，强调人文交往与相互认知。

三、人员情况

中心自成立以来便十分重视人才队伍配备和建设，在大力引进国内人才的同时，也十分重视从西班牙及拉美国家引进拉美研究英才。截至2021年6月，中心引入来自西班牙、墨西哥和阿根廷等国的知名大学的多名科研人员。目前，中心有3位全职教授、3位副教授、5位研究员及副研究员和3位博士后研究员。其中，博士学位教师占比88.88%，外籍正式编制研究员教师占比17%。此外，中心聘请了多位在国内外拉美学界具有较高知名度的专家担任学术顾问为中心发展献言献策。

四、学术活动

中心常年不间断开展拉美研究系列讲座，主讲者皆为国内外知名的拉丁美洲研究学者。讲座不仅面向校内学生，还吸引了不少对拉美有兴趣的校外人士的参与。讲座发言人包括北京外国语大学西葡语学院院长常福良教授、上海外国语大学西方语系主任于漫教授和中国社会科学院拉丁美洲研究所副所长袁东振研究员等。

五、科研成果

中心完成的各类研究成果具有学术性、时效性和前瞻性，符合国家和地方发展的战略发展。在2020年1月至2021年6月，中心成功申报国家及省级项目2项，校级项目4项；发表论文20余篇，包含CSSCI、A&HCI、SSCI、LATINDEX、SCOPUS等国内外重要核心期刊；发表书籍章节文章10余篇。

六、教学成果

为贯彻落实中共中央办公厅、国务院办公厅《关于做好新时期教育对外开放工作的若干意见》关于加快培养国别和区域研究人才的精神，挖掘和培养契合于中国"一带一路"建设和人类命运共同体建设的高端人才，中山大学国际翻译学院和中山大学"一带一路"研究院于2019年倡议发起成立高校国别和区域研究人才培养院系联盟，涉及外国语言文学、世界史、国际关系、管理学、民族学等多个与国别和区域研究相关的学科。目前联盟凝聚了国内近71所高校的100余家院系，引领国内国别和区域研究人才培养的方向，为"一带一路"相关的互联互通人才培养提供重要助力。中心积极参与了该联盟的各项活动。

中心在本科阶段人才培养中加大了国别和区域课程的设置，形成了具有学院特色的国别和区域研究人才体系。中心成员为学院本科生和研究生增开了多门有关拉丁美洲研究的必修及选修课程，包括拉美概况、中拉关系简介、国际关系问题研读、全球化与国际关系及国别和区域研究专题讲座。为了促进学生在理论知识学习的基础上，强化科研意识、创新精神和实践能力，中山大学开展了2021年大学生创新创业训练计划项目的申报工作。多名中心成员作为导师，指导学生撰写了拉美国别和区域研究方向的项目申请书，并获得了多项校级立项。近年来，高校思想政治教育工作得到越来越多的重视。在学校课程思政建设实施方案和工作计划的指导下，中心成员把思政元素有机融入拉美国别和区域研究课程教学大纲的每个单元中，并结合拉美地区时事热点开展灵活的课程思政教育。

自2017年以来，中心和中山大学国际翻译学西班牙语系共派出103名交换生，与墨西哥伊比利亚美洲大学、墨西哥尤卡坦自治大学、智利圣托马斯大学等进行交换。同时，两机构和西班牙的马德里自治大学、圣地亚哥大学、莱昂大学、葡萄牙米尼奥大学等多所大学建立了不同形式的合作关系，积极为学生开拓海外学习的机会。受新冠肺炎疫情的影响，目前学生国际交换项目处于暂停状态。

七、对外交流情况

中心自成立以来，每年承办或组织一次国际学术研讨会，现已举行3次，得到全球范围内拉美研究领域的顶尖学者的积极参与。中心与中国社会科学院、广东省外事办共同举办"东亚地区拉美研究伙伴对话"国际学术会议（2017），中心单独举办"中拉深入合作的新途径和新互动"国际学术会议（2018）和"中国创新与发展，拉丁美洲新机遇"国际学术会议（2019）。

中心借助中山大学和墨西哥尤卡坦自治大学共建的孔子学院，加强与墨西哥教育和学术机构的联系。中心还邀请来自牙买加、西班牙等国的作家，为中山大学学子讲述拉美故事。另外，中心外籍研究员 Daniel Morales Ruvalcaba 多次接受新华社、中央电视台等媒体采访，就拉美议题和中拉关系发表评论。

暨南大学拉丁美洲研究中心

一、历史沿革

暨南大学拉丁美洲研究中心在2017年6月成立，在同年11月成为教育部国别和区域研究备案基地。

中心在学术研究、决策咨询、人才培养、对外交流、社会服务等领域开展了一系列卓有成效的工作。新冠肺炎疫情暴发以来，中心通过举办或参与线上学术会议、举办学术讲座、在外媒发表文章、撰写咨询报告等多种方式，围绕中国、拉美国家抗击疫情问题发表了学术见解、贡献了学术智慧。

中心在2020年顺利通过教育部评估，考核结果为良好。中心将在现有基础上进一步加强拉美问题、拉美华侨华人问题、中拉关系问题研究，广泛联系海内外专家学者，发挥海外华侨华人的优势，为新时代丝路建设献计献策，为国家强盛、民族复兴贡献力量。

二、研究方向

中心主要研究方向为拉丁美洲华侨华人研究、拉美地区热点问题研究、当代中拉关系研究。

三、人员情况

中心现有专职研究人员4人，分别是中心主任张振江教授和高伟浓教授，中心副主任贺喜副教授，许丰副研究员。中心另有校内兼职研究人员3人。

四、学术活动

中心人员多次参加学术会议，主题涉及华侨华人在全球抗击新冠肺炎疫情中的角色和作用、新冠肺炎疫情与区域国别研究、全球新冠肺炎疫情下海外中国公民安全、拉美史研究前沿、冷战时期的中国与第三世界、数字经济发展与南南合作、中国—东南亚非传统安全等多个领域。

2021年1月4日，贺喜副教授在网上为贵州财经大学拉丁美洲研究中心作题为"马克思主义在智利的传播及其实践：智利阿连德政府'社会主义道路'研究（1970—1973年）"的学术报告。

2021年1月6—8日，贺喜副教授先后访问上海大学和上海社会科学院，分别作题为"从华侨华人史研究到国际移民史研究——拉丁美洲国际移民史研究新探"和"2020年拉美地区形势盘点及撰写本方向政策报告的几点体会"的学术报告。

2021年4月10—11日，由暨南大学国际关系学院/华侨华人研究院主办、中国华侨历史学会、英国威斯敏斯特大学以及新加坡南洋理工大学华裔馆协办的"全球华人与中国：地方认同与全球联系"国际学术研讨会在暨南大学举行。张振江教授是这次会议的组委会/筹委会主席，并主持了这次会议。

2021年6月19日，贺喜副教授应邀参加由对外经济贸易大学主办、对外经济贸易大学国际关系学院承办的第四届惠园国际问题青年学者峰会——"疫情冲击背景下的国际秩序：变化、挑战及应对"学术研讨会，并在第四单元"疫情冲击背景下中国外交战略及应对"发言中指出，新冠肺炎疫情导致中国同拉美国家关系出现不确定性，为此中国需要关注中美拉大三角关系以及"中国大陆—中国台湾—拉丁美洲"小三角关系。

2021年7月17日，贺喜副教授应邀为青岛大学外语学院师生作了题为"中国与拉丁美洲及加勒比地区国家关系的历史演变及启示"的线上讲座。

五、科研成果

近年来，中心研究人员撰写并向中央统战部、国家社科办、教育部国际司、教育部社科司、广东省侨联等部门提交了多篇内参与咨询报告，多篇报告获领导批示。

六、教学成果

中心在2020/2021学年第二个学期为暨南大学国际关系学院国际政治、国际事务与国际关系专业本科生开设了"当代拉丁美洲"基础选修课，此课程从拉丁美洲地理、气候环境讲起，内容涉及拉丁美洲古代文明、欧洲殖民者对拉丁美洲的征服与殖民活动、拉丁美洲独立运动、拉丁美洲现代化进程、当代拉丁美洲形势、拉美国家的对外关系、拉丁美洲华侨华人等问题，并以拉丁美洲的某一国家或地区为例，深入介绍其历史与现状，探讨拉美国家发展过程中的一些个性与共性问题。

七、对外交流情况

中心积极加强与拉美国家学界的联系，增进了解，采取多种方式开展合作交流。中心与拉美国家的高校、科研机构联合举办了多次国际学术会议，中心人员赴拉美国家高校作学术演讲，在智利《金融日报》（Diario Financiero）等拉美国家主流媒体发表多篇文章，并完成了多次拉美国家前政要、拉美国家驻广州领事、专家学者、侨界领袖来校访问的接待工作。

2021年2月11日，吴青军应邀来到智利外交部，接受智利外交部授予的荣誉奖章及外交部部长签署的函文。他曾在2009—2011年公派赴智利，并于2011—2014年借调到中国驻智利大使馆任教育专员一职。2015—2017年，他再次前往智利，在智利大学做访问学者，并于2016年协调推动成立暨南大学—珠海横琴拉美中心。目前，智利多所高校在他的介绍下与中国开展了交流合作。他为智利经济部翻译了《智利，让未来更简单》《智利，成就你未来的地方》等书，并为智利著名画家万图塞夫的基金会翻译《拉美大师——何塞·万图塞夫》一书。2018年，他参与了智利中央大学Jorge Moraga博士的国家课题小组，协助其开展智利华侨华人研究，并承担了暨南大学国际关系学院《智利华侨华人研究论文集》的翻译工作。自2020年2月起，他开始担任智利《金融日报》中国专栏作家，定期向智利民众介绍中国。

2021年3月5日，应委内瑞拉玻利瓦尔共和国驻广州总领事馆的邀请，中心许丰副教授赴广州国际金融中心参加了"纪念永恒统帅乌戈·查韦斯·弗里亚斯逝世八周年茶话会"，会议主题为"委内瑞拉、拉丁美洲乃至世界领袖查韦斯的精神财富"。参会过程中，许丰与其他参会人员就"查韦斯总统的精神遗产"这一话题进行了友好交流。

2021年3月17日，应阿根廷科尔多瓦大学/暨南大学孔子学院邀请，中心副主任吴青军为阿根廷国家高级公务员（学员包括国家众议员、州部长等）开展了为期6周的培训课程，内容涉及中国概况、语言文化、教育、经贸等问题。该活动也在国家孔子学院网站及阿根廷最重要的杂志《当代》得到报道。3月29日，吴青军接受智利最大的电台"合作电台"（Cooperativa）采访，向智利听众阐述中国与智利的文化、工业与经济等方面的合作与交流。

2021年4月20日，中心副主任吴青军应邀接受智利边境大学孔子学院采访，就中拉文化交流、智利华侨华人、世界中文日等话题进行了交谈。4月27日，吴青军在智利《金融日报》发表题为"华为、小米与特斯拉"的文章，阐述了中国智能汽车的发展情况以及中国未来5年在科技等领域的发展方向。

2021年5月12日，古巴驻广州总领事丹尼斯一行赴暨南大学与暨大张宏副校长、国际合作与交流处蒲若茜处长会面。双方商定，2022年将举办第一批华人赴古巴175周年纪念活动。中心副教授许丰参加了此次座谈，并在学术研究、文献资料收集等问题上与丹尼斯领事一行进行了友好交流。

八、承担课题情况

序号	课题名	主持人	课题类型	课题编号
1	海外华人与人类命运共同体研究	张振江	国家社会科学基金重大项目	21&ZD022
2	委内瑞拉"21世纪社会主义"理念与实践研究	许 丰	中国博士后科学基金第68批面上资助	2020M683163

常州大学拉丁美洲研究中心

一、历史沿革

常州大学拉丁美洲研究中心于 2017 年 11 月成立，得到中国社会科学院拉丁美洲研究所和江苏省人民政府外事办公室的共同支持，是江苏省首家政府与高校共建的拉美研究智库。

二、研究方向

中心以"拉美思想文化"和"中拉合作关系"为主攻方向，致力于打造集学术研究、人才培养、政策咨询和人文交流于一体、具有探索和创新精神的新型地方高校智库。

三、人员情况

中心现有专职和兼职研究人员 25 人，其中包括全职引进的阿根廷籍研究人员 1 人，西班牙语专业研究人员 11 人，英语专业研究人员 3 人，日语专业研究人员 6 人，俄语研究人员 1 人，外校研究人员 5 人。

四、学术活动

中心致力于进行拉美政治、经济、文学、语言与文化等各方面的研究，参与或举办各类学术活动。2019—2020 年中心成员以线上或线下形式参加 APEC Consortium Meeting、Panel de discusión de oportunidades de empresas mexicanas en China、"后疫情时期的中拉人文交流"国际研讨会、西班牙语的外语教学与学习：中国和墨西哥的经验、上海外国语大学——西班牙皇家语言学院联合研究中心青年学者论坛等国际国内各类学术会议十余场，并在部分会议上发言。中心还邀请秘鲁驻沪总领事、阿根廷驻沪总领事、上海外国语大学曹羽菲副教授等国内外专家学者为我校师生作了多场学术讲座。

2021年5月25日，常州市外办沈炼副主任一行到江苏师范大学调研拉美地区合作交流情况，许硕主任参会并介绍了常州大学的拉美研究工作。

2021年10月，常州大学拉美研究中心研究员、阿根廷籍教师斯蒂文·索特雷接受中新社"东西问"独家专访，讲述了中拉双方在"文化协同"概念下，促进民心相通的"第三条路"。

五、科研成果

中心成立以来，致力于中拉关系方面专著撰写和拉丁美洲书籍的中文翻译工作，前期已出版译著6部。2019—2020年中心外籍专家斯蒂文出版专著《走进一带一路》，中心联合西语系师生共同出版译著《致厄瓜多尔/再致厄瓜多尔》。

2020年中心成员在国内外学术期刊和论文集上发表学术论文9篇，中心论文《中国文化对拉美西语国家传播的新策略》获常州市第十六届哲学社会科学优秀成果奖一等奖。

郑书九、侯健、许硕主编：《草垛中的小针——西葡拉美文学论文集》，外语教研出版社2021年版。

六、教学成果

中心坚持教学与科研相结合，开设"西班牙及拉美国家概况""西班牙语国家历史与政治""旅游西班牙语"等多门课程，为学生举行《星空讲堂——看见更大的世界，遇见更好的自己》讲座，同墨西哥韦拉克鲁斯大学联合举办线上师生语言文化交流活动，邀请墨西哥韦拉克鲁斯大学老师为同学们进行线上授课；同时，中心老师也为墨西哥韦拉克鲁斯大学学生进行线上授课，并于每学期请中心外籍专家斯蒂文和Georgina定期举办西班牙语角系列活动，培养学生国际视野和跨文化交际能力。在中心教师的指导下，共有6名同学在墨西哥国立自治大学中国—墨西哥研究中心杂志上发表作品。同时，中心教师注重专业课程中"课程思政"教学的融入，中心成员获常州大学"课程思政"教学竞赛一等奖一项。

七、对外交流情况

中心在2020年接待了秘鲁驻沪总领事和阿根廷驻沪总领事来访；与秘鲁驻沪总领事馆联

合举办秘鲁电影周暨常州大学秘鲁电影影评征文比赛；与阿根廷驻沪总领事馆联合举办常州大学第二届西班牙语短篇故事大赛和常州大学第一届中阿友谊图标设计大赛。

中心以线上或线下的方式与厄瓜多尔驻华大使馆、阿根廷驻沪总领事馆、墨西哥驻沪总领事馆、秘鲁驻沪总领事馆、在华阿根廷人协会、阿根廷布宜诺斯艾利斯大学中国—阿根廷研究中心、墨西哥维拉克鲁斯大学中国—维拉克鲁斯研究中心进行了沟通与交流。

中心在 2020 年常州市人民政府外事办公室紧密合作，陪同常州市外办领导访问秘鲁、墨西哥、阿根廷等拉美国家驻上海总领事馆进行友好交流；与阿根廷驻沪总领事馆、常州市人民政府外事办公室和常州市图书馆一起在市图书馆新馆举办"博尔赫斯作品读书分享会"；与阿根廷驻沪总领事馆、常州市人民政府外事办公室、常州大学附属小学共同举办小学生灯笼彩绘活动，获得广泛赞誉。2021 年，中心阿根廷籍教师斯蒂文被授予 2021 年度"常州荣誉市民"称号。

八、承担课题情况

目前，中心共有在研省部级课题 2 项，在研市厅级课题 4 项。

西南财经大学拉丁美洲研究中心

一、历史沿革

2018 年 11 月，西南财经大学在我国财经类院校中率先成立拉丁美洲研究中心。中心在教育部和中国社会科学院拉丁美洲研究所等相关机构的指导下，树立服务国家、造福社会的价值追求，坚守"服务国家重大需求，产出优质科研成果"的初心和使命，整合优势学科，选取独特视角，深耕厚植。

中心依托西南财经大学进行建设。西南财经大学是教育部直属的国家"211 工程"和"985 工程"优势学科创新平台建设的全国重点大学，也是国家首批"双一流"建设高校，业已形成以经济管理学为主体、金融学为重点、多学科协调发展的办学特色。学校主动服务国家经济社会发展，服务国家重大战略需求，主动适应、把握、引领经济发展新常态，立足大局，把握规律，以经济金融学科为依托，充分发挥北京研究院在京区域优势，整合国内外相关领域专家资源，成立了拉丁美洲研究中心。

中心会聚国内外拉美研究领域人才，从经济、金融等研究视角出发，以"拉美经济与金融""中国—拉美交流与合作"等为研究重点，发挥战略研究、政策建言、人才培养、舆论引导的功能，服务于社会经济发展和国家重大需求的战略研究和学术咨询。

中心虽成立时间较短，但积累了丰硕的成果，积极参加、举办中外学术会议，承担多项国家社科基金和教育部委托的研究专项。未来，中心将充分发挥西南财经大学在经济、管理、金融等领域的学科优势，促进拉美研究与相关学科的交叉融合，不断提高研究质量，着力推进成果转化，争取尽快把中心建成"研究有特色、成果有影响、团队有能量"的国内知名拉美研究智库。

中心具有三大优势。

1. 人才优势。中心依托西南财经大学众多专家、学者的人才支持，同时具有高校生源的职能优势，在研究拉美经济金融的问题和规律等方面，具有得天独厚的人才优势。中心联合劳动经济学会，与中国社会科学院拉丁美洲研究所等结成战略合作单位，积极探索拔尖人才共享机制、多渠道人才引进机制，让各类人才有机融合，深入开展资源共享、活动共办、问题共解，打破专家学者间的行政隶属壁垒，有效形成了横向跨专业、纵向跨类型的人才队伍资源池。

2. 行业优势。中心与国家开发银行、中国进出口银行等金融机构联系紧密，在课题合作、人才培养、互补性研究等方面具有很显著的行业优势。中心与中国社会科学院拉丁美洲研究所、中拉青年学术共同体、商务部、财政部及大型国企等单位开展合作，与拉美地区高校保持长期学术交流，推动与行业内机构交流制度化。

3. 区位优势。中心主体设在北京，便于加强与决策中心和中央政府的互动，以及时获得重要决策信息、政策倾斜、政府服务以及资金扶持等中央资源的支持。此外，北京在人才、文化、项目等方面拥有客观优势，这些优质资源为中心发展提供了有利条件。

中心具有以下特色。

1. 多元化人才和团队整合特色。中心凝聚了多学科、跨行业的人才，学科背景包括经济学、管理学、法学、统计学等，涵盖财政部、外交部、社科院、高校等的专家学者，形成了多元优势，并结合研究方向整合团队，从而为开拓与加强跨学科交叉研究提供了基础与保障。

2. 一大特色定位。中心的核心定位就是要发展成为专注于拉美研究的学术高地、专注于促进中拉关系的智库平台，坚持立足国家重大需求、服务国家经济社会发展的基本出发点，服务于国家"一带一路"建设，为深化中国和拉美合作建言献策，为促进中拉之间的互惠共赢作出贡献。

3. 基于经济、金融、贸易与就业视角的研究特色。与美欧地区研究相比，中国高校拉美研究力量薄弱，对拉美地区的研究还处在探索阶段，研究主要集中于政治、语言、文化等领域。在传统拉美研究力量已经不能很好回应国家需要和社会需要的情况下，中心把经济、金融、贸易与就业作为主要研究领域，发挥自身优势填补了相关研究领域的短板，已经成为拓展拉美研究领域的一支重要"生力军"。

二、研究方向

中心在定位上倾向于金融领域的研究，深研拉美经济与金融研究、中国—拉美经贸促进与合作研究、中国—拉美就业促进与劳务合作研究、中国—拉美比较经济体制研究四个领域。

三、人员情况

中心目前有研究人员16人，工作人员2人。

清华大学拉美中心

一、历史沿革

2018年12月6日，清华大学拉美中心在智利首都圣地亚哥成立。清华大学拉美中心的成立有两个基础：一个是清华大学经管学院与智利天主教大学商学院于2006年启动的交换项目，另一个是2010年成立的清华大学经济管理学院中国—拉丁美洲管理研究中心。该交换项目与研究中心均得到了智利卢克希奇集团的资助，运行多年来取得了很大的成功。目前，清华大学拉美中心和清华大学经济管理学院中国—拉丁美洲管理研究中心采取了一体化运作，实质性地构成了清华大学拉美中心的运作实体。

中心是清华大学在拉美的联络和交流基地，服务于清华大学人才培养的中心任务，发展与拉美国家的学术研究、人文交流和科技创新合作,并与政府部门密切合作,服务于中国"一带一路"倡议在拉美的切实落地。

二、研究方向

中心的研究工作主要包含以下方面:"一带一路"倡议及其项目落地机制研究、国际舆论对中资企业海外投资的反应、智利及拉美典型国家的投资环境、中资企业对拉美投资的能力与策略、开放与发展及外国直接投资的溢出效应。

中心在近期关注与新冠肺炎疫情相关的研究。2020年,新冠肺炎疫情在世界范围内暴发。中国凭借迅速有效的抗疫手段,在短时间内有效控制了疫情,踏上了恢复经济的轨道,为世界抗疫作出了表率。因此,拉美中心特别对中国抗疫和复工复产的过程进行了梳理和研究,并关注了针对中国做法的国际舆论(拉美为主),以期为世界抗疫更好地贡献中国力量。

三、人员情况

在清华大学国际处的主导下,清华大学拉美中心理事会于2019年3月29日成立。理事会由5名成员组成。根据LUKSBURG FOUNDATION和清华大学北美基金会的捐赠协议规定,中心在智利圣地亚哥成立了顾问委员会。委员会已确定了9名成员。

中心团队建设已经基本完成。中心已聘任主任、副主任、主任助理各一名;中心的智利圣地亚哥团队聘任助理一名,中国团队聘任助理两名,共同协助主任开展各项工作。

目前,中心的研究团队主要由中心主任陈涛涛教授及其博士研究生团队组成;中心在开展运作的过程中,协调清华大学校内与拉美研究相关的院系及其教授,共同展开拉美相关课题的研究。

四、学术活动

2021年1月29日至2月5日,中心联合清华大学学生全球胜任力发展指导中心在寒假期间推出"映画拉美之拉美经典电影赏析活动"。活动共分为两期,同学们采取线下观影线上讨论的形式,观看并讨论了阿根廷影片《摩托日记》和墨西哥影片《暮年困境》。在此次活动期间,中心特邀北京外国语大学区域与全球治理高等研究院副院长、西班牙语葡萄牙语学院副院长李紫莹教授和中国传媒大学传媒艺术与文化研究中心艺术学博士杨宾做讲座嘉宾,分别从阿根廷和墨西哥的文化背景及电影的拍摄艺术手法角度,对两部影片进行解析,让同学们对拉美国家的多元文化有了更加深入的了解。

2021年3月,中心和清华大学学生全球胜任力发展指导中心联合推出"世界大不同"智利篇活动。智利篇活动共有四期,活动主题各不相同,从不同维度向同学们介绍了天涯之国智利。中心特别邀请北京外国语大学区域与全球治理高等研究院副院长、西班牙语葡萄牙语学院副院长李紫莹教授与大家分享第一期和第二期的活动，讲解智利的文化传统、历史沿革、经济发展和政治体制；第三期邀请旅居智利多年的北京语言大学教师、智利大学人文学院客座教授孙新堂老师和在智利定居的清华校友秦全分享在智利的生活体验及个人心得；第四期邀请中国传媒大学传媒艺术与文化研究中心艺术学博士杨宾和大家共同赏析智利经典电影《追捕聂鲁达》。

2021年6月17日，清华大学拉美中心组织和举办了第二次拉美校友交流会。参加此次会议的校友共有10人，分别来自阿根廷、智利、厄瓜多尔、墨西哥、秘鲁等国家。

2021年7月22日，应中国商务部邀请，清华大学经济管理学院中国—拉丁美洲管理研究中心主任陈涛涛教授赴澳门参加由中国商务部主办的"第七届中拉基础设施合作论坛"，并同期同地参加由中国对外承包工程商会和澳门贸易投资促进局共同主办的"第十二届国际基础设施投资与建设高峰论坛"。论坛期间，陈涛涛教授发表了题为"凝聚共识 通过创新推动新发展"的主旨演讲，与参会嘉宾和听众就如何更好地坚持绿色创新引领中拉合作，更好地发现、培育和利用中拉基础设施建设合作新动能进行了共同探讨。

2021年10月14日，由清华大学拉美中心、清华大学万科公共卫生与健康学院、清华大学健康中国研究院、智利天主教大学国际事务副校长办公室和智利天主教大学医学院公共卫生系共同举办的"加强公卫人才培养 应对未来的大流行"研讨会成功在线召开。清华大学万科公共卫生与健康学院执行副院长、清华大学健康中国研究院院长梁万年教授和智利天主教大学国际事务副校长莉莉安费雷尔教授出席活动并致开幕词。此次研讨会由清华大学拉美中心主任陈涛涛教授和智利天主教大学医学院公共卫生系主任克劳迪娅巴姆斯教授共同主持。来自中国、智利、墨西哥、厄瓜多尔等国的学生、学者、医护工作者及相关政府机构代表共计72人参加了此次活动。

2021年10月25日，"共建'一带一路'：拉美和加勒比国家新经济与繁荣——拉美和加勒比大使荟清华"活动在清华大学艺术博物馆举行。来自拉美和加勒比地区21个国家驻华使馆和代表机构的使节和代表30余人出席。清华大学党委书记、校务委员会主任陈旭，拉美和加勒比使团团长、乌拉圭驻华大使费尔南多·卢格里斯（Fernando Lugris）分别作开幕致辞，清华大学校长邱勇作视频致辞，清华大学副校长、教务长杨斌作闭幕致辞，清华大学国际合作与交流处处长郦金梁主持活动。清华大学经济管理学院院长白重恩教授以"'十四五'规划下的经济——从历史到当下"为题作主旨演讲，并与各拉美驻华使节进行圆桌会谈。清华大学拉美中心主任、经济管理学院金融系教授陈涛涛和乌拉圭驻华大使费尔南多·卢格里斯共同主持圆桌论坛。

2021年10月27日，清华大学拉美中心、清华大学深圳国际研究生院—腾讯互动媒体设计与技术中心、清华大学经济管理学院互动科技产业研究中心联合智利 UNAB 大学共同举办"中国—拉丁美洲对话电子游戏：21 世纪展望"线上研讨会。清华大学深圳国际研究生院副院长张传杰为活动开幕致辞，来自中国和拉丁美洲电子游戏领域的专家、学者和杰出企业代表针对中拉互动媒体科技产业的发展现状和前景进行了交流与探讨。

2021 年 10 月 29—31 日，陈涛涛教授应邀参加"上海论坛 2021"年会，并在"理解疫情后南方世界的秩序——中国—拉美全球治理对话"单元作主题发言。

2021 年 11 月 4—5 日，由清华大学和秘鲁天主教大学共同主办的庆祝中秘建交 50 周年国际研讨会通过线上方式举行。清华大学拉美中心主任陈涛涛表示，中国和秘鲁都是发展中国家，两国在各自的发展过程中积累了许多宝贵经验，未来应加强两国学界、企业界、政府间的沟通与交流。

五、对外交流情况

2020 年 7 月 17 日，中心与智利安德雷斯·贝洛大学通过邮寄传签的方式签署了合作备忘录。此前，中心积极推进清华大学与智利天主教大学签署校级合作协议。

中心协助邀请智利大学加入世界慕课联盟。该联盟由清华大学倡议发起，在 2020 年 12 月 11 日正式成立。中心依托清华大学和智利大学在线教育合作的基础，积极协助清华大学终身教育处邀请智利大学加入该联盟，有助于中智携手应对新冠肺炎疫情背景下智能互联网时代对全球教育带来的机遇与挑战，探讨前沿科技在塑造高等教育未来中的作用，共同推动慕课与在线教育的建设、应用和共享，促进可持续发展教育目标的实现。

中心积极向智利高校推荐清华在线夏令营项目。受全球疫情影响，院校之间的人文交流活动受到巨大阻碍，难以通过传统的线下方式正常举行。清华大学计算机系以在线的方式面向全球推出"2020 暑期深度学习夏令营"，并委托中心在智利进行宣传。中心迅速将夏令营信息传递给智利生产力促进局（CORFO）负责人员以及天主教大学、智利大学和智利安德雷斯·贝洛大学等高校的学生和教师，得到了他们积极的回应和宣传，智利学生积极报名参加线上夏令营。

中心积极推动清华大学 2020 年全球暑校在智利及拉美的传播。清华大学 2020 年全球暑期学校（GSS2020）于 2020 年 7 月举行，中心积极提供了学术支持，共举办了"对话前拉美驻华大使"工作坊和"在国际化中学习与成长"网络研讨会两场活动。第一场活动邀请了巴西前驻华大使马尔科斯·卡拉穆鲁（Marcos Caramuru）、智利前驻华大使费尔南多·雷耶斯·马塔（Fernando Reyes Matta）和阿根廷前驻华大使盖铁戈（Diego Ramiro Guelar），请他们从个人经历角度分享"如何了解中国""中拉关系发展及前景""大学如何促进中拉之间的理解"。第二场活动邀请了中国五矿集团副总经理焦健、联想集团高级副总裁高岚参与对话，从企业国际化发展面临的挑战及学习与成长、疫情中企业的应对措施及后疫情时代企业的发展策略等话题与同学们进行分享和交流。

中心积极配合清华研招办开展了2021年国际学生的招生推广工作。此前，中心一直在就2030工程计划和智利生产力促进局（Corfo）探讨和展开合作。在此次招生工作启动之后，中心将最新的招生资料、简章、宣讲会等信息及时传递给该局2030工程计划负责人。该局在收到中心信息后，迅速将招生信息转发给多所智利高校，并对中心表示感谢。同时，中心也向拉美校友群转发了招生简章，欢迎各位校友推荐自己的同学、朋友、家人报考清华大学研究生项目。

2021年9—11月，中心主任分别与墨西哥驻华大使、乌拉圭驻华大使、哥伦比亚驻华大使、厄瓜多尔驻华大使、阿根廷驻华大使、圭亚那驻华大使、巴西驻华使馆公使、玻利维亚驻华使馆公参举行了连线会议。中心主任在会议中介绍了清华大学拉美中心的成立以及清华大学的全球战略，并与各驻华使馆就双方的合作现状及未来拓展方向进行了交流和探讨。中心作为清华大学在拉丁美洲的联络和交流基地，将积极推动并促成清华大学与拉美各国驻华使馆之间的沟通交流与务实合作。

2021年10月19日，应哥伦比亚驻华大使馆邀请，中心主任陈涛涛教授出席了由哥伦比亚使馆举办的"中哥建交40周年暨新书发布会"活动。活动中，中心主任对使馆活动的成功举办表示热烈祝贺，并同哥伦比亚驻华大使路易斯·蒙萨尔韦就双方合作进行了交流。

11月2日，应秘鲁驻华大使馆邀请，中心主任陈涛涛教授参加了由秘鲁使馆主办的"庆祝中秘建交50周年"活动，中心主任对秘鲁使馆成功举办此次活动表示热烈祝贺并与秘鲁驻华大使就双方未来的合作进行了交流。

六、承担课题情况

序号	课题名	主持人	课题类型	课题编号
1	边抗疫边恢复经济	陈涛涛	清华大学春风基金	—
2	"一带一路"倡议及其项目落地机制的研究	陈涛涛	清华大学经济管理学院中国拉丁美洲管理研究中心	—
3	哥伦比亚、秘鲁投资环境及中国企业投资机会研究	陈涛涛	清华大学经济管理学院中国拉丁美洲管理研究中心	—
4	中国企业投资拉美基础设施的挑战与应对	陈涛涛	清华大学经济管理学院中国拉丁美洲管理研究中心、联合国拉经委（ECLAC）	—

续表

序号	课题名	主持人	课题类型	课题编号
5	智利的工业化过程及当前发展趋向	陈涛涛、Agosin	清华大学经济管理学院中国拉丁美洲管理研究中心、智利大学	—
6	中国对巴拿马、巴西和墨西哥投资的比较研究	陈涛涛、Osmel Manzano	清华大学经济管理学院中国拉丁美洲管理研究中心、美洲开发银行（IDB）	—

中国社会科学院世界历史研究所拉丁美洲史研究室

一、历史沿革

中国社会科学院世界历史研究所拉丁美洲史研究室于2019年成立。其前身是1965年设立的亚非拉美史研究组。1978年，研究组更名为亚非拉美史研究室。1979年，该研究室被划分成亚非史研究室和拉美史研究室。1983年，两个研究室重新合并为亚非拉美史研究室。

二、研究方向

拉丁美洲史研究室主要以拉美地区近现代史为研究中心，兼顾古代史及当代史的研究，依托于通史、国别史、区域史研究，并结合现实问题，开展专题史研究。

三、人员情况

目前，拉丁美洲史研究室共有科研人员2名。

四、学术活动

2021年7月9日，中国社会科学院世界历史研究所拉丁美洲史研究室邀请冯秀文研究员作题为"墨西哥独立运动二百年的回顾与思考"的报告。王文仙研究员主持会议,世界历史研究所副所长刘健研究员出席会议。

2021年9月24—26日,第十一届中国拉美研究青年论坛暨"拉美现代化进程中的科技与文化"研讨会在四川绵阳召开。王文仙研究员与会并作总结致辞。

2021年11月6—7日,由中国拉丁美洲史研究会主办,中国社会科学院世界历史研究所承办的中国拉丁美洲史研究会第20届年会暨"全球史视野下拉丁美洲与世界的互动"学术研讨会举行。此次研讨会的主题为"全球史视野下拉丁美洲与世界的互动",来自中国社会科学院、中国现代国际关系研究院、北京大学、南开大学、东北师范大学、福建师范大学等科研机构和高校的90余名师生以线上形式参会。王文仙研究员就第二次世界大战后墨西哥农业生产转型问题作了主题发言。

2021年11月19日,中国社会科学院世界历史研究所举办第五届青年论坛,杜娟副研究员在会上作题为"日本人移民巴西初期的历程和特征"的主题发言。

2021年11月25—26日,在由中国社会科学院世界历史研究所主办的第二届中国世界史高端论坛上,王文仙研究员作了题为"墨西哥百年土地改革历程的回顾与反思"的发言,分析了墨西哥土地改革两个阶段(1910—1992年和1992年至今)的各自内容、特点以及得失。

五、科研成果

杜娟:《日本人移民巴西初期的历程和特征》,《拉丁美洲研究》2021年第5期。

六、承担课题情况

课题名	主持人	课题类型	课题编号
巴西的日本移民史研究	杜 娟	国家社会科学基金一般项目	19BSS033

外交学院西语国家研究中心

一、历史沿革

外交学院西语国家研究中心成立于2019年4月，旨在推动针对西班牙及拉美各国国情文化研究，推动中拉中西外交、经贸、人文、学术等交流活动，为西语语言文学、外交国关等专业学生、学者提供学习交流平台，并促进中国和西语国家双边关系的发展。

此外，中心还服务于外交学院西班牙语语言专业及外交国关专业学生，为学生的学习交流提供更多资源，组织带领学生举办会议、研讨会等形式的交流活动，给学生提供实习机会，例如中心开通了微信公众号"中西拉文化之桥CSSCS"，在中心主任的带领下，学生自发撰写学习心得分享原创推文，筛选适合中西拉人文文化交流及中西拉关系的文章内容。

二、研究方向

中心的研究领域涉及拉美文学、西语国家文化、中西与中拉关系、拉美社会与政治、拉美国情研究、西班牙语教学法、中西翻译研究、跨文化交际等。

三、人员情况

中心现有6名研究人员。其中，2名研究人员进入外交学院一流学科高层次人才梯队，分别从事文化与公共外交及习近平外交思想研究，他们的研究领域涉及中拉文化外交和拉美国家社会文化。

研究人员的具体情况如下。

1. 孟夏韵，外交学院西语国家研究中心主任，北京外国语大学拉美文学专业博士，外交学院一流学科高层次人才梯队"文化与公共外交"课题成员，主要研究方向为西语国家国情及社会文化、拉美文学。

2. 张红颖，外交学院西语国家研究中心副主任，中国社会科学院拉丁美洲研究所博士，中国拉丁美洲学会理事，外交学院一流学科高层次人才梯队"习近平外交思想研究"课题成员，主要研究方向为西语国家社会文化、西班牙语教学法。

3. 王晨颖，西班牙萨拉曼卡大学翻译理论与实践专业博士，主要研究方向为中国文学文化外译、海外汉学。

4. 刘诗扬，巴塞罗那自治大学翻译与跨文化研究专业博士，主要研究方向为外语教学、翻译研究、跨文化研究。

5. 苑雨舒，西班牙康普顿斯大学拉美文学专业博士，主要研究方向为拉美文学、拉美文化。

6. 叶譞，北京语言大学西班牙语语言文学专业硕士，主要研究方向为拉美文学文化、国情研究、西班牙语教学法。

四、学术活动

2021年4月28日，中心邀请北京外国语大学西葡语系教授郑书九作题为"我的西班牙语求学、教学历程与青年学子分享"的讲座。

2021年5月19日，中心邀请上海大学拉美研究中心教授江时学作题为"中国特色大国外交中的拉丁美洲"的讲座。

五、科研成果

孟夏韵：《当代哥斯达黎加生态文学研究》，《外语教学》2021年第3期。

孟夏韵：《西班牙语世界的生态美学研究》，《江苏大学学报（社会科学版）》2021年第2期。

孟夏韵：《人生何故尽悲欢——读阿根廷短篇小说〈永远的查科〉》，《光明日报》2021年5月6日。

孟夏韵：《回望多样的安第斯文明》，《光明日报》2021年11月18日。

张红颖：《中拉合作视角下的拉美"转型发展"战略解析》，《当代经济》2021年第2期；"La divulgación de la cultura y la literatura chinas en el mundo hispanohablante," *Clina*, 2020.6。

刘诗扬：《"一带一路"倡议背景下高校西班牙语口译教学改革新探》，《科教文汇（下旬刊）》2021年第3期。

［西班牙］恩里克·卡尔佩纳：《巴塞罗那传》，王晨颖译，北京大学出版社2021年版。

六、教学成果

中心研究人员王晨颖、张红颖、孟夏韵、苑雨舒和叶譞共同完成"西语国家国情文化概况"课程（该课程目前已在中国大学MOOC、智慧树、爱课程等多个平台上线）。

孟夏韵完成《从Hello到Hola：西班牙语轻松学》（［美］钮佩龄，北京大学出版社2020

年版）审校工作；2020 年 7 月至 8 月，在中国外文局教育培训中心录制《西班牙语零基础课程》网课视频（120 课时 2400 分钟）；2020 年 10 月至 2021 年 3 月，主持中国外文局教育培训中心多语种公务外语内部教材《公务西班牙语（入门级）教材》编写工作。

张红颖承担外交学院西班牙语专业"拉美国家概况"课程主讲，该课程获评"外交学院特色课程"。

七、对外交流情况

2021 年 2 月 24—25 日，孟夏韵参加韩国外国语大学拉美研究院举办的"寻找拉丁美洲及加勒比地区生态文明的经验和做法"线上国际会议并作题为"中拉生态文明思想探析"的主旨发言。

2021 年 6 月 25—27 日，孟夏韵参加由韩国外国语大学主办的"第十届亚洲西班牙语学者协会线上国际研讨会"，并作题为"拉丁美洲生态意识演进及其在文学上的反映"的主旨发言。

八、承担课题情况

序号	课题名	主持人	课题类型	课题编号
1	西班牙语国家生态美学西班牙语生态美学的理论特色与独特贡献	孟夏韵	2019 年度中央高校基本科研业务费专项资金科研创新项目	—
2	生态翻译学视角下外事外交翻译研究（汉—西）	张红颖	外交学院中央高校项目	—
3	生态翻译学视角下的中国当代小说在西语国家的译介研究	王晨颖	"中央高校基本科研业务费专项资金"资助项目	—
4	"一带一路"背景下中国学生外交口译偏误分析及口译教学策略研究	刘诗扬	2020 年中央高校基本科研业务费专项资金青年教师科研启动基金项目	—
5	"互联网+"背景下智慧课堂西班牙语专业教学模式设计与应用研究	刘诗扬	2020 年度外交学院教学管理及改革项目青年项目	—
6	秘鲁华裔作家文学作品中的"中国故事"研究	苑雨舒	中央高校科研基本业务费青年项目	—
7	关于西班牙语听说教学的研究与实践	叶譞	外交学院教学管理及改革项目	—

中国国际问题研究院拉美和加勒比研究所

一、历史沿革

中国国际问题研究院拉美和加勒比研究所成立于 2019 年 5 月 8 日，系中国国际问题研究院（以下简称"国研院"）下设研究所之一。研究所的成立顺应了新时代中拉关系发展的客观要求，旨在加强对拉美和加勒比地区的研究，更好服务于中拉合作。

国研院前身为创设于 1956 年的"中国科学院国际关系研究所"。1958 年研究所名称改为"国际关系研究所"。1986 年更名为中国国际问题研究所。1998 年，国务院"中国国际问题研究中心"并入中国国际问题研究所。2014 年 6 月，中央机构编制委员会办公室批准"中国国际问题研究所"更名为"中国国际问题研究院"。

研究所依托国研院的建设和发展，发挥外交部直属专业研究机构和国家高端智库建设试点单位的优势，大力开展学术研究及交流活动，根据国别和区域研究的综合性特点，将拉美研究同我对外工作相结合，围绕外交主题主线积极举办各项配套活动。研究所成立以来取得了丰厚的科研和交流成果，多次承担国家社科基金项目和外交部课题，对外发表学术论文、时事评论文章等共数十篇，主办了第五届中国—拉美和加勒比智库论坛等重要学术会议，与中国驻拉美使领馆及拉美国家驻华使领馆保持密切沟通，同时，同巴西国际关系研究中心、阿根廷国际关系理事会、拉美社科院等拉美知名研究机构开展了学术交流及合作，未来将继续全面加强各项建设，不断提升综合实力。

二、研究方向

研究所以国别为主要研究方向，对当前拉美政治、经济、社会文化、区域组织、地区热点问题及中拉关系、美拉关系、中美拉关系等领域进行研究，亦对国际事务中涉拉的重要现实和热点问题做出及时分析，并就增强中国与拉美国家的友好合作建言献策，开展二轨对话与公共外交，促进中拉人文交流与民心相通，为进一步深化中国和拉美与加勒比国家间的政策沟通、人心相通、互利合作作出了丰富贡献。

三、人员情况

目前研究所共有研究人员6名，其中多人具有西班牙语或葡萄牙语专业背景。现任所长为宋均营。

四、科研成果

作为国家高端智库试点单位，国研院于2020年4月设立了"新冠肺炎疫情形势下的中国与世界课题组"，连续发布9期《新冠肺炎疫情形势下的中国与世界系列报告》。其中，第7期《中国与拉美和加勒比国家同命运共抗疫》由研究所全体成员集体撰写。报告指出，自新冠肺炎疫情暴发以来，拉美和加勒比地区多个国家元首、政府首脑及其他高层政要、社会各界对中方遭遇疫情致以深切慰问，对中方抗疫举措给予大力支持，对中方取得成就表示高度赞赏。中拉双方正在用实际行动诠释着中拉命运共同体的理念。

除承接本院课题以外，研究所多次受外交部拉美司、中国社会科学院拉丁美洲研究所、中国地质调查局南京地质调查中心、西南科技大学拉美研究中心等单位委托承办多项课题。

《国际形势和中国外交蓝皮书》是国研院的年度出版物，旨在全面、准确分析解读国际形势和中国外交。蓝皮书分上下两篇，上篇既包括大国国情，也包括地区形势；既涵盖经济问题，也涵盖全球治理及热点问题，下篇专门论述中国外交政策及中国与各方关系。研究所王慧芝博士已连续七年负责撰写《国际形势和中国外交蓝皮书》中涉拉板块。在2021年2月出版的蓝皮书中，王慧芝博士在第二章"中国与国家及地区关系"中，以"中拉关系：迎难而上 前景可期"为题，全面系统地概括了自疫情暴发以来中拉关系的发展脉络。文章最后总结道，2020年是中拉开启外交关系60周年。在这一重要的历史节点，中拉以合作应对挑战，携手抗疫谱写中拉友谊新篇章，迎难而上推动中拉各领域合作逆势前行，再次证明了中拉关系经得起大风大浪。

研究所研究人员相继发表多篇重要学术文章。王慧芝博士在《拉丁美洲研究》和《和平与发展》上发表了《拉美与非洲地区经济一体化比较：基于历史的考察》（和曾爱平合作）和《巴西外交政策右转的原因及前景》。在前一篇文章中，作者从历史的视角阐述拉美和非洲地区经济一体化的模式，并在此基础上对其模式异同及发展前景进行比较。展望未来，拉美地区经济一体化难有重大突破，经济一体化进程均任重道远。在后一篇文章中，作者认为巴西亲美反多边对外政策实践的国内基础并不稳固，还与博索纳罗重振经济的目标相悖，拜登的胜选进一步加大其推进难度。巴西意识形态外交虽对中巴关系造成一定困扰，但难改中巴友好合作大局，两国务实合作的前景依旧广阔。

步少华博士先后在《国际问题研究》和《拉丁美洲研究》上发表《中国—加勒比"一带一路"合作：进展、挑战与深化路径》和《疫情变局下的中国—加勒比次区域合作：进展和前景》两篇文章。文章指出，疫情暴发后，中国和加勒比国家互相支持，中加次区域建设明显加速，政治互信、合作机制化建设显著加强。但同时也面临着顶层设计渐显乏力、经济合作韧性仍待强化、合作有待精细化以及美国干涉力度加大等挑战。下一阶段，作者认为双方应继续高举中加命运共同体旗帜，加强次区域合作机制建设，深化创新各领域务实合作，妥善处理域外干扰因素，推动中加合作实现更大发展。

研究所学者在国内外多个平台上发表大量中外文（包括英文和西班牙文）时事评论文章，包括光明网、人民网、中新网、中国国际电视台（CGTN）、环球时报、北京日报、中国社会科学网、凤凰网、大众日报、工人日报、澎湃新闻网、*Dangdai*（阿根廷）、苏里南日报（*Dagblad Suriname Nationaal*）、《世界知识》、《进出口经理人》等国内外知名媒体和杂志，产生了一定的社会影响力。

宋均营、付丽媛在《国际问题研究》2021年第6期上发表论文《构建"均衡、稳定、协调、合作"的中美拉三边关系》，该文指出从中美拉三边关系角度来分析各方考量、把握三方互动，可以弥补双边框架的不足。在百年变局和世纪疫情影响下，中美拉三边关系发展前景具有不确定性，机遇与挑战并存。构建均衡、稳定、协调、合作的新时代中美拉三边关系，顺应时代潮流，符合中美拉三方共同利益，有助于推动构建人类命运共同体和新型国际关系。

五、学术活动和对外交流情况

2021年2月4日，宋均营所长参加国研院与拉美社科院萨尔瓦多分院共同举办的"中国视角下的中美洲"线上研讨会，并作发言。国研院院长徐步、拉美社科院萨尔瓦多分院院长罗伯特·罗德里格斯（Roberto Rodríguez）、中国驻萨尔瓦多大使欧箭虹、联合国驻萨尔瓦多协调员办公室常驻协调员比尔吉特·格斯滕贝格（Birgit Gerstenberg）致开幕词，国研院常务副院长阮宗泽、拉美社科院萨尔瓦多分院首席研究员亚历山大·塞戈维亚（Alexander Segovia）分别主持研讨。中国社科院荣誉学部委员徐世澄、中国社科院拉美所副所长袁东振、欧美同学会西葡拉分会会长王卫华、上海大学拉美研究中心主任江时学、北京大学拉丁美洲研究中心秘书长董经胜等中方专家学者与会并发言。各方就中国对中美洲的认知、中美洲的现代化进程、中美洲发展现状、中美洲区域一体化以及中国与中美洲关系、美国与中美洲关系等议题进行了深入研讨。

2021年4月28日，研究所成员参加中国驻巴西使馆和巴西国际关系研究中心（CEBRI）共同举办的"中国治国理政经验谈"系列线上研讨会。国研院院长徐步出席开幕式，并作主旨演讲。中国驻巴西大使杨万明、巴西副外长萨尔基斯、前工贸部长阿马拉尔、前总统府战略事务秘书卡洛特、世贸组织贸易谈判委员会主席多普拉多、CEBRI 主席博尔热斯、前驻华大使卡拉穆鲁等嘉宾出席开幕式并发言。

2021年6月9日，研究所成员参加国研院院长徐步会见古巴驻华大使佩雷拉的活动，就中古关系及当前国际形势进行交流。

2021年10月13日，徐步院长出席"第二届中国—拉美和加勒比国家共同体高级别学术论坛暨第六届中国—拉美和加勒比智库论坛"，并在闭幕式上致辞。此次论坛由中国社会科学院拉丁美洲研究所、中国社会科学院国际合作局、联合国拉丁美洲和加勒比经济委员会、中国人民外交学会、中国国际问题研究院、中国国际问题研究基金会联合举办，与会嘉宾就中拉发展互鉴、全球挑战下的中拉"一带一路"和"健康丝绸之路"合作、数字经济与能源转型、国际新格局下的新方向等议题进行了深入研讨。

2021年12月16日，中国国际问题研究院与中国驻巴西使馆、巴西国际关系研究中心（CEBRI）共同举办"推动构建人类命运共同体：中国视角下的多边主义"线上研讨会。中国驻巴西大使杨万明、巴西驻华大使瓦莱致开场词，徐步院长作主旨演讲，巴西副外长德卡瓦略、CEBRI 主席博尔热斯、巴西前驻华大使卡拉穆鲁等嘉宾出席会议并发言。宋均营所长就"构建新型国际关系"作了主题发言。

江苏师范大学中拉人文交流研究基地

一、历史沿革

江苏师范大学中拉人文交流研究基地成立于 2019 年 9 月，是国内第一家集咨政、研究、交流、传播于一体，理论与实践相结合，专注于"中国与拉美和加勒比地区人文交流研究"的新型专业智库，为中拉高级别人文交流机制构筑有形的智慧平台。基地由 4 家单位共同建设，分别为江苏省人民政府外事办公室、中国教育部中外人文交流中心、中国社会科学院拉丁美洲研究所和江苏师范大学。基地秘书处设在江苏师范大学。

二、研究方向

中国与拉美国家人文交流相对滞后，该领域相关研究远远落后于国家当前和未来的需要，构建中拉人文交流机制势在必行。基地致力于弥补这一研究领域上的空白，努力为中拉人文交流与合作贡献力量。基地集咨政、研究、交流、传播于一体，以拉美区域和国别为基础，追求理论和实践相结合，努力成为"中拉人文交流研究"的新型专业智库。基地由中国教育部中外人文交流中心、中国社会科学院拉丁美洲研究所、江苏省人民政府外事办公室和江苏师范大学共建，其广泛参与性可以充分调动和利用各自的比较优势，实现对拉人文交流与合作的合力研究。基地的最大特色是以"人"为中心，拿"人"做文章，让拉美"人"讲中国故事，中国"人"讲拉美故事；构建多元化、广覆盖的中拉人文交流网络，让研究者参与实践并反馈给政策，从而最大限度地服务于中拉人文交流工作的顶层设计。

三、人员情况

基地设立领导理事会，负责研究审定发展规划、研究计划、人才培养、成果发布等重大事项，协调各共建单位对基地建设的支持等。基地还设立中方顾问委员会及外方顾问委员会。目前，基地已拥有拉美政治经济、社会文化等研究方向的学术带头人5名，特聘教授8名，在职研究人员20名，专职学术秘书1名。

周汝光，理学博士，教授，苏州大学博士生导师。中拉人文交流研究基地主任，江苏师范大学党委副书记、校长，江苏省工业与应用数学学会副理事长，江苏省国际教育交流协会副会长。先后被确定为教育部"新世纪优秀人才支持计划"人选、"江苏省333新世纪科学技术带头人培养工程"培养人选第三层次培养对象、江苏省"333高层次人才培养工程"首批中青年科学技术带头人、江苏省教委"普通高等学校跨世纪学术带头人"培养人选。2004年享受国务院政府特殊津贴。2001年被评为"江苏省高等学校优秀共产党员"，被授予"江苏省劳动模范"称号，2003年获全国五一劳动奖章，2005年被授予"全国先进工作者称号"。

潘震，博士，教授，中拉人文交流研究基地执行主任，江苏师范大学独联体国家研究中心主任，江苏师范大学外国语学院院长。主要从事翻译研究、外语教学研究、国别与区域研究。任职以来，共发表论文20余篇，主持各类科研项目8项，如"文化自信中的传统与当代"，国家社会科学基金项目（中华学术外译项目），2019年。出版或参与出版专著译著教材6部。兼任教育部高等学校外国语言文学类专业教学指导委员会英语专业教学指导分委员会委员（2018—2022），中国翻译协会对外话语体系研究委员会委员，江苏省翻译协会副会长，江苏省高校外国语教学研究会副会长，中外语言文化比较学会翻译研究会常务理事。

四、科研成果

基地组织编著并拟出版年度报告《拉丁美洲公共外交年度报告》。该报告涵盖拉美主要国家的公共外交信息，包括中国与拉美公共外交、美国与拉美公共外交、俄罗斯与拉美公共外交等主题，主要涉及国家高层领导互访、议会级别互访、政党交往、工会交往等内容。

基地主任周汝光在《江苏外事》杂志上发表题为"基于拉美国家传媒新冠疫情报道文本对中国形象认知的研究"的学术文章，采用"情感分析""语义网络分析""话题模型构建"等方法得出科学结论，对推进中拉人文交流、民心相通、夯实民意基础，具有借鉴意义和参考价值。

基地研究员在《中国社会科学评价》《对外传播》《人民日报》等各类期刊报纸上发表论文十余篇。

《今日中国》（西文版）2021年第1期刊登基地主任周汝光题为"China-América Latina: intercambios pueblo a puelo"（"中国与拉美：人民之间的交流"）的文章。

五、学术活动

2020年12月12日，基地举办"'后疫情'时期的中拉人文交流"国际研讨会。

基地与中机国际工程设计研究院有限公司、昆工科技有限公司等签订战略合作框架协议，全面加强产学研合作。

2021年5月25日，常州市外办沈炼副主任一行到江苏师范大学调研拉美地区合作交流情况，潘震教授介绍了中拉人文交流研究基地的建设情况及研究成果。

2021年10月22—23日，校党委副书记岑红出席第四届"中拉文明对话论坛"并讲话。她指出，江苏师范大学将继续利用自身优势，继续大力打造"中拉人文交流研究基地"平台，进一步深化中拉人文交流研究，为中拉文明对话构筑桥梁。

六、教学成果

基地与西班牙格拉纳达大学艺术与人文学院合作开展"中国—拉丁美洲历史与艺术"联合培养博士项目。

七、对外交流情况

基地积极利用海外学术平台推动中拉学术交流：与西班牙加利西亚国际关系研究院联合在西班牙国际资料分析期刊上开设专栏——"中国抗疫"和"中国脱贫攻坚"；在阿根廷期刊 *MESTIZA* 发表"中拉文明对话"评论文章；基地外籍研究员 Xulio Rios 在中国国际广播电台发表抗"疫"声援文章。

八、承担课题情况

序号	课题名	主持人	课题类型	课题编号
1	汉语人机对话韵律趋同模型构建研究	夏志华	国家社会科学基金一般项目	20BYY099
2	视听输入对英汉韵律感知与产出的效应研究	毕　冉	国家社会科学基金一般项目	20BYY179

（整理人：谌园庭）